Günter Knoblauch (Hg.)

Zwischen Humor und Repression
Anpassung und Widerständigkeit

AF210410

Band 2

Die vorliegende Publikationsreihe knüpft an das Projekt *Studieren in der DDR*" an, das 2014 mit Unterstützung der Bundesstiftung zur Aufarbeitung der SED-Diktatur und unter der Trägerschaft der Stiftung Leben und Arbeit Wilsdruff durchgeführt wurde. Die Ergebnisse wurden 2017 im Mitteldeutschen Verlag unter dem Titel *Zwischen Humor und Repression – Studieren in der DDR*" veröffentlicht.

Diese Publikation wurde durch die Unterstützung zahlreicher Förderer ermöglicht, von denen hier stellvertretend einige genannt seien:

- Dr. Matthias Rößler, Landtagspräsident des Freistaates Sachsen (2009–2024),
- Lutz Rathenow, Sächsischer Landesbeauftragter zur Aufarbeitung der SED-Diktatur (2011–2021),
- Christian Dietrich, Landesbeauftragter des Freistaates Thüringen zur Aufarbeitung der SED-Diktatur (2013–2018),
- sowie die Staatskanzlei Thüringen unter Ministerpräsident Bodo Ramelow.

Für die Buchauflage 2025 konnten dank der Unterstützung der Alumni-Koordinatorinnen Susann Mayer (TU Dresden) und Christin Kieling (Universität Leipzig) weitere Autoren gewonnen werden. Herrn Volkmar Lehman danke ich für die Bereitstellung von Material aus dem Archiv der TU Dresden.

Mein Dank gilt allen, besonders Kristin Koschnick, für ihre wertvolle Unterstützung bei der Konzeption und Gestaltung der Buchumschläge

Titelbild: „Die Umerziehung der Vögel", Hans-Hendrik Grimmling

Günter Knoblauch (Hg.)

Zwischen Humor und Repression

Band 2
Anpassung und Widerständigkeit
Eine Anthologie in drei Bänden

Studieren in der DDR
Zeitzeugen erzählen

Impressum

Bibliografische Information der Deutschen Nationalbibliothek: Die Deutsche Nationalbibliothek verzeichnet diese Publikation in der Deutschen Nationalbibliografie; detaillierte bibliografische Daten sind im Internet über http://dnb.dnb.de abrufbar.

Die automatisierte Analyse des Werkes, um daraus Informationen insbesondere über Muster, Trends und Korrelationen gemäß §44b UrhG („Text und Data Mining") zu gewinnen, ist untersagt.

Zwischen Humor und Repression – Studieren in der DDR *(Originalausgabe)*
Gefördert von der Bundesstiftung zur Aufarbeitung SED-Diktatur
Lektorat: Birgit Scholz *(Ausgabe 2017)*
© 2017 Mitteldeutscher Verlag, Günter Knoblauch, Rainer Jork (Hg.)

Neugestaltete und erweiterte Ausgabe in 3 Bänden
© 1. Auflage 2025/2, 2. Auflage 2025/5; Günter Knoblauch (Hg.)
Umschlaggestaltung, Satz und Layout: Günter Knoblauch
Schriften: Tahoma, SIL OFL

Günter Knoblauch
D-82061 Neuried
www.knobi-muc.de

Verlag: BoD · Books on Demand GmbH, Überseering 33, 22297 Hamburg, bod@bod.de
Druck: Libri Plureos GmbH, Friedensallee 273, 22763 Hamburg

ISBN: 978-3-8482-5729-4

Hinweis zum Umgang mit dem Buch

Lassen Sie sich von Ihrer Neugier leiten – schlagen Sie das Buch einfach an einer beliebigen Stelle auf und tauchen Sie in die Erzählungen ein.

Jeder Beitrag bietet für sich allein spannende Einblicke und regt zum Nachdenken an.

Die Bände der Buchreihe tragen folgende Untertitel:

Band 1 „**Aufbruch und Illusion**"
Band 2 „**Anpassung und Widerständigkeit**"

Diese beiden Bände widmen sich den Studienzeiten von Ende der 1950er- bis Ende der 1980er-Jahre. Sie beleuchten unterschiedliche Facetten dieser Epochen.

Band 3 „**Das Kompendium**"
Dieser Band stellt eine didaktische Sammlung bereit, die Materialien, Anregungen und Hinweise für den Umgang mit den Texten der Autoren enthält.

Inhaltsverzeichnis

Hinweis zum Inhaltsverzeichnis:
Wer hier erwartungsvoll nach Autorennamen sucht, wird enttäuscht – oder überrascht. Stattdessen präsentiert das Inhaltsverzeichnis pointierte Hinweise auf Themen und Inhalte, teils zugespitzt, teils bewusst vereinfacht, aber immer mit einem Augenzwinkern Richtung Kern der Sache. Die Sortierung folgt nicht der Prominenz, sondern schlicht den Studienzeiten der Autorinnen und Autoren. Und ja – hinter den Beiträgen stehen sowohl bekannte Namen als auch jene, die es nie auf ein Podium, aber sehr wohl in diesen Band geschafft haben. Wer wissen will, wer was geschrieben hat, wird natürlich bei den jeweiligen Texten fündig.

Verzeichnis der Beiträge nach Stichworten und Themen

I

Einordnung der redaktionellen Beiträge

Alle Anmerkungen, zeithistorischen Informationen, Erläuterungen und Kommentare in diesem Band stammen – sofern nicht ausdrücklich anders vermerkt – vom Herausgeber. Sie dienen der kontextuellen Einordnung und sollen das Verständnis der Beiträge im historischen und gesellschaftlichen Umfeld der DDR-Zeit erleichtern.

Dabei wird bewusst zwischen unterschiedlichen Formen der Kommentierung unterschieden: *Anmerkung, Kommentar, Erläuterung* und *Information (zeithistorisch)* sind keine beliebig austauschbaren Begriffe, sondern folgen einem redaktionellen Konzept. Ihre jeweilige Bedeutung sowie der Umgang mit diesen Kategorien wird im **Band 3 – Kompendium zur Buchreihe** systematisch dargestellt und durch Beispiele veranschaulicht.

Diese Einordnung hilft dabei, die historische Tiefe und redaktionelle Struktur der Beiträge besser zu erfassen – und zugleich transparent zu machen, wo die Stimme des Herausgebers beginnt und wo sie sich bewusst zurücknimmt.

Eine Einführung zu Band 2

„Anpassung und Widerständigkeit"

Mit diesem Band befinden wir uns Mitte der 1960er-Jahre. Der Zweite Welt-krieg liegt fast 20 Jahre zurück, zerstörte Hochschuleinrichtungen sind längst beseitigt, neue Lehrgebäude entstanden, und der Lehrbetrieb läuft in geregelten Bahnen.

Bekannte Persönlichkeiten lehren weiterhin an den Hochschulen, die Hörsäle sind gut gefüllt, und die Praktika fordern die Studierenden. Die jährlichen Ernteeinsätze sind nun besser organisiert, und die Übungen der Gesellschaft für Sport und Technik (GST) gehören zum festen Bestandteil der Ausbil-dung. Der einstige Druck zur freiwilligen Verpflichtung für den Wehrdienst wurde durch das Wehrpflichtgesetz ersetzt. Doch dafür wird die Werbung für Reserveoffiziersanwärter (ROA) noch aggressiver betrieben – wie Prof. Kobe in seiner Analyse *„Das Jahr 1989 – das Ende der parteipolitischen Ein-flussnahme der SED an der TU Dresden"* beschreibt.

Und so beginnt das Studium an der TU Dresden laut Bekanntgabe des Pro-rektors mit der Erinnerung an die Pflichten der Studierenden zur Wahrneh-mung: *„[...] der obligatorischen militärischen Ausbildung [...]"* [1]

Es scheint, als sei eine Phase der *Normalität* im Studienalltag eingetreten. Doch dieser Schein trügt - daher der Titel dieses Bandes: „Anpassung und Widerständigkeit".

Die Anpassung und das Nachgeben unter Erpressung schildert Roland Jahn eindrucksvoll in *„Mach dir keine Sorgen, Roland, wir stehen zu dir."*

Auch Joachim Heinrich zeigt in *„Warum viele Katholiken Mathematik studier-ten"*, dass die Erpressung keinem verborgen bleiben konnte.

Doch passten sich wirklich alle an?

Wie die Beiträge von Gabriele Stötzer und Wilfried Linke zeigen, erkannten viele Studierende die Widersprüche zwischen öffentlicher ideologischer Ver-kündung, der dogmatischen Abarbeitung im Studium und der alltäglichen

---

[1] Band 1 des Themenbeitrags Studium und Wehrdienst, Seite 346

Realität. Doch möglicherweise übersahen sie etwas Wesentliches – wie der Leser feststellen wird.

Vor dem Mauerbau gab es noch die Möglichkeit, sich durch Flucht der ideologischen Bevormundung zu entziehen – doch um welchen Preis?

Professor Jesse formulierte den Zwiespalt treffend:

„Diese Ausreisenden waren keine Ausreißer. Und umgekehrt mussten die Zurückbleibenden keine Zurückgebliebenen gewesen sein."

Die Zurückgebliebenen arrangierten sich – oder zogen sich zurück. Welch ein Verlust an Humankapital für die DDR!

Verschiedene Studienorte – verschiedene Realitäten

Dieser Band macht noch deutlicher als der erste, dass es erhebliche Unterschiede zwischen den Studienorten gab. Während an Technischen Hochschulen und Universitäten Wissenschaft, Technik und Technologie dominierten, war die Situation an pädagogischen Ausbildungsstätten wie in Erfurt und Jena eine ganz andere.

Die folgenden Beiträge gewähren tiefe Einblicke in diese Vielfalt studentischer Erfahrungen – in das, was gut war und worauf viele gerne verzichtet hätten.

Die Rolle der Stasi in der Hochschulwelt

Nach 1989, mit der Öffnung der Archive des MfS, wurde das Wirken der Stasi nicht nur in der breiten Bevölkerung, sondern besonders an den Bildungsstätten sichtbar. Ein dunkles Kapitel deutscher Hochschulgeschichte.

Zwischen Repression und studentischem Leben

Natürlich bestand das studentische Leben nicht nur aus Anpassung und Repression, sondern auch aus Erlebnissen, die wir als junge Menschen genossen.

Einige Beiträge zeigen, wie Traditionen – wenn auch nicht immer ganz sozialistisch staatskonform – das studentische Leben aufzulockern vermochten.

Bei einigen der geschilderten Erlebnisse ist Lachen garantiert – andere wiederum werden den Leser nachdenklich stimmen.

Günter Knoblauch, Februar 2025

Zwischen Humor und Repression – ein Wort zur Erstauflage von 2017

von Prof. Eckhard Jesse (zur Buchausgabe von 2017)

Der Glaube, in der DDR ein Studium frei von allen politischen Zwängen absolvieren zu können, war eine Illusion. Aber die Annahme, das Studium sei beständig durch Repression geprägt gewesen, verkennt den Alltag in einer Diktatur. Die Erfahrungsberichte lassen eine Zeit Revue passieren, die vergessen und doch nicht vergessen ist. Vergessen deshalb, weil die Zeit lange zurückliegt, oft ein halbes Jahrhundert. Die Ulbricht-Ära war in mancher Hinsicht anders als die Honecker-Ära: „bürgerlicher" und „repressiver" zugleich. Vergessen aber auch nicht, weil die Vergangenheit in vielfältiger Weise in die Gegenwart hineinreicht, zum Teil traumatisch. So mancher ist von den Erfahrungen bis heute geprägt.

Wer die Zukunft meistern will, muss sich über die Vergangenheit Rechenschaft ablegen. Und die Gegenwart ist voller Herausforderungen. Auch in einer Demokratie gibt es an Universitäten Seilschaften, Probleme, Schwierigkeiten und Ungerechtigkeiten. Doch muss heute niemand Angst vor Relegation haben, wenn er in scharfer Form massive Kritik an politischen Zuständen äußert.

Den Herausgebern gebührt für die Zusammenstellung ein großes Kompliment. Auf diese Weise gelingt es ihnen, dem Leser einen anschaulichen Eindruck vom Studium in der DDR zu vermitteln. Gewiss, jeder Beitrag trägt eine individuelle Handschrift, doch im Zusammenhang gelesen ergibt sich ein facettenreiches Bild von den Studienbedingungen, ihren Zwängen und ihren Freiräumen. Staatliche Instanzen verzeichneten die „Sündenregister" aus der Sicht der Staatspartei und zeigten sich dann oft schikanös. Was exemplarisch ist, kann typisch sein, muss es aber nicht.

Wenige Bekannte, wie etwa der mutige Bürgerrechtler Martin Böttger, nach 1990 Fraktionsvorsitzender der Grünen im ersten sächsischen Landtag und von 2001 bis 2010 Leiter der Chemnitzer Außenstelle des Bundesbeauftragten für die Unterlagen des Staatssicherheitsdienstes der ehemaligen DDR, und viele Unbekannte, wie etwa Matthias Markert, Absolvent eines Studiums der Schwachstrom- und Regelungstechnik, der zu den Bausoldaten eingezogen wird und später seinen Dienst in der evangelischen Kirche aufnimmt, vermitteln in ihren Erfahrungsberichten viele neue Einzelheiten. Wer wissen will, wie es an den DDR-Universitäten zuging, ist gut beraten, zu diesem Band zu greifen. Gerade die subjektive Sicht macht den Reiz aus. Die Wissenschaft ist dabei mannigfach herausgefordert. So heißt es im Erfahrungsbericht von Roland Mey: „In den 1970er-Jahren begann nach meiner Erfahrung in der DDR das Leistungsniveau an Fachschulen und Hochschulen zu fallen. Es wurde insbesondere von politischen Sonderauflagen zersetzt." Solche und andere Thesen verdienen eine Überprüfung.

Zum Teil wird das „alte Dresden" lebendig, so im Bericht von Wolfgang Friese: „Großes Glück hatte ich auch mit meiner Studentenbude auf dem Weißen Hirsch im Rißweg 66 in Dresden. [...] Das alteingesessene Bildungsbürgertum versuchte, den zugezogenen roten Herren und ihren Günstlingen zu widerstehen." Die Lektüre der Texte macht deutlich, wie wenig der SED sozialistische Überzeugungsarbeit gelang. Wer Uwe Tellkamps Roman mit dem metaphorischen Titel „Der Turm" heranzieht, erfährt mehr über den Versuch von Menschen, in die innere Emigration zu gehen.

Repräsentativ kann eine solche Anthologie nicht sein. Es kommen vor allem Absolventen der TH/TU Dresden aus technischen und naturwissenschaftlichen Fächern zu Wort. Und die meisten Berichte beziehen sich auf die Fünfziger-, Sechziger- und Siebzigerjahre. Es liegt auf der Hand, dass vornehmlich jene ihre Erfahrungen schildern, die in der einen oder anderen Weise mit der Obrigkeit in Konflikt gerieten, sei es mit der Partei, sei es mit der Staatssicherheit. So setzte sich eine Reihe von ihnen in die Bundesrepublik

Deutschland ab. Diese Ausreisenden waren keine Ausreißer. Und umgekehrt mussten die Zurückbleibenden keine Zurückgebliebenen gewesen sein.

Das Sammelwerk vermeidet beides: Dämonisierung und Verharmlosung der universitären Kaderschmiede. Die Vielzahl der eingängigen und einprägsamen Erfahrungsberichte spricht für sich. Grautöne überlagern oft Schwarz-Weiß-Bilder. Die folgenden Aufgaben sind für Schülerinnen und Schüler der Sekundarstufe II sowie für Studierende konzipiert. Auch ein Einsatz im Rahmen von Projektwochen oder Klassenreisen ist denkbar, wo für die intensive Bearbeitung eines Themas mehr Zeit zur Verfügung steht.

Die zurückhaltende Kommentierung der Herausgeber stellt den Bezug zur allgemeinen Praxis her, ohne Authentisches zu zerreden. Möge die Sammlung weite Verbreitung finden.

✳✳✳

Eckhard Jesse, geboren 1948 in Wurzen bei Leipzig als Sohn eines Volksschulrektors. Die Familie verließ 1958 die DDR. Studium der Politik- und Geschichtswissenschaft an der FU Berlin (Diplom 1976; Promotion 1982; Habilitation 1989/90). 2007–2009 Vorsitzender der Deutschen Gesellschaft für Politikwissenschaft; Mitglied des Wissenschaftlichen Beirats der Bundesstiftung zur Aufarbeitung der SED-Diktatur.

✳✳✳

Die dokumentarische Aussagekraft

dieser Erinnerungen

Günter Knoblauch

Die Erinnerungen unserer Autoren sind individuell oder auch als Gruppe erlebt. Sie spiegeln persönliche Sichtweisen – und zugleich kollektive Muster. Doch Vorsicht: Eine vorschnelle Einordnung dieser Beiträge, etwa durch Etiketten wie „subjektiv" oder „Einzelfall", kann zu Fehldeutungen führen.

Gerade in akademischen Debatten sollte man vermeiden, solche Erfahrungen vorschnell zu relativieren, abzuwerten oder gar zu verallgemeinern. Denn es ist oft gerade das individuelle Erleben in Verbindung mit der zeitlich versetzen Reflexion, das neue Zugänge zu historischen Geschehnissen eröffnet – insbesondere zu solchen Vorgängen, die den Betroffenen gar nicht voll bewusst waren, nur vage geahnt wurden oder bis heute kaum bekannt sind.

Zudem entstanden viele dieser Texte zu einem Zeitpunkt, als die damaligen Studierenden bereits große Teile ihres Berufslebens hinter sich hatten – manche standen sogar schon im Ruhestand. Dass ihre Erzählweise nicht dem Ton ihrer studentischen Jahre entspricht, liegt auf der Hand. Doch gerade diese Distanz, verbunden mit einem geschärften historischen Bewusstsein, verleiht ihren Erinnerungen besondere Tiefe und Relevanz.

Als ich 2009 auf die Publikation „*Mit dem Motorrad durch den Zeunerbau - Erinnerungen ehemaliger TU-Studenten*" (Publikation der TU Dresden, Herausgeber der Rektor) aufmerksam gemacht wurde, fiel in einem Gespräch mit Dresdner Professoren der Satz: „Herr Knoblauch, so kann man das doch nicht stehen lassen – Nostalgie pur."
Im Vorwort schreibt Rektor Kokenge: *„[...] die vorliegenden Zeitzeugenberichte geben sehr subjektiv die Sichtweise der jeweiligen Verfasser wieder. Gerade dies ist es aber, was die Lektüre so interessant und wertvoll macht. [...] erhalten wir ein sehr differenziertes Bild [...] über die privaten wie politischen Hoffnungen junger Studierender.*"

Zunächst irritierte mich diese Kritik. Erst später wurde mir klar: Es fehlte etwas Entscheidendes. Genau daraus entstand die Idee zur Buchreihe *Zwischen Humor und Repression*.

Die Berichte aus dem Studium an der Pädagogischen Hochschule Erfurt – und sicher auch von anderen Hochschulen – zeichnen sich durch eine bemerkenswerte Offenheit aus. Doch viele Zusammenhänge blieben damals im Verborgenen. Erst mit der Öffnung der BStU-Akten wurde sichtbar, was den Studierenden zu jener Zeit nicht bekannt war – und auch in ihren Erzählungen nicht auftaucht.

Gerade deshalb ist es wichtig, die zeitgenössischen Erfahrungen der Autorinnen und Autoren nicht vorschnell mit später entdeckten Dokumenten zu vermischen. Die Zeitzeugen berichten aus ihrer damaligen Perspektive. Erst durch archivgestützte Kontextualisierung ergibt sich ein vollständigeres Bild.

Roland Mettcher beschreibt in seinem Beitrag *„Arbeit und Fernstudium waren eine hohe Belastung"*, wie ihm ein ML-Dozent – obwohl er an der TU Dresden *Technologische Projektierung* studierte – unmissverständlich vorgab, wie er seine Zeit zu organisieren habe, um sich das für eine sozialistische Führungskraft „essentielle Wissen" über den Marxismus-Leninismus wissenschaftlich anzueignen. Andernfalls, so die deutliche Drohung, sei er an der Universität „fehl am Platz".
Solche Schilderungen sind keine bloßen Wahrnehmungen, sondern Ausdruck realer Machtverhältnisse – dokumentierte Realität im Bildungssystems der DDR. In ihrer Authentizität besitzen sie mitunter größere Aussagekraft als damalige offizielle Handreichungen mit dem Titel *„Empfehlungen für einen erfolgreichen Studienabschluss im Fernstudium"*

Die Berichte belegen: Der pauschale Verweis auf Subjektivität greift zu kurz. Was hier erzählt wird, verweist auf strukturelle Mechanismen ideologischer Kontrolle und disziplinierender Eingriffe, die weit über Einzelfälle hinausgingen.
Tatsächlich war staatliche Willkür in vielen Fällen gravierender, als es den Betroffenen im Moment ihres Studiums bewusst war.
Wenn die Autoren prägende Erlebnisse und biografische Brüche schildern, so ist es gerade diese persönliche Perspektive, die eine differenzierte zeithistorische Einordnung erst ermöglicht.

Diese Berichte sind keine literarischen Fingerübungen. Sie sind dokumentarisch. Und sie sind wichtig. Denn jede einzelne Erinnerung eröffnet neue Facetten der Vergangenheit – und lädt dazu ein, auch die eigene Geschichte in Beziehung zu setzen.

Die Bedeutung wiederkehrender Themen

Beim Lesen der Beiträge fällt auf, dass sich bestimmte Motive immer wieder finden. Gerade diese Wiederholungen lassen Rückschlüsse auf systemische Strukturen und Handlungsspielräume im Hochschulsystem der DDR zu.

In den Beispielen des Zuganges zu den Arbeiter-und-Bauern-Fakultäten (ABF) wird gezeigt, dass es nicht nur dieser oder jener Voraussetzung bedurfte, um diesen Weg gehen zu können.
Oder die Durchführung der militärischen Ausbildung im Rahmen des Studiums wurde sehr unterschiedlich erlebt und ausgeführt.
Wesentlich eingeengter war der Spielraum dann schon bei der Gestaltung des kulturellen Lebens – wie wir in den Beiträgen sehen.

Erst durch die BStU-Akten wurde vielen bewusst, wie stark ihr studentisches Umfeld von Überwachung und Kontrolle durchdrungen war. War schon der Fund eigener „Stasi-Akten" für viele erschütternd, so verblasst das angesichts des Ausmaßes systematischer Bespitzelung im gesamten Bildungsbereich. Wie weit diese reichte, zeigt etwa die *Durchführungsanweisung Nr. 1 des Ministers für Staatssicherheit* (Anlage).

Und so sind auch die wiederkehrenden Themen zu verstehen: Sie spiegeln – je nach Studienort, Professorenschaft, Verwaltungsstrukturen, Zusammensetzung der Seminargruppen und Studienrichtung – unterschiedliche Erlebensräume innerhalb eines Bildungssystems wider, das insgesamt strengen politischen Vorgaben unterlag.

✳✳✳

Anpassung und Widerständigkeit

Studienbeginn in den 1960er- bis 1980er-Jahren

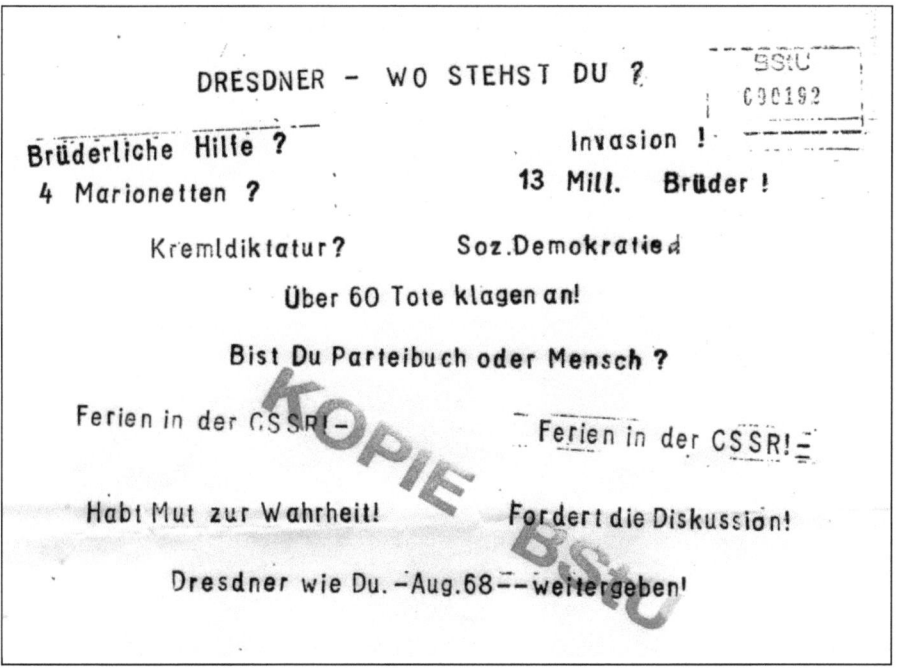

Flugblatt von Studenten der TU Dresden gegen den Einmarsch der Warschauer Pakt Staaten 1968 in die ČSSR (Foto: Peter Ziesecke)

Der Student Peter Ziesecke wurde wegen der Verteilung dieses Flugblattes zu 3 Jahren und 6 Monaten Gefängnis verurteilt – siehe Beitrag „Das Ende einer Flugblattaktion", Band 1, Seite 293.

Neue Studenten empfingen wir im Blauhemd der FDJ

Prof. Dr.-Ing. habil. Prof. h. c. Hans-Jürgen Hardtke (1963 TU Dresden, Fakultät Elektrotechnik, Fachbereich Elektroakustik, Diplom 1969, Promotion 1977)

Ich studierte von 1963 bis 1969 an der TU Dresden, Fachrichtung Elektroakustik unter Professor Dr. Reichardt und diplomierte bei Professor Dr. Lenk. Unsere Professoren an der TU Dresden waren zum Teil noch durch die Kriegs- und Nachkriegszeit geprägt, wie die Beispiele in den Vorlesungen zeigten. Hier wären Professor Hartmann (Feingerätebau) oder Professor Simon (Chemie) zu nennen.

Besonders beliebt waren Professor Recknagel (Physik) durch seine außergewöhnlichen Experimente und Professor Wunsch (Theoretische Elektrotechnik), der selbst Greensche Gleichungen so erklären konnte, dass die Mehrheit der Studenten dachte, sie hätte es begriffen. Er wurde bei Beginn und Ende der Vorlesungen wie ein Popstar begrüßt und verabschiedet.

Gefürchtet war Professor Schwabe (Chemie) durch seine harten und prinzipiell mündlich durchgeführten Prüfungen. Von den drei Professoren der Fachrichtung Elektroakustik waren zwei nicht in der Partei (SED), auch die zwei Seminargruppenbetreuer waren nicht in der Partei. Im politischen Sinne wurden Letztere nur bei den Wahlen und bei den jährlichen 1.-Mai-Demonstrationen tätig. Sie mussten die möglichst 100-prozentige Teilnahme der Studenten sichern.

Zurückblickend muss ich sagen, dass wir aber fachlich eine hervorragende Ausbildung an der TU hatten. Schon 1968 habe ich in meiner Diplomarbeit gekoppelte Feldprobleme behandelt und Piezokeramik für Schwingungssensoren entwickelt, die dem damaligen Stand der Technik weltweit entsprachen. In den Vorlesungen spielten politische Beeinflussung oder Druck nur eine untergeordnete Rolle. Ich erinnere mich, dass während einer Fachvorlesung nur noch ein Stück Kreide vorhanden war und Professor L. sagte: „Na, solange wir nicht nur noch rot schreiben müssen, möge es gehen."

Wie wir hörten, hatte dies für ihn disziplinarische Folgen. Er erklärte den Sachverhalt in der nächsten Vorlesung und musste sich entschuldigen. Es musste ihn also einer von den Studenten angezeigt haben. In unseren zwei

Seminargruppen waren nur wenige Studenten in der Partei. Sie fielen kaum auf.

Starker politischer Druck wurde in den Seminaren zur Lehrveranstaltung Marxismus-Leninismus ausgeübt. Die meisten Lehrer waren überfordert. Ich habe mir manchmal den Spaß gemacht, die Leninbände zur vorgegeben Problematik genau anzusehen und dann dem Seminarleiter Fragen zu stellen, die er meist nicht beantworten konnte. Ein Beispiel: Lenin schreibt, kein vernünftig denkender Mensch wird behaupten, dass es den Kommunismus je geben wird. Aber es ist ein erstrebenswertes Ziel. Ich habe nur den ersten Satz zitiert und gefragt, wie das auszulegen sei. Das brachte dann den ML-Mann sehr ins Schwitzen.

Es gab Einzelgespräche zur Werbung, in die SED einzutreten. Wir tauschten uns aus, mit welchen Argumenten man dies verweigern könnte, ohne sein Studium zu gefährden. Man könnte noch viel über die Wahlen an der TU, die ZV-Ausbildung (Zivilverteidigung), die ET-Fine-Veranstaltungen oder die Kartoffeleinsätze der Studenten in Mecklenburg oder in der Magdeburger Börde schreiben. Doch darüber berichten bereits G.Knoblauch und L. Gebauer in ihren Beiträgen.

Ich möchte mich aber auf ein paar Dinge aus dem Leben in einem Studentenwohnheim konzentrieren, die sehr schön die Situation der Studenten und ihre Einstellung zur DDR zeigen.

Im Wohnheim in der Güntzstraße waren mehrere Hundert Studenten verschiedener Fachrichtungen untergebracht, in den ersten Jahren nur Jungen. Wir schliefen in Achtmannzimmern in Doppelstockbetten. Zur Erledigung der Übungen und zum Lesen standen sogenannte Strebersäle zur Verfügung. Wir belegten dort Tische und ließen Bücher und Hefter liegen. Das gemeinsame Lernen am Nachmittag und Abend führte zum Gedankenaustausch und zur gegenseitigen Hilfe. Im Schnitt waren die Leistungen der Wohnheiminsassen besser als von Studenten, die zu Hause oder in Zimmern in der Stadt wohnten. Im Allgemeinen reisten wir montags an und fuhren am Freitag wieder ab. Mindestens zwei Mal in der Woche ging es zum Biertrinken. Beliebt waren der Altmarktkeller und die Zöllnerklause in der Neustadt, die Wernesgrüner Pilsner führte. Ich erhielt von zu Hause eine ausreichende, aber nicht überschwängliche Unterstützung und vom Staat ein Leistungsstipendium. Das reichte zum bescheidenen Leben in Dresden. In den Sechzigerjahren wurden durch die Zwangskollektivierungen (siehe hierzu den Beitrag und den zeithistorischen Kommentar von G. Knoblauch, „Kollektivierung der Landwirtschaft") bestimmte Lebensmittel knapp. So erhielt man Butter nur noch auf Butterkarten, ein halbes Stück pro Woche. Da war es günstig, dass ein Mitbewohner eine Freundin aus einem Lebensmittelgeschäft hatte. Bei ihren Besuchen im Wohnheim wurde eine Decke ans Doppelbett genagelt, was natürlich nur bedingt Diskretion brachte.

Eines Tages hing in der Neustadt ein Schild um den Hals des Reiterstandbildes von August dem Starken. Auf diesen Schild stand: „Lieber August steig hernieder und regiere du uns wieder. Laß in butterarmen Zeiten lieber Walter Ulbricht reiten."
Es herrschte unter den Genossen der TU große Aufregung. Wir wurden zu dem Vorgang befragt. Nach meiner Erinnerung ist der mutige „Übeltäter" nicht ermittelt worden.

Die Belegung der Zimmer im Wohnheim erfolgte gemischt. Das heißt, es wohnten ältere und jüngere Studenten und auch verschiedene Fachrichtungen zusammen. Das hatte den Vorteil, dass die Älteren manchen Tipp zum Studium geben konnten, auch der Austausch von Rückenwinden für Belege war einfacher. Als Rückenwind bezeichnete man eine Unterlage von anderen Studenten, die als Vorlage – auch zum Abschreiben – benutzt wurde. Das war übliche Praxis. Man durfte sich nur nicht erwischen lassen. Natürlich brachte dies auch mit sich, dass manche „Westzeitung" und verbotene politische Literatur von Hand zu Hand ging. Wir lasen von Alexander Solschenitzyn „Ein Tag im Leben des Iwan Denissowitsch" Abschriften von Erzählungen Václav Havels, Vorlesungsmanuskripte Robert Havemanns und das Buch „Die Revolution entlässt ihre Kinder" von Wolfgang Leonhard auf dem Zimmer (siehe die zeithistorische Information am Ende des Beitrages). Das Buch von W. Leonhard zu lesen und weiterzugeben war sehr gefährlich, wie F. Anders im Beitrag „Sagt Ihnen der Name Leonhard etwas?" und G.Knoblauch in „Chronik einer angekündigten Flucht" berichten.[2] Der bevorzugte Radiosender im Heim war Radio Luxemburg.

Wenn neue Studenten unserem Zimmer zugewiesen wurden, spielten wir denen manchen Streich. So empfingen wir sie im Blauhemd der FDJ, teilten

---

[2] Chronik einer angekündigten Flucht, Verlag BoD 2021,2023; ISBN: 978-3-7583-1257-1

mit, dass wir keine Westsender hören und veranstalteten vor dem Abendbrot im Zimmer eine Presseschau. Höhepunkt war das allabendliche Singen von Arbeiterkampfliedern, wie „Dem Karl Liebknecht haben wir es geschworen" usw. Die Jungen sangen kräftig mit.

Ich habe mich manchmal umdrehen müssen, um mein Lachen zu verbergen. Meist hielten wir das aber nur drei bis vier Tage durch. Einmal war bei den zwei Neukommilitonen große Verwunderung, da sie von der Vorlesung kommend das Radio auf einen Westsender eingestellt vorfanden. Wir hatten vergessen, es zurückzustellen.

Interessant ist, dass die gerade von der Oberschule kommenden Studenten dies alles mitmachten. Allerdings hatte ich an der Oberschule politisch auch so eine Erziehung, fachlich aber eine hervorragende Bildung genossen.

Im letzten Jahr des Studiums führten wir in unserem Freundeskreis den Kommersgesang ein (Liedgut der Studentenverbindungen für den Gebrauch in studentischen Kneipen), besorgten uns Liederbücher und konnten alle einen Salamander reißen (Salamander: geselliges Trinkritual in Studentenschaften, wohl eher richtig: Salamander reiben, von „S(auft) alle m(itein)ander), obwohl Burschenschaften in der DDR verboten waren.

Diese Riten wurden in der Studentengruppe der Jungen Gemeinde der Katholischen Kirche praktiziert, die in der Moreau-Schenke in Dresden-Kaitz in einem Hinterzimmer tagte.

Ein Studienkommilitone vermittelte uns diese Tradition weiter, die natürlich rigoros von der SED abgelehnt wurde. Die Genossen wussten wahrscheinlich nicht, dass auch Karl Marx ein Kommersbuch mit Studentenliedern besessen und manchen Salamander gerissen hatte.

Als die Sowjetarmee 1968 in Prag einrückte und die NVA im Erzgebirge Ausgangsräume besetzte, kam es zu erregten Diskussionen in Studentenkreisen und fast einhelliger Ablehnung dieser Vorgänge. Mit jeder Seminargruppe wurden deshalb durch die Parteisekretäre Einzelgespräche geführt und zur Unterstützung des Vorgehens des Warschauer Paktes aufgefordert. Ich erinnere mich, dass wir mit Unverständnis die Demonstrationen der Linken im „Westen" sahen, die für einen Sozialismus eintraten, während in Prag gegen Reformsozialisten russische Panzer rollten.

Dieser grundlegende Unterschied der Sozialisierung in Ost und West hält bis heute an. Rückblickend kann ich sagen, dass die kritische Haltung gegenüber der intoleranten Politik der SED sich im Studium verfestigte und große Teile der Studenten die weitere Entwicklung in der DDR kritisch sahen. So wurden schon damals die Voraussetzungen gelegt, die zu den großen Demonstrationen 1989 gerade in Dresden und zum Abdanken des Honecker-Regimes führten. Zu den ersten Demonstranten auf den Straßen in Dresden gehörten der Mittelbau, die Mitarbeiter der Werkstätten und viele Studenten.

Hans-Jürgen Hardtke, geb. 1944; 1963 TU Dresden, Elektrotechnik; 1969 wiss. Mitarbeiter VEB Messelektronik; 1972–1979 wiss. Assistent TU Dresden (Maschinenwesen), Promotion; 1979 Oberassistent; 1987 Habilitation; 1992 Professur 1994–1997 Dekan Maschinenwesen; 1997–2003 Prorektor Planung; 1992–2009 Direktor Institut für Festkörpermechanik; 2001 Mitglied der Akademie Leipzig, 2002 acatech; Präsident Reichenbachgesellschaft; Vorsitzender AG sächsischer Botaniker/Mykologen, Landesverein Sächsischer Heimatschutz.

***

Information zeithistorisch – Prof. Kurt Schwabe

Prof. Kurt Schwabe (1905–1983) ist vielen ehemaligen Studenten nachhaltig in Erinnerung geblieben – ein Zeugnis seiner außergewöhnlichen Persönlichkeit. Sein Wirken wird unter anderem von Hans-Jürgen Hardtke (*„Neue Studenten empfingen wir im Blauhemd der FDJ"*) und Reinhard Keller (*„Als Parteiloser werden Sie immer am Katzentisch sitzen müssen"*) eindrucksvoll beschrieben.

Schwabe war Professor an der Technischen Hochschule (später Technische Universität) Dresden und ein herausragender Wissenschaftler auf den Gebieten der Elektrochemie und physikalischen Chemie. Er leitete das Institut für Elektrochemie und Physikalische Chemie sowie – von 1959 bis 1965 – das Institut für Radiochemie im Zentralinstitut für Kernforschung in Rossendorf bei Dresden.

Seine wissenschaftliche Arbeit und sein Engagement hinterließen nicht nur in der Forschung, sondern auch bei seinen Studenten einen bleibenden Eindruck, wodurch er sich weit über die Grenzen seiner Disziplin hinaus einen Namen machte.

***

Information zeithistorisch - erwähnte Politiker und Schriftsteller

Erich Honecker (1912–1994), deutscher Politiker; frühzeitiges Engagement in kommunistischen Organisationen; Dachdeckerlehre. 1937 von der Gestapo (geheime Staatspolizei) der Nazis wegen Widerstandes zu zehn Jahren Zuchthaus verurteilt; nach Kriegsende Befreiung durch die Rote Armee. 1946–1955 Mitbegründer und Vorsitzender der FDJ (Freie Deutsche Jugend) in der DDR; Mitglied der SED nach dem Vereinigungsparteitag von KPD und SPD. Im August 1961 maßgeblicher Organisator beim Bau der Berliner Mauer. Nach dem erzwungenen Rücktritt von Walter Ulbricht 1971 erster Sekretär des ZK der SED (später Generalsekretär) und Vorsitzender des Nationalen Verteidigungsrates. 1989 erzwungener Rücktritt von allen Funktionen.

Alexander Issajewitsch Solschenizyn (1918–2008), russischer Schriftsteller. Er erhielt 1970 den Nobelpreis für Literatur. Neben seinem Hauptwerk „Der Archipel Gulag", wo detailliert die Verbrechen des stalinistischen Regimes bei der Verbannung und syste-matischen Ermordung von Millionen Menschen beschrieben werden, ist die Erzählung „Ein Tag im Leben des Iwan Denissowitsch" aus dem Gulag das bekannteste Werk.

Václav Havel (1936–2011), tschechischer Dramatiker, Menschenrechtler und Politiker. Er war einer der Initiatoren der Charta 77 bzw. der „Samtenen Revolution", von 1989 bis 1992 Staatspräsident der Tschechoslowakei bzw. von 1993 bis 2003 der Tschechischen Republik.

Robert Havemann (1910–1982), deutscher Chemiker, Wissenschaftler; 1935 promoviert; Widerstandskämpfer gegen den Nationalsozialismus; Kommunist; seit 1951 Mitglied der SED und Zusammenarbeit mit dem sowjetischen Geheimdienst KGB und dem MfS. Später Regimekritiker in der DDR, 1964 Ausschluss aus der SED sowie Entzug des Lehrauftrages; 1965 Berufsverbot und Ausschluss aus der Akademie der Wissenschaften der DDR.

***

„Man könne mich leider nicht zum Studium delegieren, da mir dazu die menschliche Reife fehle ..."

Dipl.-Ing. Lothar Gebauer; (TU Dresden, Studienjahrgang 1963, Elektrotechnik/Regelungstechnik, Diplom 1969)

Ich schildere hier die Verhältnisse, wie sie sich mir unmittelbar vor und nach dem Bau der Mauer darstellten. Damals war ich 18 Jahre alt.

Ich habe einen etwas umständlichen Weg gewählt, zur Hochschule zu gelangen. Meine Eltern wollten die Belastung durch einen Besuch der Oberschule nicht tragen und haben mich auf eine damals gerade erst erfundene Mittelschule geschickt. Daran anschließend musste ich einen Beruf erlernen. Zunächst wollte ich Flugzeugbauer werden, weil ich das in kindlicher Einfalt für den kürzesten Weg zum Piloten hielt. Mein Zeugnis der Mittleren Reife war ohne Tadel, aber bei meiner Bewerbung beim Flugzeugwerk Dresden (das damals das erste deutsche Passagierflugzeug mit Strahltriebwerk bauen wollte) gab es sehr viel Mäkelei an meiner Herkunft – Mutter nicht Produktionsarbeiterin, sondern selbstständige Schneidermeisterin, Stiefvater freischaffender Künstler, Vater nach dem Westen gegangen, ich selbst war konfirmiert und nicht, wie es damals schon gefordert war, jugendgeweiht Und so entschied ich mich, da besser nicht hinzugehen. Ich bewarb mich bei einem vollkommen anderen Zweig, der Pharmazie. Dort habe ich zwei Jahre gelernt und als Facharbeiter abgeschlossen.

Genau am Ende meiner Lehrzeit, am 13. August 1961, wurde in Berlin die Mauer gebaut. In der Welt herrschte plötzlich akute Kriegsgefahr. In der DDR wurde der gesamte männliche Abiturjahrgang „freiwillig" als „FDJ-Aufgebot" in die Nationale Volksarmee (NVA) gepresst. Auch ich wurde massiv bedrängt, in die Armee zu gehen. Aber ich habe nein gesagt, ahnend, was das für meinen weiteren Lebensweg bedeuten würde.
Im kleinen Team meiner unmittelbaren Kollegen war ich sehr anerkannt. Bei der Leitung des Großbetriebes aber galt ich als politisch nicht fügsam. Albernheiten, die heute schwer vorstellbar sind, waren damals Zwänge, z. B. die Uniform der kommunistischen Freien Deutschen Jugend (FDJ) zu tragen,

bis die Besatzungsmächte der DDR einen Friedensvertrag geben. So etwas gehörte damals zum Alltag. Ich besaß kein solches Hemd, konnte es folglich nicht tragen.

Aber ich entsinne mich an Veranstaltungen in meinem Betrieb, da saß ich sechs SED-Genossen gegenüber, die nur ein Ziel hatten, mir das Uniformhemd aufzunötigen. Daraus würde man heute eine Kabarettszene machen, für einen 18-Jährigen damals war das aber eine furchtbare Belastung.

Dass ich sofort nach der Lehre die Volkshochschule besuchte, um das Abitur zu machen, geschah aus Interesse am Lernen, nicht als Stufe meines Ausbildungsweges. Denn mir war klar, dass Menschen meiner Geisteshaltung nicht gefördert werden. Diese Grundüberzeugung teilten alle meine Mitschüler an der Volkshochschule – es war trotzdem eine Zeit, die mich mit wunderbaren, fröhlichen Menschen zusammenbrachte.

Um jede Hoffnung auf Förderung bei mir im Keim zu ersticken, teilte mir meine Firma – das Arzneimittelwerk Dresden – etwa nach einem Jahr mit, dass sie mich leider nicht zum Studium delegieren könne, weil mir dazu die menschliche Reife fehle. Es war die Führungsriege in der Kaderabteilung des Arzneimittelwerkes, die den Befund „fehlende menschliche Reife" per Ferndiagnose erstellte. Denn gesehen habe ich *die* nie! Wie man nach Ansicht der Kaderleitung menschlich reif wird, das weiß ich nicht. Ich vermute, Mitgliedschaft in der SED, in der Betriebskampfgruppe, in der paramilitärischen Organisation GST und Fahne am Fenster wären hilfreich gewesen.

Ich weiß aus eigenem Erleben, dass fleißige und erfolgreiche Arbeit im erlernten Beruf, Teamführung schon mit 18 Jahren für ein Team, in dem alle älter, manch einer viel älter war als ich, Abitur bei der Volkshochschule mit guten Noten trotz Arbeit im Dreischichtsystem nicht zum Attribut „menschlich reif" führten. Am Ende habe ich Glück gehabt, aber ich denke an viele Freunde, die Opfer der Willkür dummer, verbohrter Kaderleiter geworden sind.

Im Jahr 1962 wurde in der DDR die Wehrpflicht eingeführt. Trotz aller Vorbehalte gegen den Staat wurde das auch als eine gewisse Entspannung empfunden. Es ließ vermuten, dass der Druck, „freiwillig" zur NVA zu gehen, erheblich nachlassen würde. Den Druck gab es nach wie vor für alle, die studieren wollten. Für die war ein Weg über wenigstens die bescheidenste Offizierslaufbahn mitunter kaum vermeidbar.

Und dann kam das Jahr 1963, das Jahr, in dem nach meiner Überzeugung die DDR von einem Geistesblitz getroffen wurde. Es gab ein neues Gesetz zur Zulassung zum Hochschulstudium. Ich kann das hier nur an seinen Auswirkungen schildern, wie ich sie erlebt habe.

Die Ausgangssituation im Frühjahr 1963 war schwierig. Der Abiturjahrgang 1961, dessen männlicher Teil komplett als FDJ-Aufgebot zur NVA gegangen war, wurde jetzt von der NVA entlassen und wollte 1963 studieren. Hinzu kamen die Tatsachen, dass die TH/TU Dresden einen deutschlandweit hervorragenden Ruf hatte, dass in der Aufbauphase nach dem Zweiten Weltkrieg Ingenieure und Naturwissenschaftler dieser Universität hoch begehrt waren, so dass die TU einen erheblichen Teil ihrer Absolventen für den Westen ausgebildet hat. In manchen Fakultäten sind das wohl um die 50 Prozent gewesen.

Damit war nach dem Bau der Mauer Schluss. So gab es einen Überhang an Studierwilligen, die auf die Hochschulen drängten. Und in dieser Situation schuf man ein Gesetz, das auf geradezu revolutionäre Weise das Problem löste: Die Institute selbst sollten sich ihre Studenten aussuchen.

Das hat die TU Dresden mit groß angelegten Eignungsprüfungen getan, die ein gewaltiger Filter waren. Noch rechtzeitig vor der Prüfung erhielt ich von meiner Firma den Hinweis, dass sich die Zulassung geändert hat, dass die Firma (für die ich zwei Jahre im Dreischichtsystem fleißig und erfolgreich gearbeitet hatte) bei mir aber noch immer keine menschliche Reife entdecken kann und sich gegen mein angestrebtes Hochschulstudium stellt. Das war mir aber sehr egal, ich hatte die Eignungsprüfung so gut bestanden, dass die Professoren auf die eigentlich anschließende mündliche Prüfung verzichteten. Für das Fach Regelungstechnik, das ich studieren wollte, wurden damals nur elf Prozent der Bewerber angenommen. Was für ein Numerus clausus!

Die neue Zulassungsordnung verwirrte damals viele. Sie war in einem Staat, bei dem das Wedeln mit der roten Fahne das Wichtigste war, eigentlich unvorstellbar. Die Ursache habe ich Jahrzehnte später im Hamburger Nachrichtenmagazin „Der Spiegel" erfahren, in einer kleinen Notiz. Danach gab es schon 1962 einen Machtkampf zwischen Ulbricht und Honecker.

Honecker wollte die Fahnenschwenker fördern, Ulbricht die Begabtesten. Das war kaltes Kalkül, Ulbricht wollte die DDR zu einem wirtschaftlich blühenden Land entwickeln, das auch die Bundesrepublik überholt, denn abhauen konnten die gut ausgebildeten Ingenieure ja nicht mehr nach dem Mauerbau. Diesen Streit entschied Ulbricht für sich. Dass aus dem Plan mit dem wirtschaftlich blühenden Land später doch nichts geworden ist, das hat andere Gründe.

Soweit ich mich erinnere, war dann im Oktober 1963 die Immatrikulationsfeier für alle, die es geschafft hatten. Ich entsinne mich an die Rede von Professor Klaus Lunze, ein Professor, den wir wegen seiner Menschlichkeit sehr schätzten. Er sagte uns in aller Deutlichkeit, dass wir erst am Anfang eines Weges stehen. Er nannte uns Avantgarde, und das war von ihm nicht lobend, sondern verpflichtend gemeint, er prognostizierte uns eine harte Zeit, die die Hälfte von uns nicht bestehen werde. Für meine Studienrichtung kann ich das bestätigen. Es war hart, und etwa die Hälfte der Studenten war am Ende nicht mehr dabei.

Wenige Jahre später gab es eine Tendenz, die genauer untersucht werden müsste. Während man 1963 sehr stolz darauf war, an der TU Dresden immatrikuliert zu sein, so schien das Interesse bald abzuflachen. Der Beruf des Diplomingenieurs genoss zwar Achtung, aber er brachte zunehmend weniger Gehalt ein. Der Wechsel nach dem Westen war vollkommen versperrt, und wer in der armen DDR einigermaßen gut leben wollte, der musste einträglichere Berufe wählen: Berufe wie Kellner oder Friseur, bei denen der eigentliche Lohn durch das reich fließende Trinkgeld in schwindelnde Höhen stieg; Klempner, die Werkzeug und Material besaßen für dringend nötige Reparaturen, die sich das aber teuer und schwarz bezahlen ließen; Bauarbeiter, die tagsüber Müßiggang übten, damit das knappe Material für die Überstunden am Abend reichte; Automechaniker, die Spezialwerkzeuge und Ersatzteile besaßen, die dem normalen Kunden nicht zugänglich waren – sie alle verdienten viel mehr als ein Diplomingenieur, der mit der Automatisierung einer Erdölkolonne beschäftigt war. Und alle diese Produktionserzeugnisse und Dienstleistungen musste der Diplomingenieur teuer bezahlen, weil er nichts besaß, womit er seine Kunden erpressen konnte. Zunehmend kam noch die bundesdeutsche D-Mark als Währung in Umlauf. Man konnte sie kaum durch Arbeit erwerben, aber durch eine Tante im Westen, die damit für den Osten das Paradies einen Spalt öffnete.

Honecker führte dann um 1970 eine weitere Hochschulreform ein. Ein Verfahrenstechniker (Professor Richter, der „Dampfrichter") empfing seine Studenten im Herbstsemester mit den Worten: *„Es hat eine Reform gegeben, es gibt keine Fakultäten mehr, es sind Sektionen entstanden. Eine Sektion, das ist im medizinischen Sinn die Zerlegung einer Leiche."*

Hübsch formuliert, aber die TU war keine Leiche. Sie wurde es aber. Das Studium wurde arg verschult, aber schlimmer war, es gab nicht mehr genug Bewerber. Eigentlich konnte jetzt jeder studieren, aber viele wollten nicht mehr.

Honecker lobte die Arbeiter – die Intelligenz jedoch wurde auch gehaltsmäßig knappgehalten. Ich selbst wurde bei Robotron sechs Jahre lang mit einem Absolventengehalt bezahlt. Ich habe nebenbei arbeiten müssen, vorwiegend als Lehrer, um meine Familie durchzubringen.

Ein Studium wurde deshalb zunehmend unattraktiver. Die Entmachtung Ulbrichts, die heute auf das Jahr 1971 datiert wird, verlief allmählich. Die von ihm gegründeten Großforschungszentren verloren ihre Namen und nahezu alle üppigen Privilegien. Die Hochschulen wurden umstrukturiert, der Betrieb insgesamt wurde mehr verschult. Die Ausbildungsqualität sank und auch der Stolz der Absolventen.

Noch ein Wort zur militärischen Ausbildung: Für die Immatrikulierten des Studienjahrganges 1963 wurde extra ein Lehrstuhl für militärische Ausbildung geschaffen. In zwei dreiwöchigen Aufenthalten in einem Zeltlager wurden vereidigte Soldaten geformt, nicht sehr streng, weil die Ausbilder meist Kommilitonen des gleichen Studiengangs waren, die zwei Jahre vorher zum „FDJ-Aufgebot" gehörten. Die wollten es mit ihren künftigen Kommilitonen nicht verderben.

Unsere Ernteeinsätze: Wir waren zweimal (1963 und 1964) in Mecklenburg zur Kartoffelernte. Im Herbst 1966 wurden wir in der Kelterei Lockwitzgrund in Dresden eingesetzt. Für uns war das auch gut, wir konnten uns nicht nur die Äpfel aus den heimischen Plantagen mitnehmen, sondern auch so exotische Früchte wie Weintrauben (das war so beeindruckend, dass ich 50

Jahre später noch daran denke). Der Einsatz dauerte wie alle Einsätze drei Wochen.

Das Titelbild unserer Bergfestzeitung: beim „Baueinsatz" 1966

Das Foto auf der letzten Seite der Bergfestzeitung (Foto: L. Gebauer)

Wir sollten dort Rohre verlegen, vermutlich fehlte dazu ein Bagger, und Studenten waren preiswert. Unsere Arbeitszeit war die im Osten übliche, knapp neun Stunden pro Tag. Vermutlich haben wir dafür einen kleinen Hauch von Geld bekommen, mit Sicherheit hatte es keinen Einfluss auf meine immer sehr angespannte Finanzsituation. Ob unser Wirken für die Wirtschaft gut war, das muss ich bezweifeln.

Das Foto entstand schon mit der Absicht, das Titelblatt unserer Bergfestzeitung zu schmücken. Auf der letzten Seite war dann das andere Bild, wo uns allen die Erde bis zum Halse steht. Ob diese Botschaft heute noch ankommt, das möchte ich bezweifeln.

Lothar Gebauer, geb. 1943 in Dresden, Grundschule, Mittelschule, 1959 Facharbeiterlehre organisch-pharmazeutische Chemie, Volkshochschule/ Abitur. „1961 wollte man mich gleich nach der Lehre in die Volksarmee pressen, ich wollte nicht, *die* wollten, es gab ein fürchterliches Geschrei im Betrieb und ich war mir sehr sicher, dass ich mein Leben lang Chemiearbeiter bleiben müsste. 1963 TU Dresden, Diplomarbeit 1969, VEB Robotron; 1984 Übersiedlung in die Bundesrepublik.

***

Anpassung und Widerständigkeit

Repression führt zu Anpassung oder Widerständigkeit. Dies zieht sich wie ein roter Faden durch die Schilderungen der Autoren, die von den 50er-Jahren bis Ende der 80er-Jahre an Hochschulen und Universitäten der DDR studierten.

Die Studienbedingungen – dazu zählen sowohl die Zulassungsprozeduren als auch die von den Studierenden offiziell „für die Gesellschaft" erwarteten Gegenleistungen - änderten sich im Laufe der Zeit. Ein erster tiefgreifender Einschnitt war der Bau der Berliner Mauer im Jahre 1961.

In der Folgezeit kam es zu gravierenden Veränderungen in nahezu allen Bereichen des universitären Lebens: sowohl in den Strukturen und den Anforderungen des Studiums als auch im studentischen Alltag. Die Kontrolle wurde verschärft und die Mittel zur Durchsetzung staatlicher Forderungen an das Bildungssystem sowie an die Ausbildungsziele unterlagen einer strikten Überwachung.

Das volle Ausmaß dieser staatlichen Einflussnahme mittels FDJ, SED und MfS wurde jedoch erst nach 1989 vollständig sichtbar.

Die Kaderakte – Folgen eines Kirchbesuches

Dipl.-Dolm./-Übers. Uta Knoblauch (geb. Glatzer); (Humboldt Universität Berlin, Studienjahrgang 1964, Fachbereich Slawistik, Diplom 1968)

Nach dem Aufruf der SED-Partei 1963/1964 mehr Menschen aus der ´Produktion´ an die Universitäten zu holen, bewarb ich mich – eigentlich ohne große Hoffnung auf Zulassung. Ich hatte darüber in- meinem Bericht „Eigentlich verlief mein Studium ganz normal" geschrieben. Doch überraschenderweise wurde mir am Tag der Aufnahmeprüfung in Leipzig zugesichert, dass ich für die vierjährige Dolmetscher- und Übersetzerausbildung angenommen würde. So begann ich 1964 das Studium in der Sprachkombination Serbokroatisch/Russisch in einer kleinen Gruppe von sieben Frauen.

Es versteht sich von selbst, dass wir in der kleinen Sprachgruppe gelegentlich leicht ironisch Kritik übten am politischen Tagesgeschehen übten. Was wir jedoch nicht wussten: In unserer Studiengruppe befand sich ein IM. Aus den Stasi-Unterlagen konnte ich später nachvollziehen, dass die Kontaktperson (KP) – wie das Ministerium für Staatssicherheit (MfS) ihren Mitarbeiter mit Klarnamen bezeichnete - Margit Wiesner, sie war SED-Mitglied.

Die „KP" bewertete unser Verhalten als problematisch. Eine von ihr geforderte Aussprache mit mir und meiner kleinen Gruppe hätte jedoch von Genossen vorbereitet werden müssen, da die Stasi ein Entgleisen der Diskussion befürchtete. Aus diesem Grund fand die geforderte Aussprache nie statt.[3]

In den Stasi-Unterlagen liest sich das so: *„Die KP wurde durch uns auf die Gefährlichkeit der unter solchen Umständen stattfindenden Auseinandersetzung hingewiesen. Sie solle unter allen Umständen die Beratung der Parteigruppe vor der Veranstaltung ermöglichen, damit auf dieser Veranstaltung der Beginn der Auseinandersetzung zu Fragen der klassenmäßigen Erziehung wird (Wieland, Ultn.)."*

---

[3] BStU-Dokument 000032, Bericht zum Treffbericht v. 25.2.1967, Abteilung XX/3 des MfS:.

Seit ich mit einer Gruppe von fünf anderen Studentinnen 1965 während des dreiwöchigen Ernteeinsatzes in Mecklenburg – aus Langeweile und Interesse – einmal den Sonntagsgottesdienst in der kleinen Dorfkirche besuchte, galten wir sechs als *sehr religiös* und das lief dann auch für alle Zeit in den Kaderakten mit. Die Kaderakte war eine spezielle Form der begleitenden Personalunterlagen. Begleitend bedeutet: Die Kaderakte wanderte bei jedem Stellenwechsel mit – lebenslang!

---

1. **Ernteeinsätze**

1.1. Die politisch-operative Absicherung der Ernteeinsätze erfordert die Analyse des vorhandenen Materials über den zum Einsatz kommenden Personenkreis und Festlegung der operativen Schwerpunkte. Das inoffizielle Netz ist in der Zeit vor den Einsätzen darauf zu orientieren, geplante feindliche Handlungen schon in den Anfängen zu erkennen.

Aus der Dienstanweisung Nr. 1 des MfS, Seite 12; III." Operative Absicherung der Ernteeinsätze"; siehe das vollständige Dokument in den Anlagen zum Buch.

Natürlich mussten wir uns – zurück an der Uni – einer Aussprache stellen, die aber wegen ihrer Unerheblichkeit nicht weiter in Erinnerung blieb. Mir ist nur in Erinnerung geblieben, dass eine Kommilitonin, die sich beim Verkehrsministerium beworben hatte, aufgrund ihrer „religiösen Einstellung" nicht genommen wurde. Wir haben das seinerzeit nur lächerlich und nicht erklärbar gefunden.

Man bekam damals kurz vor Abschluss des Studiums je zwei Angebote vorgelegt – Stellensuche auf eigene Faust war zu meiner Zeit in der Planwirtschaft nicht vorgesehen.

Den Stasiakten konnte ich später entnehmen, dass aus der sehr neutral gehaltenen Beurteilung durch den Genossen Außenstellenleiter von Intertext Dresden – meiner späteren Arbeitsstelle – hervorging, dass ich als „charakterlich schwieriger" Mensch galt und die Ursachen vom Genossen Außenstellenleiter in meiner „starken religiösen Gebundenheit" zu liegen schienen. Spuren eines Besuchs als Studentin in einer mecklenburgischen Dorfkirche – sie hätten mich ein Leben lang begleitet in meinen Kaderakten.

Mein Studium endete 1968 noch vor dem Einmarsch der Warschauer Pakt-staaten in die ČSSR– so blieben wir dann zum Glück noch vor den üblichen Solidaritätsadressen verschont, das heißt solchen, in denen man sich zur Richtigkeit der von der Regierung beschlossenen Aktionen bekennen sollte.

Wir hatten seinerzeit durch die Kenntnis des Serbokroatischen immer die Möglichkeit, uns ein anderes Bild als das uns gebotene von den Ereignissen in der ČSSR zu machen. Jugoslawische Presse lag in der Bibliothek der Fa-kultät aus. Jugoslawien war wohl auch als ein sozialistisches Land einzuord-nen, gehörte aber keinesfalls zu den üblichen „Brudervölkern" der DDR.
Unter „Bruderstaaten" wurden die Mitglieder der sogenannten sozialisti-schen Staatengemeinschaft verstanden, zuerst die Verbündeten im War-schauer Pakt (militärischer Verbund) und im RGW (Rat für gegenseitige Wirtschaftshilfe), darunter auch Kuba und die Mongolei.
Die Sozialistische Föderative Republik Jugoslawien (1945–1992) entfernte sich nach Titos Bruch mit Stalin 1948 von der Sowjetunion und dem Ostblock und beschritt einen eigenen Weg des jugoslawischen Sozialismus. Jugosla-wien war nicht Mitglied des Warschauer Pakts und erst ab 1964 in einigen Organen des RGW vertreten.

Wir hatten in den letzten Monaten des Studiums im Serbokroatischen einen Muttersprachler als Dozenten, der als Dolmetscher den von jugoslawischen Gästen benutzten Begriff „Schandmauer" für den „antifaschistischen Schutz-wall" wörtlich ins Deutsche übersetzte. Das hatte ihm erhebliche Probleme mit der Partei eingebracht.
Da ich nichts von den oben erwähnten Überwachungsaktionen wusste, mit dem fachlichen Teil des Studiums gut zurechtkam, das Studium des Marxis-mus-Leninismus wie die überwiegende Mehrheit der Studenten als notwen-diges Übel betrachtete, konnte ich die Studienzeit als Beschäftigung mit mei-nen Sprachen auch genießen. Und ich habe realisiert, dass auch hier wieder – wie so oft – auch Genossen kritisch mit den Problemen jener Zeit umzu-gehen versuchten.

Und zu dieser Erkenntnis hat – wenn auch unfreiwillig – die Stasi mit ihren Hunderten von zusammengetragenen IM-Berichten, Abhörprotokollen, Postüberwachungsmaßnahmen beigetragen.

Mit der Flucht meines damaligen Freundes und heutigen Ehemanns eröffnete das MfS 1971 einen weiteren Operativen Vorgang (OPV). Diesen musste 1974 das MfS schließen. Von Berlin (Ministerrat der DDR, Ministerium für Staatssicherheit, Hauptabteilung VII) war die Anweisung gekommen, die Ausreise von Uta Glatzer und des gemeinsamen Sohnes Henrik *„[...] entsprechend Ihren operativen Mitteln und Möglichkeiten [...] in geeigneter Weise abzusichern"*.

Das ist veröffentlicht in der Publikation „Chronik einer angekündigten Flucht"[4]

Nachdem mein Mann und ich am 1. Januar 1992 bei der BStU Akteneinsicht beantragt hatten, erhielten wir am 28. September 1999 einen Anruf, dass die Einsicht nun möglich sei. Laut Herrn Hamisch von der BStU in Berlin waren mehr als 10.000 Seiten zu unserem Fall vorhanden. Die Unterlagen wurden von uns für die Forschung freigegeben

Uta Knoblauch (geb. Glatzer) geb. 1940 in Dresden; 1958–1962, Lehre als Industriekaufmann, später Wirtschaftsprüferin, Studium Humboldt-Universität Berlin, 1968 Intertext Berlin/Dresden, 1971 Kündigung, um Kontakt mit vertraulichen Dokumenten zu vermeiden, da der Freund und heutige Ehemann war geflüchtet. 1974 Ausreise in BRD. 1974 eigener Übersetzerservice in München. Die Stasiakten der OPVs (10.000-12.000 Seiten), soweit Uta und Günter Knoblauch betreffend, sind von uns für Forschungszwecke freigegeben.

✳✳✳

---

[4] G.Knoblauch: „Chronik einer angekündigten Flucht", BoD, 3. Auflage 2023

Forschungsstudium statt Diplom

Dr.-Ing. Johannes Jacob;(TU Dresden, Studienjahrgang 1964 Fachrichtung Maschinenwesen, Verfahrenstechnik, 1969–1972 Forschungsstudium, Promotion 1974)

Im Februar 1964 mussten sich die Studienanwärter im Institut für Verfahrenstechnik der TU Dresden einer Eignungsprüfung unterziehen, die aus einer schriftlichen Prüfung und einem Gruppengespräch mit dem Oberassistenten oder dem emeritierten Institutsleiter bestand. Danach wusste man, ob man angenommen oder abgelehnt war.

Zu diesem Studium kam ich durch ein Ausbildungsangebot der Chemischen Werke Buna Schkopau. Im Rahmen des Unterrichtsfaches „Unterrichtstag in der Produktion" erhielten wir in der 11. und 12. Klasse die Grundausbildung zum Chemiefacharbeiter. In den Sommerferien nach dem Abitur konnte in einem sechswöchigen Lehrgang diese Grundausbildung mit dem Facharbeiterbrief abgeschlossen werden. Damit war bei einem eventuellen Abbruch des Studiums ein Broterwerb möglich. Das eigentliche Studium begann Mitte September mit einem vormilitärischen Ausbildungslehrgang im GST-Lager in Schirgiswalde. Dieser war ein fester Bestandteil des Studiums. Eine Nichtteilnahme hätte den Abbruch des Studiums bedeutet. Als Ausbilder wurden TU-Studenten eingesetzt, die ihre Wehrpflicht schon abgeleistet hatten. In dieser Zeit lernte man seine Kommilitonen sehr gut kennen.

Nach diesem Ausbildungsabschnitt ging es mit der Seminargruppe nach Mecklenburg zur Kartoffelernte. Im Anschluss daran begann das erste Semester mit dem Industrievorpraktikum im VEB Vereinigte Apparate-Kessel- und Armaturenwerk in Halle. Diesen Betrieb kannte ich schon aus dem polytechnischen Unterricht an der Grundschule. Leider erwies sich diese Wahl als nicht besonders günstig. Als Oberschüler hatte man keine praktischen Erfahrungen und aus Arbeitsschutzgründen durfte man nicht an den Maschinen eingesetzt werden.

Im Frühjahr 1965 trafen wir uns also bei der Immatrikulation wieder. Damals begannen ca. 300 Studenten ihr Studium in der Fakultät Maschinenwesen. Zu diesem Studienjahrgang gehörten nur zwei Mädchen.

Aufgrund des Kennenlernens im Militärlager wählten wir uns ein Sechsmannzimmer in den Baracken in der Fischhausstraße aus. Dass diese Wahl doch nicht so gut war, merkten wir im Laufe des Semesters. Die Bedingungen in so einem Studentenheim waren nicht optimal (viel Lärm, schlechte Arbeitsbedingungen, kein Platz zum Zeichnen). Die Lernqualität hatte doch erheblich gelitten. Nach Ablauf des Frühjahrssemesters wechselten alle Zimmergenossen in private Zweimannzimmer, die wir bis zum Ende des Studiums bewohnten. Wir hatten genug vom Internatsleben.

Kaum waren wir in unsere Privatzimmer eingezogen, meldete sich ein Mitarbeiter der Staatssicherheit. Er wollte von mir wissen, warum wir aus dem Studentenwohnheim ausgezogen seien. Ich nannte ihm unsere Gründe: wenig Platz und viel Lärm in den beiden Baracken. Namen der Lärmverursacher konnte und wollte ich ihm nicht nennen. Es muss wohl auch Beschwerden von den Bewohnern der angrenzenden Häuser gegeben haben.
Nach der Wende wurde mir im Ergebnis der Überprüfung der möglichen Stasitätigkeit mitgeteilt, dass damals (1965) eine Karteikarte zu meiner Person angelegt wurde, aber mehr nicht. Dies war meine einzige Begegnung mit der Stasi.

Von Anbeginn des Studiums habe ich den Kontakt zur evangelischen Studentengemeinde gesucht. Dies wussten auch alle meine Kommilitonen. In unserer Seminargruppe hatten wir zwei Genossen, die mich aber politisch in Ruhe ließen.
Mein Studium habe ich mit dem Stipendium von 140 Mark im Monat finanziert. Das war nur möglich, da die Miete für das Studentenheim 10 Mark und für unser Zweimannzimmer 20 Mark pro Person betrug. Der Komfort war nicht groß, aber es reichte für uns. Fast jedes Wochenende fuhr ich nach Halle. Eine Fahrt kostete 3,20 Mark plus 3,00 Mark D-Zug-Zuschlag. Die Monatskarte für die Dresdner Verkehrsbetriebe erhielt man für 7,50 Mark. Kleidung bekam ich allerdings von meiner Mutter finanziert. In den höheren Semestern habe ich mein Budget durch zusätzliche Hilfsassistententätigkeit erhöht.
Nach dem Erreichen des Vordiploms wurde durch die Hilfsassistententätigkeit die Verbindung zu den Professoren und zu den Assistenten intensiver. Wir führten unter Anleitung eines Assistenten Versuche an einer

großtechnischen Versuchsanlage durch. Diese Arbeiten waren in die vorlesungsfreie Zeit im September gelegt. Dafür fiel für uns der Ernteeinsatz aus.

Zur Verbesserung der Studienleistungen wurden in den Seminargruppen „Lerngruppen" eingerichtet. Sie beschränkten sich meistens auf die gemeinsame Lösung der schriftlichen Hausaufgaben. Bei Studenten mit unzureichenden Leistungen wurden Gespräche mit den Dozenten, dem Betreuerassistenten und der FDJ-Gruppenleitung durchgeführt, um Lösungswege zu finden, die Zahl der Studienabbrecher zu senken. Das Ziel wurde aber nicht immer erreicht.

Die Vorlesungen und Seminare fanden während unserer Studienzeit immer zwischen 7.30 Uhr und 14.00 Uhr statt, so dass die Nachmittage fürs Selbststudium und Aufgabenlösen verwendet werden konnten. Leider wurden die Pflichtsportstunden immer auf den Sonnabend gelegt. Da ich mich für die zentrale Basketballgruppe entschied, hatte ich in der Wochenmitte meinen Sport.

Durch die vielen Pflichtfächer und den festen Stundenplan war man zu ständigem Arbeiten gezwungen und konnte die vorgesehene Studienzeit einhalten. Anderseits wurde man daran gehindert, auch Vorlesungen anderer Fachrichtungen (Architektur, Kunst) zu hören. Die schlechteste Resonanz bei den Studenten hatten die Gesellschaftswissenschaften. Mittels Registrierung wollte man die Teilnehmerzahl in den Vorlesungen erhöhen. Bei den Gewi-Seminaren gab es sowieso Anwesenheitspflicht.

Die Diskussionen in diesen Seminaren brachten meist nicht viel, und so ließ man es bei der passiven Teilnahme am Seminar.

Im August 1968 war für unsere Seminargruppe ein Auslandspraktikum am Verfahrenstechnischen Institut in Prag vorgesehen. Am Prager Institut hatte man aber für uns in dieser Umbruchzeit keine Zeit. Warum das so war, haben wir erst nach dem 20. August richtig mitbekommen. So konnten wir uns die Stadt genauer ansehen.

Im achten Semester wurden wir gefragt, ob sich jemand für ein dreijähriges Forschungsstudium mit anschließender Promotion interessiere. Das Forschungsstudium war gerade ein Jahr vorher eingeführt worden, um die Forschungskapazitäten an den Universitäten für die Industrie zu erhöhen. Politisch und fachlich wurden keine direkten Kriterien vorgegeben.

Dagegen wirkten die finanziellen Bedingungen, ein Stipendium von 300 Mark (1. Jahr), 350 Mark (2. Jahr) und 400 Mark (3. Jahr) sowie die Festlegung, dass keine Diplomarbeit geschrieben werden durfte, hemmend auf die Bereitschaft, dieses Studium zu beginnen. Unsere Wünsche, eine Diplomarbeit zu schreiben, wurden von der TU-Leitung generell abgelehnt. Somit lag kein Abschlusszeugnis vor, und die Zeit des Forschungsstudiums wurde uns in der Nachwendezeit bei der Rentenberechnung nicht berücksichtigt.

Doktorfeier 1974 – Dr. Jacob ganz links (Foto privat)

Wir waren damals vier Forschungsstudenten im Bereich der Verfahrenstechnik, die für ein Großprojekt der Kaliindustrie Anwendungsforschung durchführten. Da für uns an der TU Dresden keine Arbeitsplätze vorhanden waren, wurden wir in das Technikum des VEB Komplette Chemieanlagen Dresden ausgelagert. Darunter litt natürlich die Bindung zum Lehrstuhl und den anderen Doktoranden. Aber wir haben unser Ziel erreicht, wenn auch die Arbeiten nur für den Papierkorb waren, da das bei den Arbeiten behandelte Großprojekt wegen fehlender Finanzen nicht realisiert wurde.

Das Forschungsstudium durfte ich nach Vorlage des Entwurfes der Promotionsarbeit abschließen. Die Arbeit habe ich dann in der Mitte des Jahres

1973 abgegeben. Ich musste aber mehr als ein Jahr auf die Verteidigung der Arbeit warten.

Die sonst für die Studenten vorgesehene zentrale Arbeitsplatzvermittlung entfiel bei uns. So musste man sich damals selbst kümmern bzw. sich per Zeitungsannonce anbieten. Dies hat bei mir auf Anhieb geklappt. Ich konnte als wissenschaftlicher Mitarbeiter in der Bezirkshygieneinspektion Dresden in der Abteilung Lufthygiene meine Arbeit aufnehmen.

Johannes Jacob, geb. 1945 in Halle (Saale), 1960 EOS „Thomas Müntzer" in Halle. Parallel dazu Chemiefacharbeiterbrief; 1964 TU Dresden, Verfahrenstechnik, Forschungsstudium, 1974 Promotion. 1972 -1989 wissenschaftlicher Mitarbeiter Bezirkshygieneinspektion Bereich Lufthygiene. Mit Gründung des Landesamtes für Umwelt und Geologie Wechsel in den Bereich Immissionsschutz.

***

Information zeithistorisch – Forschungsstudium
Das sogenannte Forschungsstudium wurde in den letzten Jahren der DDR eingeführt, um (fachlich und politisch) besonders befähigte Studenten (natürlich auch Studentinnen) auf direktem Wege, also auch schneller und ohne erst die Diplomarbeit anfertigen zu müssen, zur Berufsfähigkeit mit dem Titel Dr.-Ing. zu führen. Damit wollte man also Zeit „einsparen". Die Teilnahme am Forschungsstudium bedeutete, dass man ohne vorherige Ablegung einer Diplomprüfung direkt eine Promotionsarbeit vorlegen und entsprechend abschließen konnte. (Anmerkung des Herausgebers)

***

Zwänge und Chancen als Student
und wissenschaftlicher Assistent

Dipl.-Ing. Christian Höfgen (TU Dresden, Studienjahrgang 1964, Fakultät Elektrotechnik, Feingerätebau, Diplom 1971)

Mein Studienwunsch war, Schiffselektrotechnik an der Uni Rostock zu studieren. Deshalb musste ich nach dem Abitur von 1961 bis 1962 ein praktisches Jahr in der Warnowwerft Warnemünde ableisten. In der DDR war der Volkseigene Betrieb (VEB) Warnowwerft Warnemünde der größte Werftbetrieb im Kombinat Schiffbau Rostock. Während dieses praktischen Jahres wurde am 13. August 1961 die Mauer gebaut. Als Reaktion darauf versuchte ich am 13. November 1961 zusammen mit einem zukünftigen Kommilitonen die Flucht aus der DDR über die Ostsee. Dieser Versuch scheiterte an der Wetterlage, wir wurden gefasst und ich zu zehn Monaten Gefängnis verurteilt. Am 30.Juni 1962 wurde ich entlassen und der Rest der Strafe wurde zur Bewährung ausgesetzt. Da ich vorbestraft war, konnte ich mich nicht erneut zum Studium bewerben, sondern erlernte von 1962 bis 1964 den Beruf des Elektromechanikers. Mein Lehrbetrieb unterstützte danach meine Bewerbung an der TU Dresden zum Studium der Elektrotechnik. Da die geforderten Voraussetzungen zum Studium (Abitur „gut", Lehre „gut", nicht mehr vorbestraft, Delegierung von einem VEB) erfüllt waren, wurde ich 1964 an der TU Dresden zum Studium der Elektrotechnik immatrikuliert. Das Vorpraktikumssemester wurde mir erlassen, da ich eine abgeschlossene Ausbildung als Elektromechaniker vorweisen konnte. So konnte ich in meinem Ausbildungsbetrieb weiterarbeiten und etwas Geld für das Studium sparen.

An der militärischen Ausbildung (Grundausbildung) zu Beginn des Studiums nahm ich teil. Ich fand diesen Einsatz nicht weiter kritisch, körperlich hatte ich keine Probleme, für die gesellschaftlichen Schulungen war ich weitgehend immun. Der erste Kontakt mit den zukünftigen Kommilitonen war gut und prägend.
Am zweiten Teil der militärischen Ausbildung nahm ich aus Gesundheitsgründen nicht teil und wurde somit auch nicht vereidigt. Von landwirtschaftlichen Einsätzen während der Ferien war ich freigestellt, da ich als Rettungsschwimmer an der Ostsee tätig war. Diese Einsätze an der

Staatsgrenze „Ostseestrand" bestärkten mich in dem Entschluss, nach dem Studium erneut eine Republikflucht zu versuchen.

Doch zurück zum Studium. Die Vorlesungen waren von hohem fachlichen Niveau. Die Seminare waren anspruchsvoll und gut auf die Vorlesungen abgestimmt. Die Betreuung durch die Assistenten war ebenfalls gut und effektiv. Eine Ausnahme bildete das Fach Marxismus-Leninismus, sowohl bei den Vorlesungen als auch bei den Seminaren. Dieses Fach empfand ich als primitiv, dogmatisch aufgezogen und damit ausgesprochen konträr zu den wissenschaftlich-technischen Es passte eigentlich gar nicht in das Studium. Trotzdem und leider war es im Stellenwert fast das wichtigste Fach. Ich bin hier nie über eine Note „befriedigend" hinausgekommen, was auch ein- oder zweimal das mir gewährte Leistungsstipendium gefährdete.

Das Vordiplom war für mich ein harter und wichtiger Meilenstein, da von seinem Erreichen meine weitere berufliche Lebensplanung abhing. Bei Nichterreichen stand die Exmatrikulation bevor. Wollte ich dann weiterstudieren, so hätte ich mich zunächst in der sozialistischen Produktion „bewähren" müssen, um erneut delegiert zu werden. Ich schaffte es.

Das Diplom mit Diplomprüfungen und Diplomarbeit war leichter zu erlangen, da der in uns investierte Aufwand nicht mehr so einfach riskiert wurde wie beim Vordiplom. Die Diplomarbeit an sich hatte das Manko, dass Untersuchungen zu bestimmten technischen Problemen in VEB-Betrieben erwartet wurden, aber aufgrund der vielfach unsinnigen Geheimhaltung in den Betrieben gar nicht erbracht werden konnten. Somit ist in vielen Fällen die Diplomarbeit zu einer weitgehenden Literaturarbeit mit einigen Versuchen und Ergebnissen degradiert worden.

Aufgrund meiner guten fachlichen Leistungen während des Studiums und trotz meiner nur mittelmäßigen Leistungen im Fach Marxismus-Leninismus wurde ich von der Auswahlkommission der Sektion, bestehend aus der staatlichen Leitung, den gesellschaftlichen Organisationen, der Kaderkommission und den Seminargruppensekretären, als wissenschaftlicher Assistent vorgeschlagen. Das Kadergespräch fand im Sommer 1969 im Barkhausenbau der TU statt. Dieses Einstellungsgespräch verlief zur beidseitigen Zufriedenheit. Der einzige Stolperstein war die notwendige Mitgliedschaft in der Deutsch-Sowjetischen Freundschaft (DSF). Meiner Argumentation, dass die Freundschaft zu allen Völkern einschließlich den Völkern der Sowjetunion für mich wichtig ist, wurde entgegengehalten, dass alle Assistenten Mitglieder in der DSF sind. Schließlich wurde ich vor die Entscheidung gestellt, in die DSF einzutreten und Assistent zu werden oder auf eine Assistententätigkeit zu verzichten. Dieser „Argumentation" konnte ich mich nicht entziehen, ich trat in die DSF ein und wurde als wissenschaftlicher Assistent eingestellt.

Meine Einstellung war auf vier Jahre befristet und diente primär der Arbeit an einer Promotion. Gleichzeitig wurde ich auch mit der Betreuung von Studenten beauftragt. So übernahm ich im September 1970 eine Gruppe neu immatrikulierter Studenten.

Erwartet wurde von mir nicht nur eine gute fachliche Betreuung, sondern auch gesellschaftliches Engagement mit absoluter Linientreue. Diesem Zwang wollte ich mich nicht kompromisslos beugen, sondern einen Weg wählen, bei dem ich mich auch noch im Spiegel anschauen konnte. Dieser Weg war nicht einfach zu gehen, da man nie wusste, wem man in seinem Umfeld vertrauen konnte, wenn man seine Meinung zum politischen Tagesgeschehen in der DDR und in der Welt oder zu Vorgängen an der TU Dresden öffentlich vertreten wollte.

Was ich damals nicht wusste: In meiner Seminargruppe hatten wir einen Spitzel der Staatssicherheit (IM Herr Wagner). Erst nach der Wende habe ich das meiner Stasi-Akte entnehmen können. Hier einige Passagen aus seinen IM-Berichten, die zur damaligen Zeit für mich nicht unkritisch waren:

- *"Die fachlichen Leistungen des Höfgen während der Betreuung der Übungen sind gut. Zu politischen Fragen sagt er aber nie seine persönliche Meinung."*

Diese Passivität war für mich bei einer anderen als der vorgeschriebenen Meinung die einzige Chance, um nicht als Abweichler identifiziert und bei der Stasi angeschwärzt zu werden

- *"Der Höfgen sagt jedoch nie etwas, wie man das Programm besser erfüllen kann, auch leitet er keine Initiativen zur Verwirklichung des Kampfprogramms ein."*

In Diskussionen über den Stand der Erfüllung des Kampfprogramms musste ich die gestellten Aufgaben mit den erfüllten vergleichen.

- *"Im Herbst 1970 sagte der Höfgen, dass ein Kartoffeleinsatz stattfinden werde, an dem alle teilnehmen müssten, es sei denn, man finde einen guten Entschuldigungsgrund."*

Ich selbst habe mich immer entschuldigt, z.B. mit Einsätzen als Rettungsschwimmer an der Ostsee.

- *"Während einer FDJ-Versammlung sagte der Höfgen, dass er bei den Studenten im Wohnheim einen Besuch machen müsse. Er forderte sie darüber hinaus auf, ihre Zimmer aufzuräumen, die Radios nicht auf einem Westsender stehen zu lassen und ihm einen Termin zu nennen."*

Für diesen Stasi-Studenten war das eine ungeheuerliche Vorgehensweise, denn wie konnte ich einen Besuch ankündigen, wo ich doch die schwarzen Schafe herausfinden und melden sollte.

So viel zu dieser Einschätzung. Zu dieser Zeit wusste ich allerding nicht, dass ich an der TU Dresden observiert wurde. Ich befürchtete es. Dass ich nach dem Scheitern des Prager Frühlings 1968 von der Staatssicherheit beobachtet wurde - laut meiner Stasi-Akte wurde ich von drei IMs observiert -, habe ich auch vermutet. Briefe von mir an einen Freund in der ČSSR, in denen ich mich für die Vorgehensweise der Warschauer Pakt Staaten entschuldigte, waren von der Stasi abgefangen worden. An der Uni sprach man mich nicht an und so habe ich es kurzzeitig verdrängt.
Trotzdem habe ich mich seit dieser Zeit wieder konkret mit Fluchtplänen beschäftigt.
Als Seminargruppenbetreuer kam ich zu dem Schluss, dass ich möglichst schnell einen Schlussstrich ziehen musste, ehe die Stasi belastendes Material sammeln und dann meine Entlassung als wissenschaftlicher Assistent fordern könnte.

Als Fazit fasse ich zusammen: Meine Studienzeit kann ich als problemlos, stark persönlichkeitsfördernd und letztendlich erfolgreich bezeichnen. Die zwischenmenschlichen Beziehungen zu anderen Kommilitonen waren dabei äußerst wichtig und aus meiner Sicht sehr gut.

Meine Vergangenheit wurde weder von der FDJ noch der Partei angesprochen. Es gab keine Aufforderungen der Stasi, zu einer wie auch immer gearteten Zusammenarbeit. In unserer Seminargruppe wurden keine Abweichler ausgemacht und gemaßregelt.

Da ich meine eigene Meinung für mich behielt und nur das, was die Genossen hören wollten, in die Diskussion einbrachte, wurde ich nur als passiver Kommilitone eingestuft. Das sicherte mir – aus meiner Sicht - eine relative Freiheit. Eine wirkliche Befreiung von diesem Druck sah ich nur einer Flucht aus dem „Arbeiter-und-Bauern-Gefängnis". Diesen Schritt unternahm ich 1971, ein Jahr nach dem Studienabschluss.

Christian Höfgen, geb. 1943 in Dresden, 1949 Grundschule, 1957 EOS, 1961–1962 Gefängnis, versuchte DDR-Flucht, 1962–1964 Lehre als Elektromechaniker, 1964 Studium TU Dresden, Diplom 1970, wissenschaftlich-technischer Assistent, 1971 Flucht aus der DDR. 1971–2003 Siemens AG in München, Hardware-/Softwareentwicklung, 1986-2003 Dienststellenleiter weltweiter Service von Kommunikationssystemen.

***

```
1.3.   Zur stärkeren Unterstützung der analytischen und
       operativen Tätigkeit sind in den Verwaltungen der
       Universitäten, Hoch-, Fach- und Erweiterten Ober-
       schulen wichtige Schlüsselfunktionen durch IM zu
       besetzen bzw. geeignete Kader in solchen Funktionen
       zu werben. Dabei kommt es besonders darauf an,
       überprüfte und zuverlässige IM einzusetzen, die
       befähigt und bereit sind, Aufgaben des MfS konspi-
       rativ durchzusetzen.
```

Aus der Dienstanweisung Nr. 1 - I. Inoffizielle Arbeit, Punkt 1.3, das vollständige Dokument befindet sich in den Anlagen.

„Als Parteiloser werden Sie immer am Katzentisch sitzen müssen"

Dipl.-Ing. Reinhard Keller (TU Dresden, Studienjahrgang 1964, Sektion Bauwesen, Fachrichtung Konstruktiver Ingenieurbau, Diplom 1970)

Mein Blick zurück auf mein Studentenleben an der TU Dresden ist ein „Blick zurück ohne Zorn". Dafür gibt es zwei gute Gründe: Erstens verklärt sich der späte Blick zurück aus der heutigen guten und vor allem gesicherten Perspektive. Zum anderen ist es mir damals als Student gelungen, meine eigenen Gedanken in einer Art innerer Emigration mindestens so weit zu verbergen, dass ich nicht mehr als unvermeidlich „angeeckt" bin.

Ich gehöre dem Jahrgang an, der gerade noch von der Wehrpflicht, die nach dem Bau der Mauer in der DDR eingeführt wurde, verschont blieb, aber schon in der Oberschule massiv der Werbung zum freiwilligen Wehrdienst ausgesetzt war. In meiner Schulklasse gehörte ich zu den ganz wenigen Außenseitern, die dieser Werbung widerstanden. Das war wohl auch der Grund, weshalb ich nach einem durchaus guten Abitur nicht direkt zum Bauingenieurstudium zugelassen wurde. Ich habe eine Baulehre absolviert, lag meinen Eltern ein Jahr länger auf der Tasche, bereue aber diese „Ehrenrunde in der Produktion" aus nachträglicher Sicht keinesfalls.

Im Herbst 1964 bin ich dann an der Sektion Bauingenieurwesen für die Fachrichtung Konstruktiver Ingenieurbau immatrikuliert worden. Bis zum Vordiplom nach sechs Semestern fanden nahezu alle Vorlesungen gemeinsam für alle 140 Baustudenten des gleichen Jahrgangs statt. Nur die sogenannten Übungen fanden im Rahmen von Seminargruppen statt. Ein Großteil meiner männlichen Studienkollegen hatte den dreijährigen freiwilligen Wehrdienst hinter sich. Nur einige mehr oder weniger Privilegierte hatten den direkten Weg zum Studium einschlagen dürfen.

In den ersten Studienjahren mussten alle Studenten wöchentlich einmal ein „Gewi-Seminar", natürlich mit strikter Anwesenheitskontrolle, absolvieren. In diesen Veranstaltungen, in denen dialektischer und historischer

Materialismus vorgebetet oder politische Ökonomie erklärt werden sollte, wurden wir von einer linientreuen Seminarleiterin immer wieder zu vermeintlich offenen Meinungsäußerungen herausgefordert. Bei einer solchen Gelegenheit standen die „böswilligen" Behauptungen der „Westpresse" auf der Tagesordnung, wonach an der Zonengrenze Minen installiert worden seien. Die „Genossin" am Katheder forderte uns nachdrücklich und auch zeitraubend zur persönlichen Stellungnahme und zur Zurückweisung dieser „Falschmeldungen" heraus. Am Ende des Sermons wurde es dann einem meiner Mitstudenten zu bunt. Er sagte, die Westpresse habe recht. Er selbst sei dabei gewesen, als Minen an der Grenze gelegt wurden. Drei Wochen später war mein vorlauter Kommilitone exmatrikuliert. Die Seminarleiterin hatte seine frühere Einheit bei den Grenztruppen kontaktiert und in Erfahrung gebracht, dass die Sache mit den Minen an der Grenze zwar richtig, aber auch militärisches Geheimnis sei. Und das war Grund genug für die Exmatrikulation.

Nach dem ersten Studienjahr, im Sommer 1965, wurden alle „ungedienten" Studenten meines Jahrgangs ungefragt zu einem dreiwöchigen militärischen Lehrgang in das GST-Lager nach Schirgiswalde in der Oberlausitz geschickt. Dieser Lehrgang wurde von Offizieren der NVA geleitet, die auf der Gehaltsliste der TU geführt wurden. Unsere Ausbilder waren Mitstudenten, die zuvor gedient hatten und auf diese Weise ihre Reserveübung absolvierten. Das hatte eine ganz eigenartige „Ausbildungsatmosphäre" zur Folge. Die Ausbilder und die Lehrgangsteilnehmer aus dem gleichen Studiengang hatten übereinstimmende Interessen. Wir zogen ins „Feld", stellten „Feldwachen" auf, die rechtzeitig das Nahen von Offizieren meldeten, so dass wir dann auf eifrigen Dienst mimten, während ansonsten „fröhliches Jugendleben" herrschte.

Zu dieser Zeit gab es auf DDR-Fußballplätzen immer wieder Sprechchöre, wobei je nach Spielstand „... 7, 8, 9, 10, Klasse" oder „... 7, 8, 9, 10, Scheiße" skandiert wurde. Das GST-Lager bestand aus hölzernen Bungalows, in denen nach dem pünktlichen Zapfenstreich um 22 Uhr jeweils eine Gruppe von 10 Soldaten zur Ruhe kommen sollte. Aus einem der Häuschen kam dann die Idee mit dem Zählen und nach der Zehn kam „Scheiße". Die anderen Bungalows stimmten begeistert in den gemeinsamen Scheißeschrei ein. Am nächsten Tag beschwerte sich dann der Genosse Bürgermeister von Schirgiswalde bei den Genossen Offizieren. Wir wurden beim Appell verbal „rund gemacht". Aber am nächsten Abend wurde wieder gezählt. Diesmal hieß unser Slogan: ... 7, 8, 9, 10, ELF.

Unser Vordiplom wollten wir dann im Sommer 1967 mit einem zünftigen Bergfest feiern. Um diese Festivität finanzieren zu können, spendierten wir den Professoren, Dozenten und Lehrkräften, die uns mit Wissen fütterten, in den Vorlesungen und Seminaren ein Bier und bettelten sie dabei um eine Spende für unseren Gipfelsturm an. Der Erfolg war groß und machte uns übermütig. Kurz entschlossen zog der ganze Studienjahrgang, auch dort finanzielle Hilfe suchend, vor das Rektorat, in dem gerade Frau Prof. Herford, Mitglied des ZK der SED (seit 1963 Mitglied des Staatsrat der DDR) , als neue Rektorin eingezogen war. Die Schwelle des Rektorats allerdings blieb uns verwehrt. Die Rektorin habe wichtige Gäste aus Berlin und wir würden nur stören. Enttäuscht postierten wir uns vor den offenen Fenstern des Gebäudes und formierten uns zum Sprechchor: „Wir wollen unsern alten Rektor Schwabe wieder haben", war dann deutlich zu vernehmen.

Nur Tage später wurde der gesamte Jahrgang der Baustudenten zur Vollversammlung herbeizitiert. Der Dekan unserer Fakultät, Prof. Dr. Busch, stand vorn, wedelte mit einem Brief der Rektorin. „Magnifizenz haben mir geschrieben", sagte er, und er möge die „Rädelsführer" unseres Auftritts vor dem Rektorat ermitteln. Also bat er, dass die „Rädelsführer" nach vorn kommen mögen. Als sich niemand meldete, drückte der durchaus mutige Dekan sein Bedauern aus und stellte fest: „Ich werde Magnifizenz mitteilen müssen, dass ich die ‚Rädelsführer' nicht ermitteln konnte".

Im Jahr 1968 verspürten wir als Folge des „Prager Frühlings" auch an der TU Dresden eine besonders aufgeregte Anspannung des gefährdeten Systems. Als der Lenz noch voller Hoffnungen und der „Prager Frühling" noch nicht unter die „brüderlichen Panzerketten" gekommen war, fand in der DDR eine Volksabstimmung über eine neue Verfassung statt, die Abgrenzung statt Wiedervereinigung verhieß.
Wenige Tage vor dem „Faltengehen" der Stimmzettel, wie man damals den Wahlvorgang treffend bezeichnete, saßen wir in Erwartung der Mathevorlesung im großen Hörsaal des Andreas-Schubert-Baus. Nach und nach wurden die großen Wandtafeln mit mathematischen Formeln und Zusammenhängen beschrieben. Als per Knopfdruck die nächste Tafel nach oben gefahren wurde, kam unvermutet ein besonderer Vers zum Vorschein: „Gibst du deine

Stimme mit *Ja*, bleiben hunderttausend Russen da. Gibst du deine Stimme mit *Nein*, kommen weitere hunderttausend rein."

Das Staunen war groß, die heimliche Freude musste verborgen bleiben und ein Lappen war schnell zur Hand. Im Unterschied zu unseren Bergfestvorbereitungen blieb diese Angelegenheit ohne erkennbares Nachspiel für meinen Studienjahrgang. Sicherlich haben die Genossen verdeckt ermittelt.

Persönlich und indirekt betroffen vom „Prager Frühling" war ich aber dann doch, als ich eines Dienstags vormittags aus der Vorlesung heraus aufgefordert wurde, in die Hausverwaltung der TU in der Nähe des Beyer-Baus zu kommen. Ich hatte gedacht, dort einen Hausmeister vorzufinden, erschrak aber gewaltig, als ich einem Stasimitarbeiter mit dem sinnigen Namen „Haft" gegenübersaß. Von Mittag an bis in den Abend hinein befragte er mich, wie der Abend des vergangenen Sonntags abgelaufen sei, den ich zu Hause bei meinen Eltern in einer Kleinstadt bei Chemnitz und auf der Rückfahrt in der Eisenbahn nach Dresden verbracht hatte.

Ich war mir keiner Schuld bewusst, erinnerte mich aber an alle Kleinigkeiten und Belanglosigkeiten dieses Abends von der Sportschau im Westfernsehen bis hin zu den anderen Fahrgästen, die auch auf dem Bahnsteig auf den Vorortzug nach Chemnitz warteten.

Irgendwann nach zermürbendem Warten in der vermeintlichen Hausverwaltung durfte ich dann ziemlich erleichtert gehen. Beim nächsten Besuch bei meinen Eltern erfuhr ich dann, dass an besagtem Abend in der Nähe des Bahnhofs „staatsfeindliche Parolen" an Häuserwände geschrieben worden waren.

Nach dem Studienabschluss war ich noch als befristeter Assistent am Lehrstuhl für Baustoffkunde und Festigkeitslehre tätig. Meinen Chef in dieser Zeit, Prof. Dr. Alfred Hütter, verehre und bewundere ich noch heute, auch wegen seiner Geradlinigkeit und Offenheit im täglichen Umgang mit seinen Mitarbeitern. Als ich ziemlich unauffällig ein Vierteljahr an seinem Lehrstuhl tätig war, bestellte er mich unvermittelt zum persönlichen Gespräch.

Zielstrebig kam er schon nach wenigen Worten zum Kern der Sache und fragte mich, was ich werden wolle, worin ich meine berufliche Zukunft sehen würde. Als ich erwiderte, dass ich meine Arbeit gut machen wolle, aber nicht an Karriereplanung denken würde, wurde mein Chef deutlicher. Auf seine Frage, warum ich nicht der „Partei" beitreten würde, legte ich ihm meine

Hinderungsgründe vom „christlichen Elternhaus bis zu den Vorbehalten vor den Besitzern der einzigen Wahrheit" dar. Dann zog Prof. Hütter eine Schlussfolgerung aus meiner Einlassung, die sich dann in meinem Berufsleben bis zum Ende der DDR immer wieder bestätigt hat: *„Als Parteiloser werden Sie immer am Katzentisch sitzen müssen. Sie können sich nur als Fachmann unentbehrlich machen."*

Nachdem ich diese Zeilen zu Papier gebracht habe, ist mir die „Gnade meines selektiven Erinnerungsvermögens" bewusst geworden. Der Druck, den ich während des Studiums empfunden habe und der nicht nur aus der Prüfungsangst bei mehr als 50 schriftlichen und mündlichen Prüfungen sowie einer Abbrecherquote von fast 30 Prozent bis zum Diplom resultierte, ist längst dem guten und befreiten Gefühl gewichen, trotz der staatlichen Bevormundung und verbauter Aufstiegschancen für parteilose Absolventen am richtigen Ort das richtige Fach studiert zu haben. Jedenfalls habe ich in meinem Berufsleben niemals fachliche Defizite verspürt, die ich nicht mit dem im Studium gelernten Herangehen an neue Aufgaben hätte beheben können.

Was uns allerdings in den „fakultativen" Lehrveranstaltungen zu Betriebswirtschaftslehre und Baurecht beigebracht worden war und das mir schon damals als eine Mischung zwischen gesundem Menschenverstand und „Neuem Deutschland" vorkam, war damals und ist auch heute nicht zu gebrauchen.

Reinhard Keller, geb. 1945 in Hohenstein-Ernstthal; 1963 EOS, Abitur; 1964 Studium TU Dresden, 1970 Diplom, 1970 Assistent Lehrstuhl für Baustoffkunde und Festigkeitslehre, 1975 wiss. Mitarbeiter im Institut für Stahlbeton.
1990–1994 Baudezernent, Zweiter Bürgermeister der Landeshauptstadt Dresden, 1994 Referatsleiter Staatsministerium Wirtschaft und Arbeit, 1996 Geschäftsführer der WOBA Dresden, 2005–2010 Geschäftsführer der Stesad Dresden.

***

***

Zum folgenden Beitrag „Eigentlich lief mein Studium ganz normal ab"

**Kommentar zeithistorisch **
Wie das MfS zu seinen Informationen kam – IM-Berichte sammeln
Die im Falle Uta Glatzer (Geburtsname) gesammelten Hunderte von Seiten zeigen anschaulich, wie aus vermeintlich nichtssagenden IM-Berichten offizielle Tatsachen wurden. Ein Beispiel dafür ist der Bericht verfasst von der Kontaktperson „Margritt" (Margit Wiesner) aus ihrer Seminargruppe.
Dieser Bericht wurde nahezu unverändert übernommen und am 10. März 1969 in ein offizielles Dokument überführt, unterzeichnet von hochrangigen Offizieren – Oberstleutnant und Major - der Abteilung XX des MfS.
Damit erhielt der Bericht eines IM den Status eines gewichtigen MfS-Dokuments. Vergleicht man dieses IM-Dokument mit der Einschätzung des FDJ-Sekretärs zur gleichen Person, offenbart sich ein frappierender Kontrast: Während die Kontaktperson „Margritt" eine äußerst negative, staatsfeindliche Darstellung lieferte, fiel die Einschätzung des FDJ-Sekretärs ausgesprochen positiv aus. Dennoch entschieden sich die Offiziere für die staatsfeindliche Interpretation.
Solche Vorgänge wurden über Jahre hinweg durch Abschriften und Ergänzungen aus älteren MfS-Dokumenten aufgebläht. Dadurch entstanden über die Zeit einseitige und oft fehlerhafte Darstellungen, in denen positive Beurteilungen von unbeteiligten Zeugen durch Verleumdungen oder Wichtigtuerei überlagert wurden.

***

Eigentlich lief mein Studium ganz normal ab

Ein Rückblick anhand der Stasiakten

Dipl.-Dolm./-Übers. Uta Knoblauch (geb. Glatzer); (Humboldt Universität Berlin, Studienjahrgang 1964, Fachbereich Slawistik, Diplom 1968)

Wenn ich sage, mein Studium lief eigentlich ganz normal ab, dann meine ich, es verlief so, wie es auch Tausende anderer Studenten in der ehemaligen DDR absolvierten. Es gab die Zwänge, auf die man schon seit der Schulzeit eingestellt war. Mitgliedschaften in Organisationen wie den Jungen Pionieren, der Freien Deutschen Jugend, der Gesellschaft für Deutsch-Sowjetische Freundschaft oder - für die Jungen - der Gesellschaft für Sport und Technik. Auch die bekannten Restriktionen die jeder kannte: fehlende Reisefreiheit, kein Zugang zu westlicher Literatur oder Musik, um nur einige Beispiele zu nennen.

Man passte sich an, spielte das Spiel mit, fand seine Nischen und die passenden Freunde. Während meiner Zeit in Berlin wurde auf befohlenen Demonstrationen gewitzelt, die vorgeschriebene Anwesenheit wurde abgesessen - die Anwesenheit wurde dokumentiert - und irgendwann tausche man in einem Hausflur die FDJ-Bluse gegen Zivilkleidung. Nur wer die Fahne zu tragen hatte, musste ausharren.

Ost-Berlin war damals die Stadt, in der ich an der Friedrichstraße trotz allgemeiner Butterknappheit Butter kaufen und so bei Bedarf die Dresdner Familie damit beglücken konnte. Ost-Berlin war auch die Stadt, in der die Leute auf der Straße heimlich Rias hörten. Und es war die Stadt, in der die Sachsen nicht wirklich beliebt waren – wohl auch, weil ein Sachse an der Spitze des Staates stand: Walter Ulbricht.

Wenn ich „normal" sage, dann meine ich damit, wie ich oder andere junge Studenten es damals zu DDR-Zeiten empfanden. Doch das, was hinter den Kulissen um uns und wegen uns Studenten ablief, wurde erst mit der Öffnung der Stasi-Akten bekannt.

1963/1964 gab es erneut einen Aufruf der Partei - so wurde die SED kurz genannt -, mehr Menschen aus der „Produktion" an die Universitäten zu holen. Zwar konnte man meine Tätigkeit in einem Büro nicht als Produktion im eigentlichen Sinne verstehen, dennoch wurde mir am Tag der Aufnahmeprüfung in Leipzig zugesichert, dass ich für die vierjährige Dolmetscher- und Übersetzerausbildung, angenommen würde, die später von der Humboldt-Universität zu Berlin übernommen wurde. Dass ich jemals noch studieren durfte, was ich mir wünschte, war 1958, als ich mein Abitur mit durchaus sehr guten Noten ablegte, nicht vorstellbar.

Eigentlich wollte ich Außenhandel studieren, doch dafür benötigte ich eine Beurteilung der Schulleitung. Diese wurde mir jedoch mit dem Hinweis auf meine Westverwandtschaft gar nicht erst ausgestellt. In der DDR war die soziale Herkunft ein entscheidendes Kriterium für die Zulassung zu den Oberschulen und insbesondere zu den Universitäten. Bevorzugt wurden Arbeiter- und Bauernkinder, während Kinder von Angestellten und Angehörigen der Intelligenz (wie Ärzte, Ingenieure und Akademiker) benachteiligt waren, da sie als klassenmäßig unzuverlässig galten.

Die sechs Schwestern meines Vaters, die bereits vor der Gründung der DDR in Westdeutschland lebten - und die ich jederzeit anzugeben hatte –, schränkten meine berufliche Laufbahn von Anfang an stark ein. Studienfächer als auch leitende Positionen in der Industrie, die eine besondere Nähe zur SED, politischen Organisationen, staatlichen Dienststellen als auch Militär hatten, waren den Bewerbern mit Westverwandtschaft entweder von vornherein nicht zugänglich oder die persönlichen familiären Verbindungen mussten abgebrochen werden.

Attraktive Berufsangebote – wie etwa das Dolmetschen für den RGW – waren an eine SED-Mitgliedschaft gebunden und hätten zudem den „Abbruch der Beziehungen" zu sämtlichen Verwandten im kapitalistischen Ausland erfordert. Mit sogenannten „Westkontakten" war man stets ein potenzieller Klassenfeind. Also suchte ich mir kurzfristig eine Lehrstelle als Industriekaufmann, absolvierte erfolgreich eine verkürzte Lehrzeit und war, einschließlich der Ausbildungszeit, insgesamt sechs Jahre berufstätig - und somit in den Rang der Werktätigen aufgestiegen

Nach dem bereits erwähnten „Aufruf der Partei" konnte ich doch noch studieren, da ich nicht direkt von der Schule kam, sondern jetzt aus der *werktätigen Bevölkerung* stammte. So begann ich 1964 das Studium in der Sprachkombination Serbokroatisch/Russisch in einer kleinen Gruppe von sieben Frauen.

Im zweiten Studienjahr verließ mein Bruder illegal die DDR - so wurde es im Sprachgebrauch der DDR genannt -, das heißt, er floh aus der DDR. Das Wort „Flucht" war allerdings tabu. Natürlich musste ich dies meiner Seminarbetreuerin melden, doch ich war nicht gezwungen, mich öffentlich mit dieser Tatsache auseinanderzusetzen, mich also weder vor meinen Kommilitonen zu rechtfertigen noch mich öffentlich von meinem geflüchteten Bruder loszusagen.

1966 war eine Delegierung für ein Sommersemester nach Jugoslawien geplant. Man konnte nicht einfach sagen: „Ich gehe jetzt für ein Semester an die Uni nach Jugoslawien." Nichts ging ohne eine Delegierung durch die Leitung der Humboldt Universität.

Die Reise zu diesem Seminar wurde jedoch ohne Begründung abgelehnt – trotz der Information, dass meine Seminargruppenbetreuerin und der Dozent für Serbokroatisch meine Rückkehr verbürgt hatten. Offenbar galt bereits eine Reisesperre wegen der Flucht meines Bruders. Die Bestätigung dafür fand ich 30 Jahre später in den BStU-Unterlagen.

Ich erinnere mich, dass wir als Studiengruppe im dritten Studienjahr zur Weinernte nach Bulgarien fuhren. Entsprechend der Reiseregelung der DDR durfte der normale DDR-Bürger nicht durch Jugoslawien fahren (Fluchtgefahr) – also nahmen auch wir den Umweg über Rumänien. Dieser Arbeitseinsatz sollte dem Austausch von Studiengruppen dienen. Normalerweise hätten wir während der Semesterferien drei Wochen im „Ernteeinsatz" Kartoffeln lesen müssen, jetzt sortierten wir in Bulgarien Trauben nach Anweisung: die guten für die Bundesrepublik, die anderen für … .

Die bulgarischen Studenten hingegen hatten das Angebot zum Ernteeinsatz in der DDR abgelehnt und pflückten nun die Trauben, die wir sortieren mussten.

Im Juni 1966 wurde mein damaliger Freund und jetziger Mann wegen „Fluchtverdachts" verhaftet.

Für mich aber lief das Studium weiterhin „normal" – dachte ich zumindest. Das bedeutete, ich verließ morgens das Wohnheim in Biesdorf, nahm die S-Bahn, fuhr in die Stadt zur Humboldt Universität und besuchte vielleicht noch eine Freundin in Berlin oder telefonierte aus einer öffentlichen Telefonzelle. Abends fuhr ich mit der S-Bahn zurück nach Biesdorf und las während der Fahrt dies und das.

```
Bezirksverwaltung Dresden                              00:
Abteilung  XX / Referat 5


          AKTENVERMERK
          ──────────────

Bei der Beobachtung von " LANGE " am 26.7.66  16 10 wurde
festgestellt, daß sie einen Posteinwurf tätigte.
Von der Abteilung M. wurde der Kasten geleert und die
in der Anlage befindlichen Briefe festgestellt.
Keiner ist mit der Handschrift von LANGE idientisch.
Es besteht der Verdacht, daß LANGE diese Postsachen
für eine andere Person eingeworfen hat. ( Rolf LÖFFLER )

                            Rautenstrauch
                            Oberleutnant
```

Beispiel für die durchgängige Überwachung durch das MfS

In den Stasiunterlagen liest sich das so: *„[...] warf „Lange" (das war der vom MfS für mich vergebene Deckname) eine Postsendung in den Briefkasten [...] ein. Darauf wurde die HA VIII verständigt."*

Hauptabteilung VIII des MfS war zuständig für Beobachtung/Ermittlung beim MfS. Diese veranlasste sofort, dass der Briefkasten geleert und alle Briefsendungen untersucht wurden. Die von mir eingeworfene Briefsendung konnte vom MfS nicht identifiziert werden – ich hatte den Brief einer Kommilitonin zur Post mitgenommen und eingeworfen.

Aus weiteren MfS-Unterlagen geht hervor, dass ich in der S-Bahn ein Buch las (den Titel konnte der IM nicht feststellen) und später noch einen Brief, von dem der mir über die Schulter schauende IM nur wenige Worte erfassen konnte, wie er in seinem Bericht vermerkte. Dann finden sich auch noch Vermerke zu „Telefonaten aus öffentlicher Telefonzelle", bei denen der IM sogar die gewählte Nummer dokumentierte.
Aus den zehn Tage lang ununterbrochen von 6 bis 22 Uhr erstellten Beobachtungs- und Begleitprotokollen des MfS geht zudem hervor, dass – nachdem innerhalb des Wohnheimes keine geeignete Kontaktperson (gemeint ist ein IM) zur Verfügung stand – es dem MfS auch nicht gelang, in unsere Zimmerbelegung (vier Studentinnen im Zimmer) einzudringen.

Natürlich habe ich damals von all dem nichts mitbekommen. Das MfS hatte bereits jedoch schon eine „Kontaktperson" (KP) in unserer Seminargruppe und konnte über diese Informationen abgreifen (siehe Dokument).
Aus jener Zeit stammt auch eine erwartungsgemäß negative Beurteilung dieser „Kontaktperson", einer SED-Genossin, Klarname Margit Wiesner, aus meiner Sprachgruppe. Margit W. erinnerte uns in ihrer Art immer an eine Rotgardistin in Aktion – sie war unter uns Studentinnen isoliert.

Allerdings erfuhr ich erst bei der Einsicht in meine Stasi-Unterlagen, dass: meine Seminarbetreuerin, Frau Hochkeppler, eine andere Reaktion zeigte, als die „Kontaktperson" (IM Margit Wiesner) erhofft hatte.
Nachdem die KP Frau Hochkeppler über meine kritische Haltung und den befürchteten Einfluss auf unsere kleine Gruppe informiert hatte, reagierte sie nicht wie gewünscht. Stattdessen führte die Lektorin meine negative Einstellung und auch meinen Austritt aus der FDJ auf die Nachteile zurück, die ich durch die Flucht meines Bruders erlitten hatte, und blockte damit weitere Diskussionen ab. Frau Hochkeppler, eine Russischdozentin, war als Kind deutscher Eltern in der Sowjetunion aufgewachsen und selbstverständlich Mitglied der Partei (SED). Erst durch meine Stasiunterlagen erfuhr ich, wie fair sie sich mir gegenüber in all den politischen Spielchen verhalten hatte.

Aus jener Zeit stammt aber auch eine durch und durch positive Beurteilung vermutlich durch den FDJ-Sekretär in der Art: *Sie zeigt eine positive Einstellung zu unserem Staat, leistet gute gesellschaftliche Arbeit und weist gute Studienergebnisse auf ...*

Das waren die Formulierungen, mit denen man keinerlei Schaden anrichten konnte. Ich weiß auch nicht, ob sich der Student im Klaren darüber war, wer eben diese Beurteilung anforderte.

Abschrift
7.2.67/En

Seit Studienbeginn zeigte sich ihre negierende Haltung gegenüber unserer Republik.
Das kommt u. a. darin zum Ausdruck, daß sie offen zugibt, Westsender zu hören und zwar auch Nachrichten und Kommentare, die sie unter anderen Studenten verbreitet.
Mit ihrem Bruder, der im Sommer 1965 republikflüchtig wurde, steht sie nach wie vor im engen Kontakt. Bestimmte Nachteile, die ihr dadurch entstanden sind, haben ihre negative Haltung gegenüber unserem Staat und seinen Organen verstärkt. Besonders seit diesem Studienjahr versucht sie ständig durch negierende Bemerkungen über die Verhältnisse in unserer Republik die anderen Studenten zu beeinflussen. Das gleiche trifft auf unsere freundschaftlichen Beziehungen zu anderen sozialistischen Staaten, vor allem der Sowjetunion und Jugoslawien zu.
Diese Haltung war auch bereits im 1. Studienjahr Veranlassung dazu, von ihrer ursprünglich beabsichtigten Delegierung zum Auslandsstudium nach Jugoslawien Abstand zu nehmen.
Bezeichnend ist ihre Einstellung zu unserem sozialist. Jugendverband, aus dem sie demonstrativ ausgetreten ist, da sie, wie sie erklärte, "diesen Verein satt hat".
Die vier Anforderungen an den sozialist. Studenten (siehe Horst Schumann) bezeichnete sie als Reime.
Dadurch bestätigt sie selbst, daß sie diesen Anforderungen, die unser Staat an einen zukünftigen Absolventen heute stellt, nie gerecht werden kann.

gez. "Margritt"

IM-Bericht einer Kommilitonin meiner Seminargruppe. Ihr Klarname ist Margit Wiesner

Verwaltung für Staatssicherheit
Groß - Berlin
Abteilung XX/3

Berlin,den 10.März 1969
Wie
Tgb.Nr.:XX/3/ 1°16 /69
Tel.:224

MfS
- 13 -
1 3.MRZ.1969
Tb.Nr. 4836
753   I

Ministerium für Staatssicherheit
Hauptabteilung XX

B e r l i n

GLATZER, Uta-geb.am 9.2.1940 in Dresden
Ihre Tgb.Nr.:XX/1/I/3449/69 - Stau/Ru

Seit Studienbeginn zeigte die G. eine negierende Haltung zu unserer Republik. Sie gab offen zu, Nachrichten und Kommentare von
westlichen Rundfunkstationen zu hören. Diese Informationen verbreitete sie auch unter anderen Studenten.
Mit ihrem Bruder, der 1965 illegal die Republik verlassen hat,
stand sie weiterhin in regem Briefwechsel. Seit der RF ihres
Bruders verstärkte sich ihre negative Einstellung gegenüber
unserem Staat, weil sie angeblich dadurch Nachteile hätte. Besonders seit dem Studienjahr 1966/67 versuchte sie ständig, durch
negierende Bemerkungen über die Verhältnisse in der DDR andere
Studenten zu beeinflussen.So äußerte sie anderen Studenten gegenüber unter anderem "Was Walter Ulbricht auf der Volkskammersitzung
über seinen Aufenthalt in der SFRJ gesagt hat, ist sowieso nicht
alles wahr","Nun ja, über diesen Staat hier will ich nichts weiter
sagen" oder "Staatsmänner wie Cyrankiewicz sind Hampelmänner".
Diese ihre Äußerungen betrafen auch das freundschaftlich Verhältnis der sozialistischen Staaten untereinander, besonders aber
gegenüber der Sowjetunion. Diese Haltung war bereits im 1. Studienjahr der Anlaß, von einer beabsichtigten Delegierung zum Auslandsstudium für 1 Jahr nach Jugoslaiwen Abstand zu nehmen.
Bezeichnend war weiterhin ihre Einstellung zu unserem sozialistischen Jugendverband, aus dem sie demonstrativ ausgetreten
ist, da sie "diesen Verein satt hat"!

Diese Einschätzung wurde während der Studienzeit inoffiziell
erarbeitet.

Stellv. Operativ   Leiter der Abteilung XX

S c h w a n i t z   H ä b l e r
Oberstleutnant   Major

Ein IM-Bericht wird zum offiziellen Statuspapier des MfS erhoben, unterzeichnet von hochrangigen MfS-Offiziere.

59

Ich war, da sechs Jahre älter als die anderen Studentinnen, in meiner kleinen Seminargruppe auch Seminarsekretär (Semsek) und konnte dabei auch einmal eine Studentin warnen, deren westliches Outfit – so würde man es heute nennen – Ärger bei Genossen erregte. Ärger im ideologischen Sinne natürlich. Sie hatte halt eine Tante in West-Berlin, die sie ausstatten konnte.

Uta Knoblauch (geb. Glatzer) geb. 1940 in Dresden; 1958–1962, Lehre als Industriekaufmann, später Wirtschaftsprüferin, Studium Humboldt-Universität Berlin, 1968 Intertext Berlin/Dresden, 1971 Kündigung, um Kontakt mit vertraulichen Dokumenten zu vermeiden, da der Freund und heutige Ehemann war geflüchtet. 1974 Ausreise in BRD. 1974 eigener Übersetzerservice in München. Die Stasiakten der OPVs (10.000-12.000 Seiten), soweit Uta und Günter Knoblauch betreffend, sind von uns für Forschungszwecke freigegeben.

***

Zeithistorische Information – Angehörige geflüchteter Personen
Es war gängige Praxis, dass Angehörige von geflüchteten Familienmitgliedern von der Polizei - oft im Hintergrund gesteuert durch das Ministerium für Staatssicherheit (MfS) - „einvernommen" wurden. Der Begriff „Einvernahme" entstammt dem behördlichen Sprachgebrauch und verschleiert oft den tatsächlichen Druck solcher Befragungen. Umfang und Form dieser Verhöre richteten sich nach der Position und Tätigkeit der zurückgebliebenen Angehörigen.
Bei Studierenden betraf dies häufig den direkten Freundeskreis innerhalb der Seminargruppe. In einigen Fällen wurde sogar die gesamte Seminargruppe aufgefordert, eine schriftliche Stellungnahme abzugeben.

***

Zum folgenden Beitrag von Martin Böttger
Anmerkung zeithistorisch – Bürokratopoly

Bürokratopoly war ein satirisches Brettspiel, das in den 1980er-Jahren in der DDR vom Autor des folgenden Beitrages „Wie verloren die FDJ-Mitgliedschaft ..." Martin Böttger erfunden wurde. Es war eine inoffizielle, selbstgebastelte Adaption des klassischen Monopoly-Spiels, die das Leben in der sozialistischen Bürokratie humorvoll und kritisch widerspiegelte. Das Spiel war nicht offiziell erhältlich, sondern wurde von Privatpersonen entworfen, oft handgemalt oder kopiert, und in kleinen Kreisen gespielt.

Symbolcharakter von Bürokratopoly im DDR-Kontext

Bürokratopoly reflektierte die Absurditäten eines Systems, in dem die Bürokratie oft Selbstzweck war. Im studentischen Alltag der DDR könnte das Spiel folgende Elemente persifliert haben:

- **Wohnheimbürokratie:** Felder wie „Antrag auf einen Wohnheimplatz abgelehnt" oder „In der Mensa kein Essen mehr" hätten die Probleme der Mangelwirtschaft humorvoll abgebildet.
- **Politische Organisationen:** Felder wie „FDJ-Veranstaltung verpassen – eine Runde Strafe zahlen" hätten die politische Einbindung und den Anpassungsdruck verdeutlicht.
- **Prüfungen und Leistungsdruck:** Das Studium war stark durch staatliche Vorgaben geprägt. „Falsches Zitat im Marxismus-Leninismus-Seminar – zurück auf Los" wäre eine typische spielerische Spitze.

In der Literatur zur Überwachung der DDR-Bevölkerung durch das MfS gibt es keine spezifischen Berichte über gezielte Maßnahmen gegen Bürokratopoly. Das könnte darauf hindeuten, dass das Spiel zwar im privaten Rahmen bekannt war, aber keine größere Aufmerksamkeit erregte, die zu systematischen Maßnahmen geführt hätte. Es blieb vermutlich im Schatten anderer, öffentlichkeitswirksamerer Formen von Systemkritik.

***

Anmerkung zeithistorisch - Samisdat:
Mit Samisdat (russ., wörtlich: Selbstherausgabe) bezeichnete man – zuerst in der Sowjetunion, später im gesamten Ostblock behelfsweise und privat organisierte Lösungen zum Druck von Material, das nicht offiziell genehmigt wurde. Beispiele: Handschriften, Abschriften mit der Schreibmaschine, Fotokopien.

Wir verloren die FDJ-Mitgliedschaft, nicht aber unsere Studienplätze

Der FDJ-Sekretär warf uns mangelnden Klassenstandpunkt vor

Dr.-Ing. Martin Böttger (TU Dresden, Studienjahrgang 1965, Fachrichtung Physik, Institut für Technische Mechanik, Diplom 1970, Promotion 1982)

Im Jahr 1965 wurde ich an der Technischen Universität Dresden zum Studium der Physik immatrikuliert. 60 Studierende (59 Studenten und eine Studentin) verteilten sich auf drei Seminargruppen. Unter den 20 Studenten meiner Gruppe stellten überzeugte SED-Genossen und -Kandidaten nur einen relativ geringen Anteil, in meiner Erinnerung nicht mehr als fünf. Umso höher fiel der Anteil derer aus, die der SED kritisch gegenüberstanden, wobei die meisten ihre Kritik jedoch nicht offen äußerten. Verstärktes Murren gab es erst nach dem 21. August 1968, als Truppen des Warschauer Paktes den Prager Frühling niederwalzten.

Schon im April dieses Jahres hatten sich aufmüpfige Diskussionen innerhalb der Seminargruppe ergeben, als die SED sich anschickte, eine neue Verfassung für die DDR durch Volksentscheid verabschieden zu lassen. Dozenten für Marxismus-Leninismus versuchten, uns zur Abgabe von Jastimmen zu bewegen. Ich weiß von einigen aus meiner Gruppe, die so wie ich unter mehr oder weniger großen Ängsten das Feld NEIN auf dem Stimmzettel ankreuzten. In die Kabine traute sich fast niemand. Später merkten wir, dass es für keine Neinstimme bei diesem Volksentscheid Konsequenzen gab, solange dieses Nein nicht öffentlich bekundet wurde. Eigentlich hätte man keine Angst zu haben brauchen.

Die Seminargruppe hatte im Jahr zuvor schon einen kleinen politischen Aufruhr erlebt, der ohne unmittelbare Konsequenzen blieb. Was war geschehen? Die FDJ führte eine Umtauschaktion aller Mitgliedsausweise durch. Alle 20 Studenten waren Mitglied der FDJ. Die Mitgliedschaft in der FDJ war praktisch für alle selbstverständlich und eine Voraussetzung für die Immatrikulation. Wir sollten zu einem bestimmten Datum unsere Mitgliedsausweise abgeben, um neue mit aktuellem Passfoto zu erhalten. Beim Empfang der neuen Dokumente sollten wir auch folgenden Satz unterschreiben: „Ich erkenne das Statut der FDJ an." Das war für einige von uns Anlass, dieses Statut erst einmal zu lesen. Ich hatte, obwohl seit meinem 14. Lebensjahr FDJ-Mitglied, dieses Statut noch nie zur Kenntnis genommen.

Beim Lesen merkte ich, dass die Mitglieder auf den Sozialismus unter Führung der „Partei der Arbeiterklasse" eingeschworen werden sollten. Andererseits las ich aber auch, dass die Mitgliedschaft freiwillig war.

Als sich abends einige von uns in der Kneipe trafen, entstand nach dem dritten Bier der Gedanke, die Statut-Anerkennung einfach nicht zu unterschreiben und den neuen Ausweis nicht anzunehmen. Tags darauf verkündeten Dieter, Rainer und ich der erstaunten Seminargruppe diesen Entschluss. Außer bei den überzeugten SED-Anhängern fand dieses Vorhaben unserer Dreiergruppe sehr viel Anklang beim Rest des Seminars.

In einer eilig einberufenen FDJ-Versammlung warf uns der Sekretär mangelnden Klassenstandpunkt vor. Wir drei müssten als angehende Diplom-Physiker doch wissen, dass wir im späteren Berufsleben Vorbild „unsere Werktätigen" sein müssten.

Doch ein großer, mutiger Teil der Seminargruppe stellte sich in der heftigen Auseinandersetzung mit der FDJ-Leitung hinter uns drei. Dabei sind mir besonders Andreas B., Jürgen D. und Jürgen G. in Erinnerung, die von sich sagten, dass sie freiwillig in der FDJ blieben, aber auch respektierten, wenn andere die Freiwilligkeit nutzten, um auszutreten. Sie äußerten unverhohlene Sympathie für die drei „Dissidenten", ohne sich dabei selbst zu gefährden.

Mein Argument für den Austritt war vor allem die fehlende Attraktivität der FDJ-Veranstaltungen. Ich sagte, dass für mich die Evangelische Studentengemeinde als Diskussionsforum viel attraktiver sei und als mein gesellschaftliches Betätigungsfeld ausreiche, so dass ich die FDJ nicht weiter benötigte.

Am Ende verloren Dieter, Rainer und ich unsere FDJ-Mitgliedschaft, nicht aber unsere Studienplätze. Ohne die Solidarität des Großteils der Seminargruppe wären wir drei höchstwahrscheinlich vorzeitig exmatrikuliert worden, wobei ich nicht weiß, inwieweit wir uns dieses Risikos bewusst waren. Möglicherweise war auch eine Portion Leichtsinn im Spiel.

Erst zum Ende des Studiums, als ich ein damals mögliches dreijähriges Forschungsstudium mit Promotion beantragte, verkündete mir mein damaliger

Diplom- und späterer Doktorvater, Professor Günther Landgraf, dass mein Antrag auf ein Forschungsstudium wegen einer negativen Stellungnahme der FDJ abgelehnt sei.

(Anmerkung d. Hg.: Der Physiker Prof. Günter Landgraf (1928–2006) wurde nach der friedlichen Revolution 1990 der erste frei gewählte Rektor an der TU Dresden. Er war konstruktiver Partner der progressiven Kräfte an der TUD.)

Ich fragte Professor Landgraf, wieso die FDJ eine Stellungnahme zu meinem Antrag abgebe, wo ich doch gar nicht (mehr) Mitglied der FDJ war. Daraufhin Landgraf: *„Ich bin auch nicht Mitglied der SED und trotzdem hat die SED eine Stellungnahme zu meinem Antrag auf Habilitation abgegeben."* Er durfte mir die Stellungnahme der FDJ nicht aushändigen, las mir aber einen Kernsatz vor: *„Böttger trat aus der FDJ aus und engagierte sich anstatt dessen in der Evangelischen Studentengemeinde.*

Damit war der Fall klar. Ich durfte zwar mein Studium 1970 mit einem Diplom am Institut für Technische Mechanik bei Professor Landgraf abschließen, erhielt jedoch keine Erlaubnis, am selben Institut eine Dissertation anzufertigen. Die schrieb ich dann erst 10 Jahre später neben meiner Arbeit an der Bauakademie in Berlin als „externer Aspirant" wieder unter der Betreuung von Professor Landgraf und reichte sie 1980 bei der TU Dresden ein. Da war dann wohl mein FDJ-Austritt vergessen. Oder die schützende Hand Günther Landgrafs bewirkte die Annahme und ein Jahr später die erfolgreiche Verteidigung meiner Dissertation.

Ich muss wohl niemandem erklären, wie froh ich war, als Günther Landgraf im Jahr 1990 erster demokratisch gewählter Rektor der TU Dresden wurde.

Martin Böttger, geb. 1947 in Sachsen; Studium TU Dresden, 1970 Diplom, Wehrdienst als Bausoldat, 1982 Promotion. 1983 Verhaftung wegen „Teilnahme an Menschenkette"; 1985 Mitbegründer der Initiative Frieden und Menschenrechte; 1982 Erfinder des Lehrspiels „Bürokratopoly"; 1989 Gründungsmitglied Neues Forum. 1990 Volkskammer (Bündnis 90), Abgeordneter im Sächsischen Landtag; 2001–2010 Leiter der BStU Chemnitz; 2009–2024 Stadtrat in Zwickau (Grüne).

***

„Wissen Sie nicht, dass dies ein konterrevolutionäres Machwerk ist?"

Dipl.-Ing. Guntram Glöde (TU Dresden, Studienjahrgang 1965, Fachrichtung Elektrotechnik/Elektrischer und mechanischer Feingerätebau, Diplom 1970)

Zur Vorgeschichte: In die ČSSR konnte man zum Beginn unserer Studienzeit an der TU Dresden, im Frühjahrssemester 1965, mit einer „Reiseanlage zum Personalausweis" reisen, wobei man eine Einladung aus der ČSSR vorweisen musste. Ich schreibe bewusst nicht „von einem Bürger der ČSSR", da man sich nach der ersten Reise seine Einladung immer selbst schreiben und an sich selbst schicken konnte. Der Hintergrund: Der fiktive Gastgeber musste erklären, dass er die Kosten des Aufenthaltes für den Gast übernimmt. Die DDR hatte keine Devisen.

Wir nutzten diese Möglichkeit, da Prag (auch schon in der Novotný-Ära[5]) im Vergleich zu Dresden weltoffener zu sein schien, man traf junge Leute bzw. Studenten im Prager Studentenklub, konnte in Jazzklubs gehen – Prag hatte im Vergleich zu Dresden und Ost-Berlin ein mehr „weltstädtisches" Flair. Anlaufpunkt waren für uns der Zeltplatz in Branik oder auch Studentenheime in der Stadt (zur kalten Jahreszeit).

Im Juli 1967 wurde dann mit dem sogenannten „visafreien Reiseverkehr" die Prozedur etwas erleichtert, man musste zwar weiterhin seine „Reiseanlage zum Personalausweis" beantragen und zehn Mark Bearbeitungsgebühr zahlen, aber man konnte sie innerhalb einer Woche abholen.

Wenn man zwischen 1965 und 1967 die Stimmung in der ČSSR verfolgte, und speziell Studenten und Künstlern in den Klubs zuhörte, merkte man sehr bald, dass die Stimmung auf „Wandel" stand. Auf dem Januar-Plenum der KPČ (3.–5.1.1968) setzten sich dann auch innerhalb des Führungszirkels der Partei progressive Kräfte durch, Antonín Novotný wurde als Erster Sekretär der KPČ von Alexander Dubček abgelöst, dem Mann mit den traurigen

---

[5] Antonín Novotný (1904–1975), Erster Sekretär der KPC˘ und Staatschef der Tschechoslowakischen Sozialistischen Republik.

Augen. Von diesem Januar-Plenum hörte man neue Töne und nahm sie in Dresden begierig auf, einerseits in gedruckter Form aus der deutschsprachigen „Prager Volkszeitung" oder auch aus den plötzlich zum Kult werdenden deutschsprachigen Sendungen von „Radio Prag".

Prag wurde nun noch interessanter, man fuhr häufiger nach Prag, um möglichst viel von diesem Wandel mitzubekommen, man fuhr auch nach Prag, weil es plötzlich wie ein offenes Fenster erschien, durch das man frische Luft atmen konnte, wovon man auch im heimischen Mief noch ein paar Tage zehrte.

Diese Entwicklung in der ČSSR rief natürlich den Unwillen der Vertreter von verkrusteten Strukturen insbesondere auch in der DDR hervor, zumal man nervös feststellte, dass die Gedanken vom Wandel zu einem „Sozialismus mit menschlichem Gesicht" gerade bei jungen Menschen in der DDR auf fruchtbaren Boden fielen.

Wohl um sich in dieser Situation selbst Mut zu machen und auch im sozialistischen Lager zu dokumentieren, dass in der DDR keinerlei Wandel erforderlich sei (dies erinnert nun wieder an die spätere Glasnost und Perestrojka und den „Tapezierer" Kurt Hager à la „Tapeten-Kutte"), wurde für den 6. April 1968 hastig eine Veranstaltung angesetzt, die sich „Volksabstimmung über die neue Verfassung der DDR"– sie hierzu ** Zeithistorische Information ** Neue sozialistische Verfassung) nannte. Am 9. April 1987 gab Hager in einem Interview mit der bundesdeutschen Illustrierten Stern zu den Reformen Gorbatschows in der Sowjetunion die Antwort: „Würden Sie, nebenbei gesagt, wenn Ihr Nachbar seine Wohnung neu tapeziert, sich verpflichtet fühlen, Ihre Wohnung ebenfalls neu zu tapezieren?" Am 10. April 1987 erschien der Text des Interviews auch im „Neuen Deutschland".

Ich war zu jener Zeit gerade im 8. Semester. Das Wochenende mit dem 6. April 1968, ein Sonntag, durfte von uns Studenten nicht zur Heimfahrt genutzt werden, wir hatten an unserem Nebenwohnsitz Dresden zu bleiben und in einem Wahllokal in der Uni „abzustimmen", in meinem Fall im Barkhausenbau, Zeichensaal II/7. Die Seminargruppe war zu einer bestimmten Zeit „einbestellt", der Wahlvorstand/Beisitzer saß links vom Eingang an einem Tisch mit der Wahlurne, zum Fenster hin rechts standen zwei oder drei

Tische mit Bleistiften, in der diagonal gegenüberliegenden, weit entfernten linken Ecke war eine „Wahlkabine" drapiert. Um den Eingang herum stand eine Gruppe von sechs bis acht teils bekannter, teils unbekannter Personen (darunter der Seminargruppenbetreuer, Seminargruppensekretär, Fachrichtungssekretär, FDJ-Sekretär), die den ganzen Ablauf beobachteten.

Ausweis vorgelegt, Liste abgehakt, Wahlschein empfangen – und dann sollte eigentlich offen das „Ja" angekreuzt werden und der offene Wahlzettel in die Urne gesteckt werden, so die Erwartung der Veranstalter. Ich habe niemanden gesehen, der quer durch den ganzen Zeichensaal demonstrativ zur Wahlkabine gegangen wäre, unter den Augen aller Beobachter. Aber es war immerhin möglich, einen Augenblick abzupassen und mit einer plötzlichen Drehung in die den Personen abgewandte Richtung schnell sein Kreuz auf „Nein" zu machen, den Zettel einmal zu falten und dann in die Wahlurne zu werfen.

Eine unwürdige Prozedur und das DDR-Gesamtergebnis mit 94,54 Prozent Jastimmen (schon ungewöhnlich, dass es keine 98,xx Prozent waren) natürlich ein überwältigender Beweis für die Einheit von Volk und Partei. Nun hatte ich seinerzeit eine lockere Beziehung zu einer Kommilitonin aus dem 4. Semester, selbst Kandidatin der SED, deren beide Eltern etwas höher in der Dresdner SED-Hierarchie angesiedelt waren. Sie erzählte mir zwei Wochen später, wie empört man in der Dresdner SED über das Votum an der TU Dresden war. Architektur- und Elektrotechnik-Fakultäten hatten je rund zehn Prozent Gegenstimmen. Unter diesen Randbedingungen eine beachtliche Ohrfeige! (Vorbildlich hätten dagegen „Technologen" und „Ingenieur-Ökonomen" votiert, wen wunderte es …)

Aber zurück zum „Prager Frühling" wie man die Reformbestrebungen in der ČSSR bald nannte. Seit Mitte März 1968 herrschte dort de facto Pressefreiheit, man konnte in Prag zumindest mal einen Blick in die „FAZ" oder den „Spiegel" werfen, an Kaufen war wegen der beschränkten finanziellen Mittel nicht zu denken.

Vom 28. März bis 1. April 1968 fand dann das „April-Plenum" der KPČ statt, auf dem die Reformer ihre Position festigen konnten und ihre Vorstellungen von einem „Sozialismus mit dem menschlichen Gesicht" diskutierten.

Ergebnis dieser Debatten war ein „Aktionsprogramm der KPČ", das am 5.4.1968 veröffentlicht und in der ČSSR zur Diskussion gestellt wurde.

Ab April/Mai konnte man dann vom Wetter her auch wieder in Branik zelten. So war ich, so oft es ging, in Prag und habe die Atmosphäre genossen. Die ohnehin schon freundlichen und offenen Tschechen waren überwältigend optimistisch – ich erinnere mich an die Begeisterung, mit der sie Gold spendeten, um ihre Währung konvertibel zu machen, ich erinnere mich an eine Demonstration, die zum Gebäude des ZK in Prag zog und den damaligen Parlamentspräsidenten (und ZK-Mitglied), Josef Smrkovský, herausrief und ihn vor die Menschenmenge zitierte, der er Rede und Antwort stehen musste – leider habe ich nichts verstanden (und was mir ein paar freundliche Tschechen übersetzten, war einfach zu wenig) – aber die Stimmung und die Atmosphäre waren überwältigend.

Irgendwann im April oder Mai 1968 erschien dann das „Aktionsprogramm der KPČ" auch auf Deutsch in der „Prager Volkszeitung". Dieses Dokument zu bekommen – ich glaube, es waren acht Zeitungsseiten –, war für mich natürlich ein absolutes „Muss". Zu dieser Zeit war der DDR-Zoll (Bad Schandau für Bahnreisende oder Zinnwald für Tramper) faktisch nur noch auf der Suche nach „bedrucktem Papier". Auch aus sogenanntem „Freundesland" wurde gnadenlos alles konfisziert. Ich hatte mich aber für eine „friedliche Koexistenz" mit dem DDR-Zoll entschieden und kaufte von der „Prager Volkszeitung" immer zwei Exemplare. Eines wurde in den Schlafsack eingewickelt, das andere obenauf in den Rucksack gepackt – so hatte ich immer ziemlich stressfreie Zollkontrollen – der DDR-Zoll konnte wieder einen „Erfolg" verbuchen – und ich auch.

Nun war also irgendwann im Mai/Juni 1968 mein Exemplar des „Aktionsprogramms der KPČ" im Dresdner Studentenheim, Güntzstraße, gelandet. In kleinen Studentenzirkeln wurden diese Dinge natürlich diskutiert und über „Radio Prag" mitverfolgt, nun lag es aber auch gedruckt vor. Zu jenen, die kräftig mitdiskutierten, gehörte auch unser FDJ-Seminargruppensekretär, ein überzeugtes SED-Mitglied und ein ausgesprochener Idealist. Er lieh sich das „Aktionsprogramm" von mir, studierte es und fand es in weiten Teilen überzeugend.

Also ging er mit seinen neuen Erkenntnissen auch in seine montägliche Parteiversammlung in der TU und diskutierte auf Basis dieses Papiers, das er mir bereits zurückgegeben hatte. Das kam aber offenbar gar nicht gut an!

Ein paar Tage später – ich hatte mir eine morgendliche Vorlesung „geschenkt" und schlief aus – kam der Pförtner des Studentenheims, klopfte an die Tür und weckte mich – ich solle um 14:00 Uhr im Barkhausenbau, Raum xx sein. Ich hatte ein ungutes Gefühl, ahnte natürlich, worum es gehen würde.

Ich trat dort also pünktlich an, und es erwarteten mich nach meiner Erinnerung ca. sechs Personen, mir bekannt mein Fachrichtungsleiter, Prof. Dr. Siegfried Hildebrand, ich glaube mich auch an die Gewi-Tante zu erinnern, Parteisekretär etc. etc. Professor Hildebrand eröffnete das „Tribunal" – an Mimik und Gestik unvergesslich für mich, er hob sowohl die Stimme als auch den Zeigefinger – mit den Worten, „Sie haben da so ein Papier mitgebracht ..." Dabei konnte man sehen, wie peinlich ihm diese ganze Situation war.

Ich entgegnete ihm, dass dieses „Papier" das „Aktionsprogramm einer kommunistischen Partei" sei. Prof. Hildebrand war damit aus der ganzen Geschichte heraus – nun legten die Geiferer los: „Wissen Sie nicht, dass dies ein konterrevolutionäres Machwerk ist?" Usw. usf. Einerseits versuchte ich, mich bzw. dieses „Machwerk" zu verteidigen, andererseits aber hatte ich natürlich auch mein Diplom vor Augen – diese ganze unwürdige Prozedur mag 25 bis 30 Minuten gedauert haben. Das Ergebnis war, dass ich das „Machwerk" sofort bei der Parteileitung abzuliefern hätte. Und süffisant fügte man noch an, mein Seminargruppensekretär hätte ja berichtet, dass einzelne Sätze von mir darin unterstrichen worden seien und dass man doch gern wüsste, was mir darin so besonders wichtig sei.

Um Zeit zu schinden, behauptete ich, das Papier sei derzeit an meinem Hauptwohnsitz in Berlin. Für das folgende Wochenende würde ich planen, nach Berlin zu fahren, hätte dann bei der Rückfahrt auch das „Machwerk" dabei (das natürlich die ganze Zeit in Dresden war).
Es war ein wunderschön warmes Mai- oder Juniwochenende, ich nahm das „Machwerk" mit in unseren Kleingarten in Berlin, setzte mich dort in die Sonne und unterstrich das „Aktionsprogramm der KPČ" mit Lineal und Kugelschreiber Zeile für Zeile über sechs oder acht Zeitungsseiten – einerseits, um eben zu verwischen, was mir besonders wichtig daran war, andererseits aber auch, um zu dokumentieren, dass das ganze Programm wichtig ist und

höchst überfällig auch für die DDR. Dieses völlig, Zeile für Zeile, unterstrichene Exemplar habe ich dann bei der Parteileitung abgeliefert.

Wenig später begannen die Semesterferien, in denen ich wieder mal nach Bulgarien (Primorsko) trampte. Nach meiner Rückkehr aus Bulgarien erfolgte dann am 21. August 1968 - die „brüderliche Hilfe" - der Einmarsch der Warschauer-Pakt-Staaten in die ČSSR. Ich war zum Ingenieurpraktikum (9. Semester) beim Deutschen Fernsehfunk (DFF) in Berlin – also zum Glück etwas von Dresden entfernt. Beim DFF lief dann natürlich auch gleich die Kampagne zur Unterschrift unter eine Huldigung der „brüderlichen Hilfe" durch die Warschauer Vertragsstaaten. Dem habe ich mich durch einen „grippalen Infekt" entzogen, den mir unser Hausarzt in Berlin nach (ehrlicher) Schilderung meiner Befindlichkeit bescheinigte. Diese ganze Geschichte hat für mich weiter keine negativen Folgen gehabt, ist auch nicht in meiner Stasiakte dokumentiert. Aus meiner Sicht war es ja auch kein Widerstand, sondern eher ein Aufmucken, man hatte natürlich immer das Ziel Diplom vor Augen – und dann überlegt man sich doch seine Handlungen und „kneift eher den Schwanz ein ..."
So funktioniert eben Diktatur und erzeugt sich ihre angepassten Duckmäuser.

Zum Frühjahrssemester 1969 war ich wieder zurück in Dresden. Nach Abschluss der „Normalisierung" in der ČSSR durften auch DDR-Bürger wieder in die ČSSR reisen. Mit einem Kommilitonen fuhr ich dann auch im Sommer 1969 hin und wir besuchten unseren gemeinsamen guten Freund Karel in Brno. Als DDR-Bürger, deren Staat sich besonders als Scharfmacher für den Einmarsch hervorgetan hatte, war es uns natürlich auch peinlich, ihm gegenüberzutreten, obwohl er ja unsere Einstellung genau kannte. Aber es trat eine beinahe absurde Situation ein: Karel tröstete uns, und einen seiner Sätze habe ich nie vergessen: *„Ach lasst nur, in zwanzig Jahren haben die auch wieder abgewirtschaftet ..."*
Wie recht er doch behielt. 1989 musste ich an eben diesen prophetischen Satz wieder denken, als dann Vaclav Havel und der Mann mit den traurigen Augen auf dem Wenzelsplatz gefeiert wurden.

Was war für mich das Ergebnis? Ich war mit dem 21. August 1968 und meinen Erlebnissen an der TU Dresden – und noch schlimmer an meiner ersten Arbeitsstelle, dem VEB Maschinelles Rechnen in Berlin – zu der Überzeugung gekommen, dass dieser Staat zeit meines Lebens nicht reformierbar sein würde, so dass für mich als Alternative für ein selbstbestimmtes Leben nur die Flucht blieb, die ich im Oktober 1971 realisieren konnte.

Ein Jugendlicher mit einer tschechischen Fahne ist am 21. August 1968 auf einen sowjetischen Panzer geklettert. (CTK/Libor Hajsky)

Guntram Glöde, geb. 1944, Grundschule / Oberschule Abitur Berlin, 1962 Lehrberuf Funkmechaniker, 1965 TU Dresden, Studium Elektrotechnik, 1970 Systemanalytiker, 1971 Flucht in die Bundesrepublik.
Siemens AG München: Entwicklungsingenieur für Systemsoftware (Datenvermittlungstechnik), Auslandstätigkeit (USA, u.a. Länder), Inbetriebnahmen internationale Vermittlungsstellen; 2001 Ruhestand; Reisen nach Südostasien, Malaysia, Singapore, Kambodscha, Laos, Myanmar, Vietnam ...

***

***

Kommentar zeithistorisch - Das „Manifest der 2000 Worte"

Das „Manifest der 2000 Worte" zählt zu den zentralen Dokumenten des Prager Frühlings in der Tschechoslowakei 1968. Es erschien unter dem vollständigen Titel *„Zweitausend Worte, die an Arbeiter, Landwirte, Beamte, Künstler und alle gerichtet sind"* und wurde von Intellektuellen unterschiedlicher Ausrichtung unterzeichnet.

Das Manifest entstand auf Initiative einiger Mitglieder der Tschechoslowakischen Akademie der Wissenschaften (Československá akademie věd), darunter Otto Wichterle, Jan Brod, Otakar Poupa und Miroslav Holub.

Der bekannte Schriftsteller Ludvík Vaculík verfasste den Text, der am 27. Juni 1968 in der Zeitschrift *Literární listy* sowie in den Tageszeitungen *Lidové noviny*, *Práce*, *Mladá fronta* und *Zemědělské noviny* veröffentlicht wurde.

Das Manifest beleuchtete kritisch die Rolle der Kommunistischen Partei der Tschechoslowakei (KSČ) im Reformprozess des Prager Frühlings und forderte eine konsequente Fortführung der Reformpolitik trotz des Widerstands reaktionärer Kräfte im In- und Ausland. Es griff zudem die „Irrtümer des Sozialismus" scharf an.

Während die Parteiführung das Manifest als eine Misstrauenserklärung gegenüber ihrer Politik zurückwies, fand es in der Bevölkerung, insbesondere bei der bis dahin eher zurückhaltenden Arbeiterschaft, großen Zuspruch. Das Dokument löste eine starke emotionale Resonanz aus und führte zu einer weiteren Radikalisierung sowohl der reformorientierten als auch der konservativen Kräfte.
Die Regierung unter Alexander Dubček geriet dadurch in eine schwierige Lage: Sie war gezwungen, zwischen den gegensätzlichen Lagern zu vermitteln. Das Manifest trug maßgeblich zur Dynamik des Prager Frühlings bei, symbolisiert aber auch die Spannungen, die letztlich den sowjetischen Einmarsch im August 1968 begünstigten.

***

"Warum ist Walter Ulbricht gerade in Ägypten?"

Drei Anekdoten aus der Studienzeit an der TU

Prof. Dr. Karl-Friedrich Pötter (TU Dresden, Studienjahrgang 1965, Fachrichtung Mathematik; 1971 Promotion)

Meine Aufnahmeprüfung zum Mathematikstudium

Die Aufnahmeprüfung bestand aus zwei Teilen, einer schriftlichen Prüfung und einer mündlichen.

Die schriftliche Prüfung war für Studienbewerber, die die DDR-Mathematikolympiaden erfolgreich durchlaufen hatten, kein Problem. Zum mündlichen Eignungsgespräch kam ich zum damaligen Direktor des Instituts für Maschinelle Rechentechnik Prof. Dr. N.J. Lehmann.

Er zeigte in die Ecke seines Zimmers und meinte: "Stellen Sie sich vor, da unten sitzt eine Maus und die will da oben hin". Er zeigte in die Ecke an der Decke, die Endpunkt der Raumdiagonale ausgehend von der zuerst gezeigten Ecke am Fußboden war. „Welches ist der kürzeste Weg entlang der Wand?

Diese Frage war kein großes Problem und ich konnte prompt und richtig antworten. Dann aber kam die deutlich schwierigere Frage: "Warum ist Walter Ulbricht gerade in Ägypten?"

Zum Glück hatte ich auf der Fahrt nach Dresden in der Tageszeitung „Junge Welt" nicht wie gewöhnlich nur die Sportseite gelesen, so dass ich diese Frage zufriedenstellend beantworten konnte. Damit war der Weg für ein Mathematikstudium frei.

Spät abends war ein Nachtschießen angesetzt

Die Wehrpflicht wurde 1962 in der DDR eingeführt. Männer waren verpflichtet, einen Grundwehrdienst zu leisten, der regulär 18 Monate dauerte. Um den Übergang zu erleichtern, wurden diese vorbereitenden Maßnahmen von der Gesellschaft für Sport und Technik (GST) als Ergänzung zur schulischen oder universitären Ausbildung genutzt. Dies diente auch dazu, die ideologische Bindung an den Staat und die Verteidigungsbereitschaft zu stärken.

Die militärische Grundausbildung bei der GST war darauf ausgerichtet, Grundkenntnisse in militärischen Fertigkeiten wie Marschieren, Schießen und Orientieren zu vermitteln. Besonders Studenten, die später Offiziers- oder Reservistenlaufbahnen einschlagen sollten, erhielten über die GST eine grundlegende vormilitärische Ausbildung, die dann bei ihrem Wehrdienst ergänzt wurde.

Während die Studenten der technischen Fakultäten nach dem 2. und dem 4. Semester eine militärische Grundausbildung erhielten und in meiner Erinnerung das Studium dann als Reservisten im Offiziersrang abschlossen, mussten die männlichen Absolventen der naturwissenschaftlichen Fachrichtungen eine 14-tägige vormilitärische Ausbildung im GST-Lager Schirgiswalde absolvieren. Hier sind bei mir nachfolgende Erlebnisse nachhaltig in der Erinnerung geblieben.

Zum letzten Tag der Ausbildung im Jahr 1967 hatte der Lagerkommandant, ein Major der Reserve, eine Abordnung russischer Soldaten zu einem Freundschaftstreffen eingeladen. Er wollte das beim morgendlichen Appell ankündigen mit den Worten: „Genossen! Indem dass wir das heutige Manöver erfolgreich beendet haben werden..." und verschwand dann in seiner kühnen Satzkonstruktion, ohne den Faden wiederzufinden.

Jedenfalls war am Nachmittag ein Volleyballspiel gegen die Rotarmisten geplant, das wir haushoch gewonnen haben (die Soldaten spielten in Uniformhose mit freiem Oberkörper und in Stiefeln). Nach dem Spiel kam der Major zu uns und teilte mit, dass mit den Russen nun ein festliches Bankett stattfinden wird, wozu einer aus der siegreichen Mannschaft mitkommen dürfe. Meine Mitspieler wählten mich dazu aus.

Das Bankett bestand im Wesentlichen daraus, dass Wodka aus Weingläsern getrunken und dazu Speck und Räucherfisch gegessen wurde. Da ich beide Speisen nicht mochte, blieb es beim Wodka mit dem Ergebnis, dass ich am Ende des Treffens sturzbetrunken war. Nun war für spät abends ein Nachtschießen angesetzt - fünf Schuss mit einem Kleinkalibergewehr im Liegen auf (ich glaube) 50 m Entfernung. Diejenigen, die weniger als zwei Treffer auf der Scheibe hatten, sollten noch zwei Tage länger am Ort bleiben und das Lager mit auflösen. Unmittelbar nach dem Bankett mussten wir zum Schießstand marschieren. Zwei meiner Kommilitonen und Mitspieler beim

Volleyballmatch nahmen mich unter den Arm und schafften mich, ohne dass ein Ausbilder das merkte, bis zum Schießstand. Hier bekam ich meine fünf Schuss Munition in die Hand gedrückt, bin in den liegenden Anschlag gegangen und eingeschlafen.

Mein rechter Nachbar und Sportfreund war ein guter Schütze. Nachdem er seine zwei Treffer erledigt hatte, gab er die letzten beiden Schüsse auf meine Scheibe ab, so dass ich die Norm mit den zwei Treffern auch erfüllt hatte. Unbemerkt richteten mich die Freunde im Schutze der Dunkelheit wieder auf (meine fünf Patronen hatte ich noch fest in der Hand) und schafften mich zu unserer Unterkunft. Die Übung hatte „ich" bestanden und durfte am nächsten Morgen mit einem wahnsinnigen Brummschädel die Heimreise antreten.

Eine weitere Episode aus dem GST-Lager habe ich noch in der Erinnerung. Der Lagerkommandant stellte jeden Abend seine Stiefel vor seinen Bungalow und ein ausgewählter Kommilitone musste sie putzen. Eines Morgens ertönte ein Riesenschrei über den Appellplatz. Nachts hatte heimlich ein Kommilitone seine Notdurft in die Stiefel erledigt, was der Major erst beim Anziehen bemerkte. Trotz aller Bemühungen und angedrohter Repressalien konnte der Übeltäter nicht ausfindig gemacht werden. Hätte zu späterer Zeit, seit man den DNA-Abgleich kennt, für den Übeltäter kritisch werden können.

Freie Bahn bei der Suche nach Fixpunkten von kompakten Abbildungen in zulässigen topologischen Vektorräumen.

Meine Zulassung zum Forschungsstudium war mit der Übergabe von zwei Themen für eine Abschlussarbeit verbunden. Das erste Thema betraf die fachliche Arbeit und lautete „Über Fixpunkte kompakter Abbildungen in zulässigen topologischen Vektorräumen" das zweite betraf die für eine Promotion im Forschungsstudium unvermeidliche Arbeit zu einem Thema im Fach Gesellschaftswissenschaften. Das mir hierzu übergebene Thema lautete „Möglichkeiten der Integration der Marxistisch-Leninistischen Philosophie in das mathematische Grundlagenstudium". Nun gab es zwar damals schon Schriften, die Philosophie und Mathematik zum Inhalt hatten, aber mit der geforderten Philosophie hatte das wenig zu tun. Während ich mich für das erste Thema durch die Vorlesungen zur Funktionalanalysis und Topologie bei meinen hoch geschätzten Professoren Müller, Landsberg und Riedrich gut vorbereitet fühlte, fehlte mir zu dem Gewi-Thema jegliche Idee zur Herangehensweise. Da halfen weder die in der gesellschaftswissenschaftlichen Bibliothek der TU vorhandenen jahresweise gebundenen Ausgaben der Tageszeitung „Neues Deutschland' noch nutzte es mir, dass ich während meiner Ausbildung (Schule, Studium, FDJ-Lehrjahr) dreimal als Pflichtlektüre Lenins Werk „Was tun" studieren durfte.

Der mir zugewiesene Betreuer der Arbeit erzählte mir zwar mit markigen Worten, wieviel er aus der in seinem Regal stehenden Gesamtausgabe der Werke Lenins in Originalsprache für sein Leben schon Wertvolles entnehmen konnte, aber außer dem Hinweis zu meinem Thema doch Interviews mit den Hochschullehrern der mathematischen Fächer zu führen, kam von ihm nichts.

Bei diesen Interviews schaute ich meist in verständnislose Augen, die mir wohl sagen wollten: "Was willst Du eigentlich von mir?" Lediglich bei einem Professor, der als sehr linientreu bekannt war, erhielt ich die Info, dass an der Humboldtuniversität zu Berlin gerade eine Forschungsarbeit zu einem ähnlichen Thema läuft. Über die Gewi-Bibliothek gelang es mir, einen Artikel von dieser Forschungsgruppe zu bekommen. Hier fand ich den Schlüssel zu meiner Arbeit, denn dort wurde u.a. vorgeschlagen, im Grundstudium bei der Behandlung der Bewegungsgleichung nicht wie bisher belanglose Bewegungsformen wie Wurfparabeln oder der gleichen als Beispiel heranzuziehen, sondern mit der Berechnung der Flugbahn von interkontinentalen Raketen gleichzeitig die Verteidigungsbereitschaft der Studenten zu erhöhen.

Diese umwerfende Idee, auf die anscheinend die mathematische Welt im Osten schon viele Jahre gewartet hatte, übernahm ich dann in meine Arbeit, schmückte sie etwas aus und erreichte so das Ziel, zum Promotionsverfahren zugelassen zu werden. Stolz war ich nicht auf das, was ich da zu Papier gebracht hatte, aber ich hatte nun freie Bahn bei meiner Suche nach den Fixpunkten von kompakten Abbildungen in zulässigen topologischen Vektorräumen.

Ausbilder im Rahmen der Zivilverteidigung

Als Forschungsstudent wurde ich 1971 dazu „verdonnert" eine Woche lang als Ausbilder von ca. 40 Studentinnen des mathematisch-naturwissenschaftlichen Bereichs im Rahmen der Zivilverteidigung zu agieren. Dazu bekam ich eine Armeeuniform und einen Plan, nachdem ich die Mädels unterweisen sollte. Dazu gehörte die korrekte Ausführung solcher Kommandos wie:

„In Reihe angetreten",

„Stillgestanden",

„Richt-Euch",

„Im Gleichschritt Marsch", ...

Für diese Aktivitäten war eine Woche täglich von 9 Uhr bis 12 Uhr vorgesehen. Ort der Übungen war der Sportplatz hinter dem Gebäude für Kerntechnik am Zelleschen Weg. Ich muss sicher nicht erwähnen, dass die Mädels nicht gerade mit Begeisterung die jeweiligen Kommandos befolgt haben. Es war schlicht weg eine Katastrophe und ich hatte die ganze Zeit über Sorge, dass ein Verantwortlicher von der Zivilverteidigung kommt, um sich das Ganze anzuschauen.

Zivilverteidigung – Studentinnen bei der Ausbildung
(Universitätsarchiv der TU Dresden, Fotoarchiv)

Am Mittwoch stand „Marschieren mit Gesang" auf dem Plan. Auf mein Kommando „Ein Lied" kam die Antwort: „Was sollen wir denn singen?"

Meine Antwort „singt irgendetwas" war nicht sehr klug gewählt, denn während die Meute alles andere als im Gleichschritt marschierte erklang das

Lied: "Mutti guck, Mutti guck, Mutti guck, guck, guck. Unser Hahn sitzt schon wieder auf 'ner´ anderen Gluck". Aus Sorge, dass ein Verantwortlicher irgendwo im Gebüsch sitzt, gab ich schnell das Kommando „Lied aus".

Ein neuer Versuch endete wieder kläglich, diesmal mit einem Lied, dessen Text hier wiederzugeben sich verbietet.

Ich habe diese Woche später als die schlimmste während meines Studiums bezeichnet. Zur Ehrenrettung der Mädels muss ich allerdings sagen, dass sie am Ende dieser Woche zu mir kamen, sich für ihr Auftreten mit den Worten entschuldigt haben, dass ich das nicht persönlich nehmen solle, sondern sie wollten damit nur zum Ausdruck bringen, für wie sinnlos und blödsinnig sie die ganze Veranstaltung gehalten haben. Da wir in dieser Einschätzung übereinstimmten, haben wir uns freundschaftlich voneinander verabschiedet.

Karl-Friedrich Pötter, geboren 1946 in Weißenfels, Abitur 1965. 1965 Studium der Mathematik TU Dresden. 1971 Abschluss eines Forschungsstudiums, Promotion. 1971 bis 1990 Mitarbeiter im Kernkraftwerk Rheinsberg (Entwicklung reaktorphysikalischer Rechenprogramme) 1991 Mitbegründer der NIS Rheinsberg (Entwicklung von Rechenprogrammen für Industrie und Verwaltung) 1991 -2011 Prokurist und Standortleiter bei der NIS Rheinsberg; 2011 Honorarprofessor TH Wildau

***

Studentische Amateurfunker schalteten Radio Prag auf das Heizungssystem

Licht und Schatten meines Studiums – eine episodische Rückschau

Dr.-Ing. Joachim Schmiele (TU Dresden, Studienjahrgang 1967, Fakultät Elektrotechnik; Sektion Regelungstechnik, 1971 Diplom; TH Leipzig, Promotion 1986)

Zu Beginn des Jahres 1968 ermutigte uns Studenten der „Prager Frühling" und gab uns Hoffnung, dass auch bei uns eine Lockerung der Repressionen der Diktatur möglich werden könnte. Das war uns Studenten aus den ersten Semestern besonders wichtig, da wir ja gerade erst der schulischen „Diktatur" und elterlichen Aufsicht entronnen waren und alles in uns schrie: Mehr von der neuen Freiheit!

Leider währte diese Phase nur kurz und der sowjetische Imperialismus schlug für uns sichtbar zu. Der Widerstand unter uns Studenten (betrifft alle, die nicht zur Militärausbildung nach Seeligenstädt mussten) war enorm und fand seinen Ausdruck in den unterschiedlichsten Formen. Jedoch die Staatssicherheit war auch hier allgegenwärtig und es verschwand der eine oder andere Kommilitone spurlos aus unserem Leben. Das blieb bei vielen von uns nicht ohne Eindruck.

Im Wohnheim, das an der Straße zwischen Fučikplatz und Sachsenplatz lag, beobachteten wir, wie Panzer und andere Militärfahrzeuge in endloser Kette Tag und Nacht in Richtung tschechische Grenze rollten. Wir warfen am ersten Tag aus den Fenstern Eier und Wasserbeutel auf diese Fahrzeuge. Einige von uns versuchten, die Panzerfahrer mit Taschenlampen durch die Sehschlitze zu blenden. Am ersten Tag ging alles gut, weitere Blendversuche mit stärkeren Lampen aus den Fenstern am zweiten Tag ermöglichten der nunmehr aktiven Stasi, durch Ortung der Fenster die komplette Zimmerbelegschaft zu verhaften. Ich habe sie an der Uni nie mehr gesehen. Im Wohnheim hatten unterdessen studentische Amateurfunker Radio Prag und andere Funkereignisse aus der ČSSR auf das Heizungssystem zu schalten versucht, um uns zu ermöglichen, mit einfachsten Mitteln ungefilterte Nachrichten aus Prag hören zu können.

Der offenbar so massiv nicht eingeschätzte Widerstand in der studentischen Bevölkerung Dresdens führte zu schrittweisen Reaktionen der Diktatur. Jeden Tag marschierten nun zwei völlig unauffällige Ledermantelfüller (Stasi) vor dem Palast auf und ab.

Wir spazierten mit diesen Stasimitarbeitern zwei von uns rechts zwei links wie zufällig ein Stück des Weges und fragten sie nach ihrem Anliegen – Irritierung pur bei ihnen. Außerdem wurden wir Studenten gruppenweise einer Sonderbehandlung durch die geschulten Marxismus-Leninismus-Lehrkräfte der Uni und durch externe Propagandisten ausgesetzt.

Dabei war das Ziel, dass jeder unter Aufsicht der oben genannten Propagandisten ein Einmarsch-Befürwortungsschreiben unterzeichnet. Wer unterschrieb, konnte gehen. Die Veranstaltungen dauerten täglich mindestens acht Stunden und zogen sich über eine Woche hin, da die Zahl der so Zermürbten nur langsam anwuchs.

Mit mir blieben von ca. 20 Kommilitonen nach einer Woche noch eine Handvoll Nichtunterzeichner übrig, die mit Bangen in die Zukunft sahen. Ich bereitete mich gedanklich auf eine Arbeit als Elektriker vor. Aber die Verhaftungswelle unter den Studenten (nach meiner subjektiven Einschätzung ca. ein Drittel von uns) zeigte den Machthabern ein großes Ingenieurdefizit für sechs Jahrgänge auf und sie sahen von weiteren Verhaftungen ab. Stattdessen war deren raffinierte wie auch perfide Planung, die mehrheitlich systemtreuen Auslandsstudenten (oft auch Stasimitarbeiter) – die ja aus Prag abgezogen werden mussten – unter den „Rest" zu mischen und damit eine Systemkonformität zu erzeugen. So endeten die Prager Frühlingsgefühle in der Dresdner Studentenschaft allmählich. Es war nichts mehr wie vorher.

Ein Ereignis in dieser Zeit hat sich mir besonders eingeprägt: Ich hatte meinem tschechischen Freund Zdenek aus Hradec Kralove geschrieben, dass viele von uns den Einmarsch nicht befürworteten, aber es kam nie eine Antwort von ihm. So verloren wir uns. Bis ich vor wenigen Jahren, also ca. 40 Jahre danach, auf die Idee kam, mit einer Internetrecherche nach Zdenek zu suchen, und ich fand ihn als Direktor eines Krankenhauses wieder. Wir haben inzwischen Bilder und Fakten ausgetauscht und mussten feststellen, dass mein Brief ihn nie erreicht hat. Die Stasi hatte ihn abgefangen und auch weitere Kontakte mit ihren Mitteln sabotiert.

Erlebnisse im Bildungswesen der DDR
Vor dem Studium war für mich eine Aufnahmeprüfung an der TU Dresden zu bestehen. In dieser wurde nicht nur Wissen getestet, sondern auch die Fähigkeit, wissenschaftlich, komplex und kreativ zu denken.

Besonders in Erinnerung ist mir nach bestandener Aufnahmeprüfung der Empfang durch meine Mutter in Eisenhüttenstadt. Sie empfing mich auf der Treppe mit den Worten: „Junge, war es schlimm im Gefängnis?"
Ich war verblüfft und wusste von nichts. Es stellte sich heraus, dass es am Hauptbahnhof von Dresden während meines Aufenthaltes 1967 zu politischen Unruhen gekommen war und die Stasi offenbar ihre Unmengen an Informationen falsch zusammengestellt hatte.
Ein Stasimitarbeiter besuchte jedenfalls meine Mutter, während ich in Dresden an der Universität meine Prüfung absolvierte, und eröffnete ihr, dass ich in Untersuchungshaft sitze. Zum Glück hatte die Stasi sich in ihren eigenen Verhaftungsaufzeichnungen geirrt – sie wusste aber immerhin ohne Anlass, dass ich in Dresden über den Hauptbahnhof eingetroffen war – wie beruhigend.

Also kam ich 1967 mit 18 Jahren nach bestandenen Abitur- und Facharbeiterprüfungen in Dresden voller Erwartungen und mit Bammel vor den fachlichen Anforderungen an. Die mich sofort beanspruchende Eigenverantwortlichkeit machte mir anfangs zu schaffen, wurde aber bald zur Schule fürs Leben. Ich hatte abgesehen von den obligatorischen Praktika die Wahl, wie ich mein Wissen erwarb – aus dem Buch oder aus der Vorlesung.
Zur Prüfung musste alles abrufbar da sein. Zweimal eine Prüfung verhauen und man wurde exmatrikuliert. In meiner Studienrichtung wurden wir darauf vorbereitet, dass nur ein Drittel von uns das Diplom erfolgreich erwerben wird. Dies als Eingangsinformation war für mich Stress pur aber letztendlich gut, weil das Arbeitsleben, ohne Parteikader sein zu wollen, einem auch nichts schenkte. Stipendium bekam ich nicht, weil mein Vater zur „Intelligenz" zählte. Zugewiesen wurden mir Spind, Bett und Hocker im Studentenwohnheim (genannt Günzpalast – Günzstraße/Ecke Holbeinstraße) mit

anfangs 24 und später 8 Kommilitonen auf einem Zimmer. Glück gehabt – andere mussten sich den Lesesaal zu 50 teilen, zumindest bis zum offenbar eingeplanten Abgang des ersten Drittels unseres Jahrganges durch Leistungsauslese.

Unmittelbar nach den eingangs geschilderten Erlebnissen im Prager Frühling kam die Hochschulreform, die unter anderem den nicht immer staatstreuen Universitätsbetrieb auf „Linie" bringen sollte. Sigismund Kobe und Matthias Rößler berichten darüber in „Das Jahr 1989 – das Ende parteipolitischer Einflussnahme der SED an der TU Dresden" (siehe Beitrag in Band 1) und „Die Erneuerung der Hochschulen zwischen 1989 und 1993 in Sachsen" (siehe Beitrag in diesen band). Statt fünfeinhalb Jahre Studium nur noch vier Jahre – uff! Die fehlenden Stunden/Fächer wurden im Expressverfahren in den dafür zusammengestrichenen Semesterferien inklusive Prüfung absolviert. Fröhliches Studentenleben geht anders.

Die Freiheit der Rede und des Denkens wurde von den Apparatschiks der Uni nunmehr stark bekämpft. Ebenso alte studentische Traditionen, wie bei uns „ET Fine", das Ende des Grundstudiums. Hier durften die Studenten des siebenten Semesters bei den Studenten des ersten Semesters eine Vorlesung zu einem Thema ihrer Wahl halten und die so ersetzten Professoren stellten ihr Honorar (meines Wissens nach 50 Mark) für einen gemeinsamen daran anschließenden Umzug durch die Stadt mit späterem Umtrunk zur Verfügung. Die dabei mitgeführte gelbe Fahne mit einem roten Blitz (Elektrotechnik) hatte alle Jahrgänge in Rot verzeichnet und ab 1961 in Schwarz (wegen des Mauerbaus). Zum Schluss möchte ich ein paar Bemerkungen zu meinem Lernprozess in der damaligen DDR anfügen und ein paar Bezüge zu heutigen Schul- und Studierwerdegängen herstellen.

Ich beginne mit der Feststellung, dass ich an der TU Dresden Regelungstechnik (später Technische Kybernetik genannt) studiert habe und meine fachliche Ausbildung von sehr guter Qualität war. Die Bestätigung dieser Fachkompetenz erhielt ich nach 1990 in verschiedenen Personalgesprächen. Dies gilt auch für mein Abitur, da ich wie auch im Studium, von gesellschaftswissenschaftlichem Müll abgesehen, auch hier wesentlich bessere naturwissenschaftliche Kenntnisse erwarb, als bei den heutigen Abiturienten abrufbar sind. Nicht umsonst hat damals Finnland das DDR-Schulsystem übernommen und die Früchte der Leistungsorientierung (fachlich) im ersten PISA-Test geerntet. Nach Finnlands Übergang auf die von den meist linken Lehrern der Bundesrepublik nachgeäffte moderne Unterrichtsform sacken die Finnen stetig ab.

Also lautet die Botschaft, dass klare und harte Leistungsanforderungen in Schule und Studium ein Grundstein fürs Leben sind – auch wenn es mir damals nicht gefiel.

Wie meinem Lebenslauf zu entnehmen ist, habe ich auf meinem Bildungsweg fast alle „Entwicklungsschritte" der Diktatur erdulden oder erleben müssen. Das begann mit dem arbeitsbedingten Umzug meiner Eltern nach Stalinstadt (später Eisenhüttenstadt) – der ersten sozialistischen Stadt der DDR ohne Kirche und später ohne Westfernsehen (mit Störsender). Die Bewohner waren mit dem Aufbau des Werkes relativ optimistisch und bemerkten die diktatorischen Lebenselemente nur partiell. Der Ort an der polnischen Grenze war im Wesentlichen geschichtsarm und es gab kaum eine alteingesessene Führungselite – gute Voraussetzungen für die Schaffung eines neuen „sozialistischen Menschentyps". Die Lehrer waren meist besonders linientreu und der Alternativblick in die Freiheit entfiel zumindest teilweise. Schule konnte so besser indoktrinieren. Der Proletarier war das Maß aller Dinge und die Intelligenz wurde bis 1961 (Mauerbau) mit guten Einzelverträgen geködert. Andererseits hatten viele Eisenhüttenstädter den Krieg noch in den Knochen und dachten, lasst uns mal was Neues probieren.

Freilich hat mir schon die Schule gezeigt, dass ich als „Intelligenzlerkind" ein Aussätziger war. Ich musste in der Grundschule für die EOS (heutige Entsprechung Gymnasium) eine Note besser sein als meine Mitschüler mit „proletarischer Abstammung" und ich gehörte auch sonst nicht dazu – was immer das war. Gleichzeitig erhöhte die ungehemmte sozialistische Erziehung zumindest bei mir den Hunger nach humanistischer Bildung. So war zum Beispiel für mich Geschichte eben nicht nur die Lehrplan-Geschichte des Spartakusaufstandes, des Bauernaufstandes und die des Proletariats. Die einseitige gesellschaftspolitische Schulbildung erzeugte das Gegenteil ihres Zieles, nämlich meine Freiheitssehnsucht. Damit meine ich insbesondere die Freiheit der Rede und der Gedanken und nicht, wie heute kolportiert wird, meine Freiheit zu reisen.

Ich bleibe aber dabei, die Wissensvermittlung in Mathe, Physik, Biologie, Deutsch, Chemie usw. war sehr gut. Den gesellschaftlichen Restunterricht hat man ertragen – die permanente Indoktrination erzeugte das Gegenteil, nämlich Abneigung. Ein wichtiger Hinweis für unsere, dem damaligen „Neuen Deutschland" immer ähnlicher werdenden Medien. Aber schließlich war das Abitur absolviert und ich freute mich auf mein Studium. Eigentlich wollte ich Autokonstrukteur werden, aber mein Vater riet mir mit dem Hinweis auf die Planwirtschaft ab.

Der Freiheitsfunke hatte in mir auf Dauer die Sehnsucht nach freier Rede und freiem Denken verstärkt. Dies sollte meinen zukünftigen Verhaltenskodex in der Diktatur bestimmen und war dann folgerichtig die Grundlage meines Antriebs, für die letzte frei gewählte Volkskammer zu kandidieren und in dieser mit brennendem Herzen für die deutsche Einheit zu arbeiten.

Joachim Schmiele, geb. 1949 in Schwarzheide; 1955 Schule, Abitur, 1963 Berufsausbildung Elektromonteur, 1967 TU Dresden, 1971 Diplom. Aspirantur TH Leipzig, 1986 Promotion, Projektant, Entwicklungsleiter, Problemanalytiker.
1990 Mitglied der demokratisch gewählten Volkskammer der DDR, Parlamentarischer Geschäftsführer im Bundestag, Referent bei der Treuhandanstalt, Geschäftsführer/Vorstand / Berater mittelständischer Unternehmen

***

Die hochnotpeinliche Befragung ...

Dr.-Ing. Klaus-J. Appenroth (Friedrich-Schiller-Universität Jena, Studienjahrgang 1967, Diplom 1972, Promotion 1978)

Von 1967 bis 1972 habe ich Chemie an der Friedrich-Schiller-Universität in Jena studiert. Gegen Ende des Studiums wurden aus den ca. 50 Chemiestudenten fünf ausgewählt, die für eine Doktorandenstelle vorgesehen waren. Ich gehörte nicht zu den Auserwählten. Ich war Sprecher des Zentralen Koordinierungskreises der Katholischen Studentengemeinden in der DDR und Vertreter der Katholischen Studenten bei der Pastoralsynode der Katholischen Kirche in der DDR, die am März 1973 begann.

Nach dem Sturz Walter Ulbrichts und der Machtübernahme durch Erich Honecker als 1. Sekretär der SED 1971 gab es offensichtlich auch eine Änderung der Wissenschaftspolitik. Wir erhielten als Studenten die Mitteilung, dass die Zahl der geplanten Doktoranden auf 25 zu erhöhen sei. Das brachte die SED-Parteigruppe des Studienjahres, die bei der Auswahl der „Kader" eine Rolle spielte, bezüglich meiner Person in Schwierigkeiten. Ich wurde zu einer Parteigruppenversammlung aller Mitglieder des Studienjahres geladen, in der entschieden werden sollte, ob ich trotz meiner kirchlichen Aktivitäten politisch hinreichend zuverlässig sei.

Die hochnotpeinliche Befragung ging gefühlt über zwei Stunden. Die Fragenbreite war unglaublich. Ich bin nachträglich froh, dass die Veranstaltung nicht aufgezeichnet wurde. Ich wäre nicht gerade stolz auf meine Antworten, ich könnte es auch deutlicher als peinlich bezeichnen, was ich als Antworten gab. Wie ich später erfuhr, war eine Frage entscheidend: Ob ich bereit bin, mit der Waffe in der Hand die DDR zu verteidigen?

Ich kann mich nicht erinnern, aber offensichtlich habe ich die Frage bejaht. Wie ich auch erst viele Jahre später erfuhr, hat diese Antwort die beiden einflussreichsten meiner Kommilitonen überzeugt. Sie haben sich für meine Zulassung für eine Doktorandenstelle ausgesprochen. Erfolgreich.

Auf diese beiden Kommilitonen möchte ich näher eingehen. Einer der beiden war damals bereits inoffizieller Mitarbeiter der Stasi. Er wurde später hauptamtlicher Mitarbeiter (Stasi-Major) und leitet über viele Jahre das Institut der Stasi in Berlin, das nach seinen Aussagen Ausweisdokumente für viele Staaten fälschte (offiziell „Analyse und Reproduktion von Dokumenten").

In einem Gespräch etwa 2010 erklärte er mir, dass „wir" bei der Leitung der DDR viele Fehler gemacht hätten, dass aber führende Leute nicht bereit waren, die von der Stasi vorgetragene Kritik zu berücksichtigen.

Trotzdem war er viele Jahre nach dem Ende der DDR noch überzeugt, dass der Sozialismus das bessere Gesellschaftssystem darstellt.

Einen ganz anderen Weg ging der zweite der führenden SED-Mitglieder meines Studienjahres. Wir haben zusammen in einem Zimmer in einem Studenten-Wohnheim gewohnt und ich habe relativ nahe mitbekommen, wie er von einem Dozenten des Instituts für Marxismus-Leninismus von der kommunistischen Ideologie überzeugt wurde und in die SED eintrat. Er wurde danach sehr schnell einer der führenden Studenten in der Fakultät. Wir haben auch gemeinsam im selben Institut mit unserer Promotion begonnen. Nach einem Jahr aber sagte er mir, dass er eine Möglichkeit geboten bekommen hat, eine Diplomatenhochschule in Moskau zu besuchen und deshalb seine Doktorarbeit nicht fortsetzen will. Er ist auch nach Moskau gegangen, wurde dort aber nicht als Diplomat, sondern als Spion ausgebildet und war lange Zeit in den USA als KGB-Spion tätig. Dass er dazu akzentfrei Englisch gelernt hat, habe ich sehr bewundert. Das Leben dort hat es ihm ermöglicht, relativ zeitig mit seiner Bindung an die kommunistische Ideologie zu brechen (siehe „Der falsche Amerikaner", SCM Hänssler, 2022). Schließlich ist er Christ geworden und ist in die Methodistische Kirche eingetreten. Ich habe ihm diesen Schritt abgenommen. Er hat mich in Jena besucht und wir haben gemeinsam einen Methodistischen Ostergottesdienst besucht.

Dies waren die beiden ehemaligen Kommilitonen, denen ich meinen Zugang zu einer Doktorandenstelle verdanke und auf deren Basis schließlich meine wissenschaftliche Karriere möglich wurde. Und ich bin dafür dankbar.

Klaus-J. Appenroth, geb. 1948 in Neukirchen/Eisenach, Abitur, 1967 Friedrich-Schiller-Universität Jena, Chemie, 1972 Diplom, 1978 Promotion in Photochemie, Wiss.-Techn. Mitarbeiter VEB Carl-Zeiss Jena, 1993 Habilitation Pflanzenphysiologie, 1991 A. von Humboldt-Stipendiat Universitäten Freiburg und München, Privatdozent bis 2014; Senior-Gastwissenschaftler der Universität Jena; Ehrenmitglied der DGB[6]; 2013 Intern. Lenkungsausschuss DUCKWEED.[7]

---

[6] DGB: Deutsche Botanische Gesellschaft.
[7] DUCKWEED: Erforschung und Anwendung von Wasserlinsen.

Fernstudium – jeder musste auf viel Persönliches verzichten

Dipl.-Ing. Helmar Schober, Studienjahrgang 1968, (TH/TU Dresden, Abendfernstudium Fachrichtung Maschinenwesen/Fertigungstechnik, Diplom 1973)

Mein Betrieb delegierte mich zu einem dreijährigen Direktstudium (Anmerkung des Herausgebers: Der Abschluss einer Ingenieurfachschule qualifizierte zum Studium an einer Universität) das ich 1967 als Ingenieur abschloss. Mit 26 Jahren war ich also ein sogenannter Jungingenieur und heiratete. Meine Frau war damals bereits Diplom-Physikerin und Assistentin in der Sektion Physik an der Technischen Universität Dresden – ein wesentlicher Anlass für mich, in meinem Fachbereich des Maschinenbaus, Fachrichtung Fertigungstechnik, auch den Abschluss als Diplom-Ingenieur anzustreben. Der VEB Pentacon (vormals Zeiss Ikon) delegierte mich wiederum – diesmal zum Fernstudium – an die TU Dresden. Dies entsprach schließlich dem Ziel, meine bereits im Alter von 14 Jahren gewählte Berufsorientierung weiterzuverfolgen und mich zu qualifizieren. Wir waren in unserer Studiengruppe 20 Kommilitonen, die selbstredend alle in der Industrie tätig waren.

Wir Fernstudenten (und ebenso auch die Abendstudenten) erhielten kostenlos die von den Mitarbeitern der TU erarbeiteten Lehrbriefe, das wesentliche Material zur Aneignung des Fachwissens (Kopiertechnik, geeignete preiswerte Fachbücher und heute selbstverständlich verfügbare andere – etwa elektronische – Hilfsmittel gab es noch nicht). Nicht selten versuchten Direktstudenten auch diese Lehrbriefe zu erhalten – ein in vielen Fällen nicht realisierbares Unterfangen.

Lehrveranstaltungen, durchgeführt von Professoren und Assistenten der TU, fanden dreimal wöchentlich nach der üblichen betrieblichen Arbeitszeit (8,75 Stunden täglich) in Räumen der TU statt. Es gab Vorlesungen, Praktika – auch mit Übungsaufgaben – und Seminare. Die abendlichen Lehrveranstaltungen dauerten in der Regel zwei Doppelstunden (180 Minuten).

Rückfragen zu den behandelten Themen, auf die bereitwillig eingegangen wurde, verlängerten diese jedoch nicht selten.

In dieser Zeit (über fünf Jahre) musste jeder auf viel Persönliches verzichten. Das Fernstudium wurde sehr ernst genommen. Dabei waren alle über die Arbeitsstelle, den Betrieb, sozial abgesichert. Die betrieblichen Aufgaben korrespondierten in der Regel mit dem Studienziel und waren nicht in die durch Normen geprägten unmittelbaren Planerfüllungsleistungen eingebunden. Ich arbeitete als Entwicklungstechnologe nicht im Schichtbetrieb und hatte die primäre Aufgabe, den Konstrukteuren zur Seite zu stehen, wenn es um die Realisierbarkeit ihrer Vorstellungen im gegebenen technologischen Fertigungsablauf der neuen Produkte ging. Es galt also für mich, die gegebenen betrieblichen Kapazitäten, wie Materialeinsatz, Maschinenpark, Werkzeugfundus, Lohnkosten und Kapazität der vorhandenen Produktionsgrundarbeiter, zu beachten und dabei möglichst die Notwendigkeit von zusätzlichen Investitionen zu begrenzen. Die Überleitung in die Produktion war zügig und kostengünstig zu gestalten.

Für Praktika und Prüfungen wurden wir Fernstudenten 52 Arbeitstage im Jahr bei voller Bezahlung freigestellt. Klar, dass dabei trotzdem die betrieblichen Aufgaben zu erfüllen waren. Alle für uns denkbaren Möglichkeiten wurden genutzt, die Prüfungen trotz aller sonstigen Belastungen zu bestehen.

In früheren Jahrgängen aufgetauchte Prüfungsaufgaben wurden weitergereicht, oft (auch durch mitarbeitende Schreibkräfte oder Sekretärinnen) mühevoll abgeschrieben oder fotokopiert und mit der Ormigtechnik vervielfältigt. Hinter der Ormigtechnik verbarg sich ein Vervielfältigungsverfahren mit einem Matrizendrucker, bei dem der Text zuerst in einer üblichen Schreibmaschine auf ein Spezialpapier zu schreiben war und dann in begrenzter Anzahl mit Blaupapier abgezogen werden konnte.

In kleineren Gruppen traf man sich am Wochenende und besprach den Studienstoff. Jeder beteiligte sich daran. Unklarheiten wurden ausgeräumt. Das war überaus effektiv und festigte das Wissen. Wir hatten alle ein Ziel und unterstützten uns gegenseitig.

Nach den bestandenen Prüfungen durften wir uns als Hochschulingenieure bezeichnen. Für die anschließende Diplomarbeit an der TU wurde man drei Monate von der betrieblichen Arbeit freigestellt – auch hier bei vollem

Gehalt. Diplom-Ingenieur war man dann (in unserem Falle 1973) nach erfolgreicher Verteidigung der Diplomarbeit.

Dieser Abschluss galt in der Regel im Betrieb als Befähigung und Anlass, eine höherwertige Aufgabe zu übernehmen. Ich wurde im VEB Pentacon Dresden Technischer Leiter in der Teilefertigung mit 16 Kostenstellen (Meisterbereiche oder Fertigungsabteilungen wie zum Beispiel Bohrerei, Automatendreherei oder Ähnliches).

Mit der Wiedervereinigung – genauer am 2. Oktober 1990, also einen Tag vor der Deutschen Einheit – wurde den Kollegen des VEB Pentacon mitgeteilt, dass das Kombinat Pentacon liquidiert wird.

Das Kombinat Pentacon fertigte Kameratechnik, vor allem Fotoapparate. Es war in der DDR allgemein und vor allem auf dem Gebiet der Elektronik, nicht gelungen, mit der technischen Entwicklung Schritt zu halten. So wurde die Kamera Praktika von Pentacon in westlichen Warenhäusern für etwa 200 DM verkauft, die in der DDR für ca. 1200 M zu haben war. Man stelle sich vor, was dies nach Einführung der Währungsunion bedeutete, als die Arbeiter natürlich auch westliche Gehälter, also ausgezahlt in DM, erwarteten.

Was heute kaum noch jemand weiß: Hier wurde in den 50er-Jahren die erste Spiegelreflexkamera der Welt (Praktina) entwickelt und hergestellt.

Und was geschah in meinem Falle „neben dem Fernstudium" noch so Wesentliches? In der DDR war es ungeheuer problematisch, eine Wohnung zugeteilt zu bekommen. Einen offenen Wohnungsmarkt gab es nicht. Das geschah in der Regel durch den Betrieb, in dem man beschäftigt war. Schwerpunktbetriebe (beispielsweise Schwermaschinenbau, Energiewirtschaft, Chemie, Arbeiter an der Erdöltrasse) wurden bevorzugt. Pentacon wurde dem allgemeinen Maschinenbau zugeordnet, gehörte also nicht zu den privilegierten Produktionsbereichen der DDR-Wirtschaft.

Arbeiter auf der Liste der Antragsteller wurden bei der staatlich gelenkten Wohnungsvergabe entsprechend der folgenden Rangfolge bevorzugt: Dreischichtarbeiter, Schichtarbeiter, Angestellte. Infolge meiner nun erreichten Qualifikation zählte ich nicht mehr zur Arbeiterklasse. Wir erwarben in der Zeit meines Fernstudiums ein altes Vierfamilienmiethaus, das wir durch Um- und Ausbau grundlegend sanieren, also brauchbar gestalten mussten. Wir hatten inzwischen zwei Kinder. Baumärkte im heutigen Sinne gab es in der

DDR nicht. Das für solch ein Vorhaben erforderliche Material war, wenn überhaupt, nur auf „Sonderwegen" zu beschaffen. Besonders dankbar nahm man Hilfe von Verwandten und Freunden aus den alten Bundesländern in Anspruch – sofern man diese hatte und sie nicht verschweigen musste. Es galt der Spruch: „Hilft dir nicht Gott, dann hilf dir selbst."

Aus heutiger Sicht fällt es auch wohl nicht ganz leicht, sich vorzustellen, was die konzentrierte parallele Realisierung von Arbeit im Betrieb, Familiengründung, Wohnungsbeschaffung und -renovierung und Fernstudium an Einsatzbereitschaft und Leistungswillen, auch familiärem Zusammenhalt innerhalb der relativ wenigen Jahre bedeutete.

Helmar Schober, geb. 1941, Mutter Lehrerin, Vater kaufmännischer Angestellter; 1947 Grundschule, 1955 Werkzeugmacherlehre, 1959 NVA; 1962 VEB Pentacon (Einsteller in Stanzerei), 1962 Mittlere Reife in der Volkshochschule, 1964 Direktstudium Ing.-Schule für Maschinenbau und Elektrotechnik Dresden, 1967–1990 VEB Pentacon, Konstrukteur, Technologe, Betriebsingenieur. 1968–1973 Abendfernstudium an der TU Dresden, Diplom 1973.

✳✳✳

Anmerkung zeithistorisch - „Hilft dir nicht Gott,
dann hilf dir selbst." Man verstand gut, die Aussage von Walter Ulbricht praxisnah anzuwenden: *„Es ist noch viel mehr aus unseren Betrieben herauszuholen."* Es kursierte in der DDR das „Gerücht, dass es bei Großbaustellen in Mecklenburg erst dann richtig voranging, wenn die Bauern ihren Eigenbedarf gedeckt hatten. Damit waren die vielen Diebstähle aufgrund der Mangelwirtschaft gemeint.

✳✳✳

Information zeithistorisch - Fernstudium
Ein Hochschulstudium im Fernstudium war mit hohen Belastungen und erheblichen persönlichen Einschränkungen verbunden. Daran änderte auch eine tageweise Freistellung von der beruflichen Tätigkeit wenig. Besonders für Fernstudenten mit familiären Verpflichtungen war die jahrelange Belastung oft zu groß, was häufig zum Abbruch des Studiums führte. Die durchschnittliche Abbruchquote lag aufgrund der hohen Anforderungen bei 60 bis 70 Prozent. Für die Betriebe, die Mitarbeiter zum Fernstudium delegierten, ergaben sich dennoch Vorteile, da die Arbeitskraft – in der Regel qualifizierte Mitarbeiter – weiterhin zur Verfügung stand.

Er kam herein und ließ sich von einem Studenten dessen letzte Vorlesungsmitschrift zeigen.

Dipl.-Ing. Hartmut Hempel (HfV „Friedrich List" Dresden, Studienjahrgang 1968, Sektion Fahrzeugtechnik, Diplom 1972)

Mein eigentlicher Studienwunsch war Verkehrspsychologie, inspiriert von meinem Fachlehrer an der Berufsschule. Da die Bewerbung mit dem Zwischenzeugnis der 11. Klasse erfolgen musste, waren meine Chancen nicht optimal. Ein Vorstellungsgespräch an der Humboldt-Universität kam zwar zustande, jedoch reichte die Note „3" in Mathematik und Russisch nicht aus. Da im Studium viel auf sowjetische Erkenntnisse zurückgegriffen wurde, war perfektes Russisch eine wesentliche Voraussetzung.

In der 12. Klasse startete ich meinen zweiten Anlauf – diesmal an der Hochschule für Verkehrswesen „Friedrich List" in Dresden (HfV). Mit verbesserten Leistungen wurde ich für die Sektion Fahrzeugtechnik, Fachrichtung Verkehrsmaschinen (VM), immatrikuliert. Zu dieser Zeit sprach man den Rektor noch mit „Magnifizenz" an.

Aus meiner Kurzbiographie lässt sich entnehmen, dass das Studium nur vier Jahre dauerte. Tatsächlich war ich Teil der 3. Hochschulreform der DDR. Wir waren der erste und einzige Jahrgang, der das Studium inklusive Diplomarbeit in nur vier Jahren abschließen sollte. Für alle Beteiligten war das absolutes Neuland und eine große Herausforderung – Vorlesungen und Seminare dauerten von frühmorgens bis spätabends.

Unser Studium begann im September 1968 mit einem vierwöchigen Pflichtkurs „Höhere Mathematik" bei Professor Mrowka im Audimax der Hettnerstraße. Ziel war es, ein einheitliches Grundwissen für alle Studenten in höherer Mathematik zu schaffen.

Unsere erste Unterkunft befand sich im Zelleschen Weg 41, in zweigeschossigen Gebäuden aus den 1950er Jahren, die heute noch als Studentenwohnheim genutzt werden. Wir schliefen im Souterrain in einem großen Schlafsaal mit 20 Betten – ideal, um sich kennenzulernen und eine Gemeinschaft zu bilden. Frühstück und Abendbrot organisierten wir selbst, das Mittagessen gab es in der Mensa.

Nach dem Crash-Mathekurs zogen wir in kleinere Wohneinheiten. Ich verbrachte die restliche Studienzeit in den Flachbauten der Schnorrstraße. Dort teilte ich mir ein Vierbettzimmer – meist waren wir zu dritt. Die Gebäude verfügten über Ofenheizung, und jeden Samstag mussten die Flure mit Steinholz geölt und gebohnert werden. Trotz Gemeinschaftsbad und einfacher Ausstattung war es, rückblickend, ein gutes Internat.

Beeindruckt hat mich der umfangreiche Studienplan, der im Hauptgebäude der HfV ausgehängt war. Er erstreckte sich über die gesamte Flurlänge und enthielt detailliert alle Semester sowie den Abgabetermin der Diplomarbeit – vorausgesetzt, man bestand die entscheidenden Prüfungen.

Im Zuge der 3. Hochschulreform wurden Lehrstühle zu Sektionen zusammengelegt. Direktor der Sektion Fahrzeugtechnik wurde Professor Schulze, ein ausgesprochen staatsnaher Zeitgenosse – so nannten wir die über 100-prozentigen Genossen der SED. In den ersten Semestern begleiteten uns aber auch bekannte Persönlichkeiten wie Professor Maximilian Miller (Mathematik), der bereits zum zweiten Mal aus dem Ruhestand zurückgeholt worden war.

Ein besonderes Erlebnis waren die Vorlesungen von Professor Olaf Reich. Er betrat den Hörsaal, ging zu einem Studenten in der ersten Reihe und fragte: „Wie weit sind wir letztes Mal gekommen?", während er sich die Mitschrift zeigen ließ. Danach schrieb er eine Formel und Ableitung nach der anderen an die Tafel, ohne ein Manuskript zu benötigen – für mich sehr beeindruckend.

Was das Studentenleben betraf, so empfand ich es „studentischer" als heute. Man konnte sich auf das Studium konzentrieren, da viele von uns ein Stipendium erhielten und keine Existenzsorgen hatten. Freizeit wurde gemeinsam verbracht: Wir spielten Volleyball, lernten zusammen, unterstützten uns bei technischen Zeichnungen oder veranstalteten Spieleabende – „Monopoly" war damals besonders beliebt aber nicht bei den Funktionären – siehe hierzu die Zeithistorische Anmerkung beim Beitrag von Martin

Böttger, dem Erfinder des Spieles. Einige diskutierten auch ernsthafte Themen, wie man seine Staatsnähe im späteren Betrieb zeigen sollte. Während einige bereits SED-Genossen waren, überlegten andere, ob sie einer der „Blockparteien" (CDU, LDPD, NDPD) beitreten oder parteilos bleiben wollten.

Trotz des straffen Studienplans gab es genug Raum für gesellige Aktivitäten. Der berühmte HfV-Fasching, der über vier Tage gefeiert wurde und bei dem Bands wie die „Klaus Renft Combo" und die „Stern-Combo Meißen" auftraten, bleibt unvergessen. Die Klaus Renft Combo war eine der bekanntesten Rockbands der DDR. Wegen ihrer systemkritischen Texte erhielt sie mehrfach Auftrittsverbot, bis sie 1975 staatlicherseits aufgelöst wurde.

Auch die „Schienengänger"-Tradition gehörte dazu. Abends, gegen 21:00 bis 21:30 Uhr, wurde Post zum Hauptbahnhof gebracht, um sie mit dem Nachtzug zu verschicken – damals schrieb man noch Briefe und Postkarten. Ein Zug durstiger Studenten zog mit der Post der Internatsbewohner von der Schnorrstraße 37 zum Hauptbahnhof und anschließend in die „Stehschiene", der SB-Gaststätte der MITROPA. Der Schlachtruf „Schienengänger raustreten!" kam vom 5. Studienjahr, dessen Mitglieder uns „Frischlinge" mitnahmen.

Unser geplanter „feierlicher" Abschluss verlief jedoch anders als gedacht. Der bereits erwähnte, äußerst staatsnahe Sektionsdirektor Prof. Schulze verbot unseren Umzug durch Dresden in Frack und Zylinder, den er als „Mummenschanz" titulierte. Grund dafür war, dass einige Studenten in falschem „Übermut" im Bereich der Wohnheime in der Wundtstraße „Wasserbomben" – mit Wasser gefüllte Plast-Frühstückstüten – aus dem Fenster fallen ließen. Leider trafen sie dabei Mitstudenten vom Industrie-Institut der HfV, Angehörige der NVA, auch „Raupenschlepper" genannt, die Offiziere ab Major aufwärts waren. Das war natürlich ein No-Go und wurde als staatsfeindliche Aktion gewertet.

Wir zogen schließlich im Straßenanzug, bewaffnet mit kleinen Koffern mit Kindermotiven, durch das Stadtzentrum. In jedem Köfferchen befanden sich zwei Flaschen Bier (je 0,33 l) und ein Bierkrug von Bürgel mit der Aufschrift

„1968 – VM – 1972". Heute ist dieser Krug, der wieder rege genutzt wird, eine schöne Erinnerung an meine Studienzeit an der Verkehrshochschule „Friedrich List".

Eine kleine Pause – die Köfferchen haben fast alle erst einmal abgestellt

Hartmut Hempel, geb. 1949 in Berlin; Oberschule und EOS mit Berufsausbildung; !968 TU Dresden, Diplom 1972; Abteilungsleiter, Produktionsbereichsleiter und Leiter Beschaffung/Kooperation im VEB Kraftfahrzeuginstandsetzung Berlin. Von 1981 bis 90 Stadtbezirksrat für Örtliche Versorgungswirtschaft Berlin-Weissensee. 1990/91 Stadtrat und stellv. Oberbürgermeister (CDU); im gemeinsamen Magistrat und Senat von Berlin, Geschäftsführer Sport- u. Erholungszentrum Berlin, Moderator beim Deutschen Verkehrssicherheitsrat „Sicher mobil im Alter".

Studienbeginn in den 1970er-Jahren

Dresden, Thälmannstraße – nach Sektionen angetreten marschieren Studierende und Mitarbeiter der Universität mit der Familie an der Tribüne vorbei.
(Universitätsarchiv der TU Dresden, Fotoarchiv)

Die Hochschulkommission konnte in meinen Bildern die Bindung an die sozialistische Arbeiterklasse nicht finden [8]

Prof. Hans-Hendrik Grimmling, (Hochschule für Grafik und Buchkunst Leipzig, Studienjahrgang 1970, Diplom Freie Malerei 1974)

... Ich war immer der Pünktlichste. Mir gefiel es, in dem morgendlich noch leeren Hochschulgebäude über die Steintreppen nach oben zu wandeln und an der Tiefe des hohen Lichthofes entlang hinten rechts die letzte Etage über eine schmale Holztreppe zu den Malerateliers zu steigen.

Nach dem zweiten Studienjahr war ich in die Fachklasse Freie Malerei bei Mattheuer aufgenommen worden. Das war damals eine Auszeichnung für nur fünf Studenten eines Studienjahres. Die anderen wurden aufgeteilt in die Klassen Illustration, Plakat und Messegestaltung. Mattheuer kam täglich in unser Malstudio. Er schien mir immer unter Spannung, und doch hatte er genug Zeit, manchmal drei Stunden hintereinander weg, über angefangene Arbeiten zu sprechen. Seine Ernsthaftigkeit flößte Respekt und Vertrauen ein.

Unser Atelier war im Verhältnis zu den Dresdner Arbeitsräumen klein, aber für Leipzig, verglichen mit den anderen Ateliers, riesengroß. Wir arbeiteten zu fünft darin, vier Männer und eine Frau. Doris Ziegler kam immer mit ihrem Boxer. Mattheuer hatte noch mehr Angst vor Hunden als ich, dennoch wurde das Tier, das häufig Fisch zu fressen bekam, geduldet. Einer der fünf war Frieder Heinze. Daher Zidany war ein israelischer Kommunist und kam aus Nazareth. Mit Josef Schmidt, dessen protzige Zeichnungen an der Wand ich nicht ertragen konnte, wurde ich bei einer Prügelei ertappt. Wir wurden zu Rektor Tübke - bekannt durch sein Bauernkriegspanorama in Bad Frankenhausen - gerufen, saßen mit blutenden Lippen vor ihm und sollten unser Verhalten bereuen. Er strich mir das Leistungsstipendium und erteilte Schmidt einen Tadel.

---

[8] Mit freundlicher Genehmigung des Mitteldeutschen Verlages auszugsweise aus Hans-Hendrik Grimmling/Doris Liebermann: „die umerziehung der vögel. Einmalerleben", Halle 2008.

Solches plebsiges Benehmen war Tübke zuwider. Einmal war er besonders angeekelt, als er mit weißem zugeknöpftem Lehrerkittel die Holztreppe zu unserer Künstleretage im dritten Stock hochstieg und ich ihm trunken taumelnd entgegenstürzte. Meine rechte Schulter war blutüberströmt, und das obere Drittel meines Ohres hing abgetrennt an einem Hautfetzen, ein Ergebnis der ritualisierten Stockkämpfe auf dem Dach der Hochschule.

Renate, ein begehrtes Weib aus den unteren Semestern, hoch gebaut und üppig ausgestattet, segelte mit kurzem Rock und roten Wangen, wie die Fata Morgana der Lüste, treppauf, treppab, durch alle Räume und Gänge. Sie war besonders bei der Stockkampfpaarung von Thomas Ziegler und mir als Kampfrichterin auserkoren und saß mit kleinen weißen, umgeschnallten Pappflügeln auf hohem Thron aus Modellpodesten in der Mitte der Kampfbahn hoch auf den Dächern der Hochschule. Ziegler war ein gefürchteter Gegner und immer bemüht, seine Kampftechnik zu verfeinern. Diesmal konnte ich nicht ahnen, mit welcher List er antrat. Nach einigen harten Hieben mit unseren fasrigen, drei Meter langen Vierkanthölzern, an denen wir uns immer Splitter einzogen, gelang es ihm, einen weiten Hieb kurz am Ziel zu bremsen, das Holz zur Kante zu drehen und wuchtig messerscharf an sich zu ziehen. Ich spürte nur, wie alles kesselheiß wurde, mein Kopf feuerte und wie etwas an meinem Ohr baumelte. Unser großes Engelchen Renate sprang schreiend zu mir und versuchte, das spritzende Blut mit Taschentüchern zu stillen. So stürmten wir vom Dach durch die aufgeklappten hohen Fenster quer durch die Atelierräume die Treppen hinunter und irrerweise gelang es uns draußen, ein Taxi zu erhaschen.

In der nahe gelegenen Unfallklinik der Universität, neben der „Leipziger Volkszeitung", offerierte mir der diensthabende Arzt eine Operation ohne Narkose, weil ich unter Alkohol stand. Renate, die immer noch ihre weißen Flügelchen umhatte, und einige Krankenschwestern hielten mir Beine und Arme, und mit sechs Stichen bekam ich mein Ohr wieder drangenäht. Mit einem Riesenverband, wie der in der Kinderzeit bei Mumps, trabte ich benommen und abseitig ins „Schwalbennest", wo Ziegler schuldbewusst in der Ecke wartete, mit zehn kleinen Gläsern warm gewordenen Wodkas auf einem silbernen Tablett. Schweigend gossen wir das Zeug hinunter, und mit dem letzten S-Bahn-Zug erreichte ich meinen Hafen Gaschwitz. ...

... Die Symbolkraft, die die Ereignisse um den Putsch in Chile für meinen Weg, mich mit Bildern auszudrücken, bedeuteten, entdeckte ich erst sehr viel später, in diesem Jahrhundert. Die Erinnerung führt mich zurück in das Jahr der ersten künstlerischen Emanzipation, in das Diplomjahr meiner Hochschulzeit. Eine hoch komplizierte Schnittstelle von Anpassung und Individualisierung, die sich bis in das Heute generiert hat. Und wahrscheinlich seit dieser Zeit und diesem Zeitpunkt blieb es ein schwieriges Begreifen von Gegenwart.

Mein fünftes Studienjahr an der Hochschule für Grafik und Buchkunst Leipzig begann mit der Bedingung, für das Diplom zwei „Helden der sozialistischen Arbeit" zu porträtieren. Verweigerung hätte die Exmatrikulation bedeutet. Nichts ahnend tauchte ich zum Studienbeginn im alten Malatelier wie immer pünktlich auf, und Mattheuer, der ungewöhnlicherweise schon vor mir da war, tat verwundert, schien aber auf mich zu warten.
Er unterbreitete mir, peinlich berührt und mit augenscheinlich schlechtem Gewissen, die Auflagen. Beim vorangegangenen Atelierdurchgang im vierten Studienjahr vor den Sommerferien konnte die Hochschulkommission und das Rektorat in meinen Bildern die Bindung an die sozialistische Arbeiterklasse nicht finden, stattdessen hatte sie eine „völlig fremde Fantasie" in ihnen ausgemacht.

Als besonders anstößig wurde das religiös anmutende Triptychon „im namen der geheiligten mittel" empfunden. Das Mittelteil zeigt schwarz gekleidete Männer in einem Grubenloch, die im Halbkreis um weiße brennende Kerzen knien und die Hände andächtig zum Gebet gefaltet haben. An ihren Rücken sind starre schwarze Flügel. Auf den Seitenteilen sind die gleichen Figuren ohne Flügel. Links verteilen sie Messer untereinander, rechts stechen sie auf einen an einen Bretterzaun genagelten roten Menschenleib ein. Das Urteil der Kommission zu dieser Arbeit sollte vernichtend sein: „Einfluss imperialistischer Dekadenz".

Ich hatte mich ein Jahr in der Produktion im Kontakt mit der Arbeiterklasse zu bewähren, im Braunkohlentagebau Espenhain bei Leipzig. Diese Zeit habe ich sehr geknickt durchlebt. Ich fühlte mich diskriminiert. Täglich fuhr ich mit der Frühschicht um fünf in das schwarze Loch. Es war Winterzeit.

Trotz des Zwangs empfand ich eine seltsame Poesie. Die braun- und schwarzfarbigen Flöze waren mit leichtem weißem Schnee verhangen. Eine irre, surreale, weite Landschaft. Ganz hinten schienen die Bagger und Abraumbrücken die schweren Himmel zu teilen wie das Blei die Kirchenfenster. Die Brigadiers, die „Helden der sozialistischen Arbeit", die ich porträtieren sollte, waren keine schlechten Kerle. Ich kam prima mit ihnen aus und habe von ihnen mehr oder weniger gute Zeichnungen gemacht. Bei der Arbeit mit den beiden verlor ich das Gefühl von Zwang und Kompromiss, weil die Bilder Kraft bekamen. ...

Mittelteil des Tryptichons „im namen der geheiligten mittel" (Archiv des Verfassers)

... Mein Chile-Bild hatte beim Studienabschluss keine Rolle gespielt, aber die beiden Arbeiterporträts hatten mir das Diplom mit dem Prädikat „sehr gut" und eine Geldprämie eingebracht. Nun war ich „Diplom-Maler".
Die Diplomarbeiten der Dresdner und Leipziger Hochschule wurden im Austausch im jeweiligen Schulgebäude ausgestellt. In Dresden hatte ich wegen

des Chile-Bildes meinen Ruf weg als Beckmann-Epigone. Aber Gerhard Kettner, Professor an der Abteilung Freie Grafik und späterer Rektor der Dresdner Hochschule, bot mir an, bei ihm Meisterschüler zu werden. Natürlich sagte ich sofort zu, da es für Meisterschüler fünfhundert Mark monatliches Stipendium gab.

Trotzdem muss es für diesen Meisterschülerjahrgang – Frieder Heinze blieb bei Tübke in Leipzig, Thomas Ziegler ging zu Walter Womacka nach Berlin – eine andere Strategie gegeben haben, denn für keinen von uns dreien galten die sonst üblichen Vorzüge dieses Status, nämlich ein Atelier an der Akademie der Künste Berlin und eine jährliche Reise ins westliche Ausland zugebilligt zu bekommen. Wahrscheinlich war es ein Versuch, uns sukzessive in die jeweiligen Hochschulen einzubinden. Wir konnten das damals nicht durchschauen, und Kettners Vorschläge, in Dresden ein Atelier zu beziehen, hatte ich ausgeschlagen. Ich konnte also in Leipzig bleiben und der Meisterschülerkontakt war wider alle Regeln äußerst gering. Kettner war in den drei Jahren ein einziges Mal in meinem Leipziger Atelier, und ich war in der ganzen Zeit nur viermal zu ihm geladen. Vielleicht hatte ich mir eine engere Auseinandersetzung gewünscht, denn Kettners Arbeiten gegenüber empfand ich Respekt, aber keine Nähe. Seine Persönlichkeit und seine Aura zogen mich zwar an, seine Verschmitztheit erschien mir dennoch altklug und zu gelenkig. Es gelang mir nie, mein Misstrauen ihm gegenüber zu überwinden. ...

Hans-Hendrik Grimmling, geb. 1947 in Zwenkau bei Leipzig; 1970 Studium HGB Leipzig, Diplom; 1975–1978 Meisterschüler HfBK Dresden; ab 1977 freischaffend in Leipzig (Projekte, Konzepte und Gemeinschaftsarbeiten im Künstlerkreis „Tangente", später „1. Leipziger Herbstsalon"). 1986 Übersiedlung nach West-Berlin. Seither freischaffend in Berlin, 2001 Dozent und 2007 Professur an der Berliner Technischen Kunsthochschule; www.h-h-grimmling.de.

***

„Was machen Sie hier draußen, haben Sie nichts zu tun?"

Erinnerung an Rektor Tübke, Hochschule für Grafik und Buchkunst Leipzig

Prof. Hans-Hendrik Grimmling, Studienjahrgang 1970, Hochschule für Grafik und Buchkunst Leipzig, Diplom Freie Malerei 1974

„Was machen Sie hier draußen, haben Sie nichts zu tun?" Tübke auf dem Flur während des Unterrichts anzutreffen, erzeugte unmittelbares Rechtfertigungsgebaren. Pünktlichkeit und volle Ausnutzung der Arbeitszeit waren das A und O.

Wir 17 Studenten, zweites Jahr Grundstudium an der Kunsthochschule Leipzig, saßen in einem beengten Raum mit Reißbrettern auf den Knien, und auf entsprechend kleinen Blättern ging es weniger um Komposition und Bildhaftigkeit, wie ich es von meinem ersten Studienjahr an der Dresdner Schule kannte. Tübke führte uns vor, meist auf einem Studentenblatt, wie man in wenigen Sekunden mit HB-Fallbleistiften (Klassifizierung nach Härte und Schwärze) ein Abbild vom Modell „runterschreiben" konnte. In der linken Brusttasche seines immer gebügelten und zugeknöpften weißen Arbeitskittels hatte er verschiedene Stifte parat und auch einen kleinen Spitzapparat für Minen (ein winziges Holzkästchen mit zwei schräg zueinanderlaufenden Sandpapierkeilen), mit dem er auch die Minenspitzen der Studenten meist vorwurfsvoll, mit einem Kopfschütteln, überprüfte.

Er setzte Punkte – Fußpunkt, Kinn- und Scheitelpunkt, Überschneidungen an Gelenken – und verband diese flink und geschickt mit zarter, aber bestimmter Linie wie zu einem Sternbild. In Sekundenschnelle war auf dem jeweiligen Blatt ein Akt mit gewundenen, herrlich attraktiven, epidermalen Strich- und Schattenschraffuren gezaubert, der irgendwie nie etwas mit den Originalen, den Modellen zu tun hatte. Wir standen im Kreis um ihn herum wie um einen Artisten und staunten über das gelungene Kunststück.

Solche Momente entrückten aus der tatsächlichen Enge des Raumes und durchtrennten die aufdringliche Nähe der Nacktheit. So viel vorgeführte Könnerschaft machte uns aber auch klein und noch unfähiger, zumal der Meister seine Lehrstücke geschwind und vorsorglich als kleine Rollen in seinen Kitteltaschen verschwinden ließ.

Hans-Hendrik Grimmling am Triptychon „Die Umerziehung der Vögel", Leipzig 1977, Atelier Merseburger Straße (Foto: Archiv Hans-Hendrik Grimmling)

Tübke korrigierte selten in einer Studentenskizze herum, ging selten auf das Einzelne, schon Entstandene ein – er führte vor, wie er es meinte, wie er es konnte. Er gab keine „Hilfestellungen", keine Erklärungsversuche, wie das Beobachtete zu einer grafischen Notiz werden konnte, wie man mit dem Zeichnen sehen lernen konnte. Das Modell, das Objekt, war nicht das Erlebnis, sondern des Meisters demonstrierte Beispiele.

Seine knappen, wenigen Sätze klangen immer wie Belehrungen, auch wie Ermahnungen. Aber er formte sie aus seinem sonoren Bass so selbstgenüsslich, als hörte er ihnen selber zu, als lausche er ihnen noch lange nach.

Eigentlich konnte man damals schon ahnen, dass diese Selbstverliebtheit eher nur eine äußere Form seiner Selbstgespräche, seiner eigenen Selbstverständigungen war – dass er ganz woanders war. Man konnte nach und nach spüren, dass der weiße Kittel wie eine Fassade und dass der Lehrer darin vielleicht eine notgedrungene Rolle war, um eigene, fernere Passionen unsichtbar zu lassen. Aber nie blieb ein Student seinem Unterricht fern, vielmehr entstand ein widersprüchlicher Stolz, bei ihm durchzuhalten und man begriff bald Bedeutung und Prestige, bei ihm „gehabt" zu haben. Sein Unterricht – das war vor allem „das persönliche Erlebnis Tübke" als Provokation und Ereignis. Dieses war aber auch die Begegnung, die Erfahrung mit einer imaginären Faszination, der ersten Gegenüberstellung und Entdeckung von Besessenheit, die wie ein Geheimnis nicht mitteil- und gar nicht teilbar war und so eben wie „hinter der Person" versteckt blieb.

Dennoch hörten sich bei unserem Aufspüren von Genie und Größe dann des Meisters Plädoyers darüber, dass große Kunst ausschließlich im Auftrag entstehen könne, leider banal, irgendwie verdächtig und enttäuschend an.

Und wenn er seine ostentativen Bekenntnisse als Parteigenosse im Feuilleton, dass seine Kunst nur im Dienste des Auftraggebers, der Arbeiterklasse und ihrer Partei, wachsen und gedeihen könne, auch im Unterricht gebrauchte, und er sich noch dazu völlig zusammenhanglos in Tiraden gegen jegliche Moderne erging, war es schwer für mich, Achtung und Respekt zu wahren, war mein Glaube an Meisterschaft wie losgelöst von der öffentlichen Figur Tübke.

***

Die Lebensdaten der im Text erwähnten Künstler:
Walter Womacka (1925–2010), deutscher Maler und Grafiker, 1968–1988 Rektor die Kunsthochschule Berlin-Weißensee.
Gerhard Kettner (1928–1993), deutscher Lithograf und Grafiker, 1969 als Professor an die Hochschule für Bildende Künste Dresden berufen, 1970–1974 und 1979–1981 Rektor der HBfK Dresden.
Werner Tübke (1929–2004), deutscher Maler und Grafiker. Zu seinen bekanntesten Werken zählt das Bauernkriegspanorama in Bad Frankenhausen.
Wolfgang Mattheuer (1927–2004) war ein deutscher Maler, Grafiker und Bildhauer. Zu seinen bekanntesten Werken zählt die Plastik „Jahrhundertschritt".

***

Warum viele Katholiken in der DDR Mathematiker wurden

Dr. Dipl.-Math. Joachim Heinrich (Friedrich-Schiller-Universität Jena, Studienjahrgang 1970, Diplom 1974, Promotion 1982)

Abgesehen von jenen, die schon seit Kindertagen wissen, was sie studieren wollen, beschäftigte mich diese quälende Frage damals in der DDR vermutlich in gleicher Weise wie Heranwachsende heute. Was kann ich gut, was will ich, was fasziniert mich an meinem potenziellen Berufsleben und könnte mein Leben erfüllen? Fast jeder, der vor diesen Fragen steht, weiß um die Ratlosigkeit.

Die erste Hürde zum Gymnasium bzw. zur Erweiterten Oberschule (die in der DDR zum Abitur führte), zugelassen zu sein, war genommen. Die Leistungen oder besser gesagt die Noten spielten damals wie heute eine wichtige Rolle. Dennoch gab es in der DDR bei der Wahl des Studienfachs einige Besonderheiten, auf die ich etwas näher eingehen möchte. Dabei geht es mir nicht um die hinlänglich bekannten politischen Repressionsstrukturen, die begabten Kindern den Zugang zum Abitur verwehrten, und nicht um die absurde Förderung der Unbegabten, die die spätere Nomenklatura der DDR bilden sollten, sondern um exemplarische Episoden meines eigenen Lebens in der DDR. Ist das von Interesse? Ich glaube ja, weil sie im Kontext mit den anderen Geschichten dieses Bandes den Blick auf die Vielfalt von Lebensläufen in der DDR aufzeigen.

(Anmerkung des Herausgebers: Nomenklatura
Mit „Nomenklatura" wird die Gruppe politischer Machthaber der führenden Gesellschaftsschicht und der Wirtschaft in Staaten des real existierenden Sozialismus bezeichnet. Die Nomenklatura setzt sich aus langfristig aufgebauten Führungskadern zusammen.)

Es ist leichter, – auch anekdotisch – vom Leben in der DDR zu schreiben, wenn man sich einem der beiden Lager, „Dafür" oder „Dagegen", zuordnet. Das kann ich so nicht und fühle mich den differenzierenden Grautönen und der Vielfalt der Darstellung von Lebensepisoden verpflichtet. Schließlich besteht das Wesen einer jeglichen politischen Diktatur, die die DDR zweifelsfrei war, gerade darin, Gesetze und Regeln zu missachten. Insofern verwundert es nicht, dass begabten Kindern von Pastorenfamilien der Zugang zu den Universitäten ohne ersichtlichen Grund versagt wurde, während in anderen Fällen auch ohne Loyalitätsbezeugung der Zugang zur höheren Bildung ermöglicht wurde.

Und noch eine Einschränkung sei zu Beginn angesprochen: Die DDR war in ihrer 40-jährigen Geschichte im Hinblick auf ihre politischen Repressionsaktionen nicht gleich. Meine Geschichte bezieht sich auf die Jahre 1966 mit meinem Eintritt in die Erweiterte Oberschule (EOS) und endet im Jahre 1974 mit dem Studienabschluss.

Ich bin in eine katholische Familie als viertes von sieben Kindern in der Diaspora einer ostthüringischen Kleinstadt hineingeboren. An der Jugendweihe, die als Loyalitätsbezeugung für die DDR gefordert wurde, haben wir wegen des eingeschlossenen Bekenntnisses zum (marxistisch-leninistischen) Atheismus nicht teilgenommen. Das wurde in dieser Zeit in meinem Fall offensichtlich akzeptiert und so hatte ich keine Probleme, als einer von drei Schülern meiner Klasse die Erweiterte Oberschule zu besuchen. Das entsprach dem damals gängigen Anteil von etwa zehn Prozent eines Schülerjahrgangs, denen eine höhere Ausbildung ermöglicht wurde. Letztendlich leitete sich aus diesem relativ geringen Anteil der vermeintlich elitäre Anspruch her, der den DDR-Gymnasiasten von der SED auferlegt wurde. Man wurde zur Erweiterten Oberschule, die sich als „Kaderschmiede" verstand, „delegiert", was als Auszeichnung verstanden werden sollte. Dort war ich dann der einzige Katholik, der an den katholischen Feiertagen der Schule fernblieb, was als „entschuldigt gefehlt" vermerkt und dem entschuldigten Fehlen wegen Krankheit gleichgestellt wurde.

Die Diaspora der katholischen Kirche nach ihrer Vertreibung aus Schlesien machte unsere Familie in Thüringen nie zu Einheimischen. Insofern waren wir auch immun gegen das politische System der DDR. Politisiert wurde ich durch katholische Jugendgruppen und insbesondere durch die Veranstaltungen für Gymnasiasten des katholischen Jugendhauses des Bistums Erfurt. Dort wurde zu hochkarätigen Kursen, unter der Leitung von Erfurter Theologieprofessoren sowie zu speziellen Seminaren zur Studienwahl eingeladen. Ich erinnere mich gut an diese Seminare mit Herrn Dr. Kadura als

Mathematiker, Herrn Dr. Neugebauer als Astronom und Dr. Fleck als Mikrobiologen. Diese Seminare haben prägend vermittelt, dass man erstens auch als Katholik einen Platz in der Wissenschaft der DDR finden kann, zweitens Leitungsfunktionen für einen Katholiken – von Ausnahmen abgesehen – weder möglich noch erstrebenswert sind wegen des unausweichlichen politischen Konfliktpotenzials und dass drittens bestimmte politisch weniger beeinflusste Studienfächer zu favorisieren sind. So wurden naturwissenschaftliche Fächer zum Studium empfohlen, auch Medizin. Es wurde ferner auf die Gefahr hingewiesen, durch ein Lehrerstudium später in Gewissenskonflikte zu geraten oder dem politischen Druck nicht standhalten zu können.

Auch die Wahl ingenieurtechnischer Studienfächer wurde infrage gestellt, weil die damit verbundenen späteren Leitungsfunktionen häufig an eine Mitgliedschaft in der SED gebunden waren. Definitiv abgeraten wurde von solchen Fächern wie Jura, Philosophie oder Geschichte. Wer die leistungsbedingten Voraussetzungen mitbrachte, konnte solchen Empfehlungen folgen. Aufseiten des Gymnasiums gab es natürlich auch Empfehlungen, Beratungen und Steuerung bei der Vergabe von Studienplätzen. Letzteres war Teil des „Planungssystems der DDR". Entscheidend für die Bereitstellung von Studienplätzen waren wirtschaftliche und politische Erfordernisse des Staats. Ende der 1960er Jahre spielte die Werbung als Berufssoldat eine besondere Rolle, gegen die wir uns zur Wehr setzen mussten. Wenn man die geheim angeworbenen Mitarbeiter des Staatssicherheitsdienstes hinzuzählt, wurden etwa zehn Prozent der männlichen Abiturienten durch Überzeugung, in Aussicht gestellte Vorteile oder mangels anderer Alternativen erfolgreich für diese Dienste in meiner Klassenstufe angeworben.

Ende der 1960er-Jahre entstand eine besondere Situation wegen der von der SED proklamierten „Mathematisierung der Volkswirtschaft". Dazu brauchte man viele Mathematiker. Folgerichtig wurden viele neue Studienplätze eingerichtet und Bewerber hatten die Chance, direkt nach dem Abitur mit dem Studium beginnen zu können, ohne vorher den Pflichtwehrdienst bei der Nationalen Volksarmee ableisten zu müssen. Das hieß konkret in meinem Falle, dass ich weder extensiv genötigt wurde, einen 3-jährigen Armeedienst abzuleisten, um einen Studienplatz zu erhalten, noch den 18-monatigen Wehrdienst vor Beginn des Studiums absolvieren musste. Ich war mathematisch begabt, hätte mir unter anderen Umständen auch ein anderes Studienfach gut vorstellen können, hatte aber im Laufe meines Berufslebens Erfolg und auch die Zeit, um mich mit dieser Entscheidung zu versöhnen. So wurde ich Mathematiker. Die Proklamation der „Mathematisierung der Volkswirtschaft" und die Flucht in ein politisch weniger repressives Studium führten schließlich auch dazu, dass in meinem Studienjahrgang fast zehn Prozent Katholiken waren bei einem Bevölkerungsanteil von etwa zwei Prozent.

Mit meinen Kommilitonen – 1974 – links Joachim Heinrich

Die Zeit auf dem Gymnasium habe ich in politischer Hinsicht generell deutlich dumpfer erlebt als die Studienzeit. Ich erinnere mich noch gut an die Angst einflößenden Beschwörungen des Direktors: „Sie besuchen hier eine Kaderschmiede!" Der Begriff der „Kaderschmiede" wurde zuerst für die sogenannten Arbeiter-und-Bauern-Fakultäten geprägt.

Es gab teils sichtbare und teils unsichtbare Wegscheiden, die Weggefährten von einst zum Verhängnis geworden sind, ohne dass sie Solidarität erfuhren.

Mein Klassenkamerad Reiner Safar wurde beim Fluchtversuch in den Westen im Alter von 17 Jahren gefasst und zu einer mehrjährigen Jugendhaftstrafe verurteilt. Das warf ihn so aus der Bahn, dass er nur wenige Jahre später verstarb.

Mein Kommilitone Harald verweigerte den dreimonatigen Wehrdienst während seines Physikstudiums und forderte sein verfassungskonformes Recht ein, einen Dienst ohne Waffe als Bausoldat zu leisten. Er wurde mit Zustimmung seiner Kommilitonen exmatrikuliert.

So hat jeder in seinem unmittelbaren Umfeld Repression erlebt, musste gar dazu Stellung nehmen oder hat sich geschickt darum gedrückt. Vorborgen geblieben sein konnten sie niemandem. Allerdings gab es auch die anderen Erlebnisse einer vertrauensvollen Geborgenheit in Freundeskreisen, mit offenen politischen Diskussionen in solchen Nischen, mit zahlreichen gemeinsamen Unternehmungen.

Wie soll beides abgewogen werden? Ein Gesamtresümee mag ich jedenfalls nicht ziehen.

Joachim Heinrich, geb. 1952 in Weida, 1970 Abitur, Mathematikstudium in Jena, wissenschaftl. Mitarbeiter „Präventive Kardiologie", Promotion 1982; Postgradualstudium Biomathematik / Epidemiologie, 1984 Leiter einer Umweltgruppe beim Kulturbund Erfurt, 1989 Ausreise. 1990 Assistent Universität Wuppertal, 1992 Leiter der AG „Umweltepidemiologie", 2010 Direktor des Instituts für Epidemiologie I, Helmholtz Zentrum München; Lehraufträge im In- und Ausland, über 500 Publikationen; Initiator von Projekten zur Stasi und Umweltaktivismus in der DDR.

***

Eine Einführung zum Beitrag „Spätbürgerlich dekadent"

Die Hochschule für Musik Franz Liszt Weimar (HfM)

Günter Knoblauch, Januar 2025

Im Jahr 2011, anlässlich der Tagung *„50 Jahre Mauer"* in Dresden, suchte ich einen DDR-Komponisten für den festlichen Rahmen und stieß auf H. Johannes Wallmann. Wallmann berichtete von einem Diplombetrug an der Hochschule für Musik FRANZ LISZT Weimar (HfM). Die Festlichkeiten boten Gelegenheit, die Hochschule zur Aufarbeitung ihrer Vergangenheit einzuladen - Wallmann zu rehabilitieren und gleichzeitig die eigene Reputation wiederherzustellen.

Der damalige Präsident der Hochschule für Musik FRANZ LISZT Weimar (HfM), Prof. Stölzl, lehnte dies ab und schrieb mir:

„Die Hochschule für Musik FRANZ LISZT Weimar muss sich nicht um ihre Reputation sorgen. Sie ist seit 1990 eine herausragende Ausbildungsstätte für den künstlerischen Nachwuchs, eine Stätte bedeutender musikwissenschaftlicher Forschung und ein Ort lebendiger, täglich gelebter demokratischer Selbstverwaltung."

Doch genau das muss die HfM sehr wohl - wenn sie zulässt, dass Dozenten angewiesen werden, die Leistungen eines Studenten gezielt abzuwerten. Wenn sie ignoriert, dass die Stasi versuchte (oder versucht hat) Dozenten anzuwerben, um Wallmanns Kompositionen als „staatsfeindlich" zu brandmarken.

Das Angebot der damaligen Landesbeauftragten des Freistaates Thüringen, Hildigund Neubert, zur Aufarbeitung der SED-Diktatur - das zugängliche und aufbereitete Material bei ihrer Behörde einzusehen – wird schlicht nicht wahrgenommen. Niemand von der HfM zeigt Interesse, niemand kommt.

Christian Dietrich, Nachfolger von H. Neubert, regte daraufhin an, den Briefwechsel mit der HfM zu veröffentlichen. Dies geschah in der Publikation *„Defekte einer Hochschulchronik"* (G. Knoblauch; R. Mey) beim Mitteldeutschen Verlag.

Die Debatte um die HfM eskalierte in der thüringischen Presse und entwickelte sich zu einem gut dokumentierten Konflikt über die Verweigerung der Aufarbeitung der DDR-Vergangenheit der Hochschule.

2015 griff ich das Thema auf der Geschichtsmesse in Suhl in einem Gespräch mit Thüringens Ministerpräsident Bodo Ramelow auf. Doch auch er scheiterte daran, die HfM zu einer umfassenden Aufarbeitung zu bewegen.

Die frühere Staatssekretärin und spätere Landesbeauftragte zur Aufarbeitung der SED-Diktatur in Thüringen, Hildigund Neubert, moderierte am 19. November 2015 eine Podiumsdiskussion zur HfM. Sie schrieb mir später:

„Es war eine eher unerfreuliche Diskussion, weil die Profs der Musikhochschule glaubten, es sei genug Aufarbeitung passiert und sich in der Verteidigung von Huschke (Aufarbeitung ohne Stasi-Akten) erschöpften."

Protokoll

über die Aufnahmeprüfung am _27.6._ 19 _68_

Abteilung: _Bläser_ Hauptfach: _Fagott_

Name des Bewerbers: _Johannes Wallmann_ Alter: _16_ Jahre

Schulbildung: _Polyt. Oberschule_ Beruf: _____

soziale Herkunft: _Pfarrer_

Hauptfach: _[handschriftlich]_

Theorie/Gehörbildung:

schriftlich: _[handschriftlich]_

mündlich: _[handschriftlich]_

Gesamteindruck: _[handschriftlich]_

Gesellschaftswissenschaft: _[handschriftlich]_

Aufnahmeprüfung Klasse Bläser/Fagott; Anmerkungen im Protokoll: „Hervorragende Begabung!; Aufnahme dringend befürworten; ..Lehrfach Komposition empfohlen"

MfS-Dokument zu Wallmann – die HfM sieht jedoch keinen Handlungsbedarf.

Doch auf der Podiumsdiskussion ereignete sich etwas Ungewöhnliches: Vor laufender Kamera sagte der Präsident der HfM, Prof. Stölzl:

> *„Es gibt staatlich bezahlte Institute, wie z. B. die Bundesstiftung zur Aufarbeitung der SED-Diktatur. Mögen sie sich auch mit der HfM befassen."*

Diese Aussage stand im völligen Kontrast zu seinem Brief von 2011 an mich. Was war inzwischen an der HfM passiert?

Interne Widerstände in der HfM

LBA Christian Dietrich erinnerte sich später an ein Gespräch mit den Direktoren in der HfM, dass kurz nach der Podiumsdiskussion stattfand. Sein Eindruck: Stölzl befürwortete eine Aufarbeitung, wurde jedoch von den übrigen Leitungskräfte der HfM blockiert.

Die Frage bleibt bis heute offen: Wer blockiert die Aufarbeitung – und warum? Besteht die Sorge, eine Auseinandersetzung könne als Schuldeingeständnis gewertet werden und der eigenen Reputation schaden?

Fehlendes Interesse an der DDR-Geschichte

Dr. Meixner, Leiter des Weimarer Hochschul- und des Landesmusikarchivs, schrieb mir im Februar 2023:

> *„Wie Sie wissen, steht das Archiv allen offen, die zum Thema arbeiten wollen und von meiner Seite erhalten die Interessenten alle Unterstützung, die ich zu leisten im Stand bin. [...] Doch die Leute haben einfach ganz andere Sorgen und derzeit kein Interesse an DDR-Geschichte."*

So bleiben in Weimar an der HfM „401 laufenden Meter Archivmaterial" (Aussage von Prof. Stölzl) unangetastet. An die betrogenen Studierenden hat offenbar nach 1989 kaum jemand gedacht - weder Direktoren und Dozenten der HfM.

***

„Spätbürgerlich-dekadent"

Der Diplombetrug der Hochschule für Musik „Franz Liszt" in Weimar

H. Johannes Wallmann (HfM Weimar, Studienjahrgang 1970, 1973 Exmatrikulation, Staatsexamen 1974)

Schon frühzeitig stand für mich fest, dass ich Komponist werden wollte. Da ich jedoch kein Abitur machen durfte (mein Vater wurde 1953 als Leipziger Jugendpfarrer diffamiert, ein „amerikanischer Agent" zu sein ...), musste ich einen Umweg nehmen und begann mit mittlerer Reife an der Musikhochschule Weimar zunächst ein Fagott-Studium. Ab 1970 konnte ich von der Fachschule zur Hochschule wechseln und dann Komposition als zweites Hauptfach belegen.

Unter dem Siegel der Verschwiegenheit führte mich Ausnahmedozent Günter Lampe mittels Arnold Schönbergs Zwölftonmethode an die großen Fragen der Musik der Moderne heran. Lampe war der einzige Dozent dieser Hochschule, der um 1970 das Hauptfach Komposition auf der Grundlage von Arnold Schönbergs Zwölftonmethode unterrichtete.

Etwa 1971 erhielt ich – war es Zufall? – vom Ästhetikprofessor den Auftrag, über Schönbergs „spätbürgerlich-dekadente Ästhetik" im Verhältnis zur realsozialistischen „Volkstümlichkeit" zu referieren; ein Referat, das ich gründlich vorbereitete. Anstatt die Musik an Gewohnheiten und „Volkstümlichkeiten" auszuliefern, bevorzugt Schönberg gedankliche Strukturordnungen. So bekannte ich mich in diesem Referat ganz klar zu Schönberg anstatt zur realsozialistischen „Volkstümlichkeit".

Von da an begannen mich die SED-Ideologen dieser Musikhochschule als „spätbürgerlich-dekadent" abzustempeln. Während im Nationalsozialismus Künstler, die sich nicht gleichschalten ließen, als „entartet" verfemt wurden, wurden sie im Realsozialismus als „formalistisch" bzw. „spätbürgerlich-dekadent" verfemt. Dies gegebenenfalls schon während ihres Studiums. Meine Kompositionen kamen der Weimarer Hochschulöffentlichkeit daher nur sehr selten zu Gehör. Doch wenn es tatsächlich einmal passierte, wurden sie von vielen Hörern positiv aufgenommen – schon allein deshalb, weil sie anders waren. Es war zwar nicht einfach, etwas Profundes gegen die an dieser Musikhochschule herrschende SED-Musikideologie zu setzen, doch allmählich stellten sich die Erfolge meines ideologiefreien kompositorischen Denkens ein. Zumal ich die SED-Musikideologie immer wieder umgehen konnte (und meine Fachleistungen in allen relevanten Fächern mit „Eins" benotet wurden), war ich zutiefst motiviert, diesen Weg fortzusetzen.

Nachdem sich Günter Lampe vergeblich bemüht hatte, mir Komposition als erstes Hauptfach zu ermöglichen, empfahl mir Johann Cilenšek im Herbst 1972 (nachdem er die Uraufführung meiner „Serenade ..." durch die Jenaer Philharmonie gehört hatte), die Aufnahme in seine Meisterklasse anzustreben. Wie ich Jahrzehnte später meiner Studentenakte entnahm, schrieb er an das zuständige Direktorat: *„Wallmann einladen und auffordern, Unterlagen beizubringen für den offiziellen Antrag zur Aufnahme in die Meisterklasse".* Johann Cilenšek (1913–1998) war bis 1972 Rektor der Weimarer Hochschule und danach weiterhin Professor einer der Kompositionsmeisterklassen der DDR. Vor seiner SED-Mitgliedschaft und DDR-Karriere war er ein „glühender Verehrer" Adolf Hitlers, wodurch er durch die SED erpressbar blieb.

In der Verfügung des DDR-Kulturministeriums hieß es betreffs der Meisterklassen jedoch: *„Auswahl und frühzeitige Förderung der gesellschaftlich aktivsten und fachlich besonders befähigten Studenten [...] Die Bewerbungen und Vorschläge sind [...] mit einer Stellungnahme des Rektors [...] einzureichen [...] Die Fachkommissionen prüfen die künstlerischen und gesellschaftlichen Voraussetzungen der Bewerber, führen mit ihnen ein Aufnahmegespräch und entscheiden über die Aufnahme."*

Da mir die „gesellschaftlichen Voraussetzungen" offenbar abgesprochen wurden, wurde ein Aufnahmegespräch mit mir jedoch gar nicht erst geführt und mein Antrag von vornherein abgelehnt. Interessant, dass in meiner Studentenakte die ministeriell geforderte Stellungnahme des Rektors fehlt, denn sie hatte das Votum des Stasibeauftragten sowie der Parteileitung der Hochschule zu berücksichtigen. Unabhängig davon (?) wurde die Ablehnung möglicherweise direkt vom DDR-Kulturministerium selbst vorgegeben. Der entscheidende SED-Genosse dafür war in der oben genannten Fachkommission offenbar Wolfgang Lesser. Er hatte unmittelbar die Aufgabe, die kulturpolitischen Maßgaben der SED zu vertreten und „die Linie des sozialistischen Realismus durchzusetzen". Lesser war ab 1971 Mitglied der Kulturkommission beim Politbüro des ZK der SED. Auf der Zentralen Delegiertenkonferenz des DDR-Komponistenverbandes 1968 hatte er „jegliche Orientierungen an und Bezugnahmen auf avancierte Kompositionstechniken abgelehnt. Die Mittel der *spätbürgerlichen Musik* seien, so Lesser, *im direkten Zusammenhang mit dem spätbürgerlichen Weltbild und der Funktion der Musik in der spätbürgerlichen Gesellschaft* entstanden."[9]

Lesser hatte offenbar genau gecheckt, dass ich mich durch meine *Bezugnahmen auf avancierte Kompositionstechniken* schwerlich für die realsozialistische Ideologieproduktion eignen würde (wofür nach dem Willen der SED in der DDR alle Künstler ausgebildet werden sollten). Zumal ich nicht nur *avancierte Kompositionstechniken* bevorzugte, sondern mich auch noch in der Leitung der Weimarer Evangelischen Studentengemeinde stark engagierte und zudem kein FDJ-Mitglied war, sollte mir eine Laufbahn als Komponist verwehrt werden.

Mir selbst teilte man die Ablehnung meines weiteren Kompositionsstudiums zunächst weder mündlich noch schriftlich mit. Ich ersuchte daher bei der Hochschulleitung schriftlich um einen offiziellen Bescheid. Den erhielt ich nicht, wurde aber irgendwann bestellt, um mein Bewerbungsmaterial wieder abzuholen. Von da an bereitete ich mich strikt auf mein Fagottexamen vor, das ich im Juni 1973 ablegte.

Die Meisterschülerregelung gab es in der DDR offenbar genau deshalb, weil man seitens der SED Menschen und Begabungen für die eigenen Machtzwecke als frei verfügbares Material betrachtete. Wer nicht entsprechend spurte, wurde entweder zu manipulieren und „kaufen" gesucht oder eben ausgegrenzt. Die von den DDR-Künstlerverbänden ausgeübte Kontrolltätigkeit der SED begann bereits während des Studiums, erstreckte sich auf die gesamte Künstler-„Kaderpolitik" der DDR und ging direkt bis in den Bereich der künstlerischen Praxis selbst hinein.

Wie sehr meine künstlerischen und politischen Ansichten den ideologischen SED-Hardlinern der Weimarer Hochschule ein Dorn im Auge gewesen sein müssen, zeigt auch ein Brief, den mir einer der beiden FDJ-Sekretäre der Hochschule, Lothar Bohmann, ein Jahr nach meiner Exmatrikulation mit Datum vom 10.Juli 1974 sandte. Er schrieb, dass Professor Hartwig (Prorektor für Gesellschaftswissenschaften an der Weimarer Hochschule 1965–1989)

---

[9] Dissertation von Christiane Sporn: Musik unter politischen Vorzeichen, Friedberg 2007; dort auch das Zitat. Wie die Musikwissenschaftlerin aufzeigt, begründete sich die Rigidität von Lessers Position nicht zuletzt aus dem Einmarsch des Warschauer Paktes 1968 in Prag.

seine Diplomarbeit abgelehnt habe, wofür vielerlei Begründungen angeführt wurden. In seinen Augen jedoch entbehrten diese jeglicher Objektivität. Sie würden ihm lediglich zeigen, dass es total sinnlos sei, an der Hochschule noch irgendwelche Kastanien aus dem Feuer reißen zu wollen. Der größte Hammer sei jedoch gewesen, dass man ganz allgemein einige seiner Gedanken auf unsere Freundschaft zurückgeführt habe und dass er quasi „Gedankengut" von mir verwendet habe.

Wie dieser Brief zeigt, wurde seitens der politisch-ideologischen Hochschulleitung allein schon der Gedankenaustausch mit mir zu einem ideologischen Vergehen hochstilisiert ...

Nach meiner Exmatrikulation von dieser Hochschule (ich war damals gerade 21 Jahre!) war das Spiel noch lange nicht zu Ende. Auch wenn ich nun ab Herbst 1973 zunächst Solofagottist in der Meininger Hofkapelle wurde, wollte ich Komponist werden und einen entsprechenden Diplomabschluss erreichen.

Da mich einige der Hochschuldozenten ob meiner fachlichen Leistungen sehr schätzten, bestand dafür eine gewisse Chance, die ich zu nutzen suchte. So bereitete ich mich – ab Herbst 1973 als Fernstudent der Musikhochschule – auf den Abschluss vor und schrieb meine Diplomarbeit zum Thema „Probleme der zeitgenössischen Musik und die Vorbereitung des Fagottisten auf deren Interpretation".

Im Frühjahr 1974 stand in meinem Fernstudium zunächst das Abschlusskonzert für mein zweites Hauptfach Komposition an. Ich betitelte es mit „Kammermusik unkonventionell", was meine abweichende Position umriss. Seitens der Kompositionsabteilung der Hochschule wurden große Plakate gedruckt, auf denen dieses Konzert für den 8. April 1974 im Weimarer *Saal am Palais* angekündigt war. Als die Plakate schon hingen, wurde der Termin jedoch plötzlich auf den 5. April vorverlegt. Ich war zunächst wie vor den Kopf geschlagen, stellte dann aber kleine weiße Aufkleber her, fuhr von Meiningen nach Weimar und ging mit einem Leimtopf durch ganz Weimar, um die „8" mit einer „5" zu überkleben.

Es klappte; der Saal war am 5.April bei Konzertbeginn so voll, dass vor dem Wittumspalais noch zig junge Leute standen, die zunächst nicht eingelassen wurden.

Da die Emporen noch frei waren, bestand ich darauf, dass sie geöffnet würden. Der Pförtner hatte die Anweisung, sie nicht zu öffnen. Dem im Parkett voll besetzten Saal kündigte ich an, dass der Beginn sich leider verzögern würde, bis alle Hörer eingelassen seien. So war meine Forderung von über 200 Leuten im Saal mitgedeckt und der leitende Hochschuldozent musste handeln. Etwa 15 Minuten später waren alle Zuhörer eingelassen und das Konzert konnte beginnen.

Ich gestaltete es als ein Werkstattkonzert; alle Stücke wurden zweimal gespielt und dazwischen erläutert.

Aufgeführt wurden meine „Drei Lieder nach Texten von Reiner Kunze", mein „1. Streichquartett", „Clusteriex" für 4 Holzbläser sowie die „Komposition nach drei Plastiken von Ernst Barlach".

Es war eine tolle Atmosphäre und meines Wissens das erste Mal, dass ein Konzert im Saal am Palais mit Neuer Musik ohne offiziellen Anlass einen solchen Besucherandrang erfuhr. Vielleicht genau deshalb, weil ein Hauch von Opposition und Alternative wehte.

Im Thüringer Tageblatt erschien zu „Kammermusik unkonventionell" eine sehr gute Rezension (Michael von Hintzenstern). Doch der politischen Leitung dieser Musikhochschule war der Erfolg ihres „spätbürgerlich-dekadenten" Studenten Wallmann keineswegs recht. Das bekam ich wenige Wochen später zu spüren, als ich meine Prüfung für „Methodik des musiktheoretischen Unterrichts" ablegte.

Ich war bestens vorbereitet, doch Dozent und SED-Genosse Dieter Nowka (im Thüringer DDR-Komponistenverband später auch für junge Komponisten zuständig) hatte offenbar den Auftrag, meine Zensur zu drücken und mich dafür systematisch in die Zange zu nehmen. Ich kam aus der Prüfung und wusste nicht, wie mir geschehen war.

Auf meinem Zeugnis erbrachte diese Prüfung dann die einzige „Drei", und im Nachhinein wurde mir klar, dass es offenbar darum gegangen war, mir von vornherein eine Hochschultätigkeit im Fach Musiktheorie/Komposition unmöglich zu machen; eine Rechnung, die sozusagen bis heute aufging.

Wie sich Jahrzehnte später zeigte, wurde die betreffende Zensur auf dem Prüfungsprotokoll jedoch in Anführungsstrichen vermerkt, was auf keinem anderen Prüfungsprotokoll der Fall ist.

Diese Anführungsstriche waren für Günter Lampe (der Handschrift nach hatte er das Protokoll zu führen) offenbar die einzige Möglichkeit, die Fremdbestimmtheit und Fragwürdigkeit dieser Note wenigstens auf minimale Weise zu dokumentieren. Zugleich umringelte er die Hauptfachnote „Eins".

Doch es sollte noch „besser" kommen. Wie meinen Weimarer Studentenakten zu entnehmen ist, wurde Günter Lampe auch betreffs der Beurteilung meiner Diplomarbeit gemaßregelt, die er zunächst ebenfalls mit „Eins" bewertet hatte, nachträglich aber auf schlechter als „Zwei" herabstufen sollte, was er jedoch verweigerte.

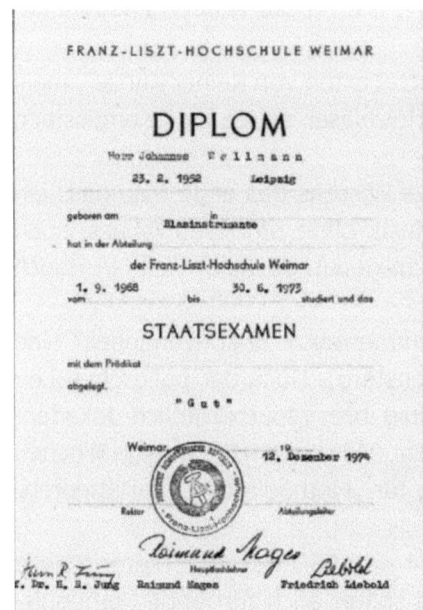

Das unterschlagene Diplom (links) und das ausgehändigte Staatsexamen

Obwohl ich alle Abschlüsse gemacht und meine Diplomarbeit im Juni 1974 verteidigt hatte, wurde ich – wohl weil Günter Lampe meine Diplomarbeit nicht „schlechter als zwei" benoten wollte – nun gänzlich um mein Diplom betrogen. Erst nach mehrfachem Drängen erhielt ich im Frühjahr 1975 einen Abschluss ausgehändigt – nicht den Diplomabschluss, sondern lediglich das Staatsexamen, auf dem die Diplomarbeit nun „Hausarbeit" genannt wurde. (Noch 2006 machte sich die Weimarer Hochschule diese Umbenennung trotz anderslautender Dokumente zu eigen!)

In meiner Weimarer Studentenakte war ich 2008 – also 34 Jahre danach – auf die Kopie des – mit gleichem Datum und mit gleichen Unterschriften wie das Staatsexamen – ausgestellten Diploms gestoßen, das ich dann zum ersten Mal in Händen hielt. Heute könnte ein solcher Fund eigentlich eine Trophäe sein – ein Beweis gelebter Freiheit der Kunst. Doch die Weimarer Hochschule sieht es offenbar als Schandfleck und drückt sich darum, sich zu ihrem einst begangenen Betrug zu bekennen sowie ihre Verstrickung in die SED-Diktatur aufzuarbeiten. Für die Zukunft von Musik kann das als eine schwere Hypothek gelten. Wann wird sie abgetragen?

H. Johannes Wallmann, geb. 1952 in Leipzig, aufgewachsen in Dresden; Studium in Weimar; kunstphilosophische Ausbildung bei dem in der DDR als „formalistisch" abgelehnten Maler Kurt W. Streubel; 1980 Meisterschüler für Komposition (AdK Ostberlin, F. Goldmann); 1986/88 DDR-Ausreiseantrag und Übersiedlung in die BRD. Zahlreiche Kompositionen für Kammer-, Orchestermusik und Landschafts- klänge, Rundfunk-Liveübertragungen; Publikationen zur Musik- und Zeitge- schichte; www.integral-art.de

***

** Kommentar zeithistorisch ** – Der Präsident der HfM

Sehr geehrter Herr Knoblauch,

haben Sie Dank für Ihren Brief vom 23. März 2012.

Im Archiv der Hochschule für Musik FRANZ LISZT Weimar gibt es kein Diplomzeugnis für Herrn Wallmann im Original - also kann es auch nicht ausgehändigt werden.

Herr Wallmann hat mir am 24. März 2012 sehr freundlich geschrieben - wir werden uns bald in Berlin sehen. Darauf freue ich mich - und Sie hoffentlich auch.

Freundliche Grüße aus Weimar!

Am 4. April 2012 schrieb der Präsident der HfM, Christoph Stölzl, an Günter Knoblauch: *„[...] es gibt kein Diplomzeugnis ..."*

Damit war die Angelegenheit *„Wallmann – Diplombetrug"* für die HfM offiziell abgeschlossen. Doch in den Jahren nach dieser Aussage erschienen zahlreiche Kommentare zur HfM und zur Causa Wallmann in der Presse und in Fachzeitschriften. Dazu zählen unter anderem:

- „Defekte einer Hochschulchronik" – Die Hochschule für Musik Franz Liszt Weimar (*Knoblauch, Mey, Mitteldeutscher Verlag, 2017*)

- „Zensuren-Manipulation als politische Strafmaßnahme mit skandalösem Nachspiel"
  (Prof. G. Meinhold, Hefte des Forschungsverbundes SED-Staat der FU Berlin)

- „Prominente Professoren der Musikhochschule Weimar als Handlanger der DDR-Staatssicherheit"
  (Prof. G. Meinhold, Forschungsverbund SED-Staat der FU Berlin, 2021)

- „Der Schrei – Ein Buch gegen das absichtliche Vergessen"
  (G.Knoblauch, BoD, 2023)

Ein bemerkenswerter Aspekt: Die Leitung und Verwaltung des Archivs der Hochschule für Musik FRANZ LISZT Weimar lag von 1989 bis 2011 kommissarisch in den Händen von Dr. Irina Lucke-Kaminiarz, die unter anderem auch als Dozentin für Marxismus-Leninismus an der HfM tätig war.

***

Gasthörer an der Hochschule für Bildende Künste in Dresden

„Einer geregelten Arbeit ging der K. nicht mehr nach"

Frank Kempe (Kunsthochschule Dresden, Gasthörer 1973–1975

Meine Mutter hatte eine Rentnerreise nach Westdeutschland überzogen, weil sie krank wurde und ins Krankenhaus musste. Mein Vater wurde daraufhin von der Polizei (Stasi) einbestellt und ihm wurde durch die Blume verkündet, dass meine Mutter nach ihrer Rückkehr massive Probleme erwarteten. Daraufhin entschloss sich mein Vater, selbst noch als Rentner überzusiedeln und meine Mutter dort zu belassen, wo sie war. Leider bekam ich keinen Gewerbeschein, weshalb wir 1973 unser Dresdner Geschäft NOVA Kunsthandel schließen mussten. Im Sommer 1973 stand ich nun erst einmal vor dem Nichts.

Zwar musste ich das Geschäft auflösen, was ca. ein Jahr in Anspruch nahm, aber in dieser Zeit konnte ich keine Arbeit nachweisen und es bestand die Gefahr, wegen asozialen Verhaltens zur Klärung eines Sachverhalts einbestellt zu werden.

(Anmerkung des Herausgebers: siehe die Kommentare „Asoziales Verhalten", „RA Vogel" und „Enteignung des Dresdener Kunsthandels" am Ende des Beitrages)

Ich versuchte, in ein Studium der Kunstgeschichte hineinzukommen. Dies war natürlich schwierig, zumal ich unter Beobachtung der Stasi stand, weil man annahm, dass meine Schwester und ich möglicherweise nach der geplanten Ausreise meines Vaters versuchen würden, die DDR illegal zu verlassen. Ich sprach also bei Professor Kettner[10], dem damaligen Rektor der Akademie für Bildende Künste, vor. Er kannte mich, weil ich schon ein paar Jahre vorher einen Lehrgang für grafische Techniken an der Hochschule absolviert hatte. Er konnte mir keine Hoffnung wegen eines Direktstudiums machen, empfahl mir aber ein Gaststudium, welches er befürworten wollte. Da ich sowieso nicht an einer akademischen Laufbahn interessiert war und

---

[10] Gerhard Kettner (1928–1993), deutscher Lithograf und Grafiker, 1969 Professor an die Hochschule für Bildende Künste Dresden, 1970–1974 und 1979–1981 Rektor der HBfK Dresden.

die Kunstgeschichte als Weiterbildung zu meiner Tätigkeit als Kunsthändler verstand, sagte ich mit Freuden zu.

Daraufhin schrieb ich für meine Schwester und mich selbst eine Befürwortung des damals noch laufenden Betriebes NOVA Kunsthandel für dieses Gaststudium. Ab Sommer 1973 konnte ich nun zusammen mit meiner Schwester die Vorlesungen zur Kunstgeschichte bei Kurt Proksch an der Dresdner Akademie besuchen. Ich erinnere mich daran, dass Proksch oft und gern von seinem 1961 in den Westen geflohenen Studenten Gerhard Richter sprach. Er meinte damals, aus dem wird sicher etwas. Wie recht er hatte. Richters Werke werden heute auf dem internationalem Kunstmarkt für Millionen gehandelt.

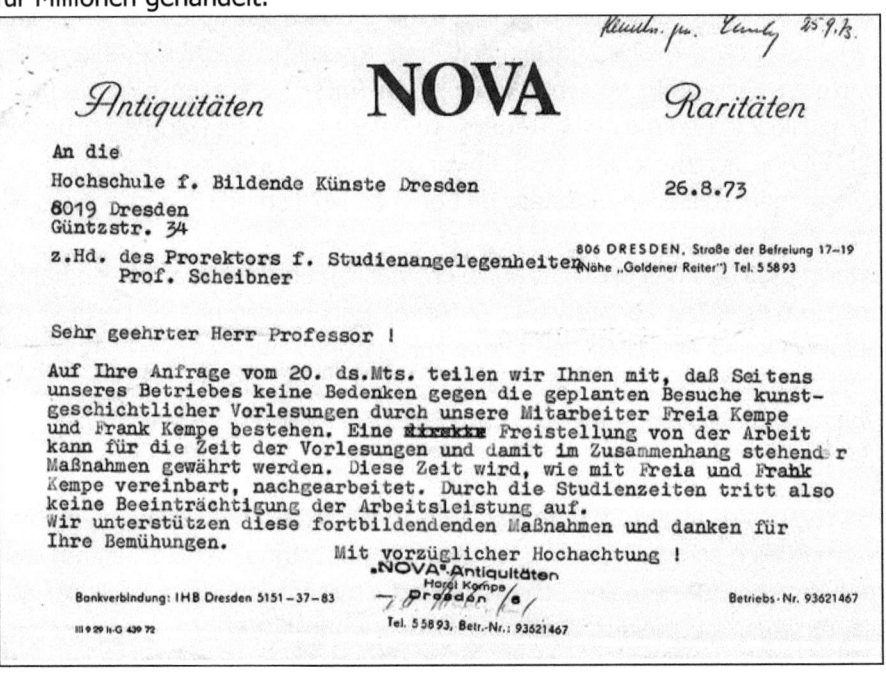

Pseudo „Delegierung" an die Hochschule für Bildende Künste. Das Schreiben wurde vom Vater von Freia und Frank Kempe ausgestellt.

Die kunstgeschichtlichen Vorlesungen bestanden meist aus der kommentierten Vorführung uralter Dias, die die Kunstgeschichte von der Antike an illustrierten. Politik spielte in diesen Vorlesungen eigentlich keine Rolle. Die Vermittlung des kunstgeschichtlichen Wissens wurde von den Studierenden durchaus ernst genommen, Proksch sowieso. Der wurde schon aus dem

Grund ernst genommen, weil er durch die Blume und ganz vorsichtig seine kritische Haltung zum Ausdruck brachte. Diese Courage kam gut an. Ganz im Gegensatz zu vielen linientreuen Professoren, die von den meisten ihrer Studenten mit Hohn und Spott überzogen wurden. Aber mit denen hatte ich nichts zu tun, da ich nur die kunstgeschichtlichen Vorlesungen besuchte. Höhepunkt des Jahres waren die legendären Faschingsfeste der Dresdner Akademie auf der Brühlschen Terrasse, die wochenlang vorbereitet wurden. Es wurden Dekorationen und Prospekte gemalt. Ein ständiger Kampf herrschte zwischen den Studenten und den „Zensoren", die jede politische Anspielung zu verhindern trachteten. Natürlich wurde versucht, das zu umgehen und ganz differenziert doch gewisse Proteste und Anspielungen in den Dekorationen unterzubringen. Ein ständiges Katz-und-Maus-Spiel.

1974 wurde mein Vater von der Stasi inhaftiert und man bestellte mich zum damaligen Prorektor für Studienangelegenheiten, Scheibner, wo man mir eröffnete, dass das mit dem Gaststudium nicht mehr weitergehen könne. Zwischen den Zeilen konnte man hören, dass es Druck seitens der Stasi gab. Gott sei Dank zeigte sich Professor Kettner couragiert und wies Scheibner an, meine Schwester und mich zu belassen. Hatte das Konsequenzen für Professor Kettner? Interessanterweise nicht – auch in den Unterlagen des MfS stand nichts.

Die Vorlesungen bei Kurt Proksch (Kunstgeschichte) waren sehr lebendig, zumal er kein kommunistischer Einpeitscher war und seine kritische Haltung zur DDR immer wieder durchblicken ließ. Wir hatten – glaube ich – nur ein SED-Mitglied in der Studentengruppe. Ansonsten waren es Studenten für Malerei, Grafik, Theatermalerei, es war eine politisch ziemlich unangepasste Truppe.

(Anmerkung des Herausgebers: Der Sohn von Kurt Proksch, Michael Proksch, schildert in seinen Beiträgen „Von der Grundschule zur Hochschule – wie über Jahre hinweg psychische Deformationen entstanden" und „Ich erlebte die Militarisierung des öffentlichen Lebens" das gesellschaftliche und politische Umfeld, und die Zeit in dem er aufwuchs. Diese Schilderungen sind auch in Zusammenhang mit der Lehrtätigkeit und Position seines Vaters zu betrachten.)

Ende 1975 wurden meine Schwester und ich aus der DDR ausgewiesen. Den „offiziellen Ausreiseantrag" in Dresden stellten wir, nachdem wir die Genehmigung zur Ausreise schon hatten. Unsere Ausreise hatte RA Wolfgang

Vogel über Berlin und über die Köpfe Dresdens, die darüber auch nichts wissen durften, organisiert. Das bedeutete natürlich auch ein Ende dieses Studiums.

Unser Dozent Kurt Proksch schrieb einige Tage vor unserer Ausreise am 13.November 1975 auf einem Briefbogen der Akademie gute Beurteilungen. Er meinte, dass wir mit diesen Beurteilungen im Westen anschließen könnten.

Da ich aber schon Ende 1976 eine selbstständige Existenz, die Kunsthandlung Saxonia - ich hatte mich auf sächsische Malerei spezialisiert - in München, aufbaute, kam es leider nicht zu einer Weiterführung des Studiums im Westen.

Frank Kempe, geb. 1948 in Dresden, Kindheit und Jugend verbrachte er im zerstörten Dresden; 1964 Eintritt in das alte Familienunternehmen Kunsthandlung NOVA. Hier, bei seinem Vater Horst Kempe, lernte er das ganze Spektrum des Kunsthandels von der Pike auf kennen. Gleichzeitig vertiefte er seine Kenntnisse, indem er an der renommierten Dresdner Kunstakademie Kunstgeschichte und grafische Techniken studierte. Die Kunsthandlung NOVA fiel 1974 der Verstaatlichungswelle zum Opfer und wurde durch die SED enteignet.

***

** Kommentar zeithistorisch ** - Asoziale Lebensweise

Die Sorge, als asozial oder in einer asozialen Lebensweise verdächtigt zu werden, war für Frank Kempe keineswegs Ausdruck übertriebener Ängstlichkeit. Ein solcher Vorwurf konnte schnell zur Realität werden.

Der Herausgeber selbst erlebte 1970 eine ähnliche Situation: Nach einem fristlosen Kündigungsschreiben aufgrund seines Ausreiseantrags klagte er bis zur letzten Instanz vor dem Bezirksgericht Dresden. Gleich zu Beginn der Verhandlung fragte der Richter: *„Herr Knoblauch, wovon bestreiten Sie eigentlich Ihren Lebensunterhalt?"* Als ich darauf hinwies, dass dies nicht Gegenstand des Verfahrens sei, zog der Richter seine Frage mit den Worten zurück: *„Ich wollte Sie nur darauf aufmerksam machen, dass der Eindruck einer asozialen Lebensweise entstehen könnte."*

***

Kommentierungen zu Frank Kempes Beitrag

Information zeithistorisch - Rechtsanwalt Vogel

Rechtsanwalt Vogel war der zentrale Gesprächs- und Verhandlungspartner bei den Häftlingsfreikäufen sowie einem Teil der sogenannten Familienzusammenführungen. Diese Aktionen erfolgten in enger Zusammenarbeit und Abstimmung mit dem Ministerium des Innern und, je nach Fall, dem MfS der DDR in Berlin. Nachgeordnete Dienststellen des MfS wurden ausschließlich durch die Hauptabteilung in Berlin informiert und angewiesen, die entsprechenden Akten und laufenden operativen Vorgänge zu schließen und die Ausreise der betreffenden Personen *abzusichern*. Hinter dem Begriff ‚absichern' verbarg sich die Anweisung, den Ausreiseprozess möglichst schnell und unauffällig abzuwickeln. Lokale MfS-Dienststellen waren dadurch – wie im Fall Uta Glatzer/Günter Knoblauch – oft völlig überrascht, da sie den Fall mit erheblichem Aufwand in einem sogenannten Operativen Vorgang (OPV-Zwiebel) bearbeiteten. Publiziert in: *Chronik einer angekündigten Flucht*, BoD-Verlag, 2023, 3. Auflage.

***

** Kommentar zeithistorisch **
Enteignung der Dresdener Kunst- und Antiquitätenhändler

Die Enteignungen der Dresdener Kunsthändler – auch den Fall der Familie Kempe – schildert der Kunstwissenschaftler Günter Blutke in seinem Buch „Obskure Geschäfte mit Kunst und Antiquitäten": *„Die offenkundige Geschäftstüchtigkeit eines privaten Händlers muß als besonderes Ärgernis in einer Zeit wirken, in der, wie 1972/73 geschehen, eine große Anzahl von privaten Industriebetrieben enteignet und zu staatlichen oder halbstaatlichen Betrieben gemacht werden.*
Anfang dieser für Privatunternehmen sehr schwierigen siebziger Jahre entschließt sich Kempe sen. aus gesundheitlichen Gründen zur Geschäftsaufgabe. Sein Sohn soll an seiner Stelle die Leitung von ‚Nova' übernehmen. Die endgültige Ablehnung der beantragten Gewerbegenehmigung ist unzweideutig formuliert und entspricht genau dem Geist jener Jahre: ‚Ihrem Antrag kann nicht stattgegeben werden', schreibt der zuständige Abteilungsleiter K. aus dem Dresdner Rathaus, ‚Der Antiquitätenhandel gehört nicht zu den Bereichen unserer Volkswirtschaft, für die in der Folge weitere private Genehmigungen erteilt werden. Zur Befriedigung der auf diesem Gebiet existierenden Bedürfnisse steht in zunehmendem Maße der Volkseigene Handel zur Verfügung."

***

Die folgenden Zitate sind aus MfS-Dokumenten über Frank Kempe

„Der K. entstammt absolut kleinbürgerlichen Kreisen. Von 1954–62 besuchte er die POS [...] und im Anschluss daran eine EOS, welche er mit dem Abitur (Note 2) abschloss. Nach seiner absolvierten Lehre als Handelskaufmann war er als Aufkäufer bzw. Berater im Antiquitätengeschäft seines Vaters ‚Antiquitäten NOVA' tätig. Während dieser Zeit eignete sich der K. überdurchschnittliche Kenntnisse und Fähigkeiten als Geschäftsmann auf dem Antiquitäten-Sektor an."

In einem weiteren MfS-Dokument steht: *[...] Nach der Inhaftierung und später nach der Übersiedlung seines Vaters regelte der K. Frank den Nachlass bzw. Schließung des Geschäftes. [...] Einer geregelten Arbeit ging der K. bis zu seiner Übersiedlung nach der BRD nicht mehr nach."*

Das Antiquitätengeschäft Kempe in Dresden, Straße der Befreiung, 1972 (Foto privat)

Die Kunsthandlung Saxonia eröffnete 1976 in München in der Galeriestraße am Hofgarten (www. saxonia.com). Kempe wurde schnell als Spezialist für Sächsische Kunst bekannt. Heute arbeitet er international für private Kunden, für Galerien und stellt Sonderausstellungen zusammen.

***

Es herrschte eine Atmosphäre der Angst und Beklemmung

Dipl.-Lehrerin Martina Pontius, geb. Anger (Pädagogische Hochschule Erfurt, Studienjahrgang 1973, Fakultät Pädagogik, Sektion Philologie/Literatur- und Kunstwissenschaft, Diplom 1977)

Das Jahr 1976 war für uns Studenten ein sehr wichtiges und schwieriges Jahr. Wir befanden uns im dritten Studienjahr der Pädagogik für die Fächer Deutsch und Kunst. Ein Kommilitone unserer Seminargruppe, Wilfried Linke, hatte im Januar an die Hochschulzeitung „WIR" der Pädagogischen Hochschule in Erfurt einen Artikel eingereicht - „Sieben unverblümte Äußerungen über Bekanntes (Sätze zum Anzweifeln)" -, der sich kritisch mit der Qualität der Lehrveranstaltungen im Fach Marxismus/Leninismus auseinandersetzte.

Der von Linke damals eingereichte Artikel wurde als Dokument in einem eigenständigen Beitrag in die vorliegende Buchreihe aufgenommen.

Dieser Artikel sprach die Dinge aus, die uns Studenten bewegten. Wir wollten in diesen Seminarfächern freier diskutieren, wollten zu einer eigenen Meinung finden und nicht nur die Dinge unreflektiert wiedergeben müssen, die uns im Seminar, in der Vorlesung und in den Tageszeitungen fest vorgegeben wurden. Uns interessierten die gesellschaftlichen Widersprüche, historische totgeschwiegene Ereignisse und ihre Erklärung, wir wollten Rosa Luxemburg lesen und über aktuelle Probleme in der Gesellschaft diskutieren. Uns war klar, dass wir nur etwas ändern können, wenn wir uns aktiv einmischen. Bereits im vergangenen Semester 1975 nutzen wir deshalb die jährlich anstehende Wahl der neuen FDJ-Leitung für unsere Seminargruppe, um hier einen Wechsel herbeizuführen. Die FDJ-Leitung bestand in der Regel aus dem FDJ-Gruppenvorsitzenden, dessen Stellvertretern, einem Schriftführer und einem Verantwortlichen für Agitation und Propaganda.

Bisher waren die beiden SED-Genossinnen, so wie es üblich war, in der Seminargruppe die maßgebliche FDJ-Leitung und somit politisches Sprachrohr. Die „Andersdenkenden" unserer Gruppe setzen aber bei der neuen FDJ-Wahl durch, dass eine demokratische Wahl durchgeführt wurde. Jeder schrieb einen Namen auf einen Zettel und dann wurde ausgezählt. Zum ersten Mal wurden die Parteimitglieder einfach abgewählt und wir wurden jetzt Leitungsmitglieder der FDJ. Man benannte mich als FDJ-Vorsitzende der Seminargruppe und Gabi Kachold als Stellvertreterin, ebenfalls wurden Katja Renner und Karla Stiller Leitungsmitglieder.

(Anmerkung des Herausgeber: siehe auch den Beitrag von Gabi Kachold: „Wir lasen bändeweise Marx, Engels, Lenin und Luxemburg".)

In dieser Funktion als FDJ-Vorsitzende der Seminargruppe konnte ich mich nun sehr oft und offiziell bei der Redaktion der Hochschulzeitung nach dem Verbleib des Artikels unseres Kommilitonen Wilfried Linke erkundigen. Seitens der Hochschule war niemand daran interessiert, diesen Artikel zu veröffentlichen oder ihn als Diskussionsgrundlage zu nehmen. Wenn dann Mitglieder unserer FDJ-Leitung ständig auftauchten und einfach keine Ruhe gaben mit ihren Fragen, so war das natürlich sehr lästig, nicht nur für die Hochschulzeitung.

Inzwischen nahm das alles immer größere Ausmaße an. Innerhalb unserer Seminargruppe gab es sehr viele Diskussionen, auch andere Seminargruppen der Sektion zeigten sich interessiert und wollten mehr darüber erfahren. Der Sektionsdirektor des Bereiches Marxismus/Leninismus, Professor Hub, und der Direktor der Sektion Philologie, Literatur und Kunstwissenschaft, Professor Zacharias, wurden von uns Studenten in den Diskussionen immer wieder angesprochen. Für sie waren es aber nur revisionistische Plattformen und Einflüsterungen des Klassenfeindes. Wir wurden von diesen Dozenten gewarnt, diese revisionistischen Inhalte nicht weiter zu verbreiten, da es sonst Konsequenzen haben würde. In meiner Funktion als FDJ-Sekretärin der „problematischen" Seminargruppe wurde ich nun ständig vorgeladen zu Einzelgesprächen oder Gruppengesprächen, allein oder mit der FDJ-Leitung zusammen. Diese Gespräche fanden in einer Atmosphäre von Druck, Angst und Bedrohung statt.

Die Sektionsdirektoren von Marxismus/Leninismus sowie von Philologie, Literatur- und Kunstwissenschaft, der Parteisekretär der Hochschule, der Parteisekretär der Sektion Philologie, Literatur- und Kunstwissenschaft der Direktor für Erziehung und Ausbildung, die Seminargruppenleiterin und die hauptamtlichen Genossen der FDJ-Leitung der Hochschule wurden unfreiwillig zu meinen ständigen Gesprächspartnern. Inhalt dieser Aussprachen mit unterschwelligen Drohungen war jeweils, dass wir endlich Ruhe geben und uns von den politischen Positionen unseres Kommilitonen Wilfried Linke distanzieren und mehr an unsere Studiendisziplin denken sollten. Dr. Rade-cker [11] (*IMS „Wolfgang" - Inoffizieller Mitarbeiter zur politisch-operativen Durchdringung und Sicherung des Verantwortungsbereiches*), der Stellver-treter des Sektionsdirektors PLK und Direktor für Erziehung und Ausbildung, drohte mir zum Beispiel: *„Lassen Sie sich da nicht vor einen falschen Karren spannen, das kann dann leicht ins Auge gehen."*

Wilfried Linke wurde am 2. Juni 1976 zum Sektionsdirektor für Philologie, Literatur und Kunstwissenschaft, Professor Zacharias, vorgeladen. Wilfried bestand darauf, dass ich mitkomme; wir befürchteten das Schlimmste, die Exmatrikulation Wilfrieds. Wir waren sehr aufgeregt.

Doch Professor Zacharias versuchte einzulenken und sprach vom Aufbau einer neuen gemeinsamen Vertrauensbasis, bezeichnete den Artikel von Linke sogar als brillant. Was war passiert? Plötzlich gab es keine staatsfeind-lichen Äußerungen mehr. Nach all den Anfeindungen der letzten Monate klang das für uns fast unglaublich. Wo war der Haken?

Am Abend trafen wir uns dann im Hörsaal mit unserer Seminargruppe und gaben das Gespräch wieder – nicht wissend, dass unser Treffen als „Sieges-feier" interpretiert werden würde und die Inhalte sofort von unseren beiden SED-Genossinnen der Gruppe an die Hochschulleitung weitergegeben wur-den.**[12]

Auf dem Nachhauseweg, in der Straßenbahn, wurde mein Gespräch mit Manfred Mortzeck, über dieses Thema ebenfalls mitgehört und sofort wei-tergegeben. Manfred Mortzeck berichtet über diese Vorgänge in seinem Bei-trag **„Eigeninitiative als Stolperstein".**

All das führte dazu, dass der Sektionsdirektor Professor Zacharias eine Wo-che später ein Disziplinarverfahren gegen Wilfried Linke durchführte, das zur Exmatrikulation führte. „Verleumdung und politische Diffamierung"** von Professor Zacharias war einer der Gründe. Gegen Gabi Kachold und mich wurde während dieses Exmatrikulationsverfahrens ebenfalls ein Ver-fahren angedroht.

---

[11] Akte OV „Kapitän" der BStU Außenstelle Erfurt, Archivnr. 1299/77.
[12] **: Zur besseren Lesbarkeit wurden die Quellen auf die Archivnr. des Bundesarchivs redu-ziert: DR2, 28787. Im Text wird nur mit ** auf die Akten hingewiesen.

Wilfrieds Exmatrikulation war für uns alle ein Schock. Gabi Kachold und ich schrieben noch am gleichen Tag der Exmatrikulation (11. Juni 1976) einen Brief an die Ministerin für Volksbildung, Margot Honecker, und sammelten auf dem Hochschulgelände Unterschriften für diesen Brief, in dem wir gegen die Exmatrikulation Linkes protestierten. 83 Studenten unterschrieben, für die damaligen Verhältnisse eine ungeheuerliche Zahl! Per Einschreiben und Eilpost ging der Brief noch am selben Abend nach Berlin. Das löste eine Lawine aus. Im Bundesarchiv existiert eine umfangreiche Akte mit entsprechendem Schriftverkehr zwischen dem Ministerium für Volksbildung und der Hochschulleitung in Erfurt.

(Anmerkung des Herausgebers:
Gabriele Stötzer berichtet darüber in **„Ein Brief an Margot Honecker löste Alarm aus"** *und zusammen mit Martina Pontius in „Die Zerschlagung des studentischen Widerstands an der Pädagogischen Hochschule Erfurt".)*

Die Ministerin Honecker war an einer schnellen Auflösung dieser unhaltbaren Zustände an der Pädagogischen Hochschule in Erfurt interessiert und hielt sich durch Treffen mit Berichterstattungen durch die Hauptabteilung Lehrerbildung im Ministerium für Volksbildung sowie langen Telefonaten mit dem Rektor in Erfurt auf dem Laufendem.

Gabi Kachold, Manfred Mortzeck und ich schrieben am 14. Juni 1976 einen Brief an Dr. Eccarius, Leiter der Abteilung Wissenschaft, Volksbildung und Kultur in der Bezirksleitung der SED Erfurt, in dem wir ebenfalls unsere Ängste formulierten, keine freie Meinung mehr äußern zu dürfen, sowie die Angst vor drohenden Exmatrikulationen.
Wir wurden zum Gespräch mit Dr. Eccarius und Genosse Liedtke von der Bezirksleitung der SED geladen, aber es half uns nicht weiter und wurde eher ein Bumerang. Es gäbe keinen Grund, Angst zu haben, wenn man in lauterer Absicht unsere Ziele verfolgt, wurde uns erklärt.**

Die Gesprächsinhalte wurden sofort nach Berlin weitergemeldet. In dem Bericht der Hauptabteilung Volksbildung des Ministeriums für Volksbildung zur operativen Kontrolle an der Pädagogischen Hochschule Erfurt vom 23. Juni 1976 steht: *„Welche Maßnahmen wurden eingeleitet bzw. geplant, um gegen die Studenten Kachold und Anger sowie Mortzeck vorzugehen, die zum engeren Kreis um Linke gehören?"***

Inzwischen war die Kommission mit den Inspektoren aus Berlin vom Ministerium für Volksbildung in Erfurt eingetroffen. Mit den 83 Studenten, die den Brief an Margot Honecker unterschrieben hatten, wurde in kleinen Gruppen oder einzeln geredet, bis sie ihre Unterschrift zurückzogen. Für jeden wurden rhetorisch die passenden Mittel gefunden, um ihn jeweils unter Druck zu setzen. Einige gaben vor, nicht gewusst zu haben, was sie da unterschrieben, anderen wurden entsprechende Beurteilungen angedroht oder sie wurden gefragt, ob sie denn das Studium wirklich erfolgreich beenden wollen.

Birgit Model, Martina Anger und Karla Stiller (von links) während der Studienzeit im Wörlitzer Park (Foto privat)

Zum Schluss blieben noch die Studenten unserer Seminargruppe übrig. Für uns hatte man sich etwas ganz Besonderes ausgedacht. Am 30. Juni 1976 wurde eine große FDJ-Aktivtagung anberaumt, zu der ich einen Tag zuvor per Telegramm und mit zusätzlicher schriftlicher Einladung durch die zentrale FDJ-Leitung der PH Erfurt bestellt wurde. Auf dieser handschriftlichen Einladung „[...] Das Erscheinen dieser beiden Leitungsmitglieder ist unbedingt zu sichern." befindet sich der handschriftliche Vermerk des Direktors für Erziehung und Ausbildung, Dr. Radecker, mit der Aufforderung, ihn bis 30.6. 9:00 Uhr zu Hause anzurufen. Ich rief nicht an. Später stellte sich heraus, Dr. Radecker arbeitete als IMS „Wolfgang" für die Stasi.

In dieser Veranstaltung sollten sich die FDJ-Leitungsmitglieder Martina Anger, Gabi Kachold, Katja Renner, Karla Stiller sowie vier andere Studenten offiziell vor einem großen Gremium von ihren falschen politischen Plattformen distanzieren.

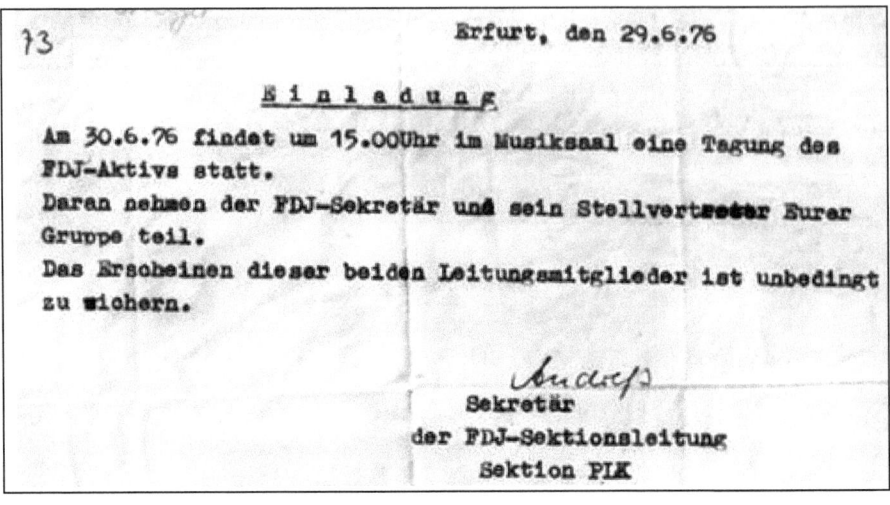

Am unteren Rand (nicht sichtbar) *„Bis 30.6. 9:00 Bescheid ... (Dr. Rad.)"*
Dr. Radecker arbeite als IMS für die Stasi

Uns wenigen Studenten saß ein Gremium von mehreren Sektionsdirektoren, Parteisekretären, hauptamtlichen FDJ-Sekretären, etwa 100 ausgewählten Studenten** der Sektion Russisch sowie alle FDJ-Sekretäre und ihre Stellvertreter gegenüber.
Es herrschte eine Atmosphäre der Angst und Beklemmung. Drei Stunden lang dauerte diese nervenaufreibende Veranstaltung.

Schließlich fanden wir für uns einen Kompromiss der Formulierung, denn niemand von uns wollte exmatrikuliert werden. Wir formulierten, dass wir keine falsche politische Plattform sehen und vertreten, wenn aber seitens der Prorektoren eine solche gesehen wird, distanzieren wir uns davon. Jeder hörte das, was er hören wollte.

In der Akte des Bundesarchivs findet sich ein Brief, abgezeichnet von Margot Honecker, an den Genossen Kurt Hager, Zentralkomitee der SED: „Doch ist anzunehmen, dass diese FDJ-Gruppenleitung und einige weitere Studenten

ihren Standpunkt nicht aus eigener Einsicht und Überzeugung geändert haben. Das trifft vor allem auf die Studentin Kachold und Anger zu."**
Dann fingen die Sommerferien an. Klar war jedoch, dass wir keine eindeutige Aussage getroffen hatten.

Diese ganze aufgeheizte Situation in der Hochschule hatte enorme Auswirkungen bis in die Familie hinein. Mein Vater bewarb sich 1976 für eine Berufung als ordentlicher Professor an der Medizinischen Akademie Erfurt und sollte neben dem Lehrstuhl auch das Direktorat der Klinik für Innere Medizin erhalten. Im Sommer 1976 war alles spruchreif und beschlossen. Da aber parallel die Vorgänge an der Pädagogischen Hochschule Erfurt eskalierten und ich als seine Tochter im Fokus der Aufmerksamkeit stand, wurde auch mein Vater mehrfach zum Sekretär der Bezirksleitung der SED, Genosse Schinkel, vorgeladen und unter Druck gesetzt.
Ihm wurde nahegelegt, entsprechenden Einfluss auf seine Tochter zu nehmen, schließlich hänge sein berufliches Fortkommen daran. Die Berufung sollte am 1. September erfolgen.

Mein Vater erzählte mir nach solch einer Vorladung, dass bereits fertige vorbereitete Exmatrikulationsanträge für Gabi Kachold und mich an der Hochschule existierten. Dass die ganze Situation zu enormen Konflikten innerhalb der Familie führte, kann man sich vorstellen. Ich fühlte mich vollkommen zerrissen.

Nach den Sommerferien wurde deshalb sofort zwei Tage nach Studienbeginn eine erneute FDJ-Aktivtagung am 8. September einberufen. Die zwei Tage vor dieser Veranstaltung wurden von den Sektionsdirektoren intensiv dazu genutzt, die Russischstudenten, die gerade von einem längeren Studienaufenthalt in der Sowjetunion zurückkamen und von den Vorgängen an der PH nichts wissen konnten, zu briefen und in ihrem Sinne zu beeinflussen, das Gleiche erfolgte mit allen FDJ-Sekretären und ihren Stellvertretern. „Eine besonders positive Rolle in der Aktivtagung spielten die vom Teilstudium in der Sowjetunion zurückgekehrten Studenten, die eine klare Entscheidung forderten."** Die Studenten wurden aufgefordert, sich im Sinne der Hochschulleitung zu äußern.

Diese FDJ-Aktivtagung empfanden wir als Tribunal. Eine Stunde vor Beginn der Versammlung hatte man Gabi Kachold isoliert zu einem Disziplinarverfahren vorgeladen und sie exmatrikuliert.

Danach begann die FDJ-Aktivtagung in entsprechend aufgeheizter Stimmung. Der Saal war bis auf den letzten Platz belegt. Der Rektor, Professor Glocke, alle Prorektoren und Parteisekretäre, mehrere Inspektoren des Ministeriums für Volksbildung in Berlin, sämtliche Dozenten des Lehrkörpers und die ausgewählten beeinflussten Studenten saßen uns wenigen Studenten gegenüber: sechs Studenten aus meiner Seminargruppe DK 73 und zwei Studenten aus der KD 74. Wir sollten uns nun von unseren falschen politischen Positionen distanzieren.

Es war ganz klar, was das bedeutete: Exmatrikulation oder Weiterstudieren, in meinem Falle musste ich auch an meine Familie denken. Wir fühlten uns alle schrecklich.

Zwei Studentinnen haben sich nicht distanziert und wurden am darauffolgenden Tag exmatrikuliert. Wir anderen distanzierten uns. *„Konkret angesprochen distanzierten sich die Studentinnen Renner, Stiller und Anger von ihrem bisherigen Verhalten, wobei die abgegebenen Erklärungen für das FDJ-Aktiv nicht sehr überzeugend waren"*, wie die Inspektoren des Ministeriums für Volksbildung Berlin befanden.

Ebenfalls wurden wir als FDJ-Gruppenleitung von unserer Funktion *„wegen groben Verstoßes gegen die Verbandsdisziplin"* mit sofortiger Wirkung entbunden und die beiden SED Genossinnen der Seminargruppe wurden wieder, wie schon einmal, zur FDJ-Leitung ernannt. Fortan stand unsere Seminargruppe unter Beobachtung. Eine solche Entwicklung sollte nicht noch einmal geduldet werden.

Auf den Fluren der Hochschule kam es dann immer wieder zu heimlichen Sympathiebekundungen seitens einiger Dozenten, die unserem Wunsch nach Veränderung Verständnis entgegenbrachten.

Martina Pontius, geb. Anger, geb. 1954; 1973–1977 Studium, Abschluss als Diplom-Lehrer für Deutsch und Kunsterziehung, 1977–1980 Lehrer in Leipzig, 1980–1995 wissenschaftliche Mitarbeiterin im Museum für Thüringer Volkskunde Erfurt, 1996–1999 Ausbildung zur Logopädin, 1999 bis heute Lehrlogopädin an der Höheren Berufsfachschule für Logopädie Erfurt.

***

Eigeninitiative als Stolperstein

Du sollst nicht aus der Reihe tanzen!

Manfred Mortzeck M.A. (Pädagogische Hochschule Erfurt, Studienjahrgang 1975, Pädagogik, Fachrichtung Deutsch und Kunsterziehung, 1978 Exmatrikulation ohne Abschluss,

Im Herbst 1977 begann für unsere Seminargruppe die praktische Seite des Studiums. Wir wurden zu diesem Zweck auf die Erfurter Schulen als Praktikanten aufgeteilt. Dort durften wir hospitieren und auch selbst Unterrichtsstunden geben.

Ich war gemeinsam mit einem befreundeten Studenten, Ulrich Gater, einer achten Klasse zugeteilt, in der es munter zur Sache ging, weil in dieser Klasse auch Kinder aus einem Kinderheim waren. Diese Kinder hatten einen Außenseiterstatus und verhielten sich auch entsprechend. Sie kannten keine Disziplin im üblichen Sinne und hatten auch nicht das geringste Interesse, sich am Unterricht zu beteiligen, stattdessen lärmten sie herum, legten sich auf den Fußboden und störten auf jede erdenkliche Weise den Unterricht.

Es war eine kleine Herausforderung, da etwas zu tun und diesen Kindern vielleicht zu helfen. Ohne einen besonderen Plan gingen wir daran, mit den betreffenden Kindern konkret und persönlich im Unterricht etwas zu unternehmen. Die Lehrer hatten meist auf die Provokationen reagiert, indem sie die betreffenden Schüler aus der Klasse warfen.

Wenn wir hospitierten, saßen wir auf der letzten Bank und holten die Kinder neben uns. Wir versuchten eine einfache Annäherung an den Stoff zu erreichen und wollten sie herausfordern, ihren Ehrgeiz etwas anstacheln, etwa in dem Sinne: *„Hör mal, das bringst du doch spielend. Komm, wir gehen das mal gemeinsam durch."* Das hatte fast einen konspirativen Charakter und gefiel ihnen gut.

Wir hatten bei unseren Unterrichtstunden eine deutlich lockerere Herangehensweise als die Lehrer, was sich schon in der Begrüßung ausdrückte. Während es üblich war, in militärischer Strenge „Freundschaft" im Chor zu brüllen, gingen wir deutlich entspannter in die Klasse etwa: *„Hallo"*, oder *„Na, wie geht's euch heute, wer hat was Tolles erlebt, mal schnell erzählen"*, usw.

Natürlich hatten wir unser „Summerhill" gelesen und waren auch entsprechend motiviert.

Alexander Sutherland Neill und Hermann Schroeder hatten 1969 das Buch „Summerhill - Theorie und Praxis der antiautoritären Erziehung" veröffentlicht. Das Buch war in der Bundesrepublik zu dieser Zeit ein Bestseller, in der DDR verboten, aber unter Pädagogikstudenten durchaus oder gerade deshalb von Interesse.

Es wäre sicher unkorrekt, zu sagen, dass diese Entwicklung den Lehrern gefallen hätte. Die waren ja bei unseren Stunden auch im Klassenraum anwesend. Indessen wuchs unsere Beliebtheit bei den Heimkindern. Ulrich Gater hatte dann die Idee, die Heimkinder zu uns privat nach Hause einzuladen. Dies setzten wir auch um, ohne uns jedoch Gedanken zu machen, ob das denn so einfach geht. An einem Nachmittag kamen sie auch, wie verabredet, und brachten gleich Wein mit, den sie (wie wir später erfuhren) auf dem Weihnachtsmarkt so im Vorbeigehen geklaut hatten. Wir ließen sie einfach mal erzählen, was in ihrem Alltag auch nicht unbedingt als normal gelten konnte. So erfuhren wir, dass es schon strenge und einschränkende Regeln für sie gab, die ihnen gar nicht viel Spielraum ließen. Sie beklagten sich darüber, dass sie geschlagen oder auch im Keller eingesperrt wurden, wenn es bestimmte Verstöße gab. Auch im Besenschrank konnte man für eine Weile verwahrt werden.

Natürlich waren wir empört und überlegten, was zu tun sei. Die Kinder wollten gar nicht wieder gehen, wir mussten sie regelrecht rausschmeißen. Sie gingen dann nicht ohne unser Versprechen, dass wir ihnen im Heim einen Gegenbesuch abstatten würden. Wir hätten sie aber besser nach Hause bringen sollen, denn sie wählten nicht den direkten Weg und kamen verhältnismäßig spät an. Völlig klar war, dass sie daraufhin erneut Bestrafungen zu erwarten hatten.

Aber wir waren uns auch im Klaren, dass jetzt etwas ins Rollen kommen würde, wie es eben in einem durchkontrollierten System nicht anders sein kann. Trotzdem besuchten wir die Heimkinder an einem Nachmittag, an dem gerade kein Erzieher vor Ort war. Sie berichteten uns wiederum über ihren Alltag und die Erlebnisse, die sie hier hatten, zeigten uns dann noch die Orte ihres Schreckens, sozusagen die Karzer für Kinder.

Unser Besuch wurde schnell ruchbar und entsprechend groß war der Skandal. Es dauerte auch nicht lange, bis uns eine Vorladung erreichte. Die totale Verschulung an der Hochschule war unsere Sache auch bisher nicht gewesen, so dass es bereits erhebliche Probleme gegeben hatte. Es gab Unterschriftensammlungen, Beschwerden. Wir hatten versucht, ein nicht von der Hochschule autorisiertes Literaturseminar zu veranstalten. Wir hatten die Bereitschaft, Reserveoffizier zu sein, verweigert, was bis dahin noch nicht vorgekommen war, und anderes mehr. Das Maß war also voll. An einem Nachmittag fand diese Aussprache statt, an der als Vertreter der Hochschulleitung der Schulleiter, der Leiter unseres Praktikums und wir beide, also Gater und Mortzeck, teilnahmen.

In mein Sündenregister war bereits einiges eingetragen. Dass ich überhaupt noch studierte, hatte damit zu tun, dass ich ein Arbeiter war, der einen Bonus hatte. Wie bekannt, gab es an Hochschulen davon zu wenige. Außerdem gab es glückliche Umstände, die mich bisher vor dem Rauswurf bewahrt hatten. Der glückliche Umstand kam diesmal in Gestalt des Schulleiters daher. Gleich nach Eröffnung der Veranstaltung ergriff er das Wort und sagte sinngemäß:
„Ich möchte die beiden Herren gern nach Abschluss ihres Studiums an meiner Schule als Lehrer sehen, wenn diese nichts Besseres vorhaben. Ich höre immer gern auf meine Schüler, und wenn diese zu mir kommen und sagen, dass sie die beiden gut finden und begeistert sind, dann muss ich mich darum kümmern. "

Das war ein Paukenschlag, den keiner der Anwesenden erwartet hatte, vor allem wir Studenten nicht. Es wurde nun nichts mehr aus dem geplanten Tribunal, unsere Verstöße gegen die geltenden Regeln wurden aber noch deutlich verurteilt, zum Beispiel sei bis dahin nie ein Student in ein Heim gegangen, um sich da umzusehen oder habe andere Eigenmächtigkeiten begangen. So wurden wir mit Verwarnungen nach Hause geschickt. Wir waren nochmal davongekommen, jedoch nicht für lange.

Noch im Sommer dieses Jahres, 1978, wurde ein Anlass genutzt, um die Dauerstörungen des Studienbetriebes durch mich zu beenden. Bei einem Rockkonzert, an dem wir nicht teilnahmen, kam es zu Ausschreitungen, die Anlass für einen Polizeieinsatz mit Hundestaffel waren, bei dem es zu zahlreichen Verletzten kam. Am darauf folgenden Montag hatten wir morgens eine Vorlesung, in der der Professor kurz über dieses Ereignis sprach und dann erklärte, dass dieses Geschehen von westlichen Agenten ausgelöst worden sei, um unsere friedliche Ordnung, in der so etwas nicht entstehen könnte, zu stören usw.

An dieser Stelle stand ich auf, klappte die Schreibplatte an meinem Sitzplatz mit einem lauten Knall nach unten und verließ den Hörsaal. Zwei weitere Kommilitonen taten das Gleiche und verließen ebenfalls den Hörsaal. Das wurde natürlich als Riesenprovokation verstanden, und uns war sofort klar, dass dies Folgen haben würde. Wohl noch am selben Tag erhielten wir die Nachricht von der Einleitung eines Disziplinarverfahrens gegen uns. Mir wurde sofort der Zutritt und Aufenthalt an der Hochschule verboten. Ich wurde exmatrikuliert und erhielt ein Studienverbot für unbegrenzte Zeit.

Was mich am tiefsten beeindruckt und betroffen gemacht hat, speziell auch in diesem Verfahren, war der Verrat. Einige Kommilitoninnen traten in der Verhandlung als Zeugen auf und denunzierten mich. Sie wiesen darauf hin, dass ich mich doch schon oft sehr parteifeindlich geäußert und vieles kritisiert hätte. Das hat mich sehr lange beschäftigt.

Als ich nach den Anschuldigungen zum Schluss der Veranstaltung noch einmal das Wort erhielt, sagte ich zu dem leitenden Professor: „Sie kennen doch sicherlich die Lebensmaxime von Karl Marx? Eine seiner wichtigsten war: *An allem ist zu zweifeln.*"

Aber auch Solidarität ist etwas Bewegendes. Ich erfuhr auch solidarisches Verhalten. Ulrich Gater, der nur einen Verweis erhalten hatte, ging einige Tage später zur Hochschulleitung und sagte dort sinngemäß: „*Also, ich habe mir überlegt, wenn Sie den Studenten Mortzeck rausschmeißen, dann kann ich hier auch nicht länger bleiben. Bitte exmatrikulieren Sie mich auch.*" Das geschah dann umgehend. Gater ging noch vor mir in die Bundesrepublik.

Manfred Mortzeck, geb. 1948 in Gera/Thüringen; Schule bis 8. Klasse, Malerlehre, Facharbeiter; NVA Wehrdienst, 1968 SDAG Wismut[13], 1971 Transportarbeiter unter Tage; Abendoberschule, Abitur, 1975 Pädagogikstudium, 1978 Exmatrikulation ohne Abschluss; Herstellung kunstgewerblicher Keramiken zur Finanzierung des Lebensunterhalts. 1983 Übersiedlung nach West-Berlin. 1983–1989 Studium FU Berlin Germanistik/Kunstgeschichte, Magister; 1991/92 Deutschlehrer Privatschule in Fulda (Hessen), 1992 Gera/ Jena; Betrieb eines Antiquariats bis 2014.

---

[13] SDAG, Sowjetisch-Deutsche Aktiengesellschaft Wismut ab 1954 für den Uranerzbergbau als zweistaatliche Gesellschaft unter Beteiligung der DDR.

Warum wollte ich eigentlich studieren?

Dipl.-Päd. Lutz Rathenow (Friedrich-Schiller-Universität Jena, Studienjahrgang 1973, Fachbereich Deutsch/Geschichte, 1977 Exmatrikulation ohne Abschluss)

(Anm. d. HG.: Mit ** versehene Personen werden am Ende des Beitrages mit einer Kurzbiographie vorgestellt)

Meine Mutter wurde einmal von zwei Männern besucht und sprach mit ihnen allein im Wohnzimmer. Ich versuchte an der Tür zu horchen, es ging um den Nachbarn, ich verstand nichts Genaues. Das Gespräch war kurz. Als die Leute rausgingen, holte meine Mutter einen feuchten Lappen und wischte die Stühle gründlich ab: *„Der Dreck, den die Stasi reinschleppt, muss weggemacht werden."* Das Säubern als Gegenwehr gegen die Permanenz politischer Kontrolle.

Die Stasi wollte in erster Linie keine Denunziationen, sondern brauchbare Informationen. Sie plante nicht, alle zu unterdrücken, sondern so viele wie möglich zu Mitwirkenden ihrer Unterdrückung zu machen. Im Idealfall sollten die Menschen das gar nicht mehr bemerken, sondern für eine schlichte Selbstverständlichkeit halten. Die Stasi hatte aus der Geschichte gelernt: möglichst für die Öffentlichkeit unauffällig wirken, auf die Unterdrückung nicht zu verzichten, sie aber in lauter kleine Unterdrückungseinheiten zu zerlegen, damit öffentlich so wenig wie möglich geprügelt oder nur manchmal an der Grenze geschossen werden musste.

So lernte ich nebenbei und eindrücklich, dass das MfS eine schmutzige Sache sei. Noch beim Abendbrot schimpfte sie auf die Männer und erklärte meinem Vater, dass sie denen nur Gutes über die Nachbarn gesagt hätte — die erste Lektion in puncto Staatssicherheit noch vor der Schule.
Meine Mutter blieb wütend auf die Männer, aber auch auf sich selbst und den Staat, der es ihr mit Rücksicht auf die Arbeit des Mannes (Direktor Stadtverkehr Jena) nicht erlaubte, einfach „Ich rede nicht mit Ihnen!" zu sagen. Dachte und glaubte sie und schimpfte dennoch, um ihre Scham wegzuschimpfen, überhaupt mit ihnen gesprochen zu haben.
Als das MfS das nächste Mal in die Wohnung in Jena-Ost kam, da war ich Student an der Friedrich-Schiller-Universität (FSU) Jena und es waren fünf

oder sechs Mitarbeiter, es ging um eine Hausdurchsuchung und meine Festnahme, ein dreißigstündiges Verhör und zwei weitere danach. *„Sie sitzen im Zug der Republik im letzten Wagen, bei der nächsten Biegung werden Sie abgehängt."*– Jeder ihrer Sätze kappte einen der Fäden, die mich noch unsichtbar mit dieser Republik verbanden. *„Wir untersagen Ihnen, weiterhin doppeldeutige Gedichte zu schreiben. Auch keine dreideutigen. Wir haben Experten, die alles entschlüsseln."* Ich lächelte in mich hinein und hatte Angst.

Warum wollte ich eigentlich studieren? Die Antwort ist peinlich: um nicht mit der Hand arbeiten zu müssen. Das war scheußlich: Feilen, Drehen, Fräsen beim VEB Carl Zeiss Jena, das musste ich als Oberschüler alle vierzehn Tage. Nur Bohren an der Bohrmaschine klappte besser, aber ein lästiger Ölfilm legte sich auch hier in die Nase und über die Haut. Die Haare hatten unter einem ekligen Haarnetz zu verschwinden. Eine Tarnkappe für den Menschen, die den willigen Produktionsarbeiter vortäuschte. Als Abschreckung funktionierte der Unterrichtstag in der Sozialistischen Produktion (UTP) bestens.

Das Studium war spannend, ich lernte in der Seminargruppe meine spätere (und heutige) Ehefrau Bettina kennen. Und es gab politische Auseinandersetzungen in Permanenz. Ich schrieb Gedichte und satirische Prosatexte von einem Herrn Leibling, der als Gärtner Minitretminen gegen Ameisen legte. Wir diskutierten über Eurokommunisten abseits des sowjetischen Kurses.

Bis nach der Ausbürgerung Wolf Biermanns** in Jena ganz besonders aufgeräumt worden ist: 50 Festnahmen mit Hausdurchsuchungen, 10 Ermittlungsverfahren. Wir lebten als Studenten in Jena in einem Ostdeutschland mit zehn oder zwölf Westrundfunksendern und schauten nur Westfernsehen.

Der Westen aber schaute über uns hinweg. Die meisten jüngeren Westmenschen interessierte Restdeutschland wenig. „Nicaragua ist mir näher als Jena", sagte eine Studentin vom Bodensee auf der Durchreise. Ich nickte und ignorierte die Bundesrepublik auch. Bis auf Rundfunkprogramme und ein bisschen Fernsehen. Dieser Teil des Westens gehörte immer zu Jena, zum Studium irgendwie auch.

Die USA, wie Jimi Hendrix**, das klang. Sie flüsterte die ganze Zeit Woodstock. „Der Fänger im Roggen" von Salinger** erschien sogar in der DDR. Danach muffte uns der Osten noch trister entgegen. Zur Abwechslung schauten wir nach China und ich besorgte eine Fibel vom großen Vorsitzenden Mao Tse-tung. Der plötzlich in der DDR auch verboten worden war wie der ganze chinesische Kurs. Ich zeigte sie angeberisch herum und vermied ihre Lektüre. Schon beim Blättern störte der anmaßende Ton. Der *Klassenkrampf*. Wollte uns nicht mal einer das Schreiben von Gedichten verbieten? Auch so ein Wessi, den wir damals „Bundi" nannten („Gedichte sind Krampf im Klassenkampf", Franz Josef Degenhardt**).

Wir waren süchtig nach Poesie und sahen uns alle als Dichter. Die bescheideneren nur als Schriftsteller. Schon vor dem November 1976 gab es ständig Ärger. Wir wollten keine Reserveoffiziersanwärter sein und fragten vor den Volkskammerwahlen, wie man einen Gegenkandidaten zu Kurt Hager ** nominiert Hager war Mitglied des Zentralkomitees und des Politbüros der SED sowie Mitglied des Staatsrates der DDR. Seit seiner Rückkehr aus der Emigration 1946 bis zum Ende der DDR war er der für Kultur und Bildungspolitik bestimmende Politiker – der Chefideologe der SED. Er galt als Dogmatiker.

Für Kurt Hager war ich sozusagen mit dem Arbeitskreis so etwas wie ein junger Anti-Kulturpolitiker. Den *oppositionellen* Arbeitskreis „Literatur und Lyrik Jena" hatte ich 1973 gegründet. Bereits 1975 wurde er verboten.

Der Ärger machte Spaß. Es gab jede Woche Aussprachen, in die sich Angst einschlich. Es drohte der Rauswurf. Als ich im April 1976 zur Bewährung in die Produktion geschickt werden sollte, schrieb ich dem Schriftsteller Volker Braun einen langen Brief. Der ging zu seinem einflussreichen Bekannten und machte gegen den Rausschmiss Druck. Volker Braun nannte mir seinen Kontakt im ZK nicht. Für meinen Vater war das prägend mitzuerleben, wie rasch der Parteikurs bei einer Sache wechseln konnte.

Die SED-Zentrale pfiff ihre Jenaer Genossen zurück. Mitten in einer Aussprache der Uni-Parteileitung mit meinem Vater (der mich zum freiwilligen Abgang in die Arbeitswelt überreden sollte) kam der alles ändernde Anruf. *„Wir* *haben uns entschlossen, weiter mit deinem Sohn zu arbeiten".* Ja, die Partei hatte immer Recht, nur wusste sie manchmal nicht wie.

Wolf Biermann und Robert Havemannwaren** noch Feinde und Jürgen Fuchs** und Siegfried Reiprich** schon zu Feinden geworden. *„Es wird keinen Jenaer Frühling geben!!!",* sagte ein Dozent in einer Aussprache.

Der Autor (links) zusammen mit Roland Jahn (wenige Tage nach seiner Entlassung aus der Haft) in Jena, März 1983 (Überwachungsfoto der Stasi, Archiv L. Rathenow)

Aber eine andere Geschichte vom Studium will ich wiedergeben: Ich erschrak immer wieder beim Lesen des „Völkischen Beobachters" in der „Deutschen Bücherei" zu Leipzig, für die ich einen Genehmigungsschein hatte. Für meine Diplomarbeit. Einen sehr weitgehenden, um sechs Jahrgänge dieses Nazihetzblattes durchzuarbeiten, das oft wie eine normale Zeitung wirkte. Wenn nicht gerade Parteitag oder Staatsfeiertag war oder die Nürnberger Gesetze gegen die Juden verkündet worden sind. Oder Hitler eine seiner Reden seitenlang ausbreiten ließ, was mich in der drögen Gestaltungsart an die Tageszeitung „Neues Deutschland" in meiner DDR erinnerte, die ich am Morgen beim Frühstück noch überblättert hatte. Eigentlich nur überflogen.

Es gab im „Völkischen Beobachter" interessante Artikel, verblüffende Berichte über Naziverbündete und Sympathisanten weltweit. Ich war mir mit vierundzwanzig Jahren völlig sicher, absolut immun gegen jede Form des Faschismus zu sein und auf der richtigen Seite zu stehen. Immer für die Unterdrückten und Entrechteten einzutreten. Schon als Kind fühlte ich mich auf der Seite der Indianer im Freiheitskampf gegen die Weißen. In Nordamerika. Eigentlich wählte ich das Thema Hitlerkult als Geschichtsstudent, um einerseits die Parallelen zu Stalin herauszulesen. Um mir endlich einen Überblick über westdeutsche Literaturzeitschriften zu verschaffen. Ich stieg also Wochen lang die eiserne Wendeltreppe in Leipzig hinauf. Zu der sich nur auf Klingelzeichen öffnenden Tür und trat ein in den Raum für Schriften und Bücher mit dem strengsten Genehmigungsnachweis. Verschlussliteratur. Der Zuständige kontrollierte den Ausweis, prüfte jedes Mal neu den von der Sektion Geschichte abgestempelten Genehmigungsschein und reichte den neuen Stapel „Völkischer Beobachter". Ich blätterte mich hinein in die Nazizeit. Und im Zeitraffer hindurch. Ich verabscheute die Nazis so, dass ich gar nicht darüber nachdenken wollte, warum. Es wäre mir schon als Annäherung erschienen. Jetzt bekam meine Selbstgerechtigkeit Risse und ich begriff erst in diesem Lesesaal, wie gefährlich die Nazipropaganda wirklich war. Und wie wenig die DDR sich wirklich mit ihr konkret auseinandersetzte.

Lutz Rathenow, geb. 1952 in Jena, Wehrdienst in den Grenztruppen, Studium Deutsch/Geschichte. 1973 Gründung des *oppositionellen* Arbeitskreis „Literatur und Lyrik Jena". 1976 Festnahme, Exmatrikulation kurz vor dem Examen. Transportarbeiter bei Carl Zeiss Jena; freier Schriftsteller in Ost-Berlin. 1980 Ermittlungen wegen seines im Westen erschienenen Buches „Ostberlin". Aktiver Bürgerrechtler. 1992 Rehabilitation und Diplomverleihung; 2011–2021 Sächsischer Landesbeauftragter für Stasi-Unterlagen.

***

***

Im Beitrag von Lutz Rathenow erwähnte Personen (**)

Wolf Biermann (geb. 1936), deutscher Liedermacher und Lyriker, der wegen seines systemkritischen Engagements in der DDR 1976 ausgewiesen und ausgebürgert wurde. (Anm. d. Hg.)

Jimi Hendrix (1942–1970) US-amerikanischer Sänger, Gitarrist und Komponist; sein Auftritt 1970 in Berlin wurde auch in der DDR, wo möglich, von der jungen Generation mit großem Interesse wahrgenommen.

J. D. Salinger: Der Fänger im Roggen (Original: The Catcher in the Rye, Boston/USA 1951; dt. Erstausgabe Stuttgart/Konstanz 1954)

Franz Josef Degenhardt (1931–2011) (west-)deutscher Liedermacher, Romanautor und Jurist mit starkem politischem Engagement (APO; als Rechtsanwalt Verteidiger von Mitgliedern der RAF; SPD und DKP); korrespondierendes Mitglied der Akademie der Künste der DDR.

Robert Havemann (1910–1982), deutscher Chemiker, Wissenschaftler; 1935 promoviert; Widerstandskämpfer gegen den Nationalsozialismus; Kommunist; seit 1951 Mitglied der SED und Zusammenarbeit mit dem sowjetischen Geheimdienst KGB und dem MfS. Später Regimekritiker in der DDR, 1964 Ausschluss aus der SED sowie Entzug des Lehrauftrages; 1965 Berufsverbot und Ausschluss aus der Akademie der Wissenschaften der DDR.

Jürgen Fuchs (1950–1999), deutscher Schriftsteller und Bürgerrechtler, Vertreter der Opposition in der DDR. Er war Ziel von „Zersetzungsmaßnahmen" durch die Staatssicherheit der DDR.

Siegfried Reiprich geb. 1955 in Jena; deutscher Schriftsteller und Bürgerrechtler; zwangsexmatrikuliert wegen seiner kritischen Haltung gegenüber dem SED-Regime in der DDR; auch nach der Ausbürgerung aus der DDR und nach der deutschen Einheit politisch aktiv; u. a. Geschäftsführer der Stiftung Sächsischer Gedenkstätten.

***

Ein kurzer Exkurs zu den Thüringer Hochschulen, speziell zur Hochschule für Pädagogik in Erfurt.

Günter Knoblauch

Nach den Veranstaltungen *„50 Jahre Mauer – Was bedeutet Freiheit von Lehre und Studium aus dem Blickwinkel der DDR-Vergangenheit?*" an der TU Dresden und der Abendveranstaltung in der Dreikönigskirche *„50 Jahre Mauer – Zum schwierigen Umgang mit der Vergangenheit*" am 16. Juni 2011 kamen wir – der damalige Altrektor der TU Dresden, Prof. Kokenge, Rainer Jork und ich – zusammen. Gemeinsam reflektierten wir, ob wir all das erreicht hatten, was wir uns - beginnend im Jahr 2009 - vorgenommen hatten. Zur Erinnerung: Ausgangspunkt unserer Überlegungen war meine vorangegangene Rehabilitierung durch die TU Dresden.

Seitdem waren – zusätzlich zu den bereits in den frühen 1990er-Jahren geleisteten Arbeiten – zwar neue Erkenntnisse gewonnen und veröffentlicht worden, doch uns wurde bewusst, dass wir – ebenso wie in früheren Publikationen – einen wesentlichen Aspekt entweder übersehen oder ausgeblendet hatten: die Sicht der Betroffenen auf die Ereignisse während ihres Studiums. Wie wir heute wissen, hatten diese Erfahrungen weitreichende, generationenübergreifende Auswirkungen.

Es stellte sich uns eine grundsätzliche Frage: War der ursprünglicher Ansatz, uns auf die Technische Universität zu beschränken, wirklich der richtige?

Erweiterung des Projekts

Während der Vorbereitungen für unser neues Projekt meldeten sich Vertreter anderer Hochschulen und Universitäten, die Interesse bekundeten, als Institution mitzuwirken. Dazu gehörten unter anderem:

- Dr. Jens Blecher, damaliger Leiter des Universitätsarchivs Leipzig,
- Dr. Christoph Meixner, Leiter des Archivs der Musikhochschule Franz Liszt in Weimar.

Trotz des weiterhin bestehenden Interesses kam eine aktive Zusammenarbeit mit diesen Hochschulen wegen fehlendem Etat nicht zustande.

Doch dann traten Absolventen weiterer Bildungseinrichtungen an uns heran und suchten den Kontakt zum Projekt.

Neue Erkenntnisse durch brisantes Archivmaterial

Eine dieser Personen war Gabriele Stötzer, ehemalige Studentin der Pädagogischen Hochschule (PH) Erfurt. Sie brachte Material von erheblicher Brisanz in das Projekt ein – Dokumente aus den BStU-Archiven, die tiefgehende Einblicke in das Denken und Handeln der höchsten Amtsträger der DDR im Zusammenhang mit Vorgängen an der PH Erfurt ermöglichen. Nach der ersten Durchsicht der angedachten Beiträge und der Archivunterlagen war klar: Hier geht es nicht um subjektive Erlebnisschilderungen – sondern um dokumentierte, harte, brutale Realität an einer Bildungseinrichtung.

Diese Unterlagen sind besonders bedeutsam, weil sie die Denkweise und Entscheidungsprozesse der obersten Funktionäre des SED-Staates schonungslos offenlegen. Einige dieser Vorgänge werden in den Beiträgen von Gabriele Stötzer und Martina Pontius näher beschrieben, darunter:

- „Wir lasen bändeweise Marx, Engels, Lenin und Luxemburg",
- „Die Zerschlagung des studentischen Widerstands an der Pädagogischen Hochschule Erfurt",
- „Es herrschte eine Atmosphäre der Angst und Beklemmung".

Der Leser stelle sich vor: Die Betroffenen konnten damals gar nicht überblicken, welcher Machtapparat gegen sie stand -und dass ihre Entfernung aus dem Hochschulsystem längst beschlossen war, während sie noch hofften, man würde ihre Sorgen und Kritik ernst nehmen.

***

Information zeithistorisch - Die Pädagogische Hochschule Erfurt

1952 begannen die Arbeiten für eines der größten Bauprojekte der Erfurter Stadtgeschichte, den Campus an der Nordhäuser Straße. Am 1. September 1953 nahm das neu gegründete Pädagogische Institut Erfurt hier seinen Lehrbetrieb auf. Zehn Jahre später wurde der weitgehend fertiggestellte Komplex als „Sinnbild des sozialistischen Erfurt" gefeiert. 1969 wurde die Einrichtung zur Pädagogischen Hochschule erhoben. Mit bis zu 2.500 Studierenden diente die PH Erfurt der Ausbildung von Lehrkräften, die als „sozialistischen Lehrerpersönlichkeit" diese nach dem Abschluss verlassen sollten.

***

Wir lasen bändeweise Marx, Engels, Lenin und Luxemburg

Dipl.-Lehrer Gabriele Stötzer, (Studienjahrgang 1973, Pädagogische Hochschule Erfurt, Fachbereich Deutsch/Kunsterziehung, 1976 Exmatrikulation)

(Hinweis des Herausgebers: Im Text werden Persönlichkeiten der DDR aus Literatur, Malerei und Kunst sowie weitere bekannte Persönlichkeiten erwähnt, die überwiegend um die Jahrhundertwende aktiv waren und sich zeitgeschichtlich, politisch oder auf dem Gebiet der Psychologie hervorgetan haben. Zum besseren Verständnis des Textes sind am Ende des Beitrags kurze biografische Angaben und Beschreibungen ihres Wirkens aufgeführt.)

Ich hatte nach der Berufsausbildung als medizinisch-technische Assistentin gearbeitet und auf der Abendschule Abitur gemacht, um zu studieren, denn Wissen erlangen bedeutete für mich die Zukunft. Doch an der Pädagogischen Hochschule Erfurt, wo ich 1973 begann, sollte man nicht viel mehr lernen, als man später in der Schule lehren sollte. Und so wiederholte sich der Stoff. Nur ausführlicher. Ein großes Faustseminar war das Highlight. Ansonsten Thomas Mann. Hermann Hesse nicht.

Christa Wolf mit „Der geteilte Himmel" zeigte die Richtung an: im Lande bleiben, Liebesverzicht. Kritik am Land war wieder unerwähnbar. Volker Brauns „Die unvollendete Geschichte" tippten wir selber aus der Zeitschrift „Sinn und Form" ab und reichten sie herum.

Das „Leiden (und Sterben) des jungen W." von Ulrich Plenzdorf gab es auf der Bühne, aber nicht im Unterricht. Ebenso den jungen Brecht: Der „Baal" wurde in Erfurt inszeniert und viele unserer Freunde gingen zum Theater.

In der Kunst Ähnliches, ausgiebig die vergangenen Epochen. Und in der Gegenwart der sozialistische Realismus. Arbeiter-und-Bauern-Optimismus. Namen wie Womacka, Neubert, Sitte Tübke standen für die offizielle Sicht dieser Zeit. Der Bauer war der Held im Bauernaufstand, der Arbeiter baute die Zukunft auf und die Frau stand dabei in Arbeiterkleidung mit dem Kind im Arm beschützt vom Soldaten mit Gewehr.

Natürlich war die Darbietung der Materie wichtig, inwieweit ein Dozent das fühlte, was er vermittelte, aber die Erfolgsleiter an der Hochschule war eine Parteileiter und die Ideologie löschte das Fühlen aus.

Wenige der Professoren hatten eine eigene Meinung, alles war vorgegeben. Die Wertung ersetzte den Zugang zum Stoff. Gegenwartsrichtungen der Moderne wurden ausgespart. Die „Mühen der Ebenen" von Mattheuer waren als kritische Bilder gerade noch diskutabel, aber ihre Signale an uns, sich aus den Ebenen hinauf oder hinabzubewegen, wurden ignoriert. Die Politik stand still, nach innen durfte sich nichts verändern, der Feind war draußen, hinter der Grenze, und die Zeit nannte sich „Kalter Krieg", was bedeutete, Angst zu haben, sich zu ducken, zu warten. Dazu grassierte fast humorvoll ein Satz von Volker Braun: *„Die DDR ist das langweiligste Land der Welt."*

In dieser Zeit lasen wir „zwischen den Zeilen" der öffentlichen Zeitungen. Und als auf einem der SED-Parteitage Margot Honecker (Ministerin für Volksbildung) sagte: *„Wenn es um Kultur und Kunst geht, darf es keine Tabus geben"*, dachten wir, es geht voran.

Wilfried Linke aus unserer Seminargruppe gründete gleich im ersten Studienjahr die Studentenbühne und inszenierte Majakowskis „Die Wanze". Sein satirisches Drama kritisierte die Entwicklungen in der sowjetischen Gesellschaft, vor allem die zunehmende Bürokratie.
Unser Fokus stand auf Veränderung der Gesellschaft und diese Energie fanden wir im Beginn des realen Sozialismus in der Sowjetunion. Die Ideologie der ROSTA-Fenster (siehe hierzu den Beitrag von Günter Knoblauch „Studentische Kultur – Rosta-Fenster), die den Arbeiter als eine Art Superhelden darstellten, ermunterte uns, im „Antispießer" ein neues Lebensideal zu sehen.
Wir versuchten, Trotzki und Bakunin zu lesen, um die festgefahrenen Konturen des Sozialismus zu öffnen. Wir lasen bändeweise Marx, Engels, Lenin und Luxemburg.
Wir waren selber jung und auf Gesellschaftliches orientiert. Strindberg oder Ibsen, was ja bedeutet hätte, sich mit sich selbst zu beschäftigen, bedeutete Individualismus. Dieses Wort, das ich noch mit Egoismus gleichsetzte, hatten wir damals noch nicht entdeckt.

Als ich in der ersten Stunde des Psychologieseminars nach Sigmund Freud fragte, sagte mir der Dozent: *„Freud hat das Unterbewusste analysiert, wir arbeiten am Bewusstsein der Menschen"*, was ein sozialistisches war. Wir kamen dann bis zu den Pawlowschen Hundeversuchen, der Konditionierung der Menschen auf etwas, das sie erwarten (den Sozialismus), aber nie erreichen sollten.

Dazu kam, dass vor allem gerade in der Psychologie und Philosophie fast alles Sekundärliteratur war – zu über 90 Prozent – und wir wollten primäre Texte lesen. Wir besorgten uns nun eigene Bücher. Erich Fromm ebenso wie Alexander S. Neill. (Anmerkung des Herausgebers: siehe auch den Beitrag von Manfred Mortzeck, „Eigeninitiative als Stolperstein")
Ein damaliger Kommilitone, Eugen Blume, der nach kurzer Zeit des Studiums krank wurde und die Hochschule verließ, erzählte mir später, dass er damals mit Wilfried Linke zur Sparte Pädagogik ging, um das Projekt Summerhill, antiautoritäre Erziehung, in den Lehrstoff aufzunehmen. Aber ihnen wurde von den Lehrkräften gesagt, dass das schon längst analysiert und dialektisch in unser System der sozialistischen Pädagogik aufgenommen wäre *(siehe dazu den Beitrag von Manfred Mortzeck, „Eigeninitiative als Stolperstein")*.

Eugen Blume hat zu Majakowski noch das Bühnenbild gemacht, und ich war so 'ne Art Dramaturgin und wie gesagt Wilfried Linke der Regisseur. Wilfried Linke hatte vor dem Studium in Erfurt in Jena studiert, kannte dort den Kreis um Jürgen Fuchs Lutz Rathenow, den Maler Gerd Sonntag.[14] Der Weg einer gesellschaftlichen Veränderung von oben wurde diskutiert, Fuchs war sogar in der Partei. Wir luden ihn ein, in Erfurt seine Gedichte zu lesen. Ein anderer ehemaliger Jenaer Kommilitone, Eberhard Stein, war Dozent an der TU Ilmenau. Er sang Lieder von Wolf Biermann, dessen Texte wir abtippten und weiterreichten. Wir lasen Havemann und suchten die Kritik in der Reformation der eigenen Ideologie, keiner widerlegte den Sozialismus total.

Unsere Seminargruppe bestand zum größten Teil aus Frauen, die mit Studieren, Heiraten und Kinderbekommen zu tun hatten. Andere waren elegisch, depressiv, dachten an Selbstmord und waren irgendwie abwesend. Ich schrieb in dieser Zeit ein Stück für Studenten, „Der Schlaf".
Die „andere Frau" für mich suchte ich beim Studium von Rosa Luxemburg, die uns mit ihrem Satz: *„Freiheit ist die Freiheit anderer"* immer aktivierte. Aber ich las auch Friedrich Engels über die Rolle der Frau im Matriarchat und versuchte eine tiefere Kraft im Jetzt zu erkennen.

---

[14] Gerd Sonntag (geb. 1954), Maler in Jena aus dem Kreis um Jürgen Fuchs.

So nach und nach wachten die anderen Frauen in unserer Seminargruppe auf und traten mehr in den Vordergrund.

Unseren Aktionsraum suchten wir mit der FDJ, was wir vorher abgelehnt hätten, weil man da „nicht mitmachte". Die FDJ-Leiterin und Vertreterin waren zwei Jahre unsere beiden Parteigenossinnen gewesen. Jedes Jahr am Anfang des Semesters wurde die neue FDJ-Leitung gewählt. 1975 machten wir das anders. Wir ließen jeden einen Namen auf einen Zettel schreiben und diese wurden in einen Karton gesteckt.
Nun waren andere Namen darauf: Martina Anger, Katja Renner. Katja war eine engagierte Kommilitonin der DK 73 (Deutsch/Kunsterziehung, Jahrgang 1973, Anm. d. Hg.), Gabriele Kachold usw. und so haben wir uns die Posten geteilt.

Martina wurde FDJ-Sekretärin, ich FDJ-Stellvertreterin, Katja machte Schriftführerin. Die beiden Parteimitglieder beschwerten sich darüber bei ihrer Parteileitung, aber die Wahl war demokratisch und nicht anfechtbar. Ich war in dieser Zeit mit dem Polytechnikstudenten Dietmar Kachold verheiratet und wir hatten eine Wohnung, wo wir uns trafen. Wir begannen auch, zusammen zu lernen.

Ein Dozent mit Namen Wolfgang Nietsche erklärte uns die Antike mit solcher Begeisterung, dass wir Spezialisten wurden und eine „Eins" im Kunstabschluss erhielten.

Als Wilfried Linke im Januar 1976 nach einem Aufruf zur Verbesserung des Marxismus-Leninismus-Unterrichtes der Hochschulzeitung „WIR" (wissenschaftlich informativ richtungsweisend) „Sieben unverblümte Äußerungen über Bekanntes (Sätze zum Anzweifeln)" schrieb und der Artikel nicht veröffentlicht wurde, stellte sich die FDJ-Leitung hinter ihn. Ich erhielt vom Redakteur die Antwort: *„Ich wollte euch nicht in offene Messer laufen lassen."*
Andere Kommilitoninnen hörten, dass der Artikel *„wegen falscher politischer Positionen zurückgewiesen"* wurde. In späteren Aufzeichnungen der Hochschule steht: *„Linke ging es darum, Erkenntnisse des Marxismus-Leninismus infrage zu stellen und durch aus dem Zusammenhang gerissene Zitate die Politik unserer Partei und die sozialistische Wirklichkeit der DDR zu verunglimpfen."*

In den Unterlagen (Bundesarchiv, Nummer: Sign. DR 2/28787, S.95) findet man unter dem 4.11.1976 hierzu ein Schriftstück „Über einige Probleme der politisch-ideologischen Arbeit an der Pädagogischen Hochschule Erfurt/Mühlhausen im Zusammenhang mit gegnerischen Aktivitäten."
Linkes Aufruf ist in der vorliegenden Publikation veröffentlicht.

Wir reagierten, indem wir den Artikel vervielfältigten und in andere FDJ-Gruppen weitergaben, uns zu Diskussionen einladen ließen. Das wirkte ungemein anregend. Waren vorher die Sektionen Deutsch/Kunst von den Polytechnikern verlacht und diese von den Mathematikern verachtet, gab es nun ein kleines gemeinsames Vielfaches, was uns alle motivierte, miteinander freundlich umzugehen. Man grüßte sich auf dem Campus, wurde in der Mensa von anderen Sektionen zum gemeinsamen Mittagessen eingeladen und es war ein hoffnungsfroher Frühling, der mich und andere beim Studium beflügelte und angekommen fühlen ließ. Angst hatten wir nicht und die Stasi war 1976 für uns kein Begriff. Unsere Gegenspieler waren nach unserer Meinung die sichtbaren Menschen in ihren unkündbaren Posten.

Wilfried Linke schickte seinen Artikel – „Sieben unverblümte Äußerungen über Bekanntes (Sätze zum Anzweifeln)" – auch an die Zeitschrift „Forum", der Chefredakteur wies ihn wegen einer „falschen ideologischen Position" zurück und sendete an die Hochschule eine Information.

Wilfried Linke sollte nun zu seinem Artikel Stellung nehmen und wurde mit Martina Anger am 23.Februar 1976 zu einer Besprechung eingeladen. Anwesend waren der Direktor der Sektion Philologie, Literatur- und Kunstwissenschaften (PLK), Genosse Professor Zacharias, Genossin Dr. Helga Tille aus derselben Sektion, Dr. Knop (Seminargruppenberater, der 1976 wegen seiner Unterstützung für Linke gegen die Hochschule abgesetzt wurde), sowie Genosse Dr. Radecker (Direktor für Erziehung und Ausbildung, später als IM „Wolfgang" enttarnt).

Der Artikel war jetzt „revisionistisch", was Wilfried abstritt und widerlegte. Heraus kam: *„Linke macht zunehmend Schwierigkeiten."*
Andere Aussprachen folgten, die nächstgrößere war am 1. März 1976, wo Wilfried Linke die Ablehnung des Artikels durch die Hochschulparteileitung verkündete und ein Verbot ausgesprochen wurde, den Artikel auf illegale Art unter den Studenten zu verbreiten. Dazu gehörte, illegal vervielfältigen und in die Postfächer zu verteilen.

Aber es ging weiter, am 10.März 1976 wurde eine FDJ-Versammlung zum Thema Artikel einberufen, am 11. März eine Aussprache über Kollektivbildung in der Seminargruppe, wobei Dr. Radecker meinte: *„Linke betreibt intellektuellen Terror in der Seminargruppe."*

Es gab Aussprachen nun in größerem und kleinerem Kreis, immer mit Wilfried Linke, der als Beistand Martina Anger oder mich in die Veranstaltungen mit hineinnahm. So am 16.3. und 19.3. und 22.3. und 29.3. und 30.3. und 31.3. und 12.4. und 26.4. und 28.4. und 3.5. und 17.5. und 19.5. und 20.5. und sechs weitere Aussprachen.
Ich kann mich erinnern, dass es in dieser Zeit eine solche Anspannung gab, dass sie uns vollkommen vom Lernstoff ablenkte, das Leben ging von Aussprache zu Aussprache.
Einmal erinnere ich mich, dass ich im Lehrgebäude 1 im Vorlesungssaal nach einer dieser Aussprachen eine eigene Vorlesung machte, zu der mindestens 30 Studenten kamen.

Die Argumente wurden immer ablehnender. Unser Wort Dialog wurde als Pluralismus definiert und das war gegen die führende Rolle der Partei, also staatsfeindlich. Und da die Kritik in der DDR nie unter und aus uns sein konnte, wurde beim Klassenfeind gesucht und gefunden. Einmal wurden wir mit amerikanischen Namen konfrontiert, an die ich mich nicht mehr erinnern kann, das bedeutete aber, das unsere Ansichten auch woanders diskutiert wurden, und das gab uns kurz eine Beziehung zu einer anderen, offeneren Welt, zu der wir keinen Zugang hatten, gleichzeitig entstand Angst aus der vollkommenen Machtlosigkeit und dem Ausgeliefertsein gegenüber den Vorwürfen der Hochschulleitung.

In dieser Zeit schrieb ich alle Daten in einem Gedächtnisprotokoll auf, das Jürgen Fuchs als eine Art literarisches Gedächtnis als Kunstform entwickelt hatte. Jürgen Fuchs war schon im Sommer 1975 von der Friedrich-Schiller-Universität in Jena exmatrikuliert worden und wohnte zu dieser Zeit in Berlin im Gartenhaus bei Robert Havemann.

Am 11. Juni 1976 wurde Wilfried exmatrikuliert, ich war sein Beisitzer. Antragsteller war Professor Zacharias, der eine etwa zehn Seiten lange Anklageschrift vorlas. Ihm wurde die Verbreitung des Artikels, eine revisionistische Plattform, die Position des Klassenfeindes vorgeworfen. Genosse

Professor Lange, Erster Prorektor, meinte, dass Linke nicht mal ein „Minisacharow oder Westentaschensolschenizyn" sei (siehe am Ende des Beitrages). Gemeint war damit Andrei Dmitrijewitsch Sacharow (1921–1989), sowjetischer Atomphysiker, später Dissident und Nobelpreisträger.

... so sah Erfurt 1978 um uns herum aus, während wir „hoch intellektuelle" gesellschaftserneuernde Reden schwangen (Foto: Tilo Stolzenhain)

Gegen Martina Anger und Gabriele Kachold wurden weitere Verfahren angedroht. Wir handelten ja immer in Gruppen und als Wilfried exmatrikuliert wurde, warteten vor dem Zimmer auf dem Gang zehn Studenten aus Solidarität.

Gabriele Stötzer, geb. 1953 in Emleben, MTA-Ausbildung, 1973-1976 Studium/Exmatrikulation, Verhaftung und Inhaftierung Zuchthaus Hoheneck. Fabrikarbeiterin; Gründung der „Galerie im Flur" in Erfurt, wurde 1981 vom MfS geschlossen. 1980er-Jahre Veröffentlichungen in Untergrundzeitschriften, Performances mit Erfurter Künstlerinnengruppe. 1989 Mitinitiatorin der Erfurter Stasi-Zentrale Besetzung. Ab 1990 intern. Ausstellungen, ... lehrte Performance an der Universität Erfurt. Publikationen u.a. Der lange Arm der Stasi. 2013 Bundesverdienstkreuz.

***

***

Im Beitrag von Gabriele erwähnte Persönlichkeiten aus Literatur und Kunst (**)

Christa Wolf (1929–2011) war eine deutsche Schriftstellerin und zählt zu den bedeutendsten Autorinnen der DDR. Ihr Werk wurde in viele Sprachen übersetzt und ist international bekannt.

Ulrich Plenzdorf (1934–2007) war ein deutscher Schriftsteller, Drehbuchautor und Dramaturg. Sein bekanntestes Werk ist das 1972 in Halle (Saale) uraufgeführte Bühnenstück Die neuen Leiden des jungen W.

Willi Neubert (1920–2011) wurde durch seine großformatigen Emaille-Bilder bekannt. Seit 1964 war er Mitglied der Akademie der Künste und von 1963 bis 1967 Abgeordneter der Volkskammer für den Kulturbund. 1971 wurde er Professor am von ihm mitgegründeten Institut für Architekturemail in Thale.

Willi Sitte (1921–2013) erlangte Bekanntheit u. a. durch seine muskulösen Arbeiterfiguren. Er studierte Malerei, wurde 1951 Professor und war von 1974 bis 1988 Präsident des Verbandes Bildender Künstler in der DDR sowie von 1986 bis 1989 Mitglied des Zentralkomitees der SED. Seine politische Einstellung und sein Verhalten gegenüber Kollegen sind umstritten.

Werner Tübke (1929–2004) war ein deutscher Maler und Grafiker. Zu seinen bekanntesten Werken zählt das Bauernkriegspanorama in Bad Frankenhausen.

Wolfgang Mattheuer (1927–2004) war ein deutscher Maler, Grafiker und Bildhauer. Zu seinen bekanntesten Werken gehört die Plastik Jahrhundertschritt.

Eugen Blume: Prof. Dr. Eugen Blume (geb. 1951 in Bitterfeld) ist Leiter der Nationalgalerie im Hamburger Bahnhof, Museum für Gegenwart, Berlin. Blume studierte 1972–1974 Pädagogik in den Fächern Deutsch und Kunsterziehung an der Pädagogischen Hochschule in Erfurt. Siehe auch im Beitrag von G. Knoblauch: „Die politische Grafik in der DDR, Die Studentenbühne der Pädagogischen Hochschule Erfurt")

Wladimir Majakowski (1983–1930), georgischer (sowjetischer) Schriftsteller und Vertreter eines kommunistischen Futurismus. Gegen Ende der 1920er Jahre kritisierte auch Majakowski die Entwicklungen in der sowjetischen Gesellschaft, vor allem die zunehmende Bürokratie. Das bezeugt sein satirisches Drama Die Wanze, 1929. Er beging 1930 Selbstmord.

ROSTA-Fenster waren sowjetische Propagandaplakate. Sie wurden von der russischen Telegrafen-Agentur ROSTA, die mit Künstlern wie Majakowski zusammenarbeitete, herausgegeben. Die Plakate standen immer unter einem bestimmten Thema und zeigten meistens 4 (maximal 12) thematisch zusammengehörige

Leo Trotzki (1879–1940), eigentlich Lew Bronstein, russischer Revolutionär, Politiker und marxistischer Theoretiker. 1917 Volkskommissar des Auswärtigen, 1918 Volkskommissar für Verteidigung. Gründer der Roten Armee. Trotzki wurde 1927 von Josef Stalin entmachtet und ins Exil getrieben, wo ihn 1940 ein sowjetischer Agent ermordete.

Michail Bakunin (1814–1876), russischer Revolutionär und Begründer des sogenannten kollektivistischen Anarchismus.

Siegmund Freud (1856–1939) gilt weltweit als Begründer der Psychoanalyse. Er war in der DDR kein Lehrstoff, da die Psychoanalyse in der DDR als unwissenschaftlich und bürgerlich abgetan wurde.

Iwan Petrowitsch Pawlow (1849–1936) Der russische Physiologe und Mediziner entdeckte bei seinen Versuchen mit Hunden das Prinzip der klassischen Konditionierung. Es besagt, dass einem natürlichen, „unbedingten" Reflex durch Lernen/Training ein neuer, „bedingter" Reflex hinzugefügt werden kann.

Erich Fromm (1900–1980), deutsch-amerikanischer Psychoanalytiker, Philosoph und Sozialpädagoge. Er vertrat einen demokratischen, humanistischen Sozialismus.

Alexander Sutherland Neill (1883–1973), war ein Pädagoge und langjähriger Leiter der von ihm gegründeten Demokratischen Schule Summerhill in Leiston, England. Neill gilt als Begründer des Konzepts der antiautoritären Erziehung.

Alexander Issajewitsch Solschenizyn (1918–2008), russischer Schriftsteller. Er erhielt 1970 den Nobelpreis für Literatur. Neben seinem Hauptwerk Der Archipel Gulag, das die Verbrechen des stalinistischen Regimes bei der Verbannung und systematischen Ermordung von Millionen Menschen beschreibt, ist Ein Tag im Leben des Iwan Denissowitsch aus dem Gulag seine bekannteste Erzählung.

******

Information zeithistorisch - Neue sozialistische Verfassung

Am 31. Januar 1968 wurde der Volkskammer der Entwurf einer neuen sozialistischen Verfassung vorgelegt. Dieser sollte der Realität in der DDR besser entsprechen als die bisherige. So schrieb Artikel 1 den Führungsanspruch der SED fest und definierte die DDR als „sozialistischen Staat deutscher Nation". In einem Volksentscheid am 6. April 1968 billigten 94,5 Prozent der Wähler die neue DDR-Verfassung bei einer Wahlbeteiligung von 98,4 %.

Es ist jedoch wichtig zu beachten, dass solche Abstimmungsergebnisse in der DDR, wie in anderen sozialistischen Staaten, nicht den gleichen demokratischen Standards wie in westlichen Demokratien entsprachen. Die Wahlen waren stark durch den Einparteienstaat (SED), die Staatspropaganda und den Druck auf die Bevölkerung, mit der Regierung konform zu stimmen, beeinflusst.

Abstimmungsprozedere am 6. April 1968 an der TU Dresden
(aus dem Beitrag Guntram Glöde: *„Wissen Sie nicht, dass das ein konter-revolutionäres Machwerk ist?"*

„[...] Das Wochenende ... durfte von uns Studenten nicht zur Heimfahrt genutzt werden, wir hatten in Dresden zu bleiben und in einem Wahllokal in der Uni „abzustimmen", [...] Die Seminargruppe war zu einer bestimmten Zeit „einbestellt", ... Um den Eingang herum stand eine Gruppe von sechs bis acht teils bekannter, teils unbekannter Personen (darunter der Seminargruppenbetreuer, Seminargruppensekretär, Fachrichtungssekretär, FDJ-Sekretär), die den ganzen Ablauf beobachteten.
Ausweis vorgelegt, Liste abgehakt, Wahlschein empfangen – und dann sollte eigentlich offen das „Ja" angekreuzt werden und der offene Wahlzettel in die Urne gesteckt werden, so die Erwartung der Veranstalter. Ich habe niemanden gesehen, der quer durch den ganzen Zeichensaal demonstrativ zur Wahlkabine gegangen wäre, unter den Augen aller Beobachter. ...

***

Ein Brief an Margot Honecker löste Alarm aus

Dipl.-Lehrer Gabriele Stötzer, verh. Kachold

Die folgenden Zitate aus Schriftstücken und Protokollen der Ministerien und Behörden der DDR werden im Bundesarchiv unter der Signatur DR 2/28787 aufbewahrt.

Am Vorabend des Disziplinarverfahrens gegen Wilfried Linke, ihm wurde wegen der Verbreitung des Artikels „Sieben unverblümte Äußerungen über Bekanntes (Sätze zum Anzweifeln)" eine revisionistische Plattform, das heißt, das Vertreten der Position des Klassenfeindes vorgeworfen – hatten Martina Anger und ich einen Brief an Margot Honecker geschrieben, den ich mit meiner Schreibmaschine abtippte. Wir dachten, dass sie uns als einzige Frau im Politbüro und als Ministerin für Volksbildung helfen würde. Während des Disziplinarverfahrens wurden 83 Unterschriften gesammelt und diesen Brief schickten wir am gleichen Tag ab, als Wilfried mit Exmatrikulation und zeitweiligem Studienverbot an allen Hoch- und Fachschulen der DDR das Gelände bis 18.00 Uhr verlassen musste.

Wir schrieben noch mehr Briefe an Volker Braun, den Wilfried Linke in seinem Artikel zitiert hatte und der uns ermunternde Antworten schrieb. Am 14. Juni 1976 schickten Martina Anger, Manfred Mortzeck und ich einen Brief an den Genossen Dr. Eccarius, den Leiter der Abteilung Wissenschaft, Volksbildung und Kultur der SED-Bezirksleitung Erfurt, in dem nun klar stand:
„*Wir haben Angst, dass alles, was wir für die Erfüllung unseres Studienauftrages tun – und wir verstehen darunter, genau wie Margot Honecker auf dem IX. Parteitag der SED sagte, ,[...] selbstständig zu denken, selbstständig weiterzulernen [...] das Suchen nach den besten Wegen, den Streit der Meinungen und den Austausch der Erfahrungen' – als konspirative Tätigkeit ausgelegt wird. Wir bitten Sie um Hilfe, da wir befürchten müssen, auch exmatrikuliert zu werden, denn gegen uns sollen in nächster Zeit ähnliche Verfahren eingeleitet werden.*"

Eccarius traf sich zwar danach mit uns dreien, verwies uns aber an die Hochschule und schloss sich von da ab mit deren Parteileitung kurz.

Der Brief vom 11. Juni 1976 an Margot Honecker, den 83 Studentinnen unterschrieben hatten, löste Alarm aus. Am 17. Juni gibt es vom Stellvertreter
des Ministers in Berlin eine zehnseitenlange Niederschrift:
*„Über die Aussprache bei Genossin Honecker mit Genossen Prof. Dr. Glocke
(Rektor der Pädagogischen Hochschule Erfurt) am 17. Juni 1976 (Teilnehmer: Genosse Lorenz, Genosse Dr. Machacek - Machacek, geb. 1923, war
Stellvertreter des Ministers für Volksbildung, Hauptabteilung Lehrerbildung.)."*

Aus dem Protokoll, Genossin Honecker:

*„Erst am 11. 6. habe ich von dem Vorgang erfahren durch die Eingabe von
90 Studenten, die Einspruch erheben gegen ein Redeverbot und das Disziplinarverfahren gegen Linke. Drei Fragen gilt es zu stellen:
Wie kann es zu solchen Schwankungen eines großen Teils der Studenten
bis in den Lehrkörper hinein kommen? Inwieweit wissen wir um ideologische
Einflüsse in bestimmten Bereichen der Wissenschaft (z. B. Literatur, Ästhetik
u. a.), wo intensive ideologische Arbeit erforderlich ist? [...] Wie ist es möglich, das seit Januar, besonders März (es handelt sich um keine Irrtümer)
Träger prinzipiell falscher politisch-ideologischer Positionen agieren konnten? [...]
Jetzt darf man keine Aktion starten, sondern muss von den vorgenannten
Positionen, von der realen Einschätzung ausgehen, eine offensive, theore-
tisch fundierte Diskussion mit den eigenen Partei- und FDJ-Kräften führen
mit dem Ziel, den Differenzierungsprozess einzuleiten. Die Exmatrikulation
von Linke war höchste Zeit, sie war richtig, dazu darf man keine Diskussion
zulassen [...]"*

Margot Honecker traf dabei für den Rektor der Pädagogischen Hochschule,
Genosse Glocke, klare Festlegungen, bei auftretenden Fragen solle er den
zuständigen stellvertretenden Minister bzw. Leiter der Hauptabteilung (HA)
Lehrerbildung konsultieren. Als erste Reaktion sollten die einzelnen Studenten ihre Unterschrift unter dem Brief an Margot Honecker zurücknehmen.
Ab dem 24. Juni 1976 wurden Studenten der KD 74 (Kunst/Deutsch), mit
denen wir am meisten zusammenarbeiteten, in Dreiergruppen zum Parteisekretär der Sektion PLK (Philologie, Literatur und Kunst), Dr. Kerbst, und
den Kunstlehrern Gode und Werneburg bestellt und sollten unterschreiben:

„Ich distanziere mich von der falschen politischen Plattform der Gruppe um Linke und deren illegale Verbreitung."

Angedroht wurde Exmatrikulation, alle außer Jürgen Winter (KD 74 Kunst/Deutsch) unterschrieben. (Winter unterschrieb später bei der Kompromissformulierung „Sind Sie für oder gegen unseren Staat?")

Es fanden FDJ-Aktivtagungen statt, wo am 21. und 22. Juni 1976 propagandistische Erklärungen abgegeben wurden, in denen die FDJ-Aktivisten unter anderem meinten: *„Wir distanzieren uns energisch von Leuten, die unsere sozialistischen Ideale heuchlerisch im Munde führen und ‚Verbesserungsvorschläge' anbieten, die schon seit Eduard Bernstein[15] auf dem Misthaufen der Geschichte faulen [...] Diese Leute könnten zum Teufel gehen, aber da es ja keinen gibt, werden sie in unserer sozialistischen Welt bleiben: Sie sollen aber nicht Lehrer künftiger Generationen sein."*

An der Hochschule änderte sich das Klima. Immer mehr Studenten, die mir begegneten, senkten den Blick oder sahen weg. Man konnte genau sehen, wer seine Unterschrift zurückgenommen hatte. Der Frühling war vorbei und ein kalter Sommer kam.

Es war der Beginn einer großen Zahl von Zusammenkünften zwischen Berlin und Erfurt, in denen über die weiteren Vorgänge beraten wurde. Inzwischen gab es einen klaren Schulterschluss:
„Um die Genossen der Pädagogischen Hochschule Erfurt zu unterstützen, wurde eine gemeinsame Arbeitsgruppe der Abteilung Volksbildung des ZK der SED, der Bezirksleitung der SED Erfurt und der Hauptabteilung Lehrerbildung des Ministers für Volksbildung eingesetzt."
Aus den BStU-Unterlagen: Man spricht von „Problemen der politisch-ideologischen Arbeit an der Pädagogischen Hochschule Erfurt/Mühlhausen im Zusammenhang mit gegnerischen Aktivitäten"

Zur Prognose für das neue Studienjahr wurde in Berlin in der HA Lehrerbildung gefordert, dass in der DK 73 (Deutsch/Kunst, Jahrgang 1974) eine völlige Klarheit darüber zu schaffen sei, *„welche politisch-ideologischen*

---

[15] Eduard Bernstein (1850–1932), sozialdemokratischer Theoretiker und Politiker, gilt als Begründer des theoretischen Revisionismus innerhalb der SPD.

Anforderungen an den Lehrer der sozialistischen Schule gestellt werden. [...]
In diesem Zusammenhang ist einzuschätzen, welchen Standpunkt nunmehr
die Studentin Kachold vertritt und ob sie die politischen Voraussetzungen
besitzt, Lehrerin zu werden."

Die Studentinnen unserer Seminargruppe wurden von den direkten Konfrontationen wegen ihrer Unterschrift erst einmal verschont, es traf aber alle anderen Seminargruppen. Mit unserer Gruppe hatte vor den Ferien eine Aussprache stattgefunden, bei der wir uns von einer falschen politischen Plattform – die wir aber gar nicht sähen – distanzierten.
In den Ferien führte die Hochschule einen Sommerkurs mit skandinavischen Studenten durch, die durch den Studenten Lutz Gruse von der Exmatrikulation von Wilfried Linke hörten und sich u. a. nach der Redefreiheit in der DDR erkundigten. Hierzu gibt es vom 13. August 1976 mit Stempel „Nur für den Dienstgebrauch" eine Aktennotiz:
„Wir sind seit vorgestern davon informiert, dass Studenten eine unrichtige
Darstellung dieser Zusammenhänge gegenüber Gästen aus dem kapitalisti
schen Ausland geäußert haben. Das ist eine schwerwiegende Schädigung
des Ansehens nicht nur der Hochschule, sondern der DDR. [...]. Für diese
Entwicklung tragen die Initiatoren der Kampagne mindestens eine morali
sche Schuld." Gezeichnet Prof. Dr. habil. Lange.

Über den Skandinavier-Kurs schaltete sich das Sekretariat Berlin mit Dr. Machacek, dem Stellvertreter Margot Honeckers, ein und eine Aktennotiz mit Stempel „Nur für den Dienstgebrauch" vom 17. August 1976 meldet:
„Über ein Gespräch mit dem Rektor der Pädagogischen Hochschule Er
furt/Mühlhausen, Genossen Prof. Dr. Glocke, am 13. 8. 1976, Teilnehmer:
Genosse Dr. Machacek, Genosse Herrmann Apel, Genosse Dr. Zipser, Haupt
abteilung Lehrerbildung, Genosse Dr. Werner Maier, Inspektion der Haupt
abteilung Lehrerbildung.
4 Teilnehmer hatten Kenntnis von der Exmatrikulation des Studenten Linke
erhalten, sie befragten Mitglieder des Lehrkörpers danach [...]. Für die Ex
matrikulation des Studenten Linke wurden disziplinarische Gründe (Verstoß
gegen die Disziplinarordnung) angegeben.
[...],was ist in der weiteren Arbeit noch zu beachten: Wir führen mit dem
engsten Kreis der Linke-Anhänger keine individuellen Gespräche mehr. Bei

Beharren auf diesen Positionen sind sie zu exmatrikulieren. Es gilt als klare
Position für die Exmatrikulation: Nichteignung für den Lehrerberuf."
Unterschrieben von Prof. Dr. habil. Lange"

Ich wurde am 7. September 1976 exmatrikuliert, unter anderem hätte ich
eine verleumderische Kampagne organisiert, die dem Staat schade, respek-
tiere die Grundlagen in diesem Lande nicht und hätte Professor Zacharias
schmutzig verleumdet. In einem Brief an Genossen Hager vom 20. Oktober
1976, gezeichnet von Margot Honecker, steht:
„Zur Vervollständigung einer Information muss noch festgestellt werden,
dass im Ergebnis der Auseinandersetzung mit den Studenten der Sektion
Philologie/Literatur/Kunstwissenschaft zu Beginn des Studienjahres außer
dem Studenten Linke (der Verfasser des Artikels gegen das Grundlagenstu-
dium) noch die Studenten Kachold und Kämpfert wegen Nichteignung für
das Lehrerstudium exmatrikuliert und das Studium für den Studenten Wer-
nitzsch für 2 Jahre ausgesetzt werden mussten. Einsprüche gegen diese
Maßnahmen liegen inzwischen im Ministerium für Volksbildung vor und wer-
den im Einvernehmen mit dem Minister für Hoch- und Fachschulwesen ab-
schlägig beschieden. Ein weiterer Student hat selbst seine Exmatrikulation
beantragt."

Ich nahm 1976 wieder meine Tätigkeit als medizinisch-technische Assistentin auf. Wegen einer Unterschriftensammlung von 20 Unterschriften in Erfurt
gegen die Ausbürgerung Wolf Biermanns wurde ich 1977 verhaftet, meine
Unterlagen von der Hochschule wurden beschlagnahmt. Ich wurde zu einem
Jahr Gefängnis wegen Staatsverleumdung verurteilt.
Danach arbeitete ich drei Jahre in einer Schuhfabrik, kündigte und organisierte mich als Künstlerin und Autorin in der Untergrundszene der DDR.
1991 wurden Wilfried Linke, Manfred Mortzeck, Sabine Wernitzsch, Christine
Kämpfert und ich rehabilitiert. Inzwischen war ich geschieden und nahm
meinen Mädchennamen Stötzer wieder an.

Lange dachte ich, die Exmatrikulation wäre mein Glück, weil ich als Lehrerin
sowieso versagt hätte. Erst ab 2010, seit ich an der jetzt Universität Erfurt
genannten ehemaligen Pädagogischen Hochschule Performance-Seminare
gebe, die sehr erfolgreich sind, merkte ich, dass ich eine gute Lehrerin hätte
werden können.

PÄDAGOGISCHE HOCHSCHULE „DR. THEODOR NEUBAUER"
ERFURT / MÜHLHAUSEN

Hochschulbereich Erfurt   Direktorat für Studienangelegenheiten
Päd. Hochschule „Dr. Theodor Neubauer", 501 Erfurt, Postschließfach 307   Fernruf 536 213

Frau
Gabriele Kachold

50   E r f u r t
Triftstraße 41

Ihre Zeichen	Ihre Nachricht vom	Unsere Zeichen	501 Erfurt, Nordhäuser Str. 63
		P/Rei	8. 9. 1976

Betreff
Exmatrikulation

Auf Beschluß des Zentralen Disziplinarausschusses der Pädagogischen Hochschule "Dr.
Theodor Neubauer" vom 7. 9. 1976 werden Sie
mit sofortiger Wirkung exmatrikuliert. Die
Stipendienzahlung endet ebenfalls mit dem
7. 9. 1976.

Wir fordern Sie auf, sich umgehend im Direktorat für Studienangelegenheiten abzumelden.
Mit erfolgter Abmeldung ist Ihnen der Aufenthalt im Gebäude der Pädagogischen Hochschule einschließlich der Wohnheime untersagt.

Paul
Direktor für Studien-
angelegenheiten

Exmatrikulationsbescheid von Gabriele Stötzer (Archiv Gabriele Stötzer)

Ein ganz gewöhnlicher Anwerbeversuch der Stasi

Dipl.-Ing. (FH) Ursula Wonneberger (Ingenieurhochschule Dresden, Studienjahrgang 1973, Diplom 1977)

Sommer 1973: Das Abitur ist geschafft, und bis zum Studienbeginn im September habe ich noch zwei Monate Freizeit. Da ich die Älteste von vier Brüdern und zwei Schwestern bin, war vom Elternhaus hinsichtlich finanzieller Unterstützung nicht viel zu erwarten. Mein Verlobter arbeitete zur damaligen Zeit als Kellner beim Mitropa Fahrdienst in Dresden und war auf dem Tourex im Einsatz. Das war ein Sonderzug des Reisebüros der DDR, welcher Urlauber von Dresden nach Varna (Bulgarien) und zurück beförderte. Ferienkräfte wurden für den Einsatz als Schlafwagenschaffner immer gesucht. Meine Bewerbung hatte Erfolg, so war auch ich mit auf dem Tourex. Eine Woche dauerte so eine Fahrt, dann hatte man eine Woche frei, das war schon genial. In der freien Woche sind wir oftmals zu meinen Eltern in Richtung Frankfurt/ Oder gefahren.

Wieder einmal bei meinen Eltern zu Besuch erzählte mir meine Mutter ganz freudestrahlend: Ein ehemaliger Student, der an der Humboldt-Universität Berlin studiert habe und sich jetzt seiner Doktorarbeit widme, wolle mich kennenlernen. Ich hätte doch alle Vorgaben, die in seine Arbeit einfließen sollten, wie Arbeiterkind, viele Geschwister, abgeschlossene Lehre und darauf aufbauend das Studium. Meine Mutter war natürlich sehr stolz, dass mir als ihrer Ältesten so eine Ehre zukommen sollte. Da sie sehr von diesem jungen Mann eingewickelt wurde, verriet sie ihm, dass ich mir mein Taschengeld als Schlafwagenschaffnerin auf dem Tourex verdiene und auch, wann ich Dienst hatte, wo ich in den freien Tagen in Dresden wohnte und wann er mich dort antreffen könnte.

Unverhofft stand dieser Herr nun eines Tages vor der Wohnungstür meiner zukünftigen Schwiegereltern in Dresden. Nach dem Klingelzeichen öffnete ich ihm die Tür und war sehr erstaunt, als er mich mit „Uschi" ansprach. Von ihm kam die kurze Erklärung, dass er von meiner Mutter diese Adresse bekommen habe. Er wolle mich gern kennenlernen und dann über sein

Projekt, die Doktorarbeit, mit mir sprechen. Heute wolle er sich nur kurz vorstellen, und in meiner nächsten Freiwoche käme er zum gleichen Zeitpunkt noch einmal. Dann würde er seine Gliederung mitbringen und gern meine Angaben notieren.

Er erschien zum angekündigten Zeitpunkt, natürlich ohne Gliederung, aber mit erneutem Anliegen. In absehbarer Zeit begänne ja mein Studium an der IHS Dresden auf dem Gebiet der elektronischen Datenverarbeitung (EDV), Sektion Informations-verarbeitung. Diesen Abschnitt würde er sehr gern mit in seine Doktorarbeit einfließen lassen. Über meine Mitkommilitonen könnte ich ihm während seines Besuches in Dresden dann auch gleich noch berichten. Dabei interessierte ihn besonders die politische Einstellung, wer hat welche Kontakte, eventuell auch zu Ausländern. Wie ist die allgemeine Stimmung innerhalb der Studentengruppen?

Sollte ich in der Woche keine Zeit haben, könnten wir uns doch auch an einem Samstag in der „Mazurkabar!" auf der Prager Straße in Dresden treffen. Plätze bestellt er und natürlich hält er mich frei, denn mein bescheidenes Stipendium sollte ich schonen, ich sei sein Gast. Gibt es schon vor unseren Treffs bewegende Tatsachen, zum Beispiel anbahnende Liebesbeziehungen zu ausländischen Studenten? Dann solle ich es ihm aufschreiben und postalisch postlagernd nach Eisenhüttenstadt schicken. Am Wochenende hätte er dann immer meine Post, da er in der Woche in Berlin sei und sich an der Humboldt-Uni seiner Doktorarbeit widme.

Im September 1973 unternahmen meine zwei Brieffreunde aus Frankfurt am Main auf der Durchreise nach Prag einen Abstecher nach Dresden. Wir kannten uns schon von Besuchen in Ostberlin, und so sollte es diesmal ein Wiedersehenstreffen bei meinem Verlobten in Dresden sein. Da wir in einem regen Briefwechsel standen, war dieser Termin schon sehr lange geplant.

Meine Brieffreunde trafen zum verabredeten Termin ein und auch noch ein Freund aus Bischofswerda. Im kleinen Zimmer meines Verlobten tauschten wir jungen Leute uns über alles aus, Studium in der DDR, Studium im Westen, Ferienerlebnisse, Freundinnen usw. Es klingelte wieder an der Wohnungstür, mein zukünftiger Schwiegervater öffnete und ließ den neuen „Freund" ein. Mir blieb das Herz stehen: Es war der Herr von der Humboldt-

Uni Berlin, unangemeldet, so ein Zufall. Er sagte, dass er auf einem Kurztrip in Dresden sei, und wollte fragen, ob ich vielleicht schon etwas für sein Projekt hätte? Meinen Westfreunden konnte ich meine Vermutungen nicht mitteilen, da dieser Herr sich sofort ins Gespräch mit einmischte. Schnell freundete er sich mit den „Westlern" an, bat um Materialien von ihrer Uni in Frankfurt am Main und deren Adressen. Als der angebliche „Student der Humboldt-Uni" gegangen war, konnte ich meinen Brieffreunden endlich meine Gedanken zu diesem „Freund" unterbreiten. Jetzt wollte ich es genau wissen. Ich bat einen sehr guten Freund, welcher seit 1972 an der Humboldt Universität Berlin die Fachrichtung Jura studierte, herauszubekommen, ob es diesen Studenten an der Uni gab, außerdem auch die Sektion, in welcher er seine Doktorarbeit schreiben würde. Nach einer ausführlichen Recherche stand dann fest: Es gab weder diesen Studenten, noch die Sektion, aber es gab ein Zimmerchen im Dachgeschoss für diesen Herrn. Von da an war mir hundertprozentig klar, dass es ein Stasimitarbeiter war, welcher mich als IM anwerben wollte.

Rektor und Wissenschaftlicher Rat der Ingenieurhochschule Dresden beehren sich, Sie zur feierlichen Immatrikulation des neuen Studienjahrganges zu einer

FESTVERANSTALTUNG

am Montag, dem 10. September 1973, Steinsaal des Deutschen Hygiene-Museums, 801 Dresden, Lingnerplatz 1, einzuladen.

Beginn: 15.00 Uhr

Prof. Dr. habil. Baumann
Rektor

PROGRAMM

Einzug der Ehrengäste

Reinhold Glier: Freundschaft der Völker (Ouvertüre)

Festansprache des Rektors

Peter Tschaikowski: Klavierkonzert G-Dur, 3. Satz

Immatrikulation

Franz Liszt: Les Preludes

Nationalhymne

Auszug der Ehrengäste

Einladung zur feierlichen Immatrikulation (Archiv U. Wonneberger)

Telefonisch war dieser Herr nicht zu erreichen, da ich von ihm keine Telefonnummer bekam. Ich musste ihm deshalb an die Adresse postlagernd nach Eisenhüttenstadt schreiben. In diesem Schreiben teilte ich ihm mit, dass es mir nicht liegt, mit meinen Internatskolleginnen, den Mitstudenten, gesellige Stunden zu haben, Seminare und gemeinsame Vorlesungen zu besuchen und sie dabei auszuhorchen. Ich wünschte ihm alles Gute und er solle sich für diese Dienste jemand anderes suchen. Natürlich hatte ich

Befürchtungen, dass ich während meiner Studienzeit Einschränkungen haben werde. Das hielt sich jedoch in Grenzen. Meine Brieffreunde leben immer noch in Frankfurt am Main. Wir und auch unsere Kinder sind bis heute gut miteinander befreundet.

Studentenfete in unserem Studentenklub im Keller der Ingenieurhochschule Dresden, Januar 1974; die Autorin ist links zu sehen (Archiv Ursula Wonneberger)

Ein Resümee im Jahr 2024

Eigentlich wollte ich nie wissen, was die Genossen des Staatssicherheitsdienstes nach ihrem damaligen Kontaktversuch über mich in meinen Stasiunterlagen vermerkten. Doch Günter Knoblauch, einer der Herausgeber von *„Zwischen Humor und Repression"*, meinte nach dem Erscheinen unseres Buches 2017, dass jeder das Recht habe, Einsicht in die eigenen Unterlagen des Staatssicherheitsdienstes der ehemaligen DDR zu nehmen. Gesagt, getan. Im September 2017 stellte ich einen Antrag auf Einsicht in meine Stasiunterlagen gemäß dem Stasi-Unterlagengesetz (StUG).

Nach eineinhalb Jahren und einigen Informationsabgleichen, wie etwa zu früheren Wohnorten, war es im März 2019 schließlich soweit: Der Termin zur Einsicht in meine Unterlagen stand fest.

Zur gezielten Informationsbeschaffung und Ausspähung heimlicher Details galt ich als „beobachtete Person" der Stasi. Als Betroffene hatte ich das Recht, Einsicht in alle zugänglichen Unterlagen über mich zu nehmen. Im April 2019 besuchte ich das Stasi-Unterlagenarchiv in Dresden, um die mir bis dahin unbekannten Dokumente zu sichten.

Im Archiv lagern über 8000 Meter Regale voller Unterlagen und etwa drei Millionen Karteikarten. Die Archivräume zeigen zudem besondere Fundstücke, wie Beispielakten, die zur Ansicht ausliegen. Am Tag meines Termins wurden mir die gefundenen Unterlagen, größtenteils mikroverfilmt und teils als geschwärzte Originale, von einer Sachbearbeiterin vorgelegt. Zuvor musste ich meinen Personalausweis und die Einladung vorzeigen und technische Geräte wie Fotoapparat und Handy abgeben.

Während der Durchsicht wurde ich von einer Aufsichtsperson begleitet. Manche personenbezogenen Informationen in meinen Dokumenten waren geschwärzt.

Mein spontaner Eindruck: Die Stasi arbeitete aktiv gegen das eigene Volk. Menschen wurden verunsichert, denn niemand wusste sicher, wer zur Stasi gehörte – man konnte es nur ahnen. In meinem Heimatort war es ein stiller, hilfsbereiter Bürger im Alter meines Vaters, der über vieles zu berichten wusste. Die Durchsicht der Dokumente bestätigte unsere damaligen Vorahnungen.

Von meinen westdeutschen Brieffreunden, Studenten an der Uni in Frankfurt am Main, hatte ich schon berichtet. Kurt Bovensiepen, einer dieser Freunde, war sehr weltoffen und politisch stark engagiert; er und seine Freunde forderten mehr Einfluss in universitären Gremien. Für ihn kaufte ich Bücher von Marx und Engels in der DDR, und er besorgte mir im Gegenzug eine Levi's Jeans.

Die Stasi fing den Briefwechsel, unsere Postkarten und Briefe, ab, fotografierte sie und schickte sie dann weiter. Diese fotografierten Dokumente konnte ich nun in meinen Akten wiedersehen.

Da die Wohnungsnot in der DDR groß war und Wohnungen erst für verheiratete Paare verfügbar wurden, heirateten mein Mann Gert und ich nach dem ersten Studienjahr im August 1974 in Dresden.

Ab diesem Zeitpunkt verlor ich für die Genossen der Staatssicherheit offenbar an Interesse.

Ursula Wonneberger, geb. 1953 in Fürstenberg/Oder; zehnklassige Oberschule, 1970 Ausbildung als Datenverarbeiter mit Abitur, 1973 Studium Ingenieurhochschule Dresden, Diplom (FH); Medienreferentin, Finanzdienstleisterin; Krippenmitarbeiterin, Organisatorin VEB Lufttechnische Anlagen Dresden.
Nach 1989: Vertriebsingenieur, Kundenberaterin, Bearbeiterin im Arbeitsamt Dresden, Start in die Selbstständigkeit.

***

Information zeithistorisch - IM gewinnen
In der Vertraulichen Verschlusssache (VVS) MfS 008-63/68 (Dokument in den Anlagen) des Ministers für Staatssicherheit, ist auf Seite 4 „Inoffizielle Arbeit" zu lesen:
„Die Werbung inoffizieller Mitarbeiter hat unter Berücksichtigung des Mindestalters von 18 Jahren und bereits bekannter Schwerpunkte vorrangig bei folgenden Personenkreisen zu erfolgen:

1.2 - Studenten und Schüler, die negativen Gruppierungen angehören, ihnen nahestehen oder die Möglichkeiten und Fähigkeiten besitzen, in solche einzudringen. Studenten und Schüler, die geeignet sind, die Informationsbasis des MfS an den Universitäten, Hoch-, Fach- und Erweiterten Oberschulen qualitätsmäßig zu erweitern. Dabei ist stärker als bisher Wert auf Werbungen aus den ersten Studienjahren zu legen, um eine kontinuierliche und perspektivvolle IM-Arbeit zu organisieren." [...]

1.4 - Zur allseitigen Lösung der operativen Aufgaben sind zusätzlich in den Internaten, Studentenclubs, kirchlichen Organisationen, Gaststätten, in denen vorwiegend Studenten und Schüler verkehren und unter bekanntwerdenden Personenkreisen, besonders weibliche Personen, die engen Kontakt zu Studenten und Schülern unterhalten, Werbungen durchzuführen."

***

Eine spontane Unterschriftenaktion gegen die Exmatrikulation eines Kommilitonen

Wie mein Sozialismusbild einen Riss bekam

Dipl.-Lehrer Beate Tremmel, (Studienjahrgang 1974, Pädagogische Hochschule Erfurt, Sektion Pädagogik, Fachrichtung Kunst/Deutsch, Diplom 1978

Der Unterricht in Marxismus-Leninismus an der Pädagogischen Hochschule Erfurt war niedrigstes Niveau. Ein Frage-und-Antwort-Spiel mit Bücherwissen. Es fehlte die wahre Auseinandersetzung mit dem realen Leben und den „wissenschaftlichen" Theorien. Die Dialektik existierte als Begriff, fand aber nie praktische Anwendung. Das war oft Diskussionsstoff unter uns Studenten.

Einer unserer Kommilitonen wurde 1976 an der Pädagogischen Hochschule exmatrikuliert, weil er ein Schriftstück aufgesetzt hatte, in dem er das mangelnde Niveau dieses Unterrichts kritisierte.
Schon nach Bekanntwerden der Absicht, den Studenten zu exmatrikulieren, entstand spontan eine Unterschriftssammlung durch Studenten eines Jahrgangs über mir *(Anmerkung d. Hg.: Siehe den Beitrag „Ein Brief an Margot Honecker löste Alarm aus" von Gabriele Stötzer/Kachold)* . Auch ich leistete die Unterschrift gegen diese beabsichtigte Exmatrikulation.

Die Unterschriftsleistung hatte Folgen, allerdings anders, als wir es erwartet hatten. Einzeln wurden wir in einen Raum im Hochschulgebäude vorgeladen. Wir hatten feste Zeiten für unser Erscheinen angesagt bekommen. Es war ein zügiger Wechsel der Befragten. Angst hatte ich nicht, ich war von der Richtigkeit meines Handelns überzeugt, ich vertrat den Standpunkt, man kann doch über alles reden. Ich bzw. wir Studenten wussten damals nicht, dass es nie Anliegen war, ehrlich miteinander zu reden. Ich war einfach zu jung, vollkommen arglos und optimistisch, um die möglichen Konsequenzen meines Handelns zu erahnen.

In einem relativ kurzen Gespräch wurde der Anlass der gegebenen Unterschrift reduziert auf die Grundsatzfrage jener Zeit: „Sind Sie für oder gegen den Frieden und den Aufbau des Sozialismus?"

Wie das Gespräch im Wortlaut verlief, weiß ich heute nicht mehr. Ich erinnere mich jedoch gut daran, dass sie sich meinen Unmut über den Marxismus-Leninismus-Unterricht kurz anhörten und dass sie dann den kritisierenden Studenten als Provokateur und Stimmungsmacher darstellten, der die Werte des Landes verrät.

Sie ließen keine Diskussion über den Anlass zu und vereinfachten alles auf die Grundsatzfrage: „Sind Sie für den Frieden und Sozialismus oder sind Sie es nicht?"

Diese Frage wurde von mir mit „Ja, ich bin für den Frieden und Sozialismus" beantwortet. Ich wurde als „bekehrt" aus dem „Gespräch" entlassen. Mein Name wurde von der *Liste* der oppositionellen Studenten gestrichen. Damit war das Thema offiziell für mich erledigt, ich konnte weiterstudieren.

Wir Studenten haben uns über diese primitive und aus unserer Sicht *unfaire* Überrumplung durch das Hochschulpersonal ausgetauscht. Wir haben uns über unsere Ohnmacht und Naivität geärgert, waren aber auch froh, selbst Studenten bleiben zu können.

Ein Nachwort zu diesem Erlebnis an der Pädagogischen Hochschule Erfurt

Meine Arglosigkeit hatte ich nach diesem Erlebnis verloren. Dieser Vorgang in der Studienzeit hat meine bis dahin systemtreue Haltung beschädigt und mein weiteres Denken und Handeln beeinflusst. Ich ging kritischer an die Lebensumstände heran, habe vom Parteieintritt Abstand genommen. Mein Bild vom sogenannten sozialistischen Menschen war ab diesem Zeitpunkt zerstört. Es kamen weitere Erlebnisse hinzu, die mich meine vom Elternhaus und der Schulzeit geprägte sozialistische Grundeinstellung vollkommen zur Seite legen ließen.

Ich bin in der ersten sozialistischen Stadt der DDR geboren (Stalinstadt) und aufgewachsen – das prägt. Daher hatte ich später auch immer etwas *Zoff* mit der Schulleitung, den Mund ließ ich mir nicht mehr verbieten, meine Maxime zum Handeln war Menschlichkeit, persönliche Ehrlichkeit im Sagen und Handeln – auch wenn mir dies wiederholt Ärger eingebracht hat. Ich galt als Pazifistin, was in der DDR für eine Lehrerin kaum akzeptabel war. Aber ich konnte damit leben. Mein Glück war wohl, dass sie mich als Kunstlehrerin dringend brauchten und letztendlich war ich harmlos für das System in meiner kleinen zeitweisen Opposition.

> Beate Tremmel, geb. 1956 (Beate Pieczonka) in Stalinstadt; 1974–1978 Studium an der Pädagogischen Hochschule Erfurt, 1978–1979 Lehrerin in Berlin für Kunst/Deutsch, 1980–1992 Lehrerin in Eisenhüttenstadt für Kunst und Deutsch, ab 1992 Mitarbeiterin für Kunst und Kultur im kommunalen Bereich der Stadt Eisenhüttenstadt (Kulturzentrum/ Theater).

***

Information zeithistorisch – Durchführungsanweisung Nr. 1
Die Vorgaben für den Umgang mit Protesten an Universitäten und anderen Bildungseinrichtungen wurden in der *Durchführungsanweisung Nr. 1 zur Dienstanweisung Nr. 4/66* des Ministers für Staatssicherheit eindeutig festgelegt. Ein Ausschnitt dieser Regelungen findet sich auf Seite 3 der VVS MfS 008-63/68.
Es gab offiziell keinen „Spielraum" bei der Bewertung oder Interpretation von systemkritischem Verhalten und nicht systemkonformen Äußerungen. Wurde versucht, systemauffällige Personen – sei es aus dem Lehrkörper oder vonseiten der Kommilitonen – zu unterstützen oder schützend für sie Partei zu ergreifen, setzte man sich selbst einem hohen existenziellen Risiko aus. Dies reichte bis hin zur eigenen Exmatrikulation oder beruflichen Konsequenzen.

Personen, die feindliches Gedankengut verbreiten oder auf der Grundlage ihrer feindlichen ideologischen Grundeinstellung in anderer Form gegen die sozialistische Ordnung tätig werden, sind durch kurzfristige Erarbeitung ausreichenden Beweismaterials strafrechtlich bzw. in Zusammenarbeit mit den Partei- und staatlichen Organen sowie gesellschaftlichen Organisationen durch disziplinarische Maßnahmen zur Verantwortung zu ziehen und von den Universitäten, Hoch-, Fach- und Erweiterten Oberschulen zu entfernen.

In Zusammenarbeit mit den Partei- und staatlichen Organen und gesellschaftlichen Organisationen sind die die Feindtätigkeit begünstigenden Umstände zu beseitigen und systematisch, unter Einbeziehung patriotischer Kräfte, inoffizieller Kontakte und Schlüsselpositionen eine revolutionäre Massenwachsamkeit zu entwickeln.

***

Information zeithistorisch - Die SED

 Die Sozialistische Einheitspartei Deutschlands (SED) bestimmte die Politik der DDR bis zum Fall der Mauer 1989. Die anderen Parteien (Christlich-Demokratische Partei (CDU), Liberaldemokratische Partei Deutschlands.(LDPD), Demokratische Bauernpartei Deutschlands (DBD), National-Demokratische Partei Deutschlands (NDPD) wurden im Volk auch als „Blockflöten" bezeichnet. Sie hatten Sitze in der Volkskammer, jedoch keine eigene politische Entscheidungsmacht, sie ordneten sich der SED unter. Sie waren politische Sammelbecken und sollten möglichst viele Schichten der Bevölkerung integrieren.

Von den 1970er-Jahren bis 1989 war die Partei unter der Führung von **Erich Honecker** geprägt von einer verstärkten Wirtschafts- und Sozialpolitik, aber auch zunehmender Repression. Das wird in mehreren Beiträgen thematisiert – die „Durchführungsanweisung Nr.1" des Ministeriums für Staatssicherheit gehört in diese Zeit.

Politik der SED (1970er bis 1989)
Wirtschaft und Sozialpolitik
* Einführung des „Einheitlichen sozialistischen Wirtschafts- und Sozialpolitik"-Programms in den 1970er-Jahren.
* Fokus liegt auf sozialer Sicherheit: höhere Löhne, bessere Renten, Subventionierung von Grundnahrungsmitteln, niedrige Mieten (Verfall der alten Bausubstanz ganzer Städte).
* Wirtschaftliche Stagnation und steigende Verschuldung durch ineffiziente Planwirtschaft und steigende Importe aus dem Westen.
Repression und Überwachung
* Ausbau der Kontrolle durch das Ministerium für Staatssicherheit (Stasi).
* Unterdrückung politischer Opposition, Zensur und rigorose Verfolgung von Regimekritikern. Militarisierung des Schul- und Hochschulsystems, Ausgrenzung nicht *systemloyaler Kräfte* vom Bildungssystem – beginnend schon in den EOS.
* Strikte Reisekontrollen, um Fluchtbewegungen in den Westen zu verhindern.
Opposition und Zerfall
* Erstarkende Bürgerrechtsbewegungen in den 1980er-Jahren (z. B. Umweltgruppen, Friedensbewegungen, kirchliche Gruppen).
* Wirtschaftskrise und wachsender Unmut in der Bevölkerung führten zu Massendemonstrationen im Herbst 1989 (Montagsdemonstrationen).
* Rücktritt Honeckers im Oktober 1989, Zusammenbruch und Auflösung der SED-Diktatur im Zuge der friedlichen Revolution.

Am 9. November 1989 verliert die SED ihre Macht.

„Mach dir keine Sorgen, Roland, wir stehen zu dir …"

Roland Jahn (Friedrich-Schiller-Universität Jena, Studienjahrgang 1975, Fakultät Sozialistische Betriebswirtschaft, 1977 Exmatrikulation ohne Abschluss)

Der Beitrag wurde in Abstimmung mit Roland Jahn und mit freundlicher Genehmigung des Piper Verlags auszugsweise aus seiner Publikation „Wir Angepassten – Überleben in der DDR" (München, 2014) übernommen.

Als zukünftige „Leitungskader der sozialistischen Wirtschaft" hatten wir uns laut Studienplan natürlich mit den Grundlagen des Marxismus-Leninismus zu beschäftigen. "Wissenschaftlicher Kommunismus" hieß das Pflichtfach. Im November 1976 hatte der Seminarleiter Helmut Horst kurz nach dem Konzert und der Ausbürgerung von Biermann eine Aussprache dazu angestoßen. Für den Genossen, Mitte 30, groß und schlank und schütteres Haar, war der Fall Biermann eine gute Gelegenheit, die Festigkeit unseres sozialistischen Standpunkts zu testen. Und so verkündete er weitgehend monoton das, was die Partei dazu zu sagen hatte:

„Mit seinem feindseligen Auftritt gegenüber der Deutschen Demokratischen Republik hat er sich selbst den Boden für die weitere Gewährung der Staatsbürgerschaft der DDR entzogen […] Schon jahrelang hat er unter dem Beifall unserer Feinde sein Gift gegen die DDR verspritzt […]."

Horst zitiert hier das Neue Deutschland vom 17.11.1976.

Biermann sei ein „antikommunistischer Hetzer", damit schloss Horst sein Verlesen der offiziellen Darstellung. Ich konnte es mir nicht verkneifen zu fragen, warum es nicht möglich sei, einen überzeugten Kommunisten wie Biermann, der eine nachvollziehbare Kritik an der Umsetzung der Idee in unserem Land übte, hier leben zu lassen. „Der Sozialismus darf doch keiner Auseinandersetzung auf ideologischem Gebiet ausweichen. Warum fällt es uns denn so schwer, Kritik zuzulassen?", fragte ich.

Eine Antwort gab es nicht. Der Rest des Seminars schwieg ebenfalls.

Drei Tage später wurde ich zum SED-Parteisekretär der Sektion Wirtschaftswissenschaften bestellt. Meine simple Frage im Seminar hatte ein Nachspiel. Im Gespräch mit dem Funktionär wurde sie plötzlich zur Bewährungsprobe.

Mein Rauswurf aus der Uni hing in der Luft. Ich war angespannt. Mein Vater setzte mir heftig zu:

„Ich sage dir schon seit Langem, dass du Gefahr läufst, mit deinem Querulantentum alles zu versauen. Was ich mit meiner Hände Arbeit aufgebaut habe, das setzt du leichtfertig aufs Spiel. Für so einen bescheuerten Liedermacher gefährdest du das Glück der ganzen Familie. Das ist unverantwortlich!"

Er hatte das Recht, wütend auf mich zu sein. Meine Entscheidung, meine eigene Meinung sagen zu wollen, hatte direkte Konsequenzen für sein Leben. Das war nicht meine Absicht, aber unvermeidlich. Dennoch. Ich wollte auch mir treu bleiben können. Das Dilemma war perfekt. Meine Mutter machte es nicht besser. *„Was soll denn nun werden? Es hat doch sowieso keinen Sinn, sich anzulegen. Du musst jetzt mal klein beigeben."*

Mir wurde mehr als mulmig zumute. Was tat ich meinen Eltern an? War Wolf Biermann nun wirklich so wichtig für die DDR? Und war die Möglichkeit, meine Meinung zu dem Rauswurf sagen zu dürfen, wirklich wichtiger als meine berufliche Zukunft und die meines Vaters?

Der Parteisekretär hatte mir im Gespräch eine Aktennotiz zum Seminar vorgelesen. Ich hätte die Ausbürgerung Biermanns als eine verfeinerte stalinistische Methode bezeichnet und von einer Diktatur des Politbüros gesprochen. Ich bestritt, diese Äußerungen so getan zu haben, und erklärte, missverstanden worden zu sein. Er forderte mich auf, die Missverständnisse in einer Stellungnahme auszuräumen.
In drei Tagen sollte sie auf seinem Schreibtisch liegen. Ich setzte mich in den Lesesaal im 25. Stock vor ein weißes Blatt Papier und überlegte. Uta, meine Kommilitonin, saß am Tisch gegenüber. Wir diskutierten leise über die Stellungnahme. *„Pass auf, dass sie dir nichts falsch auslegen können"*, warnte sie.

Die Argumentationslinie im Brief stellte hohe Anforderungen. Ich wollte nicht, dass sie mich als „Feind des Sozialismus" abstempeln konnten. Ein Teil von mir wollte kämpfen um meinen Platz in der sozialistischen DDR. Ich wollte ihnen zeigen, dass man auch ein kritischer Sozialist sein kann. Dass die DDR solche Kritiker unbedingt braucht für ihre Weiterentwicklung. Ein anderer Teil von mir wollte aber unbedingt, dass ich meine Meinung offen äußern kann. Ich wollte mich nicht dafür entschuldigen, dass ich Biermanns Kritik an der DDR befürwortete. Ich wollte meine Ablehnung der Ausbürgerung nicht zurücknehmen.

Diesen dreiseitigen Brief heute zu lesen setzt viele Emotionen frei. Ich bin erstaunt über mich, weil er zeigt, wie sehr ich bereit war, mich zu verbiegen, mich den Umständen der Situation anzupassen, wie ich lavierte und taktierte, um an der Uni zu bleiben.

Am 29. November 1976 schrieb ich unter anderem: *„Ich bin der Meinung, man müsste die Aberkennung der Staatsbürgerschaft des DDR-Bürgers Wolf Biermann noch einmal überdenken. Unser sozialistischer Staat ist stark. Er ist fähig, Meinungen, wie die Biermanns, gelassen und nachdenkend hinzunehmen. Der real existierende Sozialismus hat es und darf es nicht nötig haben, auf diese administrative Weise Meinungswidersprüche zu klären. Biermann hat sich kritisch, scharf, verallgemeinernd über die DDR geäußert. Er zeigt richtig einige Schwächen in unserem Lande auf, begeht dabei aber den Fehler, sie zu scharf, verallgemeinert und unrealistisch darzustellen. In seinem Drang, Widersprüche aufzudecken, steigert er sich oft zu überspitzten Äußerungen. Seine Darstellungen werden demzufolge oft falsch und spiegeln nicht das real Existierende wider. Biermann tut dies alles durch bürgerliche Massenmedien. Diese versuchen, die Äußerungen Biermanns in ihrer Hetze gegen den Sozialismus und die DDR einzubeziehen. Ich distanziere mich von den hier genannten Fehlern Biermanns [...]."*

Der Eiertanz, den ich hier versuchte – es den Herrschenden recht zu machen, ihre Sprache zu übernehmen und dabei doch eine eigene Position zu behaupten –, er ist holprig. Die Worte, die ich wählte – „bürgerliche Medien", die „Hetze gegen den Sozialismus", das „real Existierende" –, sie waren Worte der Anpassung an das, von dem ich glaubte, dass es die Partei hören wollte. Ich war mir sicher, dass die Erklärung funktionieren würde. Der Brief ist ein typisches Produkt der DDR. Ein Dokument des Anpassens und Widersprechens.

An jenem 5. Januar 1977 schließlich sollte es zu einer endgültigen Entscheidung kommen. In unserer Seminargruppe sollten wir nun darüber abstimmen, wie mit mir weiter zu verfahren sei. Die Partei allein wollte das nicht entscheiden, das hätte zu sehr nach Willkür ausgesehen. So sollten nun eben meine Kommilitonen ran. So, „demokratisch" abgestimmt, wäre ein für die Partei wünschenswertes Ergebnis besser vermittelbar.

Ich hatte kein Problem mit einer Abstimmung, ich fühlte mich sicher im Seminar. Wir waren schließlich eine ganz entspannte Gruppe. Keine Karrieristen und Parteiideologen. Wir alle wollten einen ordentlichen Beruf, Spaß haben und unser Ding machen. Irgendwo eine halbwegs sinnvolle Arbeit finden, in einem Kombinat, und mit Freunden und Familie leben. Wir hatten uns alle durch unsere ersten zwei Semester gewühlt und immer auch den Widerspruch zwischen Theorie und Praxis sozialistischer Wirtschaftsführung bemerkt.

Roland Tix, der FDJ-Sekretär, der eigentlich auf eine sanfte Art seine sozialistische Überzeugung lebte. Kein 150-Prozentiger, kein Antreiber. Petra, die schon verheiratet an die Uni kam und immer für alle Diskussionen offen war. Hans-Jürgen, den wir den „Dicken" nannten, der öfter mal erzählte, dass sein Vater in einem volkseigenen Betrieb eine leitende Stellung hatte. Günter, der ein klares Ziel hatte: einen Abschluss machen und Geld verdienen für sich und die Familie. Er hatte die Karriere im Blick, nicht zuletzt, weil seine Frau schon mit dem zweiten Kind schwanger war. Fred, der vieles mit maoistischen Theorien verglich, weil er China einfach gut fand und so auch hin und wieder mal den Seminarleitern widersprach. Und Ulli, der lockere Typ mit blonden langen Haaren, der alles ganz entspannt sah.

Wir saßen öfter abends in der Kneipe zusammen, so auch zwei Abende vor der Abstimmung. Es war wie immer. Wir diskutierten auch beim Bier über ein paar schwer zu verstehende Mathe-Modelle für die Wirtschaft, die wir am Tage gelernt hatten. Wir alberten über einen Professor. Karl-Heinz brachte das Gespräch auf Biermann. *„Du hast schon recht, Roland. Was im ‚Neuen Deutschland' steht, das ist nicht das, was man im West-Fernsehen sehen konnte."* Die Runde nickte. Die Gedanken wanderten kurz zur Abstimmung. *„Mach dir keine Sorgen, Roland, wir stehen zu dir. Das wird schon."* Meine Erklärung vom November hatten die Kommilitonen ja gelesen. *„Damit hast du dich doch gut behauptet. Das ist alles nur reine Formsache."*
15 Leute waren wir in der Seminargruppe. An dem Abend waren wir uns einig. Ich fühlte mich aufgehoben. Die Sonderzusammenkunft wurde von

Professor Mühlfriedel geleitet, Professor für Wirtschaftsgeschichte der Sektion Wirtschaftswissenschaften, auch zuständig für Erziehung und Ausbildung der Studenten. Er leitete das Treffen mit ein paar formalen Bemerkungen ein. *„Die FDJ-Seminargruppe 21 ist vollzählig versammelt. Einziger Zweck unserer Zusammenkunft heute ist die Auseinandersetzung über Roland Jahns Äußerungen zur Ausbürgerung von Wolf Biermann."*

Wir waren Studenten, und wir waren alle auch Mitglieder der FDJ, der Freien Deutschen Jugend. Daher saßen wir als FDJ-Seminargruppe zusammen.

Ich schaute in die Runde. 14 angespannte Gesichter. Als nach einer Stunde alles gesagt schien, wurde abgestimmt. Offen per Handzeichen. Eine Abstimmung über mich. Das Resultat: 13 zu 1. Gegen mich. Für meinen Rauswurf. Mein Magen rutschte ein paar Etagen tiefer. Das war es erst mal mit dem Studieren.
Ich schaute in die Runde, jeder vermied es, mich anzusehen.
Aber kaum war Mühlfriedel draußen, kamen sie einzeln zu mir. *„Du musst verstehen, Roland, mein Vater, ich konnte doch seine Position im Betrieb nicht gefährden."*
„Meine Frau ist schwanger, und ich konnte das Studium nicht gefährden, es war einfach zu riskant, das verstehst du doch ..."

Ich habe sie alle verstanden. Jeden dieser Gedanken. Hatte ich sie nicht auch schon oft gedacht? Auch ich hatte einen Vater, eine Freundin, den Wunsch nach Karriere und einem erfüllten Leben. Ich hatte nicht zuletzt deswegen meine Stellungnahme geschrieben. Und dennoch. Ich hatte mich auf sie verlassen. Das Ergebnis kam überraschend. Die schriftliche Version des Rauswurfs, unterzeichnet vom FDJ-Sekretär, habe ich erst viele Jahre später lesen können (s. Dokument).

Oft hatte ich mich seither gefragt, was passiert ist zwischen dem Abend in der Kneipe, an dem wir uns alle einig waren, und dem Morgen der Abstimmung, an dem 13 der 14 absprangen.

36 Jahre später nun saß ich Fred gegenüber, und endlich gab es für das Abstimmungsverhalten eine bessere Erklärung als nur die Vermutung, dass Menschen eben schwach sind und sich bei Druck anpassen.

Der Kern der Seminargruppe, so erzählte er, war nach unserem Kneipen-
abend, aber vor der Abstimmung über mich noch einmal von der Sektionsleitung zusammengerufen worden. Bei dieser Zusammenkunft war ein unbekannter Mann dabei gewesen, von dem jeder glaubte, dass er von der
Stasi sei. Seinen Namen hatte er nicht genannt. Davon hörte ich nun zum
ersten Mal. Die Stasi im Raum, das war eine Angst einflößende Verschärfung
der Situation.

Sektion Wirtschaftswissenschaften   05.01.1977
FDJ -Seminargruppe   21

Antrag auf Exmatrikulation Roland Jahn's

Wir, die Seminargruppe 21, haben uns mit der Stellungnahme
Roland Jahn's vom 29.11.1976, welche er zu seinen Äußerungen
im Seminar Wissenschaftlicher Kommunismus vom 23.11.1976 abgab,
auseinandergesetzt.
In ihr verteidigt er die Angriffe Biermanns gegen den realen
Sozialismus in der DDR. Eine solche Einstellung Roland Jahn's
lehnen wir entschieden ab.
Seinen Standpunkt verließ er auch in mehreren Aussprachen mit
der staatlichen Leitung und der FDJ-Leitung nicht.
Wir schätzen ein, daß Roland Jahn's Kritik sich nur auf das
Aufzählen von Mängeln beschränkte und sein Bekenntnis zu unserem
Staat ein Lippenbekenntnis ist.
Dies wird bekräftigt durch sein Auftreten im Militärlager in
Beichlingen und seine Stellung zum Reserveoffiziersanwärter .
Auch seine Studiendisziplin läßt vor allem in letzter Zeit sehr
zu wünschen übrig.
Wir bedauern es sehr, daß er trotz seiner Intelligenz, den Argu-
menten der staatlichen Leitung und unsererseits nicht zugängig
ist. Eine solche Einstellung ist für einen zukünftigen Wirtschafts-
funktionär nicht tragbar.

Die Seminargruppe ist wie die Sektionsleitung der Meinung,
daß Roland Jahn aus den genannten Gründen exmatrikuliert
wird.

R. Tix
FDJ-Sekretär SG 21

Antrag der FDJ-Seminargruppe auf Exmatrikulation

Das Verrückte an dieser Geschichte ist, dass einzig Ulli, der sich nicht hatte einschüchtern lassen und die einsame Stimme gegen den Rauswurf abgegeben hatte, danach keine Probleme deswegen an der Uni hatte. *„Das hat mich eigentlich am meisten fertiggemacht"*, sagte Fred. *„Dass wir uns haben einschüchtern lassen, und es wäre dann doch gar nicht unbedingt etwas passiert. Aber man wusste es eben nicht."*

Dieser Mann hatte die Studenten instruiert, und Fred konnte mir auch heute noch fast wörtlich erzählen, was er von sich gegeben hatte. *„Er hat gesagt, dass du mit einem westlichen Geheimdienst zusammenarbeitest. Da hat einer ganz spontan in die Runde geworfen, dass er das nicht glaubt, dass du mit einem westlichen Geheimdienst kooperierst."* Doch der Stasimann war hart. Einem Vertreter des Staates müsse man glauben, sagte er. *„Ich bin ein Vertreter der Arbeiter- und Bauernmacht, und wenn du, Genosse, das nicht so siehst, ist klar, dass du dich dem Staat nicht würdig erweist. Das heißt auch für dich, dass du dein Studium nicht beenden kannst. Außerdem helfen Menschen wie Roland Jahn dem Klassenfeind, und ihn zu unterstützen heißt, den Klassenfeind zu unterstützen."*

Das waren deutliche Worte. Und sie hatten ausgereicht, um allen in der Runde das Gefühl zu geben, dass entweder Roland Jahn allein oder sie mit ihm von der Uni flögen. Und so haben sie dann an jenem Nachmittag für den Rauswurf gestimmt. *„Ich habe mich geschämt, aber ich traue mich erst jetzt, davon zu erzählen. Es ist schwer zuzugeben, aber ich habe mir die ganze Zeit weiszumachen versucht, dass es meine eigene Entscheidung war, dem Rauswurf zuzustimmen. Dass ich mich ganz unabhängig von den Vorgaben und Umständen allein für die Sache des Sozialismus entschieden habe. Ich wollte es mir einfach nicht eingestehen, dass ich dich aus Angst vor Folgen für mich preisgegeben habe."*

Es war eine intensive Stunde, die wir gemeinsam an einem Tisch saßen. Die Verletzung, die Fred und unsere Mitstudenten mir damals zugefügt hatten, hatte auch ihn verletzt. Die Entscheidung gegen mich hat ihn nie losgelassen. Das hat mich überrascht und bewegt. Es war für uns beide ein gutes Gefühl, endlich darüber sprechen zu können.

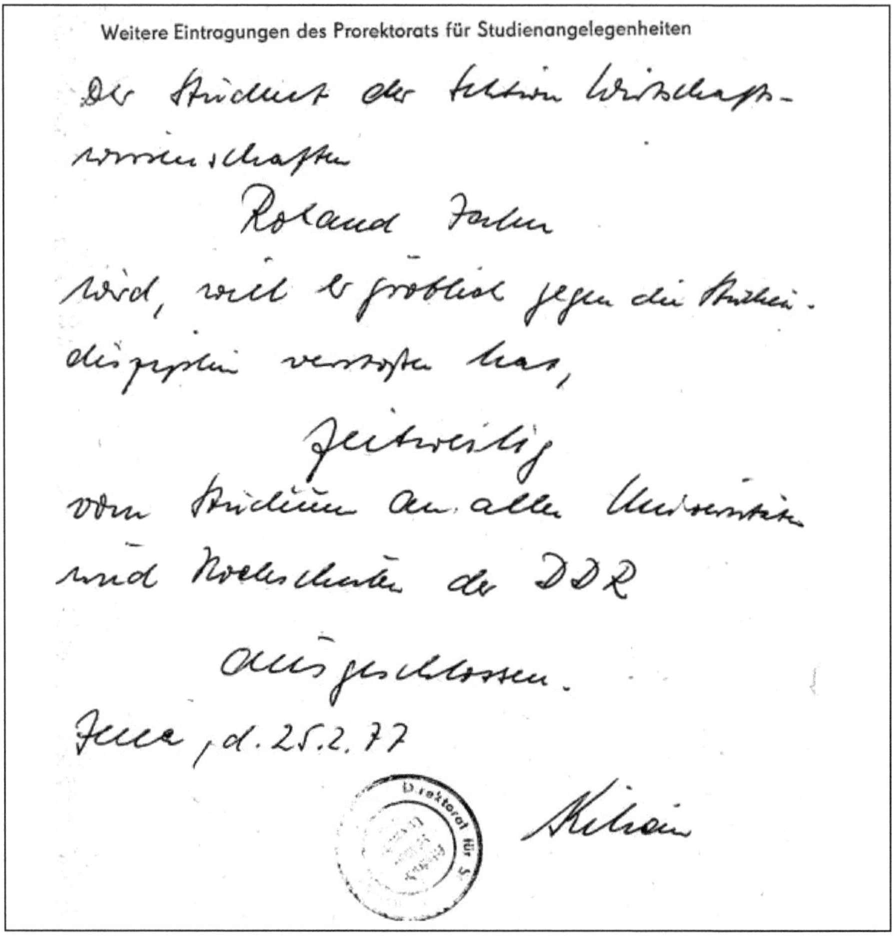
Weitere Eintragungen des Prorektorats für Studienangelegenheiten

Der Student der Sektion Wirtschaftswissenschaften

Roland Jahn

wird, weil er gröblich gegen die Studiendisziplin verstoßen hat,

zeitweilig

vom Studium an allen Universitäten und Hochschulen der DDR

ausgeschlossen.

Jena, d. 25.2.77

Direktorat für S

Kilian

Seite 4 des Studienbuches: Ausschluss vom weiteren Studium (Quelle: mit Genehmigung der Robert-Havemann-Gesellschaft e.V.; Matthias-Domachk-Archiv)

Roland Jahn, geb. 1953 in Jena; Abitur 1972 und anschließend Grundwehrdienst, bei der Volkspolizei-Bereitschaft, 1975–1977 Studium in Jena, Exmatrikulation, mehrfache Festnahmen und Verurteilungen und 1983 Zwangsausbürgerung aus der DDR.
2011 wählte der Bundestag Jahn zum neuen Bundesbeauftragten für die Unterlagen des Staatssicherheitsdienstes der ehemaligen DDR (BStU).

***

Ich sei kein geeigneter Nachwuchskader, erklärte mir der Genosse Kaderentwickler

Dr.-Ing. Matthias Rößler (TU Dresden, Studienjahrgang 1975, Sektion Energieumwandlung, Diplom 1979, Hochschule für Verkehrswesen, Promotion 1983)

Teile des vorliegenden Beitrags sind mit freundlicher Genehmigung des Ch. Links Verlags, Berlin, entnommen aus der Publikation: Eckhard Jesse (Hg.): Friedliche Revolution und deutsche Einheit – Sächsische Bürgerrechtler ziehen Bilanz.

Der Schüler Rößler musste sich als Sprössling eines kapitalistischen Ausbeuters von seinem Platz erheben. Damit war ich in der Welt des „real existierenden Sozialismus" angekommen und lernte, mich entsprechend zu verhalten. Auf der Erweiterten Oberschule (EOS), auf die mich meine Dorfschule als Sohn einer kinderreichen Familie delegiert hatte, erlebte ich die Chancengleichheit im sozialistischen Bildungssystem: Der neben mir sitzende Sohn eines bei Stalingrad gefangen genommenen Wehrmachtsgenerals, nun NVA-General, wurde im Klassenbuch mit dem begehrten A für Arbeiter klassifiziert und mit den entsprechenden Privilegien ausgestattet.

Dort lernte ich auch, dass ein „kleinbürgerliches Relikt" trotz seines Abiturdurchschnitts von 1,0 keinen Völkerkunde-Studienplatz bekam. Ich solle einen technischen Studiengang belegen. Dort könne so einer wie ich keinen Schaden anrichten, erklärte mir der Genosse Kaderentwickler.

(Anmerkung des Herausgebers: Unter Kader verstand man eine Mitarbeiterin oder einen Mitarbeiter in einem Betrieb, einer gesellschaftlichen Einrichtung oder Organisation (zum Beispiel in Bildungseinrichtungen, volkseigenen Betrieben und Parteien). Entsprechend hießen die Leiter der Personalbüros Kaderleiter, die sich dann auch um die sogenannten Kaderentwicklungspläne kümmerten. Ziel der Kaderentwicklung war auch, politisch besonders vertrauenswürdige Führungskräfte heranzuziehen.)

Ich befolgte seinen Rat, da mir nichts anderes blieb. An ein solides Maschinenbaustudium schloss sich ein Forschungsstudium mit Promotion an, obwohl ich den Eintritt in die SED und die Kampfgruppe sogar im Kadergespräch beim Rektor ablehnte und mich nicht als Reserveoffizier werben ließ. In meiner nach der friedlichen Revolution einsehbaren Kaderakte (*Anm. d. Hg.: Eine den Betroffenen lebenslang begleitende Personalakte*) schrieb der Genosse Kaderleiter auch warnend an den Genossen Rektor, dass ich *„kein* *geeigneter Nachwuchskader sei, den wir im Sinne der wissenschaftlichen Nachwuchsentwicklung fördern sollten".[16]*

Direktor für Kader

Dresden, 4. 4. 1984
93500/103 Sa/He

Gen.
Prof. Wießner
Direktor der Sektion 3

11400

Koll. Dr.-Ing. Matthias R ö ß l e r

Mit Schreiben vom 28. 12. 1983 teilte ich Ihnen meinen Standpunkt zur Umwandlung des befristeten Arbeitsrechtsverhältnisses von Dr. Rößler in ein unbefristetes mit. Obwohl ein Antrag auf Umwandlung der Sektion 3 vorlag, wurde das ARV nicht verändert.

Inzwischen informierte mich der Genosse Rektor, daß Dr. Rößler dagegen Einspruch erhoben hat, da ihm offensichtlich verbindliche Zusagen zur Übernahme in eine unbefristete Tätigkeit gegeben wurden.

Der Genosse Rektor hat angewiesen, für Koll. Dr. Rößler einen unbefristeten Arbeitsvertrag auszufertigen.

Ich möchte nochmals darauf hinweisen, daß Dr. Rößler aus meiner Sicht kein geeigneter Nachwuchskader ist, den wir im Sinne der wissenschaftlichen Nachwuchsentwicklung fördern sollten. Das wurde sehr eindeutig im Kadergespräch des Rektors mit Dr. Rößler sichtbar. So hat Dr. Rößler keine Meinung zur Mitgliedschaft der SED und ist auch nicht bereit, Mitglied der Kampfgruppe zu werden. Die Frage nach der Reserveoffiziers-Bereitschaft wird von ihm dahingehend beantwortet, daß man das im Studium von ihm nicht gefordert hätte.

Da über Dr. Rößler seit seiner Einstellung keine Beurteilung angefertigt wurde, bitte ich um eine ausführliche Beurteilung und um Mitteilung der Planstelle und Vergütung.

Samen

In meiner Kaderakte nach 1989 aufgefundenes Schriftstück

---

[16] Dokument der TU Dresden vom 4.4.1984, Direktor für Kader, an Genossen Professor Wießner, Direktor der Sektion 3.

Damit fand ich mich wie Hunderttausende Angehörige der sogenannten technischen Intelligenz in meinen beruflichen Nischen an Hochschule, an der Akademie der Wissenschaft und im Kombinat Lokomotivbau-Elektrotechnische Werke Hennigsdorf auch irgendwie ab.

Wenn man sich nicht mit dem kommunistischen Regime einlassen wollte, blieb die Konzentration auf die wissenschaftliche Forschung und die Privatsphäre, auf das millionenfache kleine Glück einer inzwischen von vielen verklärten kleinbürgerlichen DDR-Gesellschaft.

> Matthias Rößler, geb. 1955 in Dresden, 1973 Abitur, anschließend Grundwehrdienst, 1975 Studium TU Dresden, Diplom, 1979–1985 Forschungsstudent/Assistent Hochschule für Verkehrswesen Dresden, 1983 Promotion, 1979–1989 Lehrveranstaltungen/Seminare an der TU Dresden zur Strömungsmechanik, 1985 Leiter eines Forschungsteams im Kombinat Lokomotivbau Henningsdorf.
> 1989 Mitglied des Sächsischen Landtags, 1994 Staatsm. für Kultus, 2002–2004 Staatsm. Wissenschaft/ Kunst, 2009-2024 Präsident des Sächsischen Landtags.

***

Anmerkung zeithistorisch - Die „Wende"
Die friedliche Revolution von 1989/90, die von der Bevölkerung der DDR angestoßen wurde und schließlich zur Wiedervereinigung Deutschlands führte, war ein einmaliges Ereignis in der deutschen Geschichte. Der damalige Generalsekretär der SED, Egon Krenz, versuchte dies noch aufzuhalten und bot eine sogenannte „Wende" an. Der Begriff „Wende" wurde zwar übernommen, entsprach jedoch nicht dem ursprünglichen Verständnis von Krenz, der damit lediglich eine Reform innerhalb des Systems der DDR meinte – nicht dessen Abschaffung.

***

Information zeithistorisch - Matthias Rößler
Matthias Rößler engagierte sich ab 1989 in den neu entstehenden Bürgerbewegungen und Parteien, darunter *Neues Forum* und *Demokratischer Aufbruch*. 1990 übernahm er die Leitung der Fachkommission „Wissenschaft und Bildung", die mit der demokratischen Neugestaltung des Bildungs- und Hochschulwesens in der DDR betraut war. Weitere Einblicke gibt sein Beitrag *„Das Jahr 1989 – Der Aufbruch aus der Sicht des akademischen Mittelbaus"*.

***

Das Jahr 1986 - Demonstration von Mitarbeitern der TU Dresden mit ihren Angehörigen

Der Spruch am Sims des Gebäudes, Dresden Thälmannstraße:
„Alles für die Verwirklichung der Beschlüsse des XI Parteitages der SED"
(Der XI. Parteitag der SED fand vom 17. bis 21. April 1986 in Ost-Berlin statt.)

Der Text des getragenen Spruchbandes:
Wir Studenten, Wissenschaftler und Mitarbeiter der TU unterstützen das Programm der Sowjetunion für eine friedliche Welt ohne Kernwaffen.

(Universitätsarchiv der TU Dresden, Fotoarchiv)

***

Ein Kommilitone hatte auf der Leipziger Messe ein Westbuch gestohlen

Dr. med. Michael Büdke (Martin-Luther-Universität Halle-Wittenberg, Studienjahrgang 1976, Fachbereich Medizin, Diplom 1982, Promotion 1987)

Nicht das Studium selbst, sondern der Zugang war in meinem Fall problematisch. Nach der Ablehnung der Bewerbung zum Medizinstudium hatte ich nach dem Abitur zwei Jahre als Hilfspfleger in einer Hochschulpsychiatrie gearbeitet, war trotz guter Arbeitszeugnisse erneut nicht zum Studium angenommen worden und leistete dann von 1973 bis April 1975 Dienst als Bausoldat in der NVA ab. Auch die Studienbewerbung aus dem Wehrersatzdienst heraus wurde abgelehnt.

Engagiert bemühten sich die zuständigen Behörden in Kooperation, auch meine jeweiligen Einsprüche und Beschwerden abzuschmettern, immer den Schein wahrend, dass das alles nichts mit meiner Wehrdienstverweigerung oder gar mit meiner christlichen Grundeinstellung zu tun habe. Ich fand später in den Akten interne Rückkopplungen zwischen Universität, Ministerium für Hoch- und Fachschulwesen und der NVA. Sichtlich erfolgte die Auswahl nicht durch Medizinprofessoren, sondern der jeweils als Direktor für Erziehung und Ausbildung amtierende Professor (oder die Professorin) unterschrieb in der entscheidenden Sitzung die von der Arbeitsebene vorbereiteten Entscheidungen über Zulassung oder Ablehnung.
Sekretärin und eigentliche Chefin der Abteilung Erziehung und Ausbildung (E&A) am Bereich Medizin war damals die Genossin Käthe Dick (beim MfS IM „Käthe" – also Stasi-Informant).[17]

Eigentlich hatte ich resigniert und eine Arbeit mit berufsbegleitender Ausbildung zum Buch- und Musikalienhändler aufgenommen. Mit einer Beschwerde beim SED-Generalsekretär Honecker wollte ich abschließend (im Sommer 1975) meinem Frust Ausdruck geben und einen letzten Versuch machen. Der Brief war lang, argumentativ-sachlich, im Ton höflich mit

---

[17] Steffen Reichert: Unter Kontrolle. Die Martin-Luther-Universität und das Ministerium für Staatssicherheit 1968–1989, 2 Bde., Halle 2007, Bd.1, S. 308 ff.

ironisch-fragenden Abschnitten. Gerade war der Helsinki-Prozess, eine deutliche Entspannung zwischen Ost und West, auf seinem Höhepunkt. Mit „Helsinki-Prozess" sind die „Konferenzen über Sicherheit und Zusammenarbeit in Europa" gemeint, die 1975 zur Unterzeichnung der Schlussakte von Helsinki führten. Die DDR hatte sich in diesem Rahmen zu allerhand Menschenrechtsfragen geäußert und immer ihre Rechtsstaatlichkeit betont.

Unerwartet bekam ich vom „Büro Honecker" den Bescheid, dass mein Anliegen zur Prüfung an das Ministerium für Hoch- und Fachschulwesen zurückverwiesen worden sei. Kurz darauf kam von dort, woher ich sonst gewundene ablehnende Briefe bekommen hatte, die Mitteilung über die Zulassung zum Medizinstudium, „leider" nicht mehr für das bald beginnende Semester, sondern ein Jahr später, ohne dass ich mich neu bewerben müsse.
Das dürfte für die kleinen Parteidiktatoren an der Uni Halle ein Schock gewesen sein. Noch im Sommer 1976, kurz vor Studienbeginn, fragte der E&A-Leiter der gesamten Uni, Genosse Sobotta, auf einem in den Akten erhaltenen handschriftlichen Zettel bei der Genossin Dick an, ob ich nicht vielleicht die Auflage hätte, in dem erzwungenen letzten Wartejahr in einem volkseigenen Betrieb zu arbeiten. Sie antwortete ebenfalls handschriftlich, es sei nicht so gewesen, das „Leider" liest man zwischen den Zeilen.

Das Studium begann. Ich fühlte mich wie alle anderen, es war neu, es war spannend, anstrengend, wunderbar. Es zählte die Leistung, die fachliche Ausbildung. Ich war nie in der FDJ gewesen; das spielte keine Rolle.

Über die „Rote Woche", ein Begriff, der sich unter Studenten eingebürgert hatte, wurde allgemein gelacht. Dabei handelte es sich um eine Art Indoktrination zu Beginn jedes Studienjahres, bei der zahlreiche marxistisch-leninistischen Pflichtveranstaltungen stattfanden. Ziel dieser Veranstaltungen war es, durch intensive „Gehirnwäsche", die von der SED-gewünschten Einstellungen zu politischen und weltpolitischen Ereignissen in der DDR zu bewirken.
Wenn ich mich richtig erinnere, fand sie an der Uni Halle gar nicht oder nur rudimentär statt, weil die Wohnheime gerade zu dieser Zeit immer wegen der Leipziger Messe von den Studenten geräumt werden mussten, um Messequartiere zu schaffen.

Für den „Sozialistischen Studentenwettbewerb" bauten wir zu viert eine etwa 60 cm hohe Marionette ohne besondere künstlerische Merkmale – wir wollten nichts „Sozialistisches" machen. Das hatte ich in der Freizeit als Bausoldat gelernt. Das Thema war egal, Hauptsache war die Abrechnung der Teilnehmerzahlen am Wettbewerb nach oben. Die Marionette wurde akzeptiert und ausgestellt.

Mein Eindruck von Anfang an: Stolz der allermeisten Lehrenden auf die Qualität und die alte Tradition der Lehre an unserer Alma Mater. Hinnehmen der „Roten" Abteilungen als notwendiges Übel, deren Forderungen man erfüllt, um keinen Ärger zu bekommen. Hohes Engagement in der Lehre, bis hin zu Extrazeit für besonders interessierte Studierende. Auf jeden Fall Wahrnehmung der Lernenden als Individuen, sofern sie lernbegierig waren.

Im ersten Studienjahr unterrichtete in „Marxistisch-leninistischer Philosophie" (ML) ein unangenehmer Dozent, der auch unser Seminar leitete.[18] Er ließ in der ersten oder zweiten Seminarveranstaltung plötzlich einen Zettel herumgehen, auf dem jeder die Berufe der Eltern notieren musste. Es gab keine Begründung dafür.
Bei der Prüfung in ML im ersten oder zweiten Studienjahr fiel ein Student, eifriger Kommunist, durch, offensichtlich, weil er im blauen FDJ-Hemd erschienen war. Wir haben gelacht, weil eben gerade bei den ML-Leuten der schwarze Anzug so wichtig war, um als gleichberechtigtes und wichtiges Fach neben Anatomie, Physiologie, Biochemie usw. zu gelten. Bei diesen naturwissenschaftlichen Fächern wäre man in Halle im FDJ-Hemd aus der Prüfung geworfen worden. Schwarzer Anzug war Pflicht.

Ein Kommilitone hatte auf der Leipziger Messe ein Westbuch gestohlen, ein allgemeiner „Volkssport", auf den die westdeutschen Verlage offensichtlich vorbereitet und eingestellt waren, wenn ich das auch nicht beweisen kann. Ohne Verwandtschaft im Westen kam man ja sonst nicht an westliche Fachbücher und auch *mit* solchen Beziehungen kaum an Belletristik heran. Jedenfalls wurde er von ostdeutschen Aufpassern erwischt und von der Staatssicherheit in mehreren Verhören („Gesprächen" auf dem Gelände und in

---

[18] Dr. Edgar Fischer war Dozent für Marxistisch-Leninistische Philosophie.

Räumen der Medizinischen Fakultät) erpresst, als IM unter den Studenten zu arbeiten. Bei Weigerung Exmatrikulation.

Zum Glück erzählte er es schnell einigen, auch mir, und ließ diese Verletzung der Konspiration durchblicken. Die Sache verlief für ihn folgenlos.

1976 oder 1977 las Sarah Kirsch im TURM, dem Studentenklub der FDJ. Sie war schon politisch verfemt, reiste 1977 in die BRD aus. Die Karten waren offensichtlich durch die FDJ an zuverlässige Mitarbeiter verteilt worden, doch es waren auch viele Interessierte da. Wir hatten keine Karten, wurden aber als Gruppe literaturbegeisterter Medizinstudenten von einem Insider kurz nach Beginn der Lesung durch einen Nebeneingang in den Raum geschleust. Es war sehr voll. Wir landeten unmittelbar zu Füßen der Autorin, auf dem Fußboden, der im ganzen Raum besetzt war. Kaum saßen wir, machten sich vom offiziellen Eingang aus zwei Ordner durch die Enge robbend auf den Weg zu uns, um im flüsternden Befehlston die Studentenausweise einzusammeln. Wenige, auch ich, konnten sich im Gedränge entziehen. Die anderen mussten nach einigen Tagen die Ausweise bei der Uni-FDJ-Leitung abholen und bekamen eine Verwarnung.

Ich erhielt Leistungsstipendium, wie viele mit guten Leistungen. Sozialistisches Engagement oder FDJ-Zugehörigkeit spielten hier keine Rolle. Es hieß allgemein, man bekommt Leistungsstipendium, nicht „ein Leistungsstipendium", deshalb habe ich es auch bewusst so geschrieben. Die Formulierung „ein Leistungsstipendium" würde suggerieren, es habe, ähnlich wie heute, verschiedene Stipendien gegeben, um die man sich hätte bewerben können. Das war nicht der Fall. Das Leistungsstipendium war streng an die fachliche Benotung gebunden und betrug, soweit ich mich erinnere, 40, 60 oder 80 Mark pro Monat bei einem Grundstipendium von 120 Mark, es war also für Studenten durchaus ein Wert.

Allein die fachlichen Ergebnisse zählten. Das verwaltete die gleiche E&A-Abteilung, die beobachtete, ob man zur Maidemonstration ging auch zu den Wahlen. Es war absurd. Den einzigen Ernteeinsatz, an den ich mich aus dem Studium erinnere, musste ein Dozent für Pharmakologie organisieren.

Vor 1976 war die militärische Ausbildung als Pflichtabschnitt im ersten oder zweiten Studienjahr vorgesehen. Ich hätte sie verweigert und wäre mit

Sicherheit deswegen exmatrikuliert worden. Aber zu meinem Glück wurde mit Beginn unseres Studiums dieses Problem auf das fünfte Studienjahr verlagert. Als es dann so weit war, ging es nur noch um die Frage, Offizier zu werden. Mein Argument, als Bausoldat könne ich gar nicht Reserveoffizier werden, denn ein Bausoldat hatte ja keine Waffenausbildung und konnte auch nicht befördert werden, wurde ohne Kommentar akzeptiert.

Fachlich blieb es immer interessant und sachlich. Man wusste von vielen Lehrenden und Studierenden, dass sie „rot" waren, auch, vor wem man sich in Acht nehmen musste. Allgemein wurde ja in der DDR nicht allein nach Parteizugehörigkeit, sondern eher nach persönlicher Erfahrung und Gefühl differenziert. In Halle spielten in der medizinischen Lehre politische Dinge keine Rolle, auch nicht bei Examina. Eine Ausnahme war unser Professor für Militärmedizin, Kurt Geiger.
Kurt Geiger (1920–1993) war ein deutscher Militärmediziner und NVA-Generalmajor. 1979 wurde er zum Leiter der neu gegründeten Abteilung Militärmedizin an der Martin-Luther-Universität Halle-Wittenberg berufen.
Wir haben ihn damals erlebt, wie er auch in „Geschichte der Medizinisch-Biologischen Institute Berlin-Buch" charakterisiert wird: großmäulig.[19] Einer, der sich für einen ganz Großen hielt und sich durch bizarren Unsinn selbst disqualifizierte wie zum Beispiel in seiner Vorlesung: *„Ich bin nicht nur klüger als Sie alle, ich bin auch intelligenter als Sie alle"* oder ein anderes Mal *„Die Zahl der Intershops hat bei uns ein Optimum erreicht"*.

Intershops, das waren Geschäfte in der DDR zum Verkauf westlicher Waren gegen westliche Währung, auch für DDR-Bürger offen. Diese hatten allerdings ab etwa Anfang der 80er Jahre Devisen vorher in sogenannte Forumschecks bei der DDR-Staatsbank umzutauschen. Die Läden waren für die meisten Menschen, die keine Devisen hatten, ein ständiges Ärgernis.

Ich kann mich nur an einen einzigen Internisten erinnern, der, bei fachlich gutem Seminar, penetrant und pseudoväterlich nach der gesellschaftlichen und politischen Tätigkeit jedes einzelnen Studenten fragte. Man wusste

---

[19] Vgl. Heinz Bielka: Geschichte der Medizinisch-Biologischen Institute Berlin-Buch, 2. Aufl., Berlin/Heidelberg 2002, S. 90 f.

nicht recht, warum. Er nervte sehr. Heute lebt er wieder in Halle und macht auf kulturvollen Pensionär in halböffentlicher Stellung.

Das Fach Marxismus-Leninismus, das nach „Philosophie" im ersten und „Politischer Ökonomie" im zweiten Studienjahr uns schließlich als „Wissenschaftlicher Kommunismus" nahegebracht werden sollte, verlor unter Prof. Ernst Luthers[20] realitätsferner nicht *Vor-* sondern *Verlesung* jeglichen Glanz, während mit einem jungen Dr. Lübbe gut und nah an Problemen zu diskutieren war.

Sicher hat auch die in Halle ansässige Leopoldina *(Anm. d. Hg.: Die Leopoldina ist die älteste, ununterbrochen existierende naturwissenschaftlich-medizinische Akademie der Welt)* dazu beigetragen, dass die SED-Einflüsse auf das Medizinstudium marginal (aus meiner Erfahrung) blieben. Die Jahrestagungen dieser Gelehrtenvereinigung waren Glanzlichter. Hallesche Professoren hatten hohe Funktionen in der Leopoldina. Die Parteifunktionäre wurden vorgeführt, wenn sie zum Beispiel als Einzige in Tagungsbroschüren mit ihren akademischen Titeln aufgeführt waren, neben Nobelpreisträgern, die schlicht mit Namen erschienen. So etwas wurde auch von Studierenden wahrgenommen und belächelt. Tagsüber durften einige von uns als Saalordner und Ähnliches arbeiten und den Vorträgen lauschen. Abends ging man dann in die Laurentiuskirche und hörte Carl Friedrich von Weizsäcker[21] zu, den die ESG eingeladen hatte.

Am Ende des Studiums kam die Absolventenlenkung. Natürlich gab es hier Vorteile für Genossen und sicher auch für Stasi-IMs. Auch ich bekam nicht mein Wunschfach. Aber das ging vielen so. Und mit größerer Mobilität innerhalb der DDR hätte sicher auch ich anderes erreichen können. Auch war ich offen für Kompromisse.

Was mich wirklich aufbrachte, war das Verbot unserer Examenszeitung. 10 bis 15 Studierende hatten sie gemacht. Das Titelblatt parodiert das SED-Zentralorgan „Neues Deutschland". Über dem Zeitungstitel stand: „Proletarier aller Länder, vereinigt euch", darunter „Organ des Zentralkomitees der

---

[20] Zu Professor Ernst Luther vgl. Steffen Reichert: Unter Kontrolle.

[21] Carl Friedrich von Weizsäcker (1912–2007), deutscher Physiker, Philosoph und Friedensforscher, beschäftigte sich mit den Gefahren der Atombombe, des Nord-Süd-Konflikts und der Umweltzerstörung und trat für einen radikalen Pazifismus ein. (Anm. d. Hg.)

Medizinarier aller Lehrstühle, verteidigt euch!

DAS PARODIES

Organ des Satirialkomitees der Optimistischen Absolventenschaft
Martin-Luther-Universität Halle-Wittenberg   Bereich Medizin

Ausgabe I/81   erscheint einmalig und inoffiziell

STUDENTENZEIT - SCHÖNSTE ZEIT

Fünf Jahre lang war diese Weisheit immer wieder Grund für Stoß-
seufzer altehrwürdiger Katheder-Hasen. Nun werden wir ihn selbst
bald ausstoßen! Ehe sich aber der atherosklerotische Kalk auf
den Erinnerungen ablagert, soll mit einer Karikatur des studentischen "Paradieses" senilen Sentimentalitäten vorgebeugt werden.
In Lied, Wort und Bild ist auf den folgenden Seiten das Leben im
Garten der akademischen Lüste festgehalten worden.

Titelblatt der Examenszeitung deren Druck verboten wurde.

Sozialistischen Einheitspartei Deutschlands". Unsere Examenszeitung war
scharf und kritisch. Sie musste jedoch bei der FDJ-Leitung eingereicht

werden. Der hauptamtliche FDJ-Sekretär war ein Arzt, dem nach dieser Funktion alle Wege offenstanden.

Eine Druckgenehmigung wurde nicht erteilt. Nur wir Initiatoren besitzen jede(r) ein Schreibmaschinenexemplar mit eingeklebten Fotos.

Wenn ich zusammenfasse: Mein Medizinstudium an der MLU Halle-Wittenberg 1976 bis 1982 war schön, fachlich gut und hat mir eine solide Grundlage für die Berufsausübung gegeben. Die SED und ihre Hilfsstrukturen haben am Primat der fachlichen Ausbildung nichts Wesentliches geändert. Ich kann nicht beurteilen, ob sie das wollten. Die Auswahl der Studierenden war in unangemessener Weise durch die Partei diktiert.

Auch gab es unnötige Belastungen durch die Ausbildung in Marxismus-Leninismus und andere politisch-organisatorische Vereinnahmungen. Nach meinem Eindruck konnten diese Einflüsse durch überwiegend passiven Widerstand (ins Leere laufen lassen) sehr in Grenzen gehalten und dadurch nahezu unwirksam gemacht werden.

Ein Rückblick:

Leipzig, Februar 1976. Ich bin Buchhändlerlehrling aus Magdeburg (mit Studienplatz für Medizin ab September 1976) und befinde mich zum schulischen Abschnitt meiner Ausbildung an der Buchhändlerschule in Leipzig. Mit Freundinnen aus Leipzig und anderswoher sind wir am Abend in der Hochschule für Grafik und Buchkunst, nach meiner Erinnerung ein großer Saal (Keller?), große Party (Fasching?). Sicher waren deutlich mehr als 100 Menschen im Raum. Nach Mitternacht singen alle – auch Dozenten – auswendig und laut Lieder von Wolf Biermann.

Und ich hatte immer gedacht, einer der ganz wenigen zu sein, die diese Lieder kennen und auswendig können. Freude und Hoffnung. Neun Monate später wird Biermann ausgebürgert. Auf dem Weg zur Mensa in Halle sehen wir von der Stasi frisch übermalte Protestparolen an einer Hauswand. Am 1. Dezember 1989 bin ich als junger Arzt auf dem Biermann-Konzert in Leipzig. Freude und Siegesgefühl.

1. DEZEMBER 1989 * 20.00 UHR

WOLF **BIERMANN**

IN **LEIPZIG** Messehalle 2
Messegelände/Leninstr.

EINTRITTSPREIS 15,– M
EINLASS: 18.30 Uhr   jwd – jürgen-wille-druck, berlin 1120 – BG 058/89

WOLF
BIERMANN
IN
LEIPZIG

01. 12. 1989
20.00 Uhr

Kontrolle

2344 ☼

Eintrittskarte für das Wolf-Biermann-Konzert am 1. Dezember 1989 in Leipzig

Michael Büdke, geb. 1952 in Magdeburg, Abitur 1971 EOS „Karl Marx" in Calbe/S.; 1971–1973 Pfleger Psychiatrie der Medizinischen Akademie Magdeburg; 1973-1975 Bausoldat; Ausbildung als Buchhändler; Medizinstudium 1976–1982; Facharztausbildung für Allgemeinmedizin, Promotion 1987. 1991-2005 niedergelassener Arzt mit eigener Praxis in Halle.

***

Information zeithistorisch – Bausoldat

In der DDR wurde ab 1964 eine Sonderform der Wehrpflicht geschaffen, die es erlaubte, die Wehrpflicht ohne unmittelbaren Waffendienst als Bausoldat (auch Spatensoldat genannt) abzuleisten. Die Bausoldaten wurden an militärischen Bauvorhaben, später auch an Schwerpunkten in der Wirtschaft eingesetzt. Sie waren Angehörige der NVA und hatten in der Regel mit Benachteiligungen bei der weiteren beruflichen Entwicklung zu rechnen.

***

** Kommentar zeithistorisch ** - Abschlussehrungen

Das Ende des Studiums war und blieb – auch nach den Vorfällen mit den ET-Fine an der TU Dresden – ein studentischer Brauch an Hochschulen und Universitäten. Verständlich, dass insbesondere die technischen Studienfächer hier mehr Spielraum hatten und kreative Ideen entwickelten.

Die Einladung von den Studenten der Landmaschinentechnik der TU Dresden zur Abschlußvorlesung von und bei Prof. Gruner verdeutlicht die enge Verbundenheit der Studierenden mit ihm.

2. November 1967, die letzte Vorlesung

Die Einladung LMT

(Landmaschinentechnik)

Prof. Gruner vermittelte seinen Studenten Lebensweisheiten und Wissenswertes wie:

- das die Zugmenge mit der Biermenge abnimmt ...

- dass ein Sitz für Funktionäre auf jede Zugmaschine gehört.

- dass unzweckmäßige Konstruktionen im Neurerwettbewerb Geld bringen.

(siehe den Beitrag von Helmut Henke in Band 1, Seite 323)

Arbeit und Fernstudium waren eine hohe Belastung

Dipl.-Ing. Roland Mettcher (TU Dresden, Fernstudienjahrgang 1976, Sektion Fertigungstechnik und Werkzeugmaschinen, Diplom 1982)

Da ich nicht an der Jugendweihe teilnahm, sondern mich konfirmieren ließ, durfte ich nicht auf die erweiterte Oberschule (EOS) gehen und so war ein Abitur für mich ausgeschlossen. Ein Studium schien zunächst unerreichbar.

Also begann ich 1965 eine Ausbildung zum Mechaniker beim VEB Feinmess. Die Firma stellte in den 60er Jahren feinmechanisch-optische Geräte her. Es gab eine Ausbildungsstätte für etwa 40 auszubildende Feinmechaniker je Lehrjahr. Mein Berufsschulklassenlehrer war für mich nicht als SED-Genosse erkennbar, ich kann nicht wissen, ob er einer war oder nicht. Jedenfalls verhielt er sich unpolitisch, das gab es im DDR-Schulwesen als seltene Ausnahme auch. Er holte mich einmal nach dem Unterricht zu sich und fragte mich, warum ich bei meinen guten schulischen Leistungen kein Abitur gemacht hätte und warum ich nicht studieren wolle.

Ich erzählte ihm von der fehlenden Jugendweihe. Da zeigte er mir einen Weg auf, nämlich dass ich mit dem Facharbeiterbrief und dem guten Abschlusszeugnis die Fachschulreife erworben hatte und mich zum Ingenieurabendstudium bewerben könnte. Er war persönlich bekannt mit dem Leiter der Fachschule für Maschinenbau Bautzen, Außenstelle Dresden, und gab mir eine persönliche Empfehlung mit.

Zuerst musste ich den Grundwehrdienst bei der Nationalen Volksarmee der DDR (NVA) von November 1968 bis April 1970 absolvieren. Dort sagt man mir, wenn ich eine Chance zum Ingenieurabendstudium haben wollte, benötigte ich eine Delegierung vom Betrieb. Diese könnte ich nur bekommen, wenn ich mich für mindestens drei weitere Jahre Militärdienst verpflichten würde. Dies lehnte ich jedoch ab und stellte mich darauf ein, nun doch auf ein Studium verzichten zu müssen.

Ich nahm meine Arbeit als Mechaniker beim VEB Feinmess wieder auf und bat um eine Delegierung zum Abendstudium. Dies wurde mir abgelehnt, der Betrieb habe ein Interesse daran, mich in meinem erlernten Beruf als Schichtarbeiter zu beschäftigen, nicht aber als Ingenieur.

So schnell gab ich jedoch nicht auf und sah mich anderweitig um, wo es eine Chance für mich geben könnte. Anfang 1971 bewarb ich mich als Mechaniker beim VEB Messelektronik Dresden. Gleich bei der Bewerbung sprach ich von meinem Studienwunsch, erzählte von der Empfehlung, die ich hatte, und bat um Delegierung zum Ingenieurabendstudium.
Ich solle doch erst einmal anfangen. Eine Delegierung könne ich erst bekommen, wenn ich mich in der neuen Arbeitsstelle bewährt habe. Ich ließ mich darauf ein und nahm den neuen Job im Mai 1971 an und wusste zunächst nicht, ob es mit dem Studium klappen würde.

Die Delegierung bekam ich im August, da war die Anmeldefrist schon abgelaufen. Dennoch ging ich hin und bewarb mich zum Studium. Die gute Empfehlung von meinem ehemaligen Berufsschulklassenlehrer war offenbar entscheidend, vielleicht hatte ich auch besonderes Glück, indem ein Student kurzfristig zurückgetreten war, ich weiß es nicht, doch ich konnte noch im September 1971 mein Abendstudium beginnen.

Meine Arbeitszeit in der Werkstatt dauerte von 6.45 bis 16.15 Uhr, dann musste ich ganz schnell zur Straßenbahn, es waren zehn Minuten Fahrt bis zur Ingenieurschule. Dienstags bis freitags dauerte das Abendstudium von 16.30 bis 20.00 Uhr.

Wir waren zu Beginn 22 Studenten in der Seminargruppe. Gleich am ersten Tag in der Unterrichtspause rief einer: „Alle Genossen bitte raus in den Korridor an den Aschenbecher, wir bilden die Parteigruppe!" Insgesamt waren es fünf Kommilitonen, die sich dort trafen. Was sie sich vornahmen oder auch später unternahmen, blieb uns Übrigen verborgen. Sie übten keinen Einfluss auf uns und unseren Studienablauf aus, wir hatten den Eindruck, sie wollten es auch nicht.
26 Fächer waren in acht Semestern zu erlernen, davon in den ersten vier Semestern ML (Marxismus-Leninismus). Die SED-Genossen unter uns hatten

die gleichen Schwierigkeiten wie alle anderen auch, den ML-Schulbuch-lehrstoff zu erlernen.

Die anderen Dozenten der „nützlichen Fächer" verhielten sich betont unpo-litisch und riskierten gelegentlich leicht politisch angehauchte Witze. Jeder Dozent ließ sich mindesten einmal überreden, abends nach dem Unterricht mit der Seminargruppe Bier trinken zu gehen. Ich habe dieses Studium als angenehm unpolitisch empfunden und schloss mit guten Ergebnissen ab.

Wieder hatte ich Glück. Ein Dozent holte mich zu sich und fragte, ob ich nicht weiter studieren wollte. Nun hatte ich doch mit dem Ingenieurab-schluss die Hochschulreife, welche man als besonders „linientreuer" DDR-Bürger mit dem Abitur hätte leichter haben können. Dieser Dozent war per-sönlich bekannt mit Professor Rockstroh, damals Direktor der Sektion Ferti-gungstechnik und Werkzeugmaschinen, später Rektor der TU. Dort ging er mit mir hin, um mich persönlich zu empfehlen. Der Professor sah sich meine Ergebnisse an und erklärte sich bereit, mich zu immatrikulieren. Vorausset-zung war wiederum eine Delegierung des Betriebes.

Beim VEB Messelektronik Dresden stieß dieses Anliegen nicht auf Gegen-liebe. Es reiche für diesen Betrieb, wenn ich Ingenieur sei. Offenbar war man der Meinung, Posten mit höherer Qualifikation blieben ohnehin den SED-Genossen vorbehalten. Es wurde so nicht gesagt, doch die gängige Praxis war so. Gesagt wurde mir, ich solle mich erst mal einige Jahre als Ingenieur bewähren und dann könnte man ja mal weitersehen. Gleichzeitig wurde mir aber angetragen, ich solle der „Kampfgruppe der Arbeiterklasse" beitreten, ich hätte doch mit meinem Grundwehrdienst bei der NVA genü-gend militärische Ausbildung und könne mir mit der Mitgliedschaft in der Kampfgruppe einen möglichen Reservedienst bei der NVA ersparen.

Wozu gab es die Kampfgruppe? Um die DDR gegen innere Feinde zu schüt-zen. Das hätte bedeuten können, dass die Kampfgruppe eingesetzt worden wäre, um Demonstrationen mit Waffengewalt niederzuschlagen. Dann hätte ich womöglich auf die eigenen Landsleute schießen müssen.

Kampfgruppe wäre für mich nie infrage gekommen. Lieber hätte ich auf das Studium verzichtet.

Ich meldete mich bei der freiwilligen Betriebsfeuerwehr, das fand ich unpo-litisch und ich zeigte doch Engagement für den Betrieb und die Gesellschaft.

Mein Abteilungsleiter holte mich zu sich und sagte mir, dass er sehr enttäuscht sei, dass ich mich mit der Feuerwehr um die Kampfgruppe gedrückt hätte.

Ich stellte mich auf eine Arbeit als Ingenieur ohne weiteres Studium ein und arbeitete an Rationalisierungsprojekten. Dennoch suchte ich weiter nach einer Arbeitsstelle, von der ich eine weitere Delegierung zum Fernstudium bekommen könnte. Diese fand ich bei Typoart in Dresden. Beim Bewerbungsgespräch erzählte ich vom Besuch bei Professor Rockstroh und machte meine Zusage von der Zusage zur Delegierung abhängig. Offenbar wollte man mich unbedingt haben und ging auf meine Bedingung erstaunlicherweise ein. Im August 1976 begann ich meine Arbeit bei Typoart als Ingenieur für Investitionen und nahm gleich darauf im September als Fernstudent an der TU Dresden mein Studium auf.

Arbeit und Studium zusammen waren für mich schon eine hohe Belastung. Ich habe an manchen Tagen zehn bis elf Stunden bei der Arbeit zugebracht. 8,75 Stunden war die Regelarbeitszeit. Abends und an Wochenenden habe ich für das Studium gelernt. Dazu hatte ich in dieser Zeit schon eine Familie mit drei Kindern. Ich wurde, wie beim Fernstudium üblich, 26 Tage im Jahr von der Arbeit freigestellt (Studientage). Diese brauchte ich für Vorlesungen – regelmäßig 14-tägig ein ganzer Tag, an dem dann auch Klausuren geschrieben wurden – und für Prüfungen.

Das Fernstudium empfand ich weitestgehend als unpolitisch. Die Professoren und Dozenten konzentrierten sich auf das Fachliche und waren freundlich und normal. Die einzige Ausnahme war wiederum Marxismus-Leninismus, und dieses Fach war hier besonders nervig. Der Dozent hieß Dr. Ludewig. Das Ganze ging über sieben Semester und endete mit einer Hauptprüfung. Alle 14 Tage mussten wir ein „Konspekt" über den jeweils aktuellen Stoff abgeben.

Es mussten jedes Mal sieben DIN-A4-Seiten (!) geschrieben werden, handschriftlich, PCs hatten wir nicht. Ich wurde einige Male von Herrn Dr. Ludewig zu persönlichen Gesprächen einbestellt, weil er mit meinen Konspekten gar nicht zufrieden war. Ich schrieb zwar immer sieben Seiten, doch es war ihm aufgefallen, dass ich zu viel aus dem Lehrbuch abgeschrieben hatte. Das war eben keine „wissenschaftliche" Arbeit. Wir sollten originale Literatur (Marx, Engels, Lenin) zitieren. Ich verstand eben nicht, was daran so „wissenschaftlich" war.

Ich erklärte ihm, dass es für mich schwierig war, die Zeit für alle Lernfächer aufzubringen. Ich erzählte ihm von meiner verantwortungsvollen Tätigkeit im Betrieb, dass ich doch als Führungskraft in besonderem Maß belastet war und deshalb abends oft spät nach Hause kam und dass für die Familie mit drei Kindern auch Anforderungen zu erfüllen waren.

Das interessierte den Herrn Dr. Ludewig, den ML-Dozenten, überhaupt nicht. Er rechnete mir vor, die TU habe für das Fernstudium 20 Stunden pro Woche veranschlagt, wer seinen Stoff in dieser Zeit nicht schaffe, sei eben kein guter Student und gehöre nicht an die TU. Ich könne doch jeden Abend diszipliniert zwei Stunden lernen, montags bis freitags, das seien schon mal zehn Stunden. Samstags und sonntags könne ich jeweils um 6 Uhr aufstehen und bis 13 Uhr lernen. Nach dem Mittagessen wäre dann noch genügend Zeit, mit den Kindern spazieren zu gehen. Er erklärte mir, ML sei eben ein Hauptfach mit einer Hauptprüfung. Diese müsse bestanden werden, sonst erfolge unweigerlich die Exmatrikulation.

Gerade als Führungskraft im Sozialismus müsste ich das in mich gesetzte Vertrauen erfüllen, für meine Mitarbeiter ein Vorbild sein und mit besonders gutem politischem Wissen argumentieren können. Dies könnte ich nur erfüllen, wenn ich die wissenschaftlichen Grundlagen des Marxismus-Leninismus in besonderer Weise beherrsche. Herr Dr. Ludewig sagte mir zum Schluss, wenn meine Leistungen in ML nicht sofort besser würden, könnte er auch gleich meine Exmatrikulation bewirken, womit sich der Posten, den ich bekleidete, dann für mich wohl auch erledigen würde.

Das war eine deutliche Drohung. Also blieb mir nichts übrig, als meine Marxismus-Leninismus-Leistungen auf das Mindestmaß zu verbessern. Das fiel mir schwer und ich weiß nicht mehr, wie ich das Ganze doch noch geschafft habe. Letztlich habe ich diese Hauptprüfung mit „Befriedigend" bestanden, der Durchschnitt in den anderen Fächern war „gut". Das Fernstudium wurde nach fünf Jahren 1975 abgeschlossen.

In der beruflichen Praxis als Akademiker in der DDR konnte man sein technisches Wissen recht gut anwenden. Mir ist jedoch nicht eine einzige

Situation im beruflichen Alltag vorgekommen, in der ich Wissen aus „ML"
hätte gebrauchen müssen.

Roland Mettcher, geb. 1949; Schulabschluss 10. Klasse; 1965 Ausbildung zum
Mechaniker, 1969 Wehrpflicht NVA; 1971 Fa.Typoart und Fernstudium (FH), 1978
Hauptabteilungsleiter Technologie, Mitglied der Betriebsleitung, Leiter Produktion,
Materialwirtschaft, Absatz; 1976–1982 Fernstudium TU Dresden, 1983–1988
Technologie-Projekte Kombinat NAGEMA; 1985 Ausreiseantrag.
1988 Übersiedlung in die BRD, 1988 Fertigungsplaner/Fertigungsleiter Amphenol-
Tuchel, 1992 Produktionsleiter in der Lincoln GmbH Walldorf.

***

***

Anmerkung des Herausgebers: *Ich selbst habe vier Jahre als Feinoptiker beim
VEB Feinmess gelernt. Meine Berufsschullehrer sowie die Lehrwerkstattleitung emp-
fahlen mir ein Studium. Doch der damalige Kaderleiter lehnte meine Delegierung ab,
da ich mich nicht freiwillig für zwei Jahre Militärdienst verpflichten wollte. Er musste
eine Quote erfüllen, zu der er sich selbst freiwillig verpflichtet hatte (aus: Chronik
einer angekündigten Flucht, BoD Verlag 2023, 3. Auflage).*

***

Anmerkung des Herausgebers: *Die Abbrecherquote im Fernstudium der DDR lag
bei rund 60 % – ein deutliches Zeichen für die Überforderung vieler Teilnehmer. Die
Anforderungen waren hoch, die Bedingungen wenig studierendenfreundlich: Das
Lernpensum musste neben einer regulären 48-Stunden-Woche und zu festgelegten
Terminen bewältigt werden. Ein einziger Wochentag war für das Studium vorgese-
hen – für Konsultationen, Prüfungen und das Selbststudium anhand standardisierter
Lehrbriefe, die speziell für Fernstudierende konzipiert worden waren. Individuelle
Betreuung war die Ausnahme, strukturelle Überforderung die Regel. Roland Mett-
cher beschreibt dies in: „Arbeit und Fernstudium waren eine hohe Belastung".*

***

Ich machte den Vorschlag: Wir sollten heiraten

Christina Harnisch (Studienjahrgang 1976, TH „Carl Schorlemmer" Leuna-Merseburg/TU Dresden Chemiestudium; Diplom 1982)

Mein Wunsch, Chemie zu studieren, entstand bereits mit Beginn des Chemieunterrichts in der 7. Klasse und durch die Teilnahme an verschiedenen Chemiezirkeln. Eine Bewerbung an der nahegelegenen Technischen Universität in Dresden scheute ich jedoch, da vom Hörensagen bekannt war, dass dort nur die Allerbesten – bezogen auf die Zensuren – aufgenommen wurden. Deshalb bewarb ich mich für ein Chemiestudium an der Technischen Hochschule „Carl Schorlemmer" in Leuna-Merseburg – mit Erfolg. Ich war glücklich, dass ich mein Wunschfach studieren konnte. Damals waren wir über 200 Chemie-Studierende.

Es war das erste Mal, dass ich mit 18 Jahren allein von zu Hause weg war – eine große Umstellung. Der Hochschulcampus lag außerhalb des Stadtzentrums, am Rand der Kreisstadt Merseburg, wie ein eigenes kleines „Städtchen". Für studierende Eltern gab es eine Kinderkrippe und einen Kindergarten. In unmittelbarer Nähe zum TH-Gelände befanden sich ein Bäcker und ein Lebensmittelladen – man musste also nicht unbedingt ins Stadtzentrum. Fast unser gesamtes Leben spielte sich auf dem Campus ab. In der Stadt waren wir selten. Ich erinnere mich, dass wir einmal im berühmten Dom zu einem Orgelkonzert waren.

Dass die Saale durch Merseburg fließt, ist an uns weitgehend vorbeigegangen – das stellten wir 45 Jahre später bei einem Studienjahrgangstreffen schmunzelnd fest.

Gelegentlich fuhren wir mit der Straßenbahn ins 15 km entfernte Halle, um dort im Kaufhaus Konsumgüter (z. B. Bettwäsche) zu kaufen, die es anderswo nicht gab – es herrschte ja Mangel an vielen Dingen.

Im Hauptgebäude der TH befanden sich neben Hörsälen, Seminarräumen und großen Laboratorien auch eine Bibliothek. Auf jeder Etage gab es eine Imbissversorgung – ein belegtes Brötchen kostete nur 20 Pfennig. Insgesamt gab es zehn Wohnheime. Die Miete für ein Wohnheimzimmer betrug 10 DDR-Mark pro Monat – Bettwäsche inklusive.

Die neu gebaute Mensa, direkt neben unserem Wohnheim 10, hatte eine besondere Anziehungskraft. Manchmal ließen wir die erste Vorlesung ausfallen, um dort in Ruhe zu frühstücken – besonders, wenn es um Marxismus-Leninismus ging. Dieses Fach mussten wir wohl oder übel mit Vorlesungen und Seminaren über uns ergehen lassen.

Zum Mittag gab es meistens Wahlessen. Für 1,30 Mark bekam man ein Menü mit Hauptgang und Kompott.

Ich wohnte in einem der drei neu errichteten Wohnblöcke. Dort gab es Seminarräume, die wir vor wichtigen Klausuren zum gemeinsamen Lernen nutzten. Da viele von uns auch an den Wochenenden in Merseburg blieben, wurde in diesen Räumen oft gefeiert. Besonders gut erinnere ich mich an eine Faschingsfeier. Ein Foto zeigt unsere „BCC"-Band (Birgit–Conny–Christina) – ich bin in der Mitte zu sehen.

Auf einer Feier gab es Bowle - die Früchte waren in Primasprit eingelegt, den wir zuvor in der Chemikalienausgabe "abgezweigt" hatten.

Im Wohnheim befand sich am Eingang eine Pförtnerloge, in der auch wir Studierenden regelmäßig Dienst taten. Dort hing ein Schlüsselkasten, in dem jeweils ein Zimmerschlüssel für die drei Bewohner eines Zimmers auf-bewahrt wurde. Der Dienst hatte auch Vorteile: Man hatte Zugang zum Te-lefon. So konnte ich abends bis zu einer Stunde mit meinem Freund telefo-nieren, der damals bei der Armee war – eine seltene Möglichkeit, da uns sonst nur der Briefwechsel blieb, den wir natürlich dennoch pflegten.

Zu Beginn jedes neuen Studienjahres im September gab es eine „rote Wo-che". Neben der Verkündung organisatorischer Details zum Studienablauf wurden ein neuer FDJ-Sekretär für den gesamten Jahrgang und die Semi-nargruppensprecher gewählt. Auch Agit-Prop-Veranstaltungen (Agitation und Propaganda) gehörten dazu.

Eine besonders unerfreuliche Erinnerung aus dem ersten Studienjahr ist mit der Sportkursvergabe verbunden. Ich hatte mich für Basketball angemeldet, wurde jedoch der Gruppe „Militärischer Dreikampf" zugeteilt – inklusive Schießübungen mit dem Kleinkalibergewehr. Die Freude am Sport war dahin

Im Anschluss folgten zwei bis drei Wochen Ernteeinsatz – als billige Arbeits-kräfte waren wir in den LPGs gern gesehen. Untergebracht waren wir in den Baracken eines Pionierferienlagers.
Einmal sprach man meine Studienfreundin und mich an, den Einsatz zu ver-längern – wir sollten als Tanzpartnerinnen für einen geselligen Abend mit DTSB-Funktionären zur Verfügung stehen. Zur Belohnung durften wir im Schloss Meisdorf übernachten, einem historischen Gebäude, das in den 1970er-Jahren als Ferienobjekt vom VEB Walzwerk Hettstedt genutzt wurde. Wir fühlten uns wie Königinnen.

Nicht nur das gemeinsame Studium und Feiern, auch diese Zeit als Ernte-helferinnen prägte uns und trug zu einem guten Gemeinschaftsgefühl bei.

Im zweiten Studienjahr mussten wir Mädchen einen Härtetest im Zivilvertei-digungslager bestehen – eine Vorbereitung auf mögliche Katastrophenfälle. Auch einige ausgemusterte Jungen nahmen teil. Drei Wochen lang lebten wir bei bis zu −20 °C in den Baracken eines ehemaligen Pionierlagers.
Der Alltag war geprägt von Disziplin: morgendlicher Appell in Uniform, Exer-zieren im Stechschritt – oft in unpassenden Lederstiefeln. Gewaschen wurde sich in kalten Waschräumen mit Steinbecken; warmes Duschen gab es nur einmal pro Woche nach Anmeldung.

Zu den Ausbildungsinhalten zählten Katastrophenschutzübungen wie das Bergen von Verletzten. Besonders fordernd war der Aufenthalt in einer Gaskammer mit Maske – wir nannten sie „Schnuffi". Im Vergleich dazu war der Hindernisparcours mit Eskaladierwand fast schon leicht.

Trotz aller Härten blieb Raum für Gemeinschaft und Spaß. Die Stimmung war meist gut – besonders, wenn ein „Fresspäckchen" von zu Hause ankam. Ausgang war erlaubt, doch bei der Kälte blieb man lieber im Lager.

Als sich das Grundstudium dem Ende näherte, musste ich eine Entscheidung treffen. Nach dem fünfjährigen Studium an der TH Merseburg erhielt man in der Regel eine Arbeitsstelle in der chemischen Großindustrie – meist bei Buna in Schkopau oder im VEB Leuna-Werk „Walter Ulbricht", dem größten Chemiebetrieb der DDR mit 30.000 Beschäftigten. Damit war man dann für drei Jahre verpflichtet.

Ich jedoch wollte nicht in der Großindustrie bleiben, sondern zurück in meine Heimat nach Dresden/Meißen.

Welche Möglichkeiten hatte ich? 1978 war ich bereits einige Jahre mit meinem Freund zusammen, der in Berlin lebte und noch bei seinen Eltern wohnte. An den Wochenenden trafen wir uns regelmäßig auf Bahnhöfen in Leipzig oder Dresden, wenn ich auf dem Heimweg war.

Eines Tages machte ich ihm dort den Vorschlag: Wir sollten heiraten. Mein Hauptwohnsitz war in Meißen, er könnte seinen ebenfalls dorthin verlegen. Die Eheschließung und Familienzusammenführung könnten vielleicht einen Hochschulwechsel an die TU Dresden ermöglichen. Ich stellte den Antrag – und bekam die Zusage.

Eine Unsicherheit blieb: Würde unsere Ehe halten, obwohl wir bis dahin nur eine Wochenendbeziehung geführt hatten? Die Antwort: Ja – und das nun schon seit 47 Jahren.

Christina Harnisch, geb. 1957 in Meißen; 1964 POS Meißen; 1972 EOS mit Abitur; 1976 Grundstudium Chemie TH Merseburg; 1979 TU Dresden, Fachstudium Hochpolymere- und Textilchemie, 1982 Diplom; 1982 Praxisaspirantur an der Martin-Luther-Universität Halle; 1985 wiss. Mitarbeiterin im Institut für Technologie der Polymere Dresden (AdW der DDR);1993 - 2021 techn. Mitarbeiterin im Leibniz Institut für Polymerforschung Dresden e.V.

**

Er fasste den Wahlzettel vorsichtig an, als wäre er kontaminiert.

„Das ausgerufene Kriegsrecht in Polen stellt sicherlich eine große Belastung für die polnische Bevölkerung dar."

Dipl.-Ing. Svetoslav Bakardjiev (TU Dresden, Studienjahrgang 1978, Informationsverarbeitung, Diplom 1984)

Am 13. Dezember 1981 wurde in Polen das Kriegsrecht ausgerufen. Damit sollte auf Druck der Sowjetunion die zahlreichen Proteste, Streiks und Demonstrationen, die aus dem Unmut der Bevölkerung über die schlechte wirtschaftliche und soziale Lage resultierten, zum Schweigen gebracht werden. Wichtige Einrichtungen wie Behörden, Produktionsbetriebe sowie Rundfunk und Fernsehen wurden vom Militär besetzt. Die Fernsehnachrichten wurden von Offizieren in Uniform verlesen. Bewegungs- und Versammlungsfreiheit wurden eingeschränkt, Schulen und Universitäten geschlossen, und für das gesamte Land galt eine Ausgangssperre[22]. Die Telefonverbindungen zwischen den Großstädten wurden nach der Verhängung des Kriegsrechts für 29 Tage vollständig abgeschaltet.

Natürlich war Polen und die dortigen Ereignisse auch ein Thema in der DDR. Doch unabhängig von den allgemein verbreiteten Informationen und Meinungen, die über Zeitungen sowie den staatlichen Rundfunk und das Fernsehen gestreut wurden, sprach man darüber nur im engsten Kreis und ausschließlich mit vertrauten Personen – wenn überhaupt. Als Studenten vermieden wir es, politische Themen miteinander zu diskutieren, da einige Kommilitonen Offiziersanwärter bei der NVA (Nationale Volksarmee) waren, und man nie wusste, wer etwas weitergeben könnte. Man musste sehr vorsichtig sein!

Offensichtlich war die Angst der DDR-Führung, dass das „polnische Feuer" überspringen könnte, so groß, dass auch an den Universitäten weiter „aufgeklärt" werden musste.

---

[22] Włodzimier Borodziej: Geschichte Polens im 20.Jh., München 2010, S. 368.

Anfang Januar 1982 hatten wir wie üblich unser wöchentliches Seminar in „Politische Ökonomie" (PolÖk), einem der sogenannten roten Fächer. Unsere Seminarleiterin begann unverzüglich damit, uns zu belehren, wie wichtig es gewesen sei, dass in Polen das Kriegsrecht ausgerufen wurde, um das Chaos, das Solidarność angerichtet habe, zu beseitigen und Ruhe und Ordnung wiederherzustellen. Sie sprach über die Mitglieder der Gewerkschaft Solidarność, die zu diesem Zeitpunkt etwa 10 Millionen Mitglieder hatte, als „Handlanger des Kapitalismus und Imperialismus, Umstürzler, Saboteure und Feinde des Sozialismus sowie der polnischen Arbeiterklasse". Alles, was sie sagte, wirkte, als würde sie direkt aus dem „Neuen Deutschland" (der offiziellen Zeitung der SED) vorlesen oder eine Sendung der „Aktuellen Kamera" (der Nachrichtensendung der DDR) zitieren. Es gab keine Spur von eigenen Gedanken oder Meinungen.

Am Ende ihrer Ausführungen forderte sie uns überraschend auf, unsere Meinung zum Thema zu äußern, wobei klar war, dass sie in Wahrheit lediglich eine Bestätigung ihrer Aussagen erwartete. Es war das erste Mal, soweit ich mich erinnern kann, dass man uns „nach unserer Meinung fragte". Nach einem Moment des unsicheren Schweigens stand der FDJ-Sekretär unserer Seminargruppe, Andi, auf und sagte:
„Das ausgerufene Kriegsrecht in Polen stellt sicherlich eine große Belastung für die polnische Bevölkerung dar."

Mehr hatte er nicht gesagt und konnte auch nicht mehr sagen, denn offensichtlich war das nicht die Antwort, die die Seminargruppenleiterin erwartet hatte. Sie drehte sich wortlos um und verließ schweigend den Raum – obwohl die reguläre Doppelstunde noch nicht zu Ende war. Offensichtlich war sie auf eine derart menschliche und besorgte Aussage nicht vorbereitet und wusste nicht, wie sie reagieren sollte.
Im Nachhinein erfuhren wir, dass sie schnurstracks zur SED-Parteiführung der Sektion Informationsverarbeitung an der TU gelaufen war, um den „Vorfall" zu melden.
Uns war sofort klar, dass Andi nun einiges bevorstehen würde und er möglicherweise sogar vom Studium ausgeschlossen werden könnte. Was Andi daraufhin erlebte und bei wem er alles zu seinem Verhalten Stellung nehmen musste, hat er uns nie erzählt. Aber er wurde nicht exmatrikuliert. Wer oder was ihn letztendlich „gerettet" hat, blieb unklar – allein die Tatsache,

dass er FDJ-Sekretär der Seminargruppe war, dürfte dafür kaum ausgereicht haben.

Als (offizielle) Strafe musste Andi bei einem der nächsten PolÖk-Seminare vor der gesamten Seminargruppe aufstehen, mit ernster Miene auftreten und sich reumütig für seine Äußerung und den uns dadurch entstandenen „moralischen Schaden" entschuldigen. Natürlich wussten wir alle, wer sich eigentlich entschuldigen sollte, aber wir nahmen Andis Entschuldigung – einige von uns mit einem Augenzwinkern – mit ernsten Gesichtern an.

Andi hatte wirklich Glück, dass er weiter studieren durfte. Andernfalls wäre das Leben eines freundlichen und herzlichen Menschen und eines sehr talentierten Informatikers zerstört worden. Viele Jahre später, bei einem Seminargruppentreffen, konnten wir über diese Episode nur noch lachen – selbst die ehemaligen NVA-Offiziere lachten mit.

Die Spitze Pinzette

Als ehemaliger ausländischer Student an der TU Dresden, mittlerweile als Assistent tätig, wurde ich bei der Wahl am 8. Juni 1986 als Beisitzer in ein Wahlbüro der TU berufen.

Das Wahllokal befand sich in einem Vorlesungssaal im Toeplerbau. Es bestand lediglich aus einer Urne, die auf dem Dozententisch stand. Die Studierenden erhielten beim Betreten des Saals ihren Wahlzettel, durften sich an die Bänke setzen, um ihr Kreuz zu machen, oder sie machten es im Gehen, um den Zettel dann direkt in die Urne zu werfen. Wahlkabinen oder Sichtschutz gab es nicht. Mein Eindruck war, dass die meisten die Wahl so schnell wie möglich hinter sich bringen wollten, um den Raum wieder zu verlassen.

Die Wahl selbst verlief unspektakulär und war nach etwa drei Stunden beendet. Anschließend begann die Auszählung. Inmitten der vielen Wahlzettel fiel dann ein einzelner auf, der nicht das Kreuz an der „richtigen" Stelle bei der SED hatte, sondern komplett durchgestrichen war. Der Wahlleiter kam sofort, griff in seine Jackentasche, holte eine Pinzette hervor, fasste den besagten Wahlzettel vorsichtig an, als wäre er kontaminiert, und steckte ihn wortlos in einen großen Umschlag, den er ebenfalls aus seiner Jacke zog.

Der Umschlag wanderte in eine Mappe, die der Wahlleiter ab diesem Moment nicht mehr aus der Hand gab.

Ich fragte mich nur, was er sonst noch alles in seiner Jacke verstaut hatte.
War das etwa die Standardausrüstung für einen Wahlleiter in der DDR?
Zum Vorgang gab es keinerlei Kommentare, geschweige denn Diskussionen
– nur die unmissverständliche Aufforderung, mit der Auszählung fortzufahren.

Das offizielle Wahlergebnis wurde letztendlich mit 100 % Ja-Stimmen ausgewiesen.

Svetoslav Bakardjiev, geb. 1959 in Sofia/Bulgarien; 1978 Abitur; 1978-1979 TU Dresden (Austauschstudent); 1979 Militärdienst in Bulgarien; 1981 TU Dresden (Informationsverarbeitung), Diplom 1984, anschließend Assistent. 1987 -1990 Aspirantur TU Sofia, Bereich Robotik.

***

„Ihr habt die Bildung und wir haben das Geld und die Freiheit"

Soziale und politische Impressionen aus der Studentenzeit

Dipl.-Archivar Dr. Matthias Lienert (Humboldt-Universität Berlin, Studienjahrgang 1979, Fachbereich Archivwissenschaft, Sektion Geschichte, Diplom 1984, Promotion)

Das „einheitliche sozialistische Bildungssystem" galt als wichtiges Faustpfand in der politischen Auseinandersetzung zwischen Ost und West. Dabei wurden die fachlichen Leistungen gerade der Hochschulen und Universitäten der DDR in der Bundesrepublik anerkannt, mitunter sogar beneidet. Letztlich profitierte die Bundesrepublik von den Tausenden Hochschulabsolventen, die insbesondere vor dem Mauerbau aus wirtschaftlichen sowie politischen Gründen die DDR verließen und vom boomenden westlichen Arbeitsmarkt aufgenommen wurden.

Meine Eltern, die der DDR eher ablehnend gegenüberstanden und sich auch keiner Partei anschlossen, hatten Anfang der 1950er Jahre ihr Studium absolviert. Der Vater war Ingenieur, die Mutter hatte nach dem Abitur zunächst als Neulehrerin gearbeitet, verschiedene Lehrerprüfungen absolviert, um dann ein Hochschulfernstudium als Deutschlehrerin erfolgreich zu beenden. Nach dem Zweiten Weltkrieg fehlten Lehrer und durch den Nationalsozialismus belastete Lehrer sollten nicht eingestellt werden. Denn das Ziel war, eine demokratische Erziehung zu ermöglichen. Daher wurden damals in der sowjetischen Besatzungszone auch außerhalb eines regulären Studiums kurzfristig Lehrkräfte ausgebildet und eingesetzt. In der Familie standen Bildung und Kultur ziemlich weit oben auf der Werteskala.

Mit diesem Pfund wurde auch in der West-Ost-geteilten Familie gewuchert. Hier konnte mit Recht aufgetrumpft werden. In Erinnerung ist mir ein Ausspruch eines Anverwandten aus der Zeit um 1970 geblieben: „Ihr habt die Bildung und wir haben das Geld und die Freiheit." Daran war sicher mehr als ein Fünkchen Wahrheit. Später holte in hochschulpolitischer Hinsicht die Bundesrepublik aber auf. Insbesondere der exorbitante Hochschulbau in den 1970er Jahren, die hohe Internationalität und die Förderung von jungen Leuten aus eher bildungsfernen Schichten unter der Kanzlerschaft von Willy Brandt ließen den Glanz der DDR-Bildung zunehmend verblassen. Dazu beigetragen hat sicher auch das Bafög (Bundesausbildungsförderungsgesetz).

Damit wurde ab 1971 in der Bundesrepublik die staatliche Unterstützung für die Ausbildung von Schülern und Studenten geregelt und sicherte auch für sozial schwächere Schichten den Zugang zu den Bildungseinrichtungen.

Unter diesen Auspizien begann ich Ende der 1970er Jahre an der renommierten Berliner Humboldt-Universität das Studium der Archivwissenschaft und Geschichte. Vorher war mir ein Fachschulstudium verwehrt worden, weil die Staatssicherheit Briefe abgefangen hatte, in denen ich mich wenig freundlich über die DDR-Innenpolitik geäußert und einem unter Druck gesetzten Bekannten empfohlen hatte, gegenüber den *Offiziellen* angepasst aufzutreten. Ich konnte mich bei den entsprechenden Befragungen nur schwer herausreden, da das „Untersuchungsorgan" ja alles schön schwarz auf weiß hatte. Im Gegensatz zu dem Adressaten, für den die Geschichte tragisch endete, hatte ich in gewisser Weise Glück.
Es folgte ein großes Donnerwetter mit vielen Konflikten und auch Angeboten, die weniger nach meinem Geschmack waren. Jedenfalls durfte ich erst mal für drei Jahre nicht studieren und sollte mich in der Praxis bewähren. Aber nach dem Motto, was uns nicht umbringt, das macht uns stark, marschierte ich offiziell zumeist, aber auch nicht immer, im Gleichschritt und bekam nach einer Karenzzeit von drei Jahren – in der ich an der Volkshochschule mein Abitur nachholte – die Studienzulassung für ein Hochschulstudium. Ich zog aus dieser Affäre den Schluss, dass es sich nicht lohnt, sich mit der sozialistischen Staatsmacht absichtlich oder unabsichtlich anzulegen. Aber ich lernte dabei in der Praxis die Funktionsweise eines Regimes kennen, das neben graduell unterschiedlichen Formen der Disziplinierung und Repression gleichzeitig auf ebenfalls graduell unterschiedliche Formen der Belohnung setzte. Oder anders ausgedrückt: Machtausübung mit Zuckerbrot und Peitsche.
Jedenfalls fand ich in dieser Situation nur geringe und vorsichtige Solidarität, selbst bei nahestehenden Menschen und Leuten, die der DDR eher ablehnend gegenüberstanden. Warum sollten sie mit Solidarisierungen Risiken eingehen und womöglich Nachteile in Kauf nehmen? Die übergroße Mehrheit will nun mal ihren Seelenfrieden und ohne große Aufregungen alt werden. Außerdem ist es ein psychologisches Grundbedürfnis, nicht abseitsstehen, sondern zur dominierenden Mehrheit gehören zu wollen. Diese auch wissenschaftlich bestätigte, eigentlich banale Erfahrung wirkte für mich fortan wie eine Art Kompass.

Rückblickend waren die fünf Studienjahre von 1979 bis 1984 die unbeschwertesten in meinem bisherigen Leben. Ich war jung, unabhängig und bar jeder ernsthaften familiären oder sonstigen Verantwortung.

Das seit den 1970er Jahren einheitliche Stipendium zuzüglich eines Leistungsstipendiums sicherte einen auskömmlichen Lebensunterhalt. Die Lebenshaltungskosten waren unter Berücksichtigung der zehn Mark Wohnheimmiete und der Fahrpreisermäßigungen für Studierende niedrig.

Berlin wirkte im Vergleich zu Dresden, das auch Tal der Ahnungslosen (kein West-Fernsehsender-Empfang) genannt wurde, weltoffen. Hier steppte der Bär. Die Kultur- und Freizeitangebote waren gigantisch und auch für die Westberliner hoch attraktiv.

Das Studium begann im September 1979 mit der spätsommerlichen, über drei Wochen währenden Apfelernte im schönen Havelland. Hier konnte ich die Kommilitonen und Kommilitoninnen, Letztere waren eindeutig in der Überzahl, kennenlernen. Unter ihnen befand sich auch meine heutige Frau.

Im Oktober begann dann der offizielle Studienbetrieb mit dem üblichen Universitätschaos. Das Fachstudium war zumeist interessant, manchmal spannend, aber mitunter auch einschläfernd. Besonders interessierten mich die geschichtswissenschaftlichen Disziplinen. Am Anfang waren es die Alte Geschichte mit Griechenland und Rom, später die Geschichte der Weimarer Republik und der Nationalsozialismus oder auch die Geschichte der politischen Organisationen. Die Hochschullehrer waren international ausgewiesen, wie Bernhard Töpfer für Mittelalterliche Geschichte, der den Sinn der Anwendung marxistischer Erklärungsmodelle für das Mittelalter auch öffentlich in Frage stellte, der Holocaustforscher Kurt Pätzold, der Althistoriker Armin Jähne, der Berlinexperte Laurenz Demps oder der Spezialist für die Weimarer Republik Wolfgang Ruge (1917–2006), dessen Memoiren unlängst posthum von seinem Sohn herausgegeben wurden. Eine besondere Herausforderung waren Lehrveranstaltungen bei dem auch im Westen gefragten, aber auch umstrittenen Astrophysiker Hans-Jürgen Treder (1928–2006). Er gehörte zur international kleinen Community der Gravitationsphysiker (Allgemeine Relativitätstheorie) und hat sich unter anderem als Herausgeber der Einstein-Briefe verdient gemacht. Von den Inhalten der frei gehaltenen Vorlesungen dieses Wissenschaftlers blieben bei mir vor allem seine unfreiwillig kabaretthaften Auftritte des zerstreuten Professors in Erinnerung.

Das Fachstudium im engeren Sinne mit der archivwissenschaftlichen Ausbildung, die das Archivmanagement, aber auch solche Orchideenfächer wie Paläografie, Diplomatik oder Sphragistik umfasste, war die Basis für den Beruf. Das merkte man aber erst später in der Praxis.
Besonders in Erinnerung geblieben ist mir der Honorarprofessor und noch in der Dienstzeit verstorbene damalige Direktor des Zentralen Staatsarchivs der DDR, Helmut Lötzke. Als junger Offizier hatte er im Zweiten Weltkrieg gedient und war auch später mit ehemaligen hohen Offizieren der Wehrmacht gut bekannt gewesen, die sich für den Osten entschieden und dann in den 1950er Jahren ins Archivwesen abgeschoben wurden. Seine Lehrveranstaltungen zeichneten sich durch eine gewisse Schnoddrigkeit aus und hätten eher in ein Offizierskasino als in ein Seminar gepasst.

Die Sprachausbildung erfolgte in Russisch, Englisch und Latein. Im marxistisch-leninistischen Grundlagenstudium, das alle Studierenden an Hochschulen und Universitäten seit der sogenannten 2. Hochschulreform Anfang der 1950er-Jahre absolvieren mussten, wurde bis zum Ende der DDR zumeist doktrinär auf SED-Linie gelehrt.

(Anm. d. Hrg.: Zur Hochschulreform 1951/52 s. Sigismund Kobe: „Das Jahr 1989 – das Ende parteipolitischer Einflussnahme der SED an der TU Dresden" und Matthias Rößler: „Die Erneuerung der Hochschulen zwischen 1989 und 1993 in Sachsen".)

Einschränkend muss aber konstatiert werden, dass in Seminaren und Vorlesungen Wissen über die antike Philosophie, aber auch über Georg Wilhelm Friedrich Hegel und Ludwig Feuerbach ausgebreitet wurde. Dagegen fanden Philosophen wie Friedrich Nietzsche höchstens am Rande Erwähnung. Die modernen Theoretiker wie Max Weber, Karl Jaspers oder Herbert Marcuse waren höchstens Gegenstand kritischer Auseinandersetzung aus marxistischer Sicht.
In den Veranstaltungen zum wissenschaftlichen Kommunismus gingen die Lehrenden vom unvermeidlichen Sieg des Weltsozialismus aus, wobei aber die internationalen Beziehungen, Konflikte und Bündnisoptionen, abhängig von der Intelligenz oder Fortune der Vortragenden, durchaus auch

differenziert dargeboten wurden. Weniger Verständnis erntete ich für ein Seminarreferat über den amerikanischen Finanzkapitalismus, wozu ich mich freiwillig gemeldet hatte. Wenige Wochen vorher hatte ein vom Westzweig der Familie angeheirateter Verwandter aus Denver USA meine Eltern für zwei Wochen besucht. Bei gemeinsamen Ausflügen in die Dresdener Umgebung und intensiven Gesprächen hatte sich rasch ein freundschaftliches Verhältnis entwickelt. Er war damals Anfang 30, hatte einen Abschluss in Wirtschaftswissenschaften und beriet Firmen, die ins Ausland exportierten in steuerlichen Fragen. Seine stehende Rede war, „für die Gesellschaft eigentlich wenig sinnvolle Arbeiten würden am besten bezahlt". Jedenfalls war er für mich eine Quelle erster Ordnung und ich gedachte mit dieser Connection zu glänzen, zumal Ron zu denen gehörte, die das Kapital von Karl Marx im Studium wirklich gelesen hatten.

Nun wartete ich mit einem Vortrag auf, der ausgehend von den verschiedenen amerikanischen wirtschaftspolitischen Schulen nicht mit Kritik am damaligen wirtschaftspolitischen Kurs der USA sparte.
Als ich einleitend meine Quellen nannte, wurde die mir sonst wohlgesonnene Professorin zunehmend unruhig. Am Schluss verzichtete sie auf jegliche Kommentare, eine Diskussion kam nicht zustande, und ich erzielte mit der Note „befriedigend" meine schlechteste Note im marxistisch-leninistischen Grundlagenstudium.

Insbesondere während der Lehrveranstaltungen zur politischen Ökonomie sind mir Themen in Erinnerung geblieben, die der offiziellen Propaganda hohnsprachen. So wurde in den Seminaren, die die Tochter des damaligen Präsidenten des Zentralamtes für Statistik der DDR hielt, Tacheles geredet. Sie wies anhand aktueller Zahlen nach, dass die wirtschaftliche Akkumulationsrate der DDR nicht einmal für die einfache Reproduktion der DDR-Wirtschaft ausreichte, dass praktisch die gesamte Wirtschaft auf Verschleiß gefahren wurde.
Was den Studienbetrieb anbelangt, kann resümiert werden, dass gerade in den archivwissenschaftlichen Kernfächern solide Grundlagen für den späteren Berufseinsatz gelegt wurden. Die Unterschiede zur Ausbildung in der alten Bundesrepublik waren in Bezug auf das „archivarische Handwerkszeug" eher marginal. Auch nach zeitgenössischen Einschätzungen seitens der bundesdeutschen Fachwelt galt das Studium in Berlin mit organisierten

Praktika und stringenter Ausbildung als anerkannte Alternative zur Ausbildung in Marburg an der Lahn. Auch deshalb wurde die an der Humboldt-Universität zu Berlin absolvierte archivwissenschaftliche Ausbildung den entsprechenden Abschlüssen in der alten Bundesrepublik gleichgestellt. Gleichfalls war das geschichtswissenschaftliche Studium trotz ideologischer Scheuklappen zumeist anspruchsvoll und erforderte Lernanstrengungen.

Die Humboldt-Universität zu Berlin im März 1983 (Quelle: BArch, Bild 183-1983-0317-017/Hanns-Peter Lochmann)

Als mangelhaft empfand ich die stiefmütterliche Ausstattung der Bibliotheken mit westlicher Forschungsliteratur und die nur sehr eingeschränkten Möglichkeiten, Auslandserfahrungen zu sammeln.

Matthias Lienert, geb. 1955 in Dresden/Radebeul, 1962 Besuch der Polytechnischen Oberschule, 1972 Lehrausbildung Staatsarchiv Dresden, 1974 Grundwehrdienst, 1976 Betriebsarchiv VEB Transformatoren- und Röntgenwerk Dresden, Besuch der Volkshochschule, Abiturs, 1979 Studium Humboldt-Universität, 1984 Universitätsarchiv der TU Dresden, 1992 Direktor des Universitätsarchivs der TU Dresden.

***

Um nicht aufzufallen, drückten die sowjetischen Studenten jedem eine druckfrische Prawda in die Hand

Begebenheiten, Lehrbeispiele und Impressionen in der Studentenzeit

Dipl.-Archivar Dr. Matthias Lienert (Humboldt-Universität Berlin, Studienjahrgang 1979, Fachbereich Archivwissenschaft, Sektion Geschichte, Diplom 1984, Promotion)

Eine wenig angenehme Erfahrung war im Mai 1981 die pflichtgemäße Teilnahme an der zentralen vierwöchigen militärischen Weiterbildung für Studenten im thüringischen Seelingstädt, wo sich auch eine große, schon damals umstrittene Uranaufbereitungsanlage befand. Diese Ausbildungsstätte unterstand der Kommandogewalt der Nationalen Volksarmee (NVA). Die Wochen in Seelingstädt musste jeder wehrdiensttaugliche Student durchstehen, obwohl er seinen anderthalb- oder dreijährigen „Ehrendienst" bereits vor dem Studium absolviert hatte. Bereits wenige Monate nach Studienbeginn lief die Werbung für Reserveoffiziere (ROB) auf Hochtouren. Während diejenigen, die nur 18 Monate gedient hatten, in der Regel nicht befördert wurden, erhielten die „Dreijährigen" einen Offiziersdienstgrad mindestens im Range eines Unterleutnants. Ich wurde mit meinem alten Dienstgrad „Gefreiter" entlassen. Eine Verweigerung des Militärlagers hätte die Exmatrikulation bedeutet.

Die Stellung und Wirksamkeit der Staatssicherheit an der Universität war eigentlich offensichtlich. Sie hatte Zugriff in alle Bereiche des Universitätslebens, einschließlich auf die SED und die FDJ. Mit der Ausrufung des Kriegsrechts Ende 1981 in Polen waren besorgte, kritische und unsichere Stimmen aus der Studentenschaft unüberhörbar. So stellte ich während einer FDJ-Veranstaltung die hypothetische Frage, ob in Zukunft nicht doch eine Einbeziehung der inzwischen verbotenen Solidarność in die Regierung sinnvoll wäre. Nach der Diskussion nahm mich der damalige Wissenschaftsbereichsleiter beiseite und warnte mich freundlich, solche Meinungsäußerungen doch künftig zu unterlassen. Seine Reaktion ist aus damaliger Sicht nachvollziehbar, war er doch Ende der 1960er Jahre schwer gerügt und beinahe seiner weiteren wissenschaftlichen Karriere verlustig gegangen, weil mehrere seiner Studentinnen zu einer Gruppe von Geschichtsstudenten gehörten, die politisch unangepasst Kontakte zu Westberliner Studierenden unterhalten hatten.

Rückblickend muss ich mir aber auch eingestehen, dass ich zumeist angepasst und vorsichtig agierte, um das angestrebte Studienziel nicht zu gefährden. Als die Mitstudentin Elke K., eine „individualistische" und in der modernen Literatur außerordentlich bewanderte Kommilitonin, exmatrikuliert wurde, gehörte ich nicht zu den wenigen „Mutigen", die sich eindeutig gegen diese Maßnahme wandten.

Es war bekannt, dass ihr Vater, der als Arzt in der Schweiz lebte, sie großzügig mit Devisen versorgte.Das war zur damaligen Zeit schon mehr als exotisch. Der Stein des Anstoßes war aber ihr Schreiben an den wohl berühmtesten Anwalt in der DDR, Friedrich Karl Kaul (1906–1981), in dem sie auf die Bedingungen im Studentenwohnheim hinwies und das Zusammenleben mit Vietnamesinnen aufgrund der kulturellen Unterschiede als nicht zumutbar bezeichnete.

Der Anwalt versagte aber seine Unterstützung und sandte empört und mit der Bemerkung, dass er nicht verstünde, wieso eine junge Dame mit einer solchen Einstellung an einer Universität der DDR studiere, den Brief an das Rektorat. Zu den wenigen, die in dieser Situation etwas Mumm bewiesen, gehörte eine damals mit einem Stasimitarbeiter liierte und später verheiratete Kommilitonin. Ansonsten herrschten vorgebliche Zustimmung und Tolerierung.

Ich tröstete mich damit, dass ich Elke empfohlen hatte, ihre Lebensumstände doch nicht so offen auszubreiten und taktisch geschickter, also opportunistisch zu agieren.

Für Aufregung sorgten zwei Diebstähle von Studentinnen, die elegante Schuhe in Berliner Exquisit-Läden entwendet hatten und dabei erwischt wurden. Diese zwei in aufeinanderfolgenden Jahren ausgeführten Diebstähle hatten in den Organisationen der SED und der FDJ zu lebhaften ethischen Diskussionen geführt, ob ein Weiterstudium und eine Mitgliedschaft in SED und FDJ unter diesen Gegebenheiten noch tragbar sind. Da es sich im ersten Fall pikanterweise um die Tochter eines hohen Funktionärs handelte, wurde trotz heftiger Gegenwehr seitens der Studierenden und mehrerer Hochschullehrer und Assistenten nach geschickter Argumentation eines Hochschullehrers letztlich zugunsten der Delinquentin entschieden. Als im folgenden Jahr sich ein fast gleich gelagerter Fall wiederholte und es sich nun um eine Studentin aus einem „normalen" Elternhaus handelte, erfolgte nach abermaliger heftiger Gegendiskussion – diesmal zuungunsten der Delinquentin – der „konsequente" Rauswurf.

Hier war offensichtlich auch mithilfe eines international angesehenen Hochschullehrers, der ein ideologiefernes Fach vertrat, sich später aber als Mitarbeiter des Staatssicherheitsdienstes herausstellte, mit zweierlei Maß gemessen worden.

Während der fünf Studienjahre mussten mehrere Praktika in verschiedenen Archivtypen absolviert werden. Rückblickend kann ich einschätzen, dass die Ausbildung für die verschiedenen beruflichen Einsatzgebiete zielführend war. Archivare waren für das gesamte Verwaltungsspektrum interessant: Sie konnten eingesetzt werden in Industriebetrieben, in Parteien und Massenorganisationen, in Ministerien, in Universitäten und Hochschulen, in Akademien und Museen, in Verlagen und bei der Presse, in Kirchen, in Krankenhäusern oder bei der Staatssicherheit. Dieses breite Spektrum spiegelte sich zumeist – wenn auch nicht in jedem Fall – in den politischen Einstellungen bei den Studierenden der Archivwissenschaft wider.

Oppositionelles, gar widerständiges Denken oder davon abgeleitete Handlungen waren nicht an der Tagesordnung, wohl aber offene Kritik am Niveau von Lehrveranstaltungen. Auch offen geäußerte Zweifel am offiziell propagierten Bild des Sozialismus auf der einen und der erlebten Realität auf der anderen Seite waren nicht nur in vertrauten Kreisen üblich. Es gab dabei natürlich eng gesetzte Grenzen, die mehr oder weniger ausgelotet wurden. Das ging den Studierenden im Bruderland Sowjetunion offenbar nicht anders. Als Teilnehmer eines sechswöchigen Studentenaustauschs hatte ich 1982 die Möglichkeit, in näheren Kontakt mit Kommilitonen in Moskau und Leningrad zu treten. Es war die Zeit beginnender Liberalisierung in der Ära nach Breschnew. Mir sind vielfältige Diskussionen in Erinnerung, die die politische Weltlage im Allgemeinen, aber auch offensichtliche Probleme der Sowjetunion betrafen, wie die Probleme in der Nationalitätenpolitik, der allgemeinen Versorgungslage und den internationalen Beziehungen.

Besonders interessant waren die halblegalen Ausflüge in die Umgebung Moskaus. Das war für Ausländer, auch aus dem „Bruderland DDR", eigentlich verboten.

Um nicht aufzufallen, drückten die sowjetischen Studenten jedem eine druckfrische Prawda in die Hand, die wir in der Metro und anschließend im Bus einfach vor das Gesicht halten sollten, um nicht aufzufallen.

Noch gut in Erinnerung ist mir während eines Spaziergangs in der Straße Unter den Linden in Berlin die Frage von Micha, ob es nicht doch noch schöner wäre, wenn es die Mauer nicht mehr gäbe und wir zweihundert Meter weiter westlich hinter dem Brandenburger Tor unsere Gespräche führen könnten. Diese Frage sprengte meine damalige politische Fantasie, verfestigte aber bei mir die Einschätzung, dass sich langfristig politische Änderungen anbahnten.

Typische Losung auf einer Veranstaltung im Audimax der Humboldt-Universität Berlin während der FDJ-Studientage 1975 (Foto: H.Reubke)

Das wurde auch deutlich an den „Republikfluchten" von Hochschullehrern, die ihre Westreisegenehmigungen nutzten, um der DDR den Rücken zu kehren. So ist mir unser Warten auf Professor Harald Brost noch sehr geläufig, der früh am Morgen eines schönen Junitages 1982 ein Seminar zur Geschichte der Geschichtswissenschaft halten sollte. Aber statt seiner erschien ein anderer Professor, der uns knapp mitteilte, dass die Lehrveranstaltung ersatzlos ausfalle, da der „Flüchtige" mitgeteilt habe, dass er nicht mehr in die DDR zurückkehre. Mit seinem Buch „Berlin wird Weltstadt", das er gemeinsam mit seinem Freund und Hochschullehrerkollegen geschrieben hatte, war er auch im Westen erfolgreich angekommen.

Gerade während dieser Ausflüge wurden gravierende Unterschiede zwischen dem Schaufenster Moskau und der beginnenden Provinz deutlich. Verschlammte Straßen und heruntergekommene Häuser prägten das Bild, doch auch in Moskau selbst war Armut, vor allem Altersarmut sichtbar. Jedenfalls hatte sich ein gewisses Vertrauensverhältnis gebildet, das im Februar/März 1983 während des Gegenbesuches der Moskauer Studenten in Berlin die Grundlage für weitere gemeinsame Unternehmungen war.
So sagten uns beiläufig zwei Studenten, dass die ältere der beiden offiziellen sowjetischen Betreuerinnen für den KGB arbeite, vor ihr sollten wir bei politischen Aussagen eher vorsichtig sein. Dagegen hätten wir von der jüngeren nichts zu befürchten. Glücklicherweise verstünde die ältere sowieso kaum Deutsch, so dass entsprechende Aussagen ihr dann schon so interpretiert würden, dass wir nichts zu befürchten hätten.

Viele interessante Persönlichkeiten kreuzten während des Studiums meinen Weg und prägten mein Bild von der DDR. Zu ihnen gehörte beispielsweise Walter Bartel (1904–1992), kommunistischer Widerstandskämpfer, Mitglied der illegalen Internationalen Lagerleitung in Buchenwald, persönlicher Referent von Staatspräsident Wilhelm Pieck und im Jahre 1953 als selbstständig denkender und couragiert auftretender Mensch bei der Parteiführung in Ungnade gefallen. Daraufhin wurde er in den akademischen Bereich abgeschoben. Er konnte noch als hochbetagter Emeritus aus eigenem Erleben über die Weimarer Republik, den Faschismus und Nationalsozialismus und in Ansätzen über den Stalinismus berichten. Die von solchen Persönlichkeiten vermittelte Geschichte war sicher nicht frei von Dogmen, aber keinesfalls waren ihre Analysen eindimensional und langweilig.

Auch an der Universität selbst war während der 1980er Jahre ein Aufbrechen überkommener Denkmuster angesichts von nicht mehr nur im Verborgenen ausgetragenen politischen Auseinandersetzungen offensichtlich. So lehrte der politisch kaltgestellte Hermann von Berg (geb. 1933) an der Berliner Universität. Davor gehörte er Anfang der 1970er-Jahre als Strippenzieher zu den Unterhändlern während der deutsch-deutschen Verhandlungen.

Seine politische Karriere nahm ein jähes Ende, als seine Urheberschaft eines Manifests oppositioneller Kommunisten herauskam, dessen Text vom westdeutschen Nachrichtenmagazin „Der Spiegel" am 10. Januar 1978 veröffentlicht wurde. (*Anmerkung des Herausgebers:* „Der Spiegel" veröffentlichte den ersten Teil des „Manifestes des Bundes Demokratischer Kommunisten", einer angeblich oppositionellen Gruppe in der SED.). Daraufhin verbrachte von Berg Monate in Stasi-Untersuchungshaft.

Nach seinem Sturz lehrte er zunächst Wirtschaftswissenschaften, später Geschichte der Arbeiterbewegung und der Europäischen Wirtschaftsgemeinschaft (EWG). Als interessierter Student hatte ich mich natürlich für das EWG-Seminar eingeschrieben. Rückblickend muss ich feststellen, dass dieses Seminar besser als Deutschlandfunk und Westfernsehen die schwierige wirtschaftliche Situation und das bevorstehende Ende der DDR hat deutlich werden lassen. Die Analyse von Berg war stichhaltig, dass eine weitere Existenz der DDR nur bei der schnellsten Einleitung grundlegender politischer und wirtschaftlicher Reformen möglich sei.

Jedenfalls beendete ich mein Studium keinesfalls in einem von der Welt abgeschotteten Glaskasten. Wie die übergroße Mehrheit der Absolventen und Absolventinnen der 1980er Jahre gehörte ich zu einer Studentengeneration, die die realen politischen Verhältnisse als gegeben hinnahm, auch mal gemessen Kritik übte, dabei die offensichtlichen materiellen Vorteile eines Studiums in der DDR gern in Anspruch genommen hatte und damit objektiv auch Träger und Mitläufer des dem Untergang geweihten politischen Systems war.

Anders als in Diktaturen oder totalitären Regimes ist uns heute die Freiheit gegeben, uns einzumischen und, wenn nötig, mit politischen Mitteln aufzubegehren, ohne persönliche Nachteile in Kauf zu nehmen oder gar die Freiheit zu verlieren. Vielleicht schöpfen nachfolgende Generationen auch aus der kritischen und differenzierten Aneignung des immer noch zu sehr verdrängten Erfahrungswissens aus dem verrückten 20. Jahrhundert die Kraft für Zweifel und Zivilcourage.

***

Von der Grundschule zur Hochschule – wie über Jahre hinweg psychische Deformationen entstanden

Michael Proksch (TH Karl-Marx-Stadt, Studienjahrgang 1979, Fachrichtung Gerätetechnik, Hochschule für Musik in Dresden, Klavierstudium)

Dies ist eine gekürzte Fassung aus der Publikation von Dorothea Ebert und Michael Proksch: „Und plötzlich waren wir Verbrecher. Geschichte einer Republikflucht".

Mein erster Schultag fällt mir wieder ein. Voller Neugier und Erwartung war ich, den neuen Ranzen auf dem Rücken, in die Schule gestapft. Dort brachte uns der Lehrer als Erstes bei, wie wir uns als Klasse beim Appell verhalten sollten. Wir mussten uns in einer Linie aufstellen und auf Befehle, die aus der Militärsprache stammten, reagieren. „Richt euch! Zur Meldung die Augen links!" usw., bis dann eine Mitschülerin in die Weite des Schulhofes piepste: „Klasse 1a zum Fahnenappell angetreten." Eine Fahne wurde feierlich gehisst, Gelöbnisse gesprochen, der Nachwuchs auf das Dienen für den Staat eingeschworen.

Wer so heranwächst, wird frühzeitig an Militarismus gewöhnt. Er hinterfragt nicht, warum er im Sportunterricht anstatt mit Bällen bald mit Imitaten von Handgranaten Weitwurf üben soll. Im Alter von sechs Jahren glaubt ein Kind alles – ein Märchen von den Brüdern Grimm oder auch, dass „die Sowjetunion der große Freund und Bruder der DDR ist". Wir wurden indoktriniert und nahmen Dinge auf, die auch später noch im Unterbewusstsein gespeichert blieben. Jeder Unterricht begann mit „Für Frieden und Sozialismus seid bereit!", worauf wir antworten mussten: „Immer bereit!".

Erst in der vierten oder fünften Klasse traute ich mich, nach außen hin zwar die Mundbewegung anzudeuten, aber leise „Keine Zeit" zu erwidern. Es war die Lebensphase, in der ich begann, vieles zu hinterfragen.
Um auch in der Freizeit auf Kinder einwirken zu können, gab es die Pionierorganisation, die dann ab der 8. Klasse von der FDJ, der Freien Deutschen Jugend, abgelöst wurde. Auch Organisationen wie die Deutsch-Sowjetische Freundschaft (DSF) kamen dazu.

„Die Freie Deutsche Jugend erkennt in ihren Beschlüssen die führende Rolle der Partei der Arbeiterklasse an und hat sich in ihrer Arbeit als aktiver Helfer der Partei im Aufbau, der Festigung und Verteidigung der Arbeiter- und Bauernmacht in der Deutschen Demokratischen Republik erwiesen und auf allen Gebieten des gesellschaftlichen Lebens viele Kader entwickelt." (Aus dem Statut der SED, IV. Parteitag, Berlin 30. März bis 6.April 1954)

Alles wurde durch Funktionäre gesteuert. Die „politische Diskussion" bestand meistens aus ausgearbeiteten Vorträgen. Echte, persönliche Gespräche konnten in dieser überwachten Atmosphäre nicht stattfinden und waren auch gar nicht erwünscht. Wie litt ich unter den vielen, öden Nachmittagen. Mit der Schulklasse musste ich ins Kino gehen und Filme über den heldenhaften Kampf der Sowjetarmee anschauen. Unser Lehrer stand mit einer Liste am Eingang und hakte alle Anwesenden ab, da er Bericht erstatten musste. Das Schwänzen solcher Veranstaltungen hätte disziplinarische Folgen gehabt. Die meisten meiner Klassenkameraden litten ähnlich wie ich, viele trauten sich aber nicht, etwas zu sagen. Zu groß war die Angst, verraten zu werden. Nur unter vertrauten Gleichgesinnten machten wir unserem Ärger Luft.

Als ich später begann, mich auch für Politik zu interessieren, gab es regelmäßige Gespräche mit meinem Vater. Wir mussten vorsichtig sein, denn ich hatte durch Zufall herausgefunden, dass unser Telefon zu Hause abgehört wurde. Als ich den Hörer ans Ohr hielt, vernahm ich – ohne gewählt zu haben – seltsame Stimmen, die irgendwelche operativen Anweisungen gaben. Tage davor war ein Techniker gekommen, der angeblich „wegen eines Fehlers unser Telefon zu reparieren" hatte (Anmerkung des Herausgebers: siehe den zeithistorischen Kommentar am Ende des Beitrages).
Da war uns klar, dass wir von nun an im Wohnzimmer bei den gemeinsamen Mahlzeiten nicht mehr frei reden konnten. Anfangs hat mein Vater einfach den Telefonstecker gezogen. Später wurden wir vorsichtiger, da auch dies der Stasi verdächtig vorkommen konnte. Sicher wirkte es unverfänglicher, wenn die Verbindung immer hergestellt war, auch wenn unser Lebensgefühl davon sehr beeinträchtigt wurde.
In der Schule musste ich dann wieder umschalten. Das Einfachste war, sich hinter gängigen Phrasen, die ideologisch unbedenklich waren, zu

verschanzen: „Also wenn Sie mich fragen, so hat Karl Marx gesagt, dass diesbezüglich ...“

Kein Wunder, dass im gesamten öffentlichen Leben eine Art Gefühlsleere entstand, die erschreckend war. Kein normaler Mensch hält es auf die Dauer aus, ständig langatmige, inhaltslose Reden eines Honecker oder anderer Parteifunktionäre über sich ergehen zu lassen. In all den politischen Pflicht-veranstaltungen schalteten wir auf Durchzug; lernten, nach innen zu flüch-ten, um die eigene Gefühlswelt zu erhalten.

Ich erinnerte mich an die Zeit in der 8. Klasse. Obwohl ich solche Zusam-menhänge noch nicht genau erkannt hatte, so hingen mir doch die leeren Worthülsen derart zum Halse heraus, dass ich mich in einer Situation nicht zurückhalten konnte: Wieder war es unsere Pflicht, in der Freizeit die Wand-zeitung zu gestalten, die in jedem Klassenzimmer hing und von keinem wirk-lich gelesen wurde. Dazu wurden die immer gleichen, den Sozialismus ver-herrlichenden Artikel zu einem vorgegebenen Thema zusammengestellt. Um meinem Ärger über diese ununterbrochene Litanei von Lobhudeleien Luft zu machen, dachte ich, eine Auflockerung täte allen gut und schrieb: „Kommu-nismus ist, wenn jeder von jedem genug hat.“

Einen solchen Witz an eine Wandzeitung zu schreiben, war einfach leicht-sinnig und musste Ärger geben. Der Direktor lud mich nur zu einer „persön-lichen Aussprache“ vor und hielt mir unter vier Augen „das Schändliche, Unverantwortliche meiner Tat“ eindringlich vor. Dann sollte ich mich ganz klar von dem Spruch distanzieren. Nur wenn ich meine Schuld einsähe und verspräche, dass so etwas nie wieder vorkomme, habe mein Vergehen keine weiteren Folgen.

Etwas widerwillig, aber dann von Angst beherrscht – gerade vorher war die Zusage für meine Aufnahme an eine Spezialschule für Naturwissenschaften gekommen – bereute ich alles und kam mit dieser mündlichen Verwarnung davon.

Zum ersten und nicht zum letzten Mal musste ich den entwürdigenden Pro-zess der Selbstbezichtigung und Reue über mich ergehen lassen. Drei Jahre später, an der erwähnten Spezialschule, ging es nicht so glimpflich für mich ab.

Schon bei der Begrüßungsveranstaltung merkte ich dort, was auf mich zukommen würde. Es wurde viel davon gesprochen, dass die Partei der Arbeiterklasse uns den Auftrag gegeben habe, durch gute schulische Leistungen zur Stärkung der DDR und zur Sicherung des Friedens beizutragen. Dies sei nur mit einem gefestigten, sozialistischen Standpunkt möglich. Auch in der Freizeit sollten wir uns bemühen, durch die Aneignung einer marxistisch-leninistischen Weltanschauung unsere persönlichen Interessen mit den gesellschaftlichen Anforderungen in Übereinstimmung zu bringen.

Die EOS: Während der gesamten vier Jahre bis zum Abitur schwebte eine undefinierte, aber ständig wirkende Drohung über uns, denn bei den kleinsten Vergehen brachte man uns in Erinnerung, dass wir die EOS besuchen „durften". Schon in der Wortwahl war klar, dass dies ein Gnadenbeweis des Staates war, der jederzeit entzogen werden konnte, wenn wir der „Ehre nicht gerecht wurden, uns nicht als würdig erwiesen".

Wer anfangs noch den Versuch machte, ehrliche Fragen zu stellen, dem entgegnete man mit arroganter Selbstsicherheit. Es waren Antworten, die keine weiteren Fragen mehr zuließen, ohne den Verdacht einer weltanschaulichen Abweichung oder gar Staatsfeindlichkeit aufkommen zu lassen. Solche ideologischen „Verirrungen" hatten disziplinarische Folgen. Der Satz *„Sonst müssen wir uns von Ihnen trennen"* brachte auch den letzten Aufrechten zum Umknicken.

Weitere psychische Deformationen waren die Folge. Gerade, aufrechte Menschen wurden immer seltener. Das eigenständige, fantasievolle, kritische Denken einer ganzen Generation wurde begraben. Irgendwann begriff auch der Rebellischste, dass ehrlicher Gedankenaustausch nicht erwünscht war.

Sicher litten auch die Lehrer. Ängstlichkeit und kleinkariertes Denken waren die Folge und erstickten oft jeden Humor. Die Lehrer naturwissenschaftlicher Fächer hatten es durch die Objektivität ihres Lehrstoffes natürlich leichter. Sie boten uns oft einen hervorragenden Unterricht und waren fachlich ausgezeichnet. Viele kamen aus traditionsreichen Familien, die über Generationen in Forschung und Lehre tätig waren. Trotz der generellen Vorbehalte gegenüber „Intelligenzlern" – im Klassenbuch stand nicht ohne Grund hinter jedem Namen ein A für Arbeiter oder I für Intelligenz – hatte die SED-

Führung doch erkannt, wie wichtig diese Menschen für die Wirtschaft des Landes wie auch für moderne Militärtechnik waren.

Schwieriger war es in den Geisteswissenschaften. Ich musste erleben, wie der Direktor im Deutschunterricht hospitierte und unseren wunderbaren Lehrer dazu zwang, in der nächsten Deutschstunde seine Einschätzungen zu Thomas Manns „Felix Krull" zu revidieren, also dem „sozialistischen Klassenstandpunkt" anzupassen. Das hat mir damals richtig wehgetan. Ich spürte, dass dieser vielseitig gebildete, feine Mensch, der uns so viele Literaturanregungen mit auf den Lebensweg gab, wider das eigene Gewissen große Literatur kleinreden sollte.

Während der 11. Klasse wurden alle Jungen immer wieder in Gesprächen agitiert, sich für den Beruf des Offiziers zu entscheiden. In Zeiten technischer Aufrüstung brauchte die Nationale Volksarmee dringend Spezialisten für Elektronik. Vorgabe war, pro Klasse mindestens einen Schüler zu gewinnen. Bei uns war keiner bereit dazu. Das Schwierige war, wie man eine Ablehnung bei diesen Werbegesprächen unverfänglich begründete sollte. Immer wieder wurden mir ideologische Fallen gestellt und so mit dem Vorwurf der Sozialismusfeindlichkeit immenser Druck ausgeübt. Als man mich zunehmend drangsalierte, mir schließlich bei einem erneuten Agitationsgespräch sogar nahelegte, wenigstens auf meine Klassenkameraden positiv einzuwirken, reagierte ich auf dieses absurde Anliegen spontan und verteilte kleine Zettel mit ironischen Sprüchen über den Offiziersberuf. Diese Aktion hatte etwas Befreiendes für mich: Ironie als Schutzfunktion in Folge einer seelischen Verletzung.

„Es gibt kein größeres Glück auf Erden, als Offizier unserer NVA zu werden."
Oder:
„Dein im Kampf gestählter Körper wird manche Jungfrau erröten lassen."

Als die Zettel in Umlauf kamen, schlossen sich andere Klassenkameraden an, und all die flotten Sprüche, die später als „verwerfliche Schandtat gegen unsere sozialistische Armee" gewertet wurden, landeten, ohne dass wir es bemerkten, bei einer Mitschülerin.

Sie erzählte uns, dass ihr Papi durch Zufall einen Zettel in ihrer Schultasche gefunden hätte. Klar, welchen Beruf ihr Vater hatte und welchen „Klassenauftrag" sie erfüllen sollte.

Es stellte sich heraus, dass wirklich jeder noch so kleine Zettel bei der Stasi gelandet war.

Der Direktor kochte vor Wut, als er uns zu sich bestellte und wir angeben sollten, wer welchen Zettel geschrieben hatte. Dabei war längst alles mit fünffachem Durchschlag protokolliert und mit kriminalistischer Energie die Urheberschaft über Handschriftenvergleich ermittelt worden. Eine Lawine von Aussprachen oder besser von Verhören rollte auf uns zu. Dem Direktor „ging die Muffe". So unser Ausdruck für dessen ängstliches Einknicken. Schnell hatte sich unsere Zettelaktion in der ganzen Schule herumgesprochen. Viele Schüler fanden es insgeheim gut. Endlich hatte jemand etwas gegen diese ständige Drangsalierung unternommen!

Meine Eltern wurden zum Gespräch in die Schule bestellt. Hier war mein Vater sehr mutig: Es sei doch ganz normal, dass junge Menschen derart reagierten, wenn man sie ständig zu einem Beruf überreden will, den sie nicht mögen, sagte er unverblümt zum Direktor. Es stärkte mir den Rücken und ich war stolz auf ihn. Aber der Druck auf mich wurde mit der Zeit größer. Ich bekam immer mehr Angst. Das Gerücht ging um, zwei Schüler sollen als abschreckendes Beispiel exmatrikuliert werden.

Plötzlich tauchten in den Aussprachen manipulierende Fragen auf wie: „Wer hat dich denn auf die Idee mit den Zetteln gebracht?" Ein Freund und ich sollten als Anführer dingfest gemacht werden. Aber alle beteiligten Jungs hielten zusammen und erhielten schließlich einen Direktorverweis.

„Sie haben durch Ihre Haltung die Ehre des Schulkollektivs verletzt. Durch schriftliche Äußerungen, die weitergereicht wurden und damit der Meinungsbildung und Beeinflussung anderer Schüler dienten, haben Sie gegen den Offiziersberuf in ironischer Weise Stellung genommen." - so aus dem Direktorverweis der Spezialschule für elektronische Industrie für Michael Proksch vom 2.7.1976.

Wir mussten eine Stellungnahme zu unserer Tat schreiben, in der wir alles bereuten, und ein klares Bekenntnis zum Sozialismus abgaben, in dem Sinne, „den Sozialismus stärken, heißt den Frieden auf der Welt sichern". Außerdem sei es unsere Pflicht, durch gute Taten und vorbildliches Benehmen in einem militärischen Sommerlager unsere positive Einstellung zum Staat zu untermauern! Beim Appell zum Schuljahresende wurde der

Direktorverweis vor versammelter Schulbelegschaft verlesen. Der Wille durchzuhalten, um den Studienplatz nicht zu riskieren, half über alles hinweg.

Michael Proksch, geb. 1958 in Dresden, Abitur an der Spezialschule für elektronische Industrie, 18 Monate Grundwehrdienst, 1979 Studium der Gerätetechnik, 1981 freiberuflicher Musiker, 1982 Klavierstudium, 1983 versuchte Republikflucht, Verurteilung zu zwei Jahren und acht Monaten Gefängnis,
1985 Freikauf durch die Bundesrepublik. Fortsetzung der Klavier- und Kompositionsstudien in Genf, München und Berlin, freiberuflicher Komponist, Pianist und Autor in München, Veröffentlichungen, CD-Einspielungen und Filmmusiken.

***

***

** Kommentar zeithistorisch **- Informationsquellen des MfS

Das Telefon abhören

Ein Techniker steht vor der Tür und erklärt, „... wegen eines Fehlers in ihrem Telefon ... im Amt leuchtet immer die rote Störungslampe auf".

Dieser Satz gehörte zum Standardrepertoire des MfS, wenn vermeintliche Techniker damit beauftragt wurden, bei einer Zielperson das Telefon gegen ein abhörfähiges Gerät auszutauschen.

Auch bei meiner damaligen Freundin Uta lief es genauso ab. Die ausgetauschten Telefone ermöglichten es dem MfS, Gespräche im Raum über die Sprechmuschel als Mikrofon abzuhören und aufzuzeichnen. Diese Aufnahmen wurden später oft bei Vernehmungen verwendet, begleitet von der Aussage, das das Ministerium für Staatssicherheit sei „über alles" bestens informiert".

Nachbemerkung des Herausgebers: In meinem Fall sprach mich der Vernehmer des MfS eines Tages direkt an, als die Vernehmungen ins Stocken gerieten: „Herr Knoblauch, wir sind doch ein Nachrichtendienst und verfügen über gewisse Mittel" (Pause.) „Wollen Sie nicht verstehen?" (Pause.) „Sind Sie so blöd, oder stellen Sie sich nur so?" (Pause.). „Wenn Sie jedoch behaupten, wir würden illegale Dinge tun, riskieren Sie ein Verfahren wegen Staatsverleumdung. Wir machen nur legale Dinge. So hat die Staatsanwaltschaft beispielsweise eine Postüberwachung für Sie beantragt."

Ich reagierte nicht auf diese und stellte mich „blöd". Interessant ist, dass sich unter den tausenden BStU-Dokumenten lediglich Abhörauswertungen fanden – jedoch keine Originalmitschnitte. Nur ein einziges Dokument enthielt den Vermerk: „mit technischen Mitteln gewonnene Informationen".

Das zeigt eindeutig, dass die Abhörinformationen auch nach DDR-Recht illegal erlangt wurden. Die Stasi versuchte, diese illegalen Abhörinformationen durch die Aussagen der Untersuchungshäftlinge zu „legalisieren". Andernfalls hätten sie im juristischem Sinne keinen Wert gehabt und wären in politischen Prozessen unbrauchbar gewesen. Für die Urteilfindung spielte dies jedoch keine Rolle.

***

Ich erlebte die Militarisierung des öffentlichen Lebens

Michael Proksch (TH Karl-Marx-Stadt, Studienjahrgang 1979, Fachrichtung Gerätetechnik; Hochschule für Musik in Dresden, Klavierstudium)

Dieser Beitrag ist eine gekürzte Fassung aus dem Buch Dorothea Ebert/Michael Proksch: Und plötzlich waren wir Verbrecher. Geschichte einer Republikflucht.[23]

Nach dem Abitur und dem Grundwehrdienst begann ich 1979 Gerätetechnik im damaligen Karl-Marx-Stadt, heute wieder Chemnitz, zu studieren. Der erste Tag an der dortigen Technischen Hochschule fing gleich sehr bezeichnend an. In einem langen Gang saßen Tisch an Tisch Beamte, die alle auf dem gewissenhaften Ausfüllen höchst wichtiger Formulare bestanden. Auch wurden die Mitgliedshefte von FDJ, DSF, GST oder DRK kontrolliert.
Fällige Beiträge mussten bezahlt und die entsprechenden Marken eingeklebt werden. Am Ende der langen Tischreihe wartete unser Seminargruppenleiter und schob uns gleich noch die Verpflichtung zum Reserveoffizier zu. Man war ja einmal so im Unterschreiben drin.

Sehr raffiniert war die Überrumplungstaktik nicht gerade. Eher überraschte mich die Dreistigkeit. Zum Überlegen blieb nicht viel Zeit und ich reagierte mit einer Hinhaltetaktik, da ich mich erst einmal informieren müsse, was für Pflichten denn genau daraus für mich entstehen würden.
Er ließ dieses Argument nicht im Geringsten gelten und redete immer intensiver auf mich ein. Nach einer unangenehmen Stunde, die viel Beherrschung verlangte, wusste ich gleich am ersten Tag, was wieder auf mich zukommen würde. Und es ging so weiter.

Bei der folgenden Einweisung in das Studentenwohnheim sagte mir die nette Leiterin, dass es gut wäre, wenn wir pro Zimmer die „Junge Welt" und das „Neue Deutschland" abonnierten, um dann hinter vorgehaltener Hand zu ergänzen: Sie müsse eine Liste mit diesen Angaben weiterreichen. Das passte gut zu meiner Stimmung nach dem gerade absolvierten Agitationsgespräch. Bestimmt wurde hier noch so einiges mehr beobachtet.
Wie an allen Universitäten begann das Studium mit der sogenannten „Roten Woche". Alle Studientage waren angefüllt mit Vorlesungen und Seminaren,

---

[23] Dorothea Ebert/Michael Proksch; Und plötzlich waren wir Verbrecher, dtv-Verlag

die ausschließlich der ideologischen Beeinflussung dienten. Kurz danach durften alle Studenten erst einmal zu einem Einsatz in der Landwirtschaft fahren, wo wir zehn Stunden pro Tag die Ernte mit einfahren mussten. Natürlich unentgeltlich und auch samstags. Wir waren gewohnt, aus allem das Beste zu machen, genossen die Bewegung an der frischen Luft und die nahrhafte ländliche Hausmannskost. Die Bauern spendierten ohne Unterlass Nordhäuser Doppelkorn, und zu unseren feuchtfröhlichen Feierabenden kamen bald auch die jungen Leute des Dorfes hinzu. In mancher Hinsicht ging es freizügig zu. Eines nachts gingen wir heimlich in die Dorfkirche und ich spielte auf der Orgel „Je t'aime mois non plus".

(Anmerkung des Herausgebers: Günter Franke beschreibt den Ablauf und die Bedeutung der Roten Woche in seinem Beitrag „Formen psychischen Drucks an der TU Dresden")

Auch das zweite Studienjahr begann wieder mit einer längeren Unterbrechung durch die Teilnahmepflicht an einem militärischen Ausbildungslager in Seelingstädt. Die Sowjetunion war 1980 dabei, moderne Mittelstreckenraketen zu stationieren, die auf Westeuropa gerichtet waren, stritt es aber offiziell ab. Sollten die angestrebten Verhandlungen in Genf scheitern, würden beide Teile Deutschlands mit SS-20 bzw. Pershing bestückt,[24] so dass auf Knopfdruck atomare Sprengköpfe innerhalb von wenigen Minuten über deutschen Städten explodieren könnten.

Unter diesem Gesichtspunkt waren die Erlebnisse in dem Militärlager, das alle Studenten nach dem zweiten Semester über sich ergehen lassen mussten, für mich sehr beunruhigend.

„Wir lernen marschieren, stillstehen, Befehle bedingungslos ausführen, in Schützenkette angreifen und was sonst noch zum Sterben nötig sein wird. Der Motorisierte Schütze (Infanterist) im modernen Gefecht hat eine durchschnittliche Lebensdauer von zwei Minuten. Ihm bleibt gerade noch Zeit, das befohlene Hurra zu schreien … Was haben wir aus Tausenden von Jahren Geschichte gelernt?" So schrieb ich damals an meine Eltern in einem Brief, den ich heimlich in den Briefkasten eines der umliegenden Dörfer gebracht hatte.

---

[24] Die SS-20 war eine sowjetische, die Pershing II eine amerikanische Mittelstreckenrakete mit atomarem Sprengkopf. 1987 einigten man sich auf die Abschaffung dieser Waffen.

Neben dem üblichen Ausbildungsprogramm zeigte man uns mehrmals Propagandafilme, die eindeutig einen Angriffskrieg verherrlichten. Hier wurde mir zum ersten Mal ganz klar, dass die Militärführung des Warschauer Paktes offensichtlich überzeugt war, den Westen durch ihre Überlegenheit an konventionellen Waffen überrollen zu können, denn rein technologisch hielt ihre Rüstungsindustrie mit der NATO nicht mehr mit. Inzwischen hat sich bestätigt, dass damals reale Pläne für einen Angriffskrieg vorlagen.

Seit jenem Militärlager war ich von der über uns schwebenden Kriegsgefahr beunruhigt. Ich erlebte, wie die Militarisierung des öffentlichen Lebens weiter vorwärtsgetrieben wurde; ich fühlte mich schuldig und eigentlich verpflichtet, nicht mehr mitzumachen. 1978 wurde „Wehrerziehung" als obligatorisches Fach in allen Schulen eingeführt, 1982 ein neues Wehrdienstgesetz verabschiedet, dessen vollständigen Wortlaut man kaum zu lesen bekam. Danach konnten alle Männer bis zum Alter von 45 Jahren alle zwei Jahre für drei Monate als Reservisten eingezogen werden. Somit bestand die Möglichkeit, unliebsame Personen regelmäßig während des nun gesetzlich verankerten Reservistendienstes zu drillen.

Auch Frauen wurden zu Wehrdienstübungen verpflichtet. In Betrieben verstärkte man die „Kampftruppen", Kinderferienlager wurden im Winter zu militärischen Camps umfunktioniert, an Hochschulen sollten Räume eingerichtet werden, in denen Schutzanzüge gegen ABC-Waffen gelagert und im Ernstfall ausgegeben werden konnten. Viele spürten wie ich die drohende Gefahr eines atomaren Schlagabtausches. Aber während sich im Westen Hunderttausende auf den Straßen versammelten, um ihrer Sorge Ausdruck zu verleihen und gegen die Aufrüstung zu protestierten, wurde in der DDR schon der kleinste Ansatz einer freien Meinungsäußerung eisern unterdrückt. Alle, die noch nicht resigniert oder abgestumpft waren, litten darunter. Hätte man wenigstens seine Ängste offen mitteilen können!

Mit engen Freunden redeten wir viel darüber. Würden nicht spätere Generationen uns einmal vorwerfen, Mitläufer gewesen zu sein, das System zwar durchschaut, aber nichts dagegen unternommen zu haben? Der Vergleich zum Dritten Reich lag hier nahe.

***

Information zeithistorisch – militärische Ausbildung für Studentinnen

Studentinnen waren nicht wehrpflichtig, hatten aber im Studium zwingend vorgeschriebene Zivilverteidigungsmaßnahmen und teils GST-Übungen zu absolvieren, die auf eine „militärische Grunddisziplin" vorbereiten sollten. Die Indoktrination durch das Wehrsystem war also auch für sie präsent, wenn auch in anderer Form als bei männlichen Kommilitonen.

Studentinnen üben im Rahmen der Zivilverteidigung (Universitätsarchiv der TU Dresden, Fotoarchiv)

Studienbeginn in den 80er-Jahren

(Der Text auf dem Vorhang)

„DER WISSENSCHAFTLICH-TECHNISCHE FORTSCHRITT WIRD ÜBER DIE TECHNOLOGIE UND IHR ERREICHTES NIVEAU PRODUKTIONSWIRKSAM UND EFFEKTIV"
AUS DEM ENTWURF DES PROGRAMMS DER SED

Studentenkonferenz – ohne programmatische Sprüche geht es nicht (Universitätsarchiv der TU Dresden, Fotoarchiv)

Rettende Insel

Dipl. theol. Detlef Färber; (Studienjahrgang 1981, Theologiestudium an der Universität Jena, Diplom 1986)

Die Situation war skurril: Theologie zu studieren an einer erklärtermaßen sozialistischen Uni, zu deren Kerngeschäft die zeitintensive Vermittlung des ultimativen marxistischen Weltbilds gehörte – wie die Aufgabe, alle Studenten auf Marxsche Dogmen zu verpflichten: Alle knapp 5000 Studiosi also, die zu meiner Zeit die Alma mater jenensis bevölkerten, zu denen auch wir knapp hundert Theologie-Anwärter zählten – Ewiggestrige aus damaliger Sicht, aus der Zeit gefallene Figuren, unbrauchbar für die anstehende Gipfelbesteigung in Richtung Kommunismus. Konnte das gutgehen mit uns?

Es konnte. Denn geschadet hat uns unser ramponierter Ruf kaum. Eher im Gegenteil! Das lag vor allem an zwei weit verbreiteten Vorurteilen, die zu unseren Gunsten ausfielen. Erstens: Das Theologiestudium sei „das schwerste von allen". Als Indiz hierfür galten die Altsprachen Hebräisch, Griechisch und Latein, zu deren schriftlichem Gebrauch und Verständnis wir Kurse zu belegen hatten, an deren Ende gefürchtete Prüfungen standen.
Vorurteil Nummer zwei besagte, wir Theologen würden uns im Marxismus besser auskennen als die Profi-Marxisten. Ein paar Mal versuchte ich, diesen Unsinn wenigstens meinen Freunden auszureden, doch es misslang.
Und so ließen meine Kommilitonen und ich diese schmeichelhaften Missverständnisse fortan lächelnd über uns ergehen. Immerhin hatte ich das zweite der beiden Vorurteile vor dem Studium noch für realistisch gehalten. Auch weil es hieß, die Theologen würden ihre „Rotlichtbestrahlung" von den schärfsten und intelligentesten Lehrkräften der Marxismus-Leninismus (ML)-Abteilung verabreicht bekommen. Denn auch wir hatten ja den drei Jahre währenden Pflichtkurs in ML zu belegen. Doch dieser Kurs hielt gleich anfangs eine Überraschung für uns bereit – in Gestalt zweier Dozenten, die in dem Ruf standen, Liebhaber bei weitem nicht nur eines guten Tropfens zu sein und die also, statt der Fahne der Partei, oft des Restalkohols sprichwörtliche Fahne hissten.
Anders als von uns erwartet und teils erhofft, hielt sich der zeitliche Anteil politischer Diskussionen in den ML-Seminaren mit diesen Herren eher im

Promillebereich. Eine Ausnahme war Ende Oktober 1981 die Affäre um ein sowjetisches U-Boot, das sich an Schwedens Küsten „verirrt" hatte.

Wie sich dergleichen denn mit der stets behaupteten reinen Friedenspolitik des sozialistischen Lagers vertrage, wollte einer meiner Studienkollegen vom ML-Dozenten wissen. Worauf diesem mit den Worten „Ach ja, der Flottenbesuch!" ein immerhin respektabler Witz gelang.

∗∗∗

Wenig witzig gewesen war für mich, wie für viele meiner Kommilitonen, die Zeit vor dem Studium. Etwa die Hälfte unserer Gruppe kam aus Pfarrfamilien, hatte Benachteiligungen erfahren und – trotz oft bester Schulleistungen – keine Zulassung für die jeweilige Wusch-Studienrichtungen bekommen. Fast alle hatten Reibereien mit linientreuen Lehrern und erheblichen Ärger wegen Aufmüpfigkeit hinter sich.

So ging es auch den meisten anderen, für die die Möglichkeit, Theologie zu studieren, eine rettende Insel war – auch ohne dass das Pfarramt ihr Traumberuf gewesen wäre. So verhielt es sich auch in meinem Fall.

Prägend waren bei mir lange zuvor die Geschehnisse von 1972. Kaum ein Jahr nach seinem Amtsantritt als Staatspartei-Chef hatte damals Erich Honecker die Liquidierung des verbliebenen Mittelstands der DDR befohlen. Das bedeutete für tausende Kleinunternehmer den Eigentumsverlust per Verstaatlichung, auch für meinen Vater. Als damals 14-Jährigen hat es mich besonders getroffen, Vaters Ohnmacht zu erleben. Seither hatte ich für die Mächtigen im Staat wenig mehr als Verachtung übrig.

Deshalb wollte ich mich schon der quasi obligatorischen Jugendweihe und der Aufnahme in den Staatsjugendverband entziehen. Noch heute höre ich den kläglichen Ton, in dem mein Vater mir zuredete: „Tu mir das nicht an – nicht auch das noch!" Es hätte ihn den Posten des Betriebsleiters kosten können, auf dem er dann noch ein paar Jahre geduldet wurde.

Als 18-jähriger Schriftsetzer-Lehrling verweigerte ich den „Wehrdienst mit der Waffe", was pro Jahr in der DDR nur ein paar hundert Jungs wagten und was deren berufliche Perspektiven erheblich einschränkte. Immerhin gab es aber in den Achtzigerjahren schon die Möglichkeit, dass Leute wie ich, nach dem Dienst ohne Waffe als „Bausoldat", an den Unis zumindest Theologie studieren durften. Damit war für mich ein Weg vorgezeichnet, der in der christlichen Jugend begonnen hatte und mich nach der Lehre in die

Diakonie führte. Die war seinerzeit auch so eine rettende Insel – für viele jungen Leute, die Ärger mit der Staatsmacht hinter sich hatten.

***

War Humor vor dem Studium fast zum Lebenselixier geworden, um den Zumutungen der Zeit zu trotzen, so boten nun die Uni-Jahre neue Möglichkeiten, mit der erworbenen gedanklichen Leichtigkeit etwas anzufangen. Etwa, einige Aufgeblasenheiten des akademischen Betriebs zu durchschauen. Und die Möglichkeit, mit der Studienzeit auch die Jugend angemessen fröhlich zu genießen.

Ich selbst habe in einer Theatergruppe gespielt, die in jedem Semester entweder eine Komödie oder ein Kabarettprogramm einstudiert und aufgeführt hat. Sinn und Zweck der Sache war es nicht zuletzt, Anspielungen unterzubringen: Politische Anspielungen, auf deren Entschlüsselung wir in der DDR trainiert waren.

Zu den Aufführungen unserer Schauspielgruppe (überwiegend Theologiestudenten) gehörte eine von mir leicht bearbeitete Fassung von Georg Büchners „Leonce und Lena". Darin verfällt die Figur des Landrats (Zweiter von rechts), der eine triumphale Prinzen-Hochzeit vorbereiten soll, plötzlich in die Propaganda-Sprache von 1983. Während die Bauern auf der Bühne Schilder mit „Vivat!" hochhalten, ruft dieser Landrat: *Bauern, hört her! In*

der Zeitung von morgen steht: „Eine unübersehbare Menschenmenge be-
grüßte mit nicht enden wollendem Jubel, der immer wieder von Hochrufen
unterbrochen wurde, das Paar ..."

Mehrere hundert Zuschauer in der Jenaer Mensa jubelten ebenfalls. Sie hatten die heikle Anspielung auf den Personenkult um die DDR-Führer verstanden. Auch Studenten anderer Richtungen haben sich ähnlich betätigt, allerdings mit höherem Risiko als wir. Das Faschingsprogramm der Psychologie-
Studentengruppe meines Bruders in Ostberlin wurde in den Achtzigern von
deren Fachbereichsleitung zensiert und mit der Anregung versehen, sich
(Gedächtniszitat) „statt über Politik lieber über die Professoren lustig zu machen". Allerdings haben die Studenten den Humor ihrer Chefs da nicht teilen
können.

Humor war bitter nötig, an der Uni wie anderswo – und das blieb so bis zum
Ende der DDR. Exmatrikulationen wegen Lappalien drohten immer. Die All-
gegenwart von Stasi-Spitzeln in jeder Gruppe, war uns allen klar. Das galt
es auszuhalten, ohne einander dauernd zu verdächtigen.
Doch die Gefahr war da: Drei befreundete Psychologie-Studenten in Jena
sollten „geext" werden, weil sie beim „Studentensommer" (Arbeitseinsatz)
in Polen auf dem Schwarzmarkt Schallplatten verkaufen wollten. Weshalb
ihnen vorgeworfen wurde, das Ansehen ihrer Uni geschädigt zu haben. Ver-
pfiffen hatte sie ein Mitstudent, und fast wäre es dem gelungen, die Karrie-
ren aller drei zu ruinieren.
Am Ende schlug der Humor bei vielen von uns in Fatalismus um. Jede Bla-
mage der DDR, jede neue „Versorgungslücke" wurde fast schon gefeiert.
Ein Gefühl machte sich breit, als wären wir Untergangs-Schlachtenbummler.
Auf ein Happyend wie das, was 1989 kam, war nicht zu hoffen. Nicht mal
für die Hoffnungsspezialisten der Theologie.

Detlef Färber, geb. 1958; keine Zulassung zur EOS (Gymnasium); Schriftsetzer-
Lehre; Hilfspfleger; Bausoldat: Sonderreifeprüfung für Theologie; Studium 1981-
1986; Bauhilfsarbeiter; ab 1990 Journalist, Autor beim Satiremagazin Eulenspie-
gel; 1993-2019 Redakteur bei der Mitteldeutschen Zeitung; daneben und seither
Schriftsteller.

***

"...kann er unmöglich als ein zukünftiger Leitungskader der DDR ausgebildet werden."

Dipl.-Ing. Ralf Anders (TU Dresden, Studienjahrgang 1980, Sektion Informationsverarbeitung, Diplom 1985)

Mein Studium in der DDR war für mein Leben eine Bereicherung und ist mir insgesamt positiv in Erinnerung geblieben. Aber es gab Vorgänge dabei, die man nicht verdrängen darf und die nicht unerwähnt bleiben sollten.

Für das Studium bedarf es gewisser Voraussetzungen. Die hatte ich: einen Notendurchschnitt von 1,2; drei Fremdsprachen in der Schule gelernt; bei Mathematikolympiaden im Kreis und Bezirk gewonnen. Auch bei DDR-Olympiaden lag ich am Ende weit vorn.

Dass es schon damals etwas gab, was meinen Träumen ein jähes Ende hätte bereiten können, habe ich erst viel später erfahren, aus den Stasiunterlagen meines Vaters. Da steht:

„Nicht in Ordnung ist der Antrag der Schule [...] auf Aufnahme seines Sohnes Ralf in die EOS. [...] Nach dem versuchten illegalen Grenzübertritt seines Sohnes und wegen dessen schlechten Betragens und arroganten Benehmens, besonders nach der totgeschwiegenen abenteuerlichen Reise, kann er unmöglich als ein zukünftiger Leitungskader der DDR ausgebildet werden."

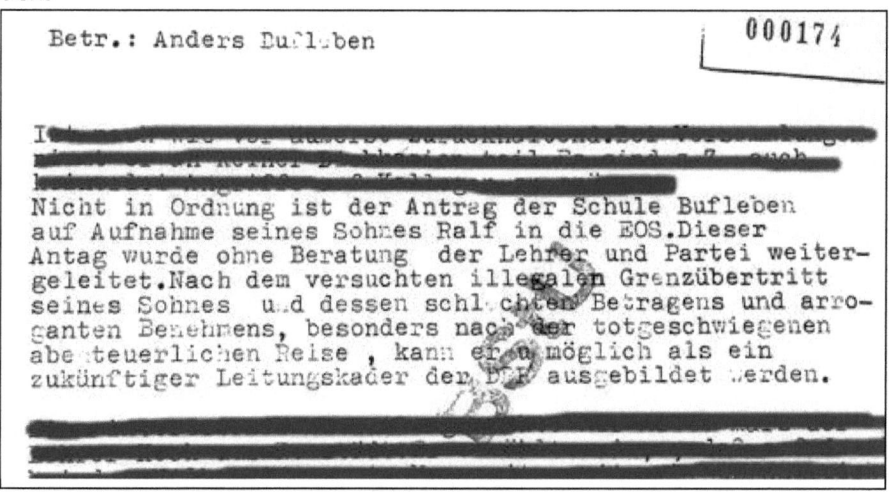

IM-Bericht aus den BStU-Unterlagen des Vaters von Ralf Anders

Aber die Schule hat mich delegiert, ein IM-Bericht dagegen war wohl nicht ausreichend oder nicht bekannt.

1. Studienjahr / Frühjahrssemester 19 81 Prüfungen und Belege 2.Sem.				
Lehrgebiet	ZAHB	Note	Datum	Unterschrift des Prüfenden/Vorsitzenden der Prüfungskommission
ML-DHM	Z	2		
Russisch	Kom.not	1		
Englisch	Kom.not	1		
Analysis II Diff.gleichg.	A	1		
Physik I	Z	1		
Gerätetechn.	A	2		
hOPT I	B	1		
DAS I	Z	2		

Die Richtigkeit der Eintragungen wird bescheinigt:
23.10.81

Z = Zwischenprüfung   H = Hauptprüfung
A = Abschlußprüfung   B = Beleg

2   — Prüfungsamt — Sektion Informationsverarbeitung

2. Studienjahr / Herbstsemester 19 81 Prüfungen und Belege 3. Sem.				
Lehrgebiet	ZAHB	Note	Datum	Unterschrift des Prüfenden/Vorsitzenden der Prüfungskommission
Pol.Ök.	Kom.not	3		
Russisch	A	1		
Englisch	A	1		
math.Stat. Wahrsch.k.rechnp.	A	1		
Physik	A	1		
hOPT I	T	1		
POPT I	Testat			
DAS II	T	1		

Die Richtigkeit der Eintragungen wird bescheinigt:
10.6.82

Z = Zwischenprüfung   H = Hauptprüfung
A = Abschlußprüfung   B = Beleg

— Prüfungsamt — Sektion Informationsverarbeitung   3

Auszug Studienbuch nach dem zweiten Semester 1982

Was die Republikflucht betrifft: Das war eher so eine Vater-Sohn-Geschichte. Mein Vater war stellvertretender Schuldirektor, meine Schuhabdrücke waren an der Decke der Schultoilette sichtbar, und das Klavier der Schule hatte auch durch mich gelitten. Den Strafmaßnahmen wollte ich mich durch Flucht entziehen, und im Westen war ja wohl ohnehin alles schöner. Als 13-Jähriger griff man mich an der tschechischen Grenze auf und fand bei mir einen Taschenatlas mit der Route von Tschechien nach der BRD. Meine Eltern wurden informiert und holten mich sofort ab.

Eine ganz wichtige Studienvoraussetzung, zumindest nach Meinung des stellvertretenden Direktors der EOS (ich habe keine Allergie gegen stellvertretende Direktoren) war die Bereitschaft, drei Jahre zur Armee zu gehen.

Um mich keinen Schikanen auszusetzen, habe ich in Anwesenheit dieses Herrn auch meine Bereitschaft erklärt, aber um eine gründlichere medizinische Untersuchung und Nachmusterung gebeten. Bei der war dann kein Schulvertreter anwesend, und ich bin mit 18 Monaten davongekommen.

Damit hatte ich erst einmal ein neues Problem: Meine Bewerbung zum Studium lautete „Mathematik, 1981, TU Dresden". Meine Armeezeit endete aber nun schon im April 1980. Ich bin nach Dresden gefahren, habe erklärt, dass ich wegen gesundheitlicher Probleme nur 18 Monate zur Armee gehe und schon 1980 mit dem Studium beginnen könne. Nun forderte man, ich möge aber meine wohlwollende Gesinnung dadurch zum Ausdruck bringen, dass ich mich bereit erkläre, Reserveoffizier zu werden. Damit hatte ich kein Problem, wusste ich doch: Wer wird schon einen einfachen Soldaten zum Reserveoffizier machen, wo es doch genügend willige Unteroffiziere gibt? Die Rechnung ging auf.

Während meiner 18 Monate Armeezeit habe ich mir dann noch überlegt, dass Mathematik etwas weltfremd ist, bin noch mal nach Dresden gefahren und habe mich für ein Studium der Informationsverarbeitung beworben.

Mein Studium begann im Herbst 1980 mit einem mehrwöchigen Einsatz als Erntehelfer. Zu der Zeit fehlten dort noch die männlichen Studenten, welche ihre drei Jahre Wehrdienst absolvierten. Da in der Seminargruppe aber auch drei männliche ausländische Studenten aus Bulgarien und Polen waren und einige Studenten von den Ministerien des Innern und der Staatssicherheit delegiert waren, fiel das nicht so ins Gewicht. Apropos Seminargruppe: Das Studium damals hatte zumindest in den ersten fünf Semestern recht viel Ähnlichkeit mit Schulunterricht. Die Seminargruppen entsprachen den Klassen, es gab für die gesamte Seminargruppe geltende Stundenpläne, einen Seminargruppenleiter, ein dem Zeugnisheft analoges Studienbuch. Nur die Vorlesungen waren etwas wirklich Neues. Hier konnte man auch mal eine gewisse „Freiheit" ausleben. Es gab keine Kontrolle der Anwesenheit und zumindest in Hörsälen mit Hintereingang konnte man auch mal das „akademische Viertel" ausprobieren. Nur in den Marxismus-Leninismus-Vorlesungen gingen pro Seminargruppe Anwesenheitslisten durch die Reihen, außer in meiner. Auch wenn es keine Anwesenheitskontrollen gab, so gab es in den wie Schulstunden organisierten Seminaren Leistungsüberprüfungen. Dabei wurde das in den Vorlesungen (nicht) erworbene Wissen abgefragt. Nun zu mir. Ich war, wie schon erwähnt, mathematisch vorbelastet, was nicht unbemerkt blieb und letztlich dazu führte, dass ich von den regulären Mathematikvorlesungen und -seminaren befreit wurde. Das war sehr angenehm, zumal das Grundstudium der Informationsverarbeitung zu einem Drittel aus Mathematik bestand. Stattdessen habe ich im Rahmen eines Sonderstudienplanes gelegentlich mit meinem Mathematikprofessor Dr. Volker Nollau[25] über Gott, die Welt und das Vier-Farben-Problemgeredet. Der Vier-Farben-Satz besagt, dass vier Farben immer ausreichen, eine beliebige Landkarte so einzufärben, dass keine angrenzenden Länder die gleiche Farbe bekommen.

Man entsandte mich bereits im ersten Semester zum zentralen Mathematikwettstreit der DDR-Hochschulen und -Universitäten. Ich denke mal, dass dort eigentlich die Hochschulen darstellen wollten, wie gut ihre Ausbildung ist. Ich erreichte dort auch ohne diese die höchste Punktzahl. Der Preis dafür war das Versprechen einer Reise mit dem „Freundschaftszug" in die Sowjetunion. Auch dazu später.

Noch mal zurück zur Seminargruppe und den schulähnlichen Strukturen. Es bedurfte natürlich auch eines Seminargruppensekretärs. Als dieser wurde ich vom Seminargruppenleiter vorgeschlagen und einstimmig „gewählt". Es kannte ja niemand niemanden, und wer will schon gleich opponieren. Der Seminargruppenleiter hatte wahrscheinlich in meiner Abschlussbeurteilung der Schule gelesen, dass ich so was schon gemacht hatte. Allerdings hatte er wahrscheinlich nicht bis zu Ende gelesen, dann da stand auch: *„Seine führende Position nutzt er nicht konsequent genug, um die Forderungen der Schule durchzusetzen [...] sein Auftreten [...] war im Allgemeinen ohne Mängel [...]."*
Vielleicht war er auch ein Schelm. Jedenfalls habe ich den Seminargruppenbetreuer Dr. Giese in guter Erinnerung behalten. Er verabschiedete sich später von mir mit den Worten *„Gehen Sie mit Gott... ."* Er hatte große Gewissensnöte, als er meine Abschlussbeurteilung für das Studium schreiben

---

[25] Nollau studierte Mathematik und Theoretische Physik, ab 1969 wissenschaftlicher Oberassistent, promovierte 1966, habilitierte 1971; 1990 Ordentlicher Professor für Mathematik und Statistik; 2006 Honorarprofessor an der TU Wien.

musste und auch mit mir darüber geredet. Letztlich stand dann dort *„Von Studienbeginn an übte er die Funktion des Seminargruppensekretärs aus. Sein Leitungsstil musste häufig als nachlässig bezeichnet werden, so dass Kritik nicht ausblieb [...]."*

Die Seminargruppensekretäre der Fakultät trafen sich regelmäßig, um die Vorstellungen der Fakultätsleitung zum gesellschaftlichen Leben zu hören und zu verbreiten. Ich habe dort klargemacht, dass ich mich als Studentensprecher meiner Seminargruppe verstehe (ich hatte das mal im Westfernsehen so gehört) und nur erscheine, wenn es Probleme gibt. Mit mir gab es keinen Kampf um den Titel „Sozialistisches Kollektiv" und auch keine Anwesenheitsliste in Marxismus-Leninismus. Die Mehrheit meiner Kommilitonen fand das gut.

Im Dezember 1981 habe ich dann wohl eine Grenze überschritten, die von noch höherer Stelle definiert war. Die Fakultät Marxismus-Leninismus forderte meine sofortige Exmatrikulation. Damals war in Polen das Kriegsrecht ausgerufen worden und die ML-Seminarleiterin hielt es für angemessen, zu erklären, dass diese Vorgänge der Erhaltung der Demokratie dienen würden. Ich konnte nicht an mich halten und entgegnete, dass es sich aus meiner Sicht um einen Militärputsch handele, bei dem die Macht der kommunistischen Partei gegen den Willen der Mehrheit des Volkes durchgesetzt werden solle. Hier könne man sehen, was mit Diktatur des Proletariats gemeint ist.

Die Seminarstunde wurde sofort beendet, noch am gleichen Abend befand ich mich vor einer „Kommission". Man machte mir sehr deutlich und ausführlich klar, dass ich den Bezug zur Arbeiterklasse verloren hätte und so weiter ...
In Anerkennung meiner Leistungen für die TU Dresden würde man von einer Exmatrikulation absehen, wenn ich öffentlich vor dem gesamten Jahrgang widerrufe. Man würde mir dann lediglich mein Leistungsstipendium streichen und den Sonderstudienplan beenden. Ich hatte eine Woche Bedenkzeit bis zur nächsten ML-Vorlesung.

Ich habe widerrufen.

Wie versprochen wurde mir das Leistungsstipendium (ca. 100 Mark/ Monat) gestrichen und ich sollte wieder am Mathematikunterricht teilnehmen.

Ich arbeitete dann mitunter eine Achtstundenschicht in der Dresdner Feldschlösschen-Brauerei, die außer 3,25 Mark pro Stunde vier „Deputat-Biere" einbrachte

Der Arbeitsplatz im Wohnheim Güntzstraße – Ralf Anders im Vordergrund (Foto privat)
Im Vordergrund meine Deputat-Biere der Dresdner Feldschlösschen Brauerei

Dass das wohl ein Kompromiss war, den die Fakultät Informationsverarbeitung ausgehandelt hatte, habe ich erst sehr viel später erfahren. (Dr. Giese hat mich bei dem Gespräch zu meiner Abschlussbeurteilung über die damaligen Hintergründe informiert.) Ich hätte diesen Leuten sonst wahrscheinlich nicht bei einer anderen Veranstaltung vorgeworfen, dass sie alle unter einer Decke steckten.

Jedenfalls habe ich im dritten Semester erneut eine Reise in die Sowjetunion gewonnen. Ich hatte die erste noch gar nicht angetreten, da ich zum eigentlichen Termin an der obligatorischen Militärausbildung teilnehmen musste. Dass ich dort nicht zum Reserveoffizier qualifiziert wurde, hatte ich schon erwähnt. Letztlich ist die erste Reise verfallen. Ich wollte sie auf meine

Freundin überschreiben lassen und mit ihr gemeinsam fahren, man ist eben manchmal auch naiv.

Ab dem sechsten Semester war die Seminargruppenstruktur nicht mehr so dominant, es gab das Ingenieurpraktikum und Vorlesungen, und Seminare nahm man je nach Spezialisierungsrichtung wahr. Es gab auch keine ML-Vorlesungen und -Seminare mehr und wenig Anlass für ideologische Auseinandersetzungen. Ich hatte damals auch geheiratet und meine Schwerpunkte etwas verlagert.

In Erinnerung ist mir geblieben, dass wir das neue Wohnheim in der Zeunerstraße verlassen mussten, als libysche Studenten mit Dollars die besseren Argumente hatten. Bei der Gelegenheit ließ ich mich zu *„Ihr steckt alle unter einer Decke"* hinreißen. Ich sollte mich da auch entschuldigen, was ich nicht tat. Es blieb ohne Konsequenzen.

> Ralf Anders, geb. 1960 in Gotha; 1966 Polytechnische Oberschule in, 1974 EOS Oberschule; 1978 18-monatiger Grundwehrdienst; 1980 TU Dresden, Studium Informationsverarbeitung; 1985 Jenaer Glaswerk, wissenschaftlicher Mitarbeiter. 1990 Firma HEITEC Jena, 1991 Geschäftsführer und Teilhaber bei ANTEC OHG Jena, seit 1996 als selbstständiger Gewerbetreibender Softwareentwicklung.

✳✳✳

✳✳ Kommentar zeithistorisch ✳✳ - Die Fakultät Marxismus-Leninismus

Anders berichtet, dass die Fakultät für Marxismus-Leninismus seine sofortige Exmatrikulation verlangte. Das ist nachvollziehbar, da diese Fakultät auch als die „Politische Polizei" an den Hochschulen galt.

Der Marxismus-Leninismus bildete die verbindliche ideologische („wissenschaftliche") Grundlage der Staatsdoktrin im sozialistischen Lager. Die Grundlagen des Marxismus-Leninismus wurden im Fach Gesellschaftswissenschaften unterrichtet, darunter „Dialektischer und historischer Materialismus", „Politische Ökonomie des Kapitalismus und Sozialismus" und „Wissenschaftlicher Kommunismus". Dieser Unterricht war an allen Hochschulen und Universitäten Pflichtfach neben dem Hauptstudium.

✳✳✳

** Kommentar zeithistorisch **- Beitrag Ralf Anders

Der zitierte IM-Bericht, in dem behauptet wird, dass Anders „unmöglich als ein zukünftiger Leitungskader der DDR ausgebildet werden kann", spiegelt die Denkweise systemtreuer DDR-Bürger wider, die ideologisch fest im Glauben an das Regime verwurzelt waren. Gleichzeitig sind auch niedrigere Beweggründe wie Neid oder Missgunst nicht auszuschließen.

Besonders bedenklich ist es, wenn ein Staatssystem erkennbar begabte künftige Leistungsträger vom Bildungssystem ausschließt. Anders erreichte einen Abiturnotendurchschnitt von 1,2, lernte drei Fremdsprachen, bei Kreis- und Bezirksmathematikolympiaden und auch bei DDR-Olympiaden gewann und belegte er vordere Plätze. Wie sein Studienbuch zeigt, erbrachte er bereits im zweiten Studiensemester herausragende Leistungen.

Trotz dieser schon früh erkennbaren Leistungen versuchte ein Informeller Mitarbeiter (IM) – ein „Stasi-Mann", wie man im Volksmund sagte – durch seinen Bericht die Entwicklung von Anders hin zu einem „Leitungskader" zu verhindern. Dies scheiterte jedoch, da innerhalb des Systems auch Personen existierten, die rational und nicht ideologisch geprägt handelten, unabhängig davon, ob sie Parteimitglieder oder Parteilose waren.

Die Situation eskalierte, als Anders während eines Seminars für Marxismus-Leninismus die Rechtmäßigkeit der Machtübernahme durch das Militär in Polen im Jahr 1981 infrage stellte. Seine kritische Frage, die das offizielle Statement der Dozentin offen anzweifelte, überschritt eine ungeschriebene Grenze. Als Reaktion wurde von ihm eine öffentliche Widerrufserklärung gefordert – eine Praxis, die an die auf allen Ebenen der Partei übliche „Selbstkritik" erinnert, im Volksmund treffend als „zu Kreuze kriechen" bezeichnet. Dieses Verhalten der Partei – die ihre Linie mit allen Mitteln durchsetzte – wird auch in anderen Berichten deutlich, wie etwa im Beitrag von Gabriele Stötzer, der beschreibt, wie ein Brief an Margot Honecker einen politischen Alarm auslöste. Es zeigt die grundlegende Schwäche des Systems: Es bestraft Exzellenz, wenn diese nicht mit der Ideologie übereinstimmt.

Konsequent zu Ende gedacht, führt ein solches System zwangsläufig zur allgemeinen Mittelmäßigkeit. Auch wenn es in einzelnen Disziplinen durch herausragende Persönlichkeiten – unabhängig von ihrer Parteizugehörigkeit – Spitzenleistungen geben kann, reicht dies nicht aus, um eine funktionierende Leistungsgesellschaft zu schaffen. Die systematische Behinderung und Ausgrenzung von Begabungen trugen letztlich entscheidend zum wirtschaftlichen und gesellschaftlichen Niedergang der DDR bei.

***

Das Geständnis

Ich habe schon gelegentlich eine Unterschrift gefälscht – allerdings nur in ML-Vorlesungen.

Dipl.-Psychologin Betina Stock; (TU Dresden, Studienjahrgang 1983, Arbeits- und Ingenieurpsychologie, Diplom 1988)

Schon als Kind wollte ich Ärztin werden. Seit der 8. Klasse bis zum Abitur sammelte ich über 500 Pflegestunden im Krankenhaus, was mir die „goldene Pflegespange" einbrachte. Zusätzlich ließ ich mich in Erster Hilfe ausbilden und war in diesem Bereich aktiv. Nach dem Abitur absolvierte ich ein weiteres Jahr als Pflegepraktikantin im Krankenhaus. Doch trotz meines hervorragenden Abiturs bekam ich keinen Medizinstudienplatz. Bei einem sogenannten „Umlenkungsgespräch" wurde mir unverblümt erklärt, ich sei „für die Gesellschaft untragbar".

Der Hintergrund: Mein leiblicher Vater war 1956 nach seinem Abitur in den Westen gegangen und nie zurückgekehrt. Der zweite Ehemann meiner Mutter – ein Arzt, zu dem ich kein gutes Verhältnis hatte – wurde bei einem Fluchtversuch an der Grenze geschnappt und saß bis zu seinem Freikauf im Gefängnis in Bautzen. Außerdem war ich kein Arbeiterkind, ein Mädchen und nicht bereit, in die Partei einzutreten. All das verschloss mir den Zugang zum Medizinstudium.

Während meines Pflegepraktikums hatte ich die Möglichkeit, bei Musiktherapie-Sitzungen zu hospitieren, und durfte dort bald selbst Klavier spielen. Das weckte in mir den Gedanken, eine musiktherapeutische Richtung einzuschlagen. Da ich bereits Gesangsunterricht hatte und im Chor sang, schien das naheliegend. Schließlich belegte ich Kurse an der Dresdner Musikhochschule und bestand eine Eignungsprüfung, die mir einen Studienplatz für Gesang einbrachte. Doch ich merkte schnell, dass das nicht mein beruflicher Weg war.

Irgendwann führte mich mein Weg zur Psychologie. Doch auch im klinischen Bereich an der Universität Leipzig war die Situation ähnlich wie in der Medizin. An der TU Dresden hingegen gab es einen Studiengang in Arbeits- und

Ingenieurpsychologie, für den man über ein Eignungsgespräch Zugang erhielt – und das klappte schließlich.

So saß ich im September 1983 in den Einführungsvorlesungen und war todunglücklich. Das Studium entsprach nicht meinen Interessen, und ich verstand kaum etwas. Ich bereute, das Angebot meines Chefarztes aus dem Praktikum nicht angenommen zu haben, der mir vorgeschlagen hatte, Krankenschwester zu werden. Mit Abitur ging man damals jedoch „automatisch" studieren. Mein Großvater, Professor an der TU Dresden im Bereich Technische Gebäudeausrüstung (TGA), hatte mir den Gedanken an eine Ausbildung strikt ausgeredet. Für ihn war das schlicht undenkbar.

Zu Beginn des Studiums stand der obligatorische Ernteeinsatz, wie es in der DDR üblich war. Zwei Wochen lang mussten wir nach Deutschbaselitz bei Kamenz, um Kartoffeln zu ernten. Auf der Erntemaschine sammelten wir Steine aus den Kartoffeln – eine Tätigkeit, die mir tatsächlich lieber war als die ersten Tage an der Uni.

Studentischer Kartoffel-Ernteeinsatz 1983 – Steine aussortieren.

Hier lernte ich Christiane kennen, und wir freundeten uns sofort an. Sie war aus Wittenberge nach Dresden gekommen, zusammen mit ihrem Freund Jörg, der Maschinenbau studierte. Die beiden wohnten in Dresden-

Friedrichstadt in einer Wohnung, deren Toilette eine Treppe tiefer lag. Im zweiten Studienjahr heirateten sie, und im Februar 1985 wurde ihr Sohn Daniel geboren.

Von Anfang an unterstützten wir uns gegenseitig im Studium. Wenn Christiane wegen Daniels Geburt oder später aus anderen Gründen nicht an den Vorlesungen teilnehmen konnte, schrieb ich für sie mit – damals noch mit Blaupapier, um Durchschläge anzufertigen. Diese Durchschläge sind erstaunlicherweise bis heute gut lesbar, ganz im Gegensatz zu den Thermopapierkopien, die schnell verblassten, sobald sie Licht ausgesetzt waren. Fotokopierer wie heute gab es damals schlicht nicht. Umgekehrt schrieb Christiane auch für mich mit, wenn ich einmal nicht zur Vorlesung gehen konnte oder wollte.

Ich passte oft auf Daniel auf – tagsüber, wenn er krank war und Christiane trotzdem zur Uni musste, oder abends, wenn sie mit ihrem Mann ausging.

Damals gab es im Georg-Schumann-Bau noch das Rechenzentrum mit den PC 1715 – einem typischen DDR-Heimcomputer der 1980er-Jahre, ausgestattet mit einem Z80-Prozessor und 64 KB Arbeitsspeicher. Um den Rechner zu nutzen, trug man sich in eine Liste für sogenannte „Rechnerzeiten" ein, die oft auch nachts lagen. Wir speicherten unsere Daten auf den damals üblichen 8-Zoll-Disketten, besser bekannt als Floppy Disks, die ungefähr so groß wie eine CD waren.

Um Christiane zu entlasten, überließ ich ihr manchmal meine Tageszeiten am Rechner, damit sie nachts bei ihrer Familie sein konnte. Ich selbst ging dann nachts ins Rechenzentrum, um meine Aufgaben zu erledigen.

Ich muss an dieser Stelle gestehen, dass ich damals gelegentlich eine Unterschrift gefälscht habe – und zwar bei den Pflichtvorlesungen im ML (Marxismus-Leninismus). Dort wurden häufig Anwesenheitslisten herumgereicht, die man unterschreiben musste. Wenn Christiane nicht da war, habe ich für sie unterschrieben, und umgekehrt machte sie es genauso für mich.

Da bei diesen Vorlesungen mehrere Seminargruppen zusammengelegt wurden, fiel das nicht besonders auf. In unseren regulären Seminaren war die Situation jedoch anders – dort gab es durchaus Ärger, wenn man unentschuldigt fehlte.

Im dritten Studienjahr absolvierten Christiane und ich gemeinsam ein Betriebspraktikum. Das führte uns über mehrere Wochen nach Pirna ins dortige Berufsberatungszentrum.

Es war eine großartige Zeit, die wir sehr genossen haben. Mit unseren Büchern fuhren wir gelegentlich sogar in die Kiesgrube nach Pratzschwitz, um dort zu arbeiten – eine Kombination aus Lernen und Freizeit, die einfach perfekt war.

Der Personalcomputer (PC) 1715 wurde ab 1986 in Behörden, Industrie, Hochschulen und Universitäten eingesetzt. Auch das Rechenzentrum in der Uni war damit ausgestattet.

Wir waren ein eingespieltes Team, verbrachten viel Zeit zusammen, unterstützten uns gegenseitig und teilten Freud und Leid. Neben dem Studium feierten wir gemeinsam die besten Partys im Studentenclub, und die berühmten Tischtennisfeten bei uns zu Hause im Keller, erzählten uns alles und wurden enge Freundinnen.

Diese Vertrautheit war zu jener Zeit keineswegs selbstverständlich. In jeder Seminargruppe gab es mindestens einen Stasi-Mitarbeiter – einen sogenannten „informellen Mitarbeiter" (IM) – und niemand wusste, wer es war. Natürlich machte sich jeder Gedanken darüber, aber in der Regel blieb es unbemerkt. Ein unüberlegtes Wort oder eine falsche Handlung hätte jedoch ernste Konsequenzen haben und sogar den Studienplatz kosten können. Wachsamkeit war daher unerlässlich.

Eines Abends, als ich bei Christiane war, bat sie mich zu später Stunde, mit ihr loszufahren, um etwas zu besorgen. Ich hatte damals einen Trabi und dachte mir zunächst nichts dabei. Doch während der Fahrt benahm sie sich merkwürdig – ihr Verhalten verunsicherte mich. Sie bat mich, zum ASB (Andreas-Schubert-Bau) zu fahren, wo die Psychologen noch heute sitzen. Dort stiegen wir aus und gingen zum Beutlerpark, der sich dahinter erstreckt. Es war dunkel, und die Situation wurde mir zunehmend unheimlicher. Was wollte sie? Was bedeutete das? Es war beängstigend. Sie sagte nur, ich solle einfach mitkommen.

Im Park war es still, nur der Mond schien schwach und ließ gerade genug Licht, um die Umrisse zu erkennen. Wir gingen eine Runde, dann setzten wir uns auf eine Bank. Christiane bat mich zunächst, ihr zu versprechen, niemandem auch nur ein Sterbenswörtchen von dem zu erzählen, was sie mir anvertrauen würde. Dann begann sie leise zu sprechen und beichtete, dass sie als IM (Informelle Mitarbeiterin) für die Stasi arbeite. Sie erzählte, dass der Druck auf sie in letzter Zeit enorm zugenommen habe und sie dringend mit jemandem darüber sprechen müsse.

Der entscheidende Punkt war, dass sie einen konkreten Auftrag erhalten hatte: Sie solle mich ausspionieren. Doch das könne sie mit ihrem Gewissen nicht vereinbaren, und nun sei sie in großer Verzweiflung.

Auch hätte sie nicht im Auto mit mir sprechen wollen, da man nie wisse, ob das nicht auch von jemandem verwanzt worden ist. Hier im Park war sie sich relativ sicher, dass niemand zuhört.

Christiane versicherte mir, dass sie nie etwas preisgegeben hat, was mir hätte schaden können. Sie sagte mir dann noch, dass sie diesen konkreten Auftrag, mich zu bestimmten Dingen auszuhorchen, ablehnen wird, warnte mich aber und meinte: „Die finden einen anderen, ich habe aber keine Ahnung wen - sei bloß vorsichtig!"

Ich war sprachlos und erinnere mich noch genau, wie mir die Tränen kamen. Wir saßen lange schweigend nebeneinander, bevor wir uns schließlich umarmten.

Bis heute weiß ich nicht, wer „der oder die andere" war. Meine Stasi-Akte wurde nicht gefunden, vermutlich ist sie unter den Akten, die kurz nach der Wende vernichtet wurden. Doch nach dem Tod meiner (!) Mutter, fand ich beim Ausräumen ihres Hauses ein kleines hölzernes Schmuckkästchen mit einem doppelten Boden. Darin war ein Mikrofon eingebaut.

Mit Christiane schrieb ich von September 1987 bis Juli 1988 meine Diplomarbeit. Jeder von uns hatte seinen eigenen Part, doch letztendlich war es eine große gemeinsame Arbeit. Wir verbrachten unzählige Stunden miteinander, sowohl bei der Arbeit als auch in unserer Freizeit. Diese Zeit war für mich wertvoll, und ich erinnere mich so gerne daran.

Nach dem Studium fand Christiane im September 1988 eine Stelle im Klinikum Oberloschwitz, wo sie mit psychisch kranken Menschen arbeitete. Ich hingegen ging in die Berufs- und Studienberatung.

Unser Kontakt blieb zunächst eng, doch nach dem Mauerfall im November 1989 veränderte sich Christiane stark. Sie wurde verschlossener, zog sich zurück, und unsere Treffen wurden seltener.

Als ich im April 1990 kurz vor der Geburt meiner Tochter stand, beschloss ich, Christiane zu überraschen. Daniel sollte eines meiner Meerschweinchen bekommen, und ich brachte es ihm in ihre Wohnung. Doch die Haustür war angelehnt, und es roch nach Gas. Mir kam ihre Mutter weinend und verzweifelt entgegen. Christiane hatte sich an diesem Morgen in der Wohnung das Leben genommen, nachdem ihr Mann zur Arbeit gegangen und Daniel im Kindergarten war.

Ich habe nie wieder etwas von Jörg oder Daniel gehört, meine bisherige Recherche blieb erfolglos. Was bleibt sind viele schöne Erinnerungen an meine liebe Freundin Christiane – auch jetzt noch nach 35 Jahren. Ich vermisse sie noch immer.

Betina Stock, geb. 1964, 1982 EOS Kreuzschule Dresden Abitur, 1-jähriges Pflege-Praktikum im Krankenhaus Weißer Hirsch, 1983-1988 Studium Arbeits- und Ingenieurpsychologie an der TU Dresden, 1988 -1990 Berufsberaterin für Schüler mit gesundheitlichen Einschränkungen, seit 1990 Berufs- und Studienberaterin.

***

I come from Amerika…..

Ein Amerikaner auf dem „Country-Abend" im Studentenclub *Gag 18*

Dipl.-Ing. Michael Balzer (TU Dresden, Studiengang 1984, Sektion Verfahrenstechnik, Fachrichtung Lebensmitteltechnik, Diplom 1988)

Nach 18 ziemlich sinnentleerten Monaten im Dienst der Nationalen Volksarmee war ich hoch motiviert, als ich im September 1984 mein Studium der Verfahrenstechnik/Lebensmitteltechnik aufnahm. Mit viel Ehrgeiz startete ich durch, erzielte schnell gute Noten und konnte ab dem zweiten Halbjahr des ersten Studienjahres sogar ein für damalige Verhältnisse recht lukratives Leistungsstipendium erhalten.

Das abwechslungsreiche Studentenleben lernte ich schon früh kennen. Bereits nach der ersten Einführungswoche mit diversen „Einweisungen" – von uns scherzhaft als „Rotlichtbestrahlung" bezeichnet – ging es für zwei Wochen zum Ernteeinsatz ins tiefste Oderbruch, um Kartoffeln zu lesen. Schon hier war fast jeden Abend ein „fröhliches Miteinander" angesagt. In den folgenden Wochen und Monaten wurden regelmäßig Partys im Wohnheim an der Hochschulstraße 48 oder in den angrenzenden Studentenclubs organisiert. Nach den anstrengenden Tagen im Grundlagenstudium fand sich fast immer jemand, um abends „ein Bier trinken" oder gemeinsam zu feiern. Auf einer dieser Wohnheimfeten lernte ich bereits im Oktober 1984 Wolf aus einer Parallel-Seminargruppe kennen. Er spielte Gitarre, konnte gut singen, und wir hatten musikalisch schnell eine gemeinsame Basis, insbesondere für Songs aus dem Bereich Country und Folk. Im Laufe des Jahres 1985 probten wir immer häufiger gemeinsam – oft spontan bei Abenden mit Kommilitonen im Wohnheim.

Ende November 1985 fiel uns ein Plakat im Wohnheim auf: ein „Country-Abend" im nahegelegenen Studenten-Kellerclub „Gag 18" in der damaligen Juri-Gagarin-Straße, nur 500 Meter hinter dem Dresdner Hauptbahnhof. *„Das ist doch genau unser Ding!"*, sagten wir übereinstimmend und machten uns abends gemeinsam mit einem weiteren Freund aus unserer Clique auf den Weg.

Doch als wir ankamen, war der Club bereits überfüllt, und es wurden keine weiteren Gäste eingelassen. Nach kurzer Beratung hatte Wolf eine irrwitzige Idee: „Ich hole meine Gitarre und gehe da als ‚Ami' rein – ihr seid meine Begleiter."

Gesagt, getan: Wolf holte seine Gitarre aus dem Wohnheim und überzeugte den Einlass mit seinem feinsten Schulenglisch: „I come from America … is it possible to enter this Country-Abend? I could play some songs from my hometown." Plötzlich ging alles ganz schnell: Die Tür öffnete sich, und nach Zahlung des moderaten Eintrittsgeldes standen wir im Club.

Studentenclub „Gag 18" in Dresden in der damaligen Juri-Gagarin-Straße

Im Hauptraum des verwinkelten Studentenclubs legte Wolf dann richtig los – natürlich auf Englisch. Mit seiner sympathischen und präsenten Art erklärte er: „I am the son of the American ambassador. My father is here in Dresden for political talks and staying at the Bellevue Hotel. Tonight, I wanted to experience the student life in Dresden."

Ein Amerikaner in einem DDR-Studentenclub war natürlich eine Sensation. Viele Gäste versammelten sich um ihn, lauschten seinen Geschichten, und

Wolf brachte uns ins Spiel, indem er uns vorstellte: Wir seien Bekannte, die er erst kürzlich auf einer Party kennengelernt habe.

Nach angeregten Gesprächen holte Wolf seine Gitarre heraus und spielte einige Lieder *aus seiner Heimat*, darunter Songs von Johnny Cash. Ich erinnere mich noch gut daran, wie ich ihm direkt gegenüber an einem der großen Tische saß. Wir machten uns unauffällig Zeichen, unterhielten uns laut hörbar auf Englisch über unseren Musikgeschmack, und Wolf fragte mich schließlich: „Do you play an instrument?" Ich erwiderte, dass ich ebenfalls Gitarre spiele. Daraufhin rief er begeistert: „Oh – then let's sing together, get your guitar!"

Kurze Zeit später, ich hatte zwischenzeitlich meine Gitarre aus dem naheliegenden Wohnheim nachgeholt, warfen wir uns die Bälle zu: "Do you know: Bye bye love by Simon and Garfunkel?" „Oh yes – I know, let's sing together" ... um das Lied dann in einem gut abgestimmten Arrangement, zweistimmig intoniert diesen Song zum Besten zu geben ...

Wolf, der Amerikaner, und ich (Archiv M. Balzer)

So ging weiter mit einer Reihe von Songs, die wir meist schon mehrfach auf diversen Partys gespielt hatten. Logisch, dass die Stimmung schnell ihren Höhepunkt erreichte – ein paar „geistige Getränke" trugen natürlich ebenfalls dazu bei. Besonders die Frauen im Club hingen an den Lippen meines Kumpels, während ein Hauch des „eigentlich Unmöglichen" über diesem außergewöhnlichen Abend lag.

Niemand von den etwa 80 Gästen zog auch nur ansatzweise in Zweifel, dass die Geschichte möglicherweise erfunden sein könnte. Eine „Enttarnung" wäre sicherlich für alle Beteiligten unangenehm gewesen, doch Wolf lieferte eine nahezu perfekte Aufführung. Er ließ keinen Moment lang den Hauch eines Zweifels aufkommen.

Nach Stunden voller gemeinsamer Songs aus der „Heimat des Amerikaners" und langen Gesprächen, die Wolf immer wieder mit interessanten „Fakten" aus den USA und *seinem Leben* würzte, packte ich gegen 1 Uhr morgens meine Gitarre und verließ den Club. Immerhin standen am nächsten Morgen Vorlesungen und Seminare an, die ich nicht verpassen wollte.

Wolf hingegen wurde von der Clubleitung des „Gag 18" gegen 2 Uhr am Ausgang des Studentenwohnheims verabschiedet mit: „beste Grüßen an Ihren Vater". Er lief ein paar Schritte in Richtung Hotel Bellevue, bog jedoch an der nächsten Ecke in Richtung unseres Wohnheims ab.

Damals machten wir uns keine Gedanken darüber, dass diese Aktion möglicherweise Konsequenzen für uns oder die Clubleitung haben könnte. Erst nach 1989 wurde mir klar, wie leichtsinnig das war. Es war weder üblich noch von den Verantwortlichen gewollt, dass vermeintliche „Gäste vom Klassenfeind" in einem FDJ-Studentenclub ein- und ausgingen. Solche Besuche wurden normalerweise nur nach langfristigen Genehmigungsprozessen mit speziell geschulten Betreuern erlaubt.

An dem Abend wurden tatsächlich viele Fotos gemacht, die später für Ankündigungen und Rückblicke im Club verwendet werden sollten. Doch wie ich hörte, wurde diese Idee bereits am nächsten Tag verworfen – vermutlich aus Angst vor möglichen Konsequenzen.

„Enttarnt" wurde Wolf schließlich sechs Wochen später während des Armee-Lagers, das jeder DDR-Student im zweiten Studienjahr für etwa vier Wochen

absolvieren musste. Im winterlichen Seelingstädt bei Gera – unter Studenten bekannt als „Seelinggrad" – wunderten sich einige Kommilitonen, die ebenfalls beim besagten Country-Abend dabei gewesen waren: *„Was macht ein Amerikaner in einem NVA-Ausbildungslager?"*
Das Missverständnis vor Ort konnte natürlich schnell und – mit etwas Abstand – auch humorvoll aufgeklärt werden.

Trotz der Enttarnung wurden Wolf und ich weiterhin regelmäßig zu den monatlichen Country-Abenden im „Gag 18" eingeladen. Auch wenn der ursprüngliche Sensationskick verflogen war, verbrachten wir dort viele schöne Stunden und spielten zahlreiche Songs, die bei den Gästen gut ankamen.
Im Laufe des Jahres 1986 wurden wir schließlich offiziell als „Gast-Mitglieder" des Clubs aufgenommen. Während Wolf vor allem musikalisch aktiv blieb, engagierte ich mich zunehmend in der alltäglichen Clubarbeit – vom Getränkeverkauf bis zur Organisation von Veranstaltungen.
Wolf hingegen brach sein Verfahrenstechnik-Studium zwei Jahre später ab – möglicherweise aufgrund zu vieler „außeruniversitärer Aktivitäten". 1987 verließ er die TU Dresden. Nach 1990 fand er in München eine neue berufliche Heimat. Wir stehen immer noch in regelmäßigem Kontakt und planen, bald wieder gemeinsam zu musizieren.
Der legendäre Country-Abend mit dem Amerikaner bleibt bis heute ein Gesprächsthema. Auch 39 Jahre später kommt er bei den Treffen ehemaliger Clubmitglieder immer wieder in unseren „Weißt-du-noch"-Gesprächen zur Sprache – ein unvergessliches Kapitel unserer gemeinsamen Zeit.

Michael Balzer, geb. 1963 in Rudolstadt/Thüringen, Abitur EOS 1982, 18 Monate NVA, 1984-1988 TU Dresden Fachrichtung Lebensmitteltechnik, Diplom 1988, Start einer Promotion am neuen Fachbereich Biotechnologie;
1990 Abbruch der Promotion; Traineeprogrammes bei Unilever Deutschland in Hamburg, bis 2014 in Managementpositionen bei Unilever, 2015–2019 Vertriebsleiter Tulip Food Company, 2020 Verkaufsleiter Deutschland Weinbergmaier GmbH

***

„Es ist leichter, – auch anekdotisch – vom Leben in der DDR zu schreiben, wenn man sich einem der beiden Lager, „Dafür" oder „Dagegen", zuordnet."

Joachim Heinrich „Warum viele Katholiken in der DDR Mathematiker wurden"

Das Semester war schon ausgebucht und vergeben

Thomas Heeger (TU Dresden, Studienjahrgang 1983; Fertigungsprozessgestaltung; Diplom 1988)

Ich war schon gemustert und es stand fest, dass ich nur den unausweichlichen Grundwehrdienst – 18 Monate – absolviere. Demzufolge begann mein Studium im September 1983.

An der Hochschule für Verkehrswesen (HfV) hatte ich mich für Kraftfahrzeugtechnik beworben. Diese Fachrichtung gehörte zur Grundstudienrichtung Maschineningenieurwesen. Ich wurde zwar seitens der HfV angenommen aber zur Fachrichtung Fertigungsprozessgestaltung umgelenkt. Das war einerseits eine kleine Enttäuschung, denn ich wollte unbedingt später in einem Kfz-Instandhaltungsbetrieb arbeiten. Andererseits hatte ich aber einen Studienplatz in Dresden im Maschineningenieurwesen und das bedeutete, dass ich als Diplomingenieur auf jeden Fall ein großes Spektrum an Einsatzmöglichkeiten haben werde, evtl. auch in der Kfz-Instandhaltung.

Es gab seinerzeit „Tage der offenen Tür" an der Hochschule. Eine dieser Veranstaltungen nutze ich und besuchte die HfV.

Im Sekretariat der Sektion erkundigte ich mich für den Grund meiner Umlenkung. Ich hatte Vermutungen, welche aus meiner Erfahrung als „gelernter DDR-Bürger" naheliegend waren. Und im Freundes- und Bekanntenkreis gab es auch einschlägige Erfahrungen was eine berufliche Karriere in der DDR-Wirtschaft beflügeln oder hemmen konnte.

Ich war kein Mitglied der SED – in mehreren Gesprächen während der Berufsausbildung hatte ich das immer wieder abgelehnt. Ich war auch keiner der sogenannten Blockparteien beigetreten. Ich war konfirmiert und Kirchenmitglied. Ich hatte mich nicht bereit erklärt als „Unteroffizier auf Zeit" in der NVA länger (drei Jahre) zu dienen. Außerdem wurden meine Eltern (meine Mutter war Physiotherapeutin und mein Vater Ingenieur) nicht als sogenannte „Angehörige der Arbeiterklasse" angesehen.

Als es um das Abitur an einer Erweiterten Oberschule (EOS) ging hatte ich schon mal eine derartige Erfahrung machen müssen. Statt mir wurde ein etwas schlechterer Mitschüler an die EOS delegiert – er hatte sich für 25 Jahre NVA verpflichtet.

Zurück in das Sekretariat der Sektion an der HfV. Eine freundliche Sekretärin erkundigte sich nach meinen persönlichen Angaben – Name, wann beworben bzw. Zulassung zum Studienbeginn – und suchte meine Kaderakte (Personalakte) raus.

Als sie damit zurück kam, sagte sie: *„Wissen Sie, unserer Sektion ist das eigentlich egal wie lange Sie zur Armee gehen oder ob Sie in der Partei sind. Und Ihr Notendurchschnitt ist auch nicht der Grund der Umlenkung. Es ist nur so, dass die „Kraftfahrzeugtechnik" eine sehr begehrte Fachrichtung ist. Und diejenigen Herren, die drei Jahre zur NVA gehen haben bei ihrer Bewerbung quasi ein Jahr Vorsprung. Als Sie sich beworben haben, war das Semester 1983 sozusagen schon ausgebucht und vergeben."*

Ob der Unbekümmertheit und Offenheit dieser freundlichen Mitarbeiterin der Hochschule war ich verblüfft. Ich kannte jetzt den Grund für meine Umlenkung.

Bedauerlicherweise zeigte dies aber auch den zum Teil weit verbreiteten vorauseilenden Gehorsam von Zeitgenossen, wenn es um die Vergabe von Studienplätzen, Leitungsfunktionen etc. ging. Es gab kein Gesetz was SED-Zugehörigkeit oder längere Wehrdienstzeiten dafür voraussetzte! Es gab lediglich (viel Zuviel) Katzbuckelnde in dem Staat, wo die „Diktatur des Proletariats" das Sagen hatte.

Und noch eine Lektion durfte ich am Rande meines Studiums im Zusammenhang mit meinem Wunsch, „Kraftfahrzeugtechnik", lernen: was Hilfsbereitschaft, Dankbarkeit und Offenheit bewirken können.

Ich bekam im Herbst 1983, etwa sechs Wochen nach Studienbeginn, einen Termin zum Gespräch beim Dekan der Fakultät mitgeteilt. Ohne nähere Angaben zum Gesprächsanlass. Was hatte das zu bedeuten? Zum Studium gehörte für uns Männer auch ein kurzer Reservistendienst in der NVA. Dazu sollte man sich bereit erklären sich gegebenenfalls in kurzer Zeit zum Reserveoffizier ausbilden zu lassen. Das hatte ich erstmal abgelehnt.

In meinem Pkw lag gut sichtbar ein Shell-Atlas, der Kühlergrill war schwarz-rot-gold lackiert und Aufkleber („Sticker") warben nicht für volkseigene Betriebe. Das war nicht verboten, aber bestimmt von einigen Parteisekretären nicht erwünscht. Also was sollte das Gespräch? Als ich in das Büro des Dekans kam, erwartete mich eine freundliche Begrüßung und eine Tasse Kaffee. Der erste Satz des Dekans: „Sie fragen sich sicherlich, warum ich Sie zu dem Gespräch eingeladen habe?".

Klar fragte ich mich das! Es stellte sich heraus, dass er einmal ein Patient meiner Mutter war. Meine Mutter hatte ihm auch von meinem Studienwunsch sowie der Umlenkung erzählt. Und jetzt saß ich sozusagen an der

Quelle. Er war meiner Mutter für ihre physiotherapeutische Hilfe sehr dankbar und wollte mir gern weiterhelfen. Deshalb hatte er den Termin angesetzt, um mit mir sehr offen über eine mögliche Umlenkung der Studienrichtung zu diskutieren.

Für mich war es hochinteressant zu erfahren wie denn ein Dekan die Ausbildung und die daraus resultierende berufliche Perspektive seiner Studenten sieht. Grundsätzlich sind die ersten beiden Semester für alle Maschinenbauer gleich. Und mit absoluter Sicherheit werden im dritten Semester weniger Situierende anreisen als zum ersten. Eine Umlenkung nach dem ersten Studienjahr wäre also möglich.

Die Fertigungsprozessgestaltung ist breiter angelegt und weniger spezifisch als die Kraftfahrzeugtechnik. Da mein Ziel keinesfalls die Kfz-Produktion war – weder in Eisenach, wo der Wartburg gebaut wurde, noch in Zwickau, wo der bekannte Trabi vom Band lief, noch in Ludwigsfelde, wo der W50, ein Lkw und eines der bekanntesten Fahrzeuge der DDR, hergestellt wurde – sondern die Kfz-Instandhaltung, empfahl er mir, bei der Fertigungsprozessgestaltung zu bleiben.

Aber dies könnte ich mir in den nächsten zehn Monaten in Ruhe überlegen und sollte dazu ebenfalls Gespräche mit Kollegen in der Praxis führen.

Das tat ich dann auch. Mit dem Ergebnis, dass wir nochmals ein Gespräch hatten und ich 1988 mein Studium als Dipl.-Ing. für Fertigungsprozessgestaltung erfolgreich abschloss.

Ein kurzes Resümee: Entgegen meinen ursprünglichen Plänen auf keinen Fall in der Kfz-Produktion tätig zu werden geschah im Herbst 1990 genau das. Erst wenige Jahre für einen Importeur und dann 25 Jahre für einen deutschen Premiumhersteller der seinen Ursprung in Zwickau hatte. Allerdings nicht in der Produktion, sondern im Vertrieb werksneuer Pkw – der Türöffner war mein Diplom für Fertigungsprozessgestaltung. Ich hatte die richtigen Entscheidungen getroffen!

Thomas Heeger, geb. 1961 in Leipzig; Polytechnische Oberschule, 1978 Berufsausbildung mit Abitur bei der Deutschen Reichsbahn (DR), 1983-1988 Hochschule für Verkehrswesen (HfV) Dresden, Diplom 1988; Gruppenleiter Beschaffung/Absatz bei der DR;
1990 Vertrieb PKW-Importe; 1992 KfZ-Sachverständiger; 1995 Mitarbeiter/Senior Consultant deutscher PKW-Hersteller.

***

Der Nadeldrucker streikte

Dipl.-Psychologin Betina Stock; (TU Dresden, Studienjahrgang 1983, Arbeits- und Ingenieur-psychologie, Diplom 1988)

Mit meiner Kommilitonin Christiane war ich im 3. Studienjahr gemeinsam zum Praktikum im Berufsberatungszentrum (BBZ) in Pirna. Unsere Aufgabe war es, Fragebögen für einen Berufswahltest zu erstellen, diese in mehreren Schulen einzusetzen und statistisch auszuwerten. Dafür bekamen wir für die Zeit des Praktikums einen PC 1715 und einen Nadeldrucker zur Verfügung gestellt – ein furchtbar lautes Gerät.

Alles lief etwas schleppend an, denn unser Praxisbetreuer hatte keine Zeit für uns. Zum Glück hatten wir Frau Kürcz, eine sehr engagierte Mitarbeiterin und spätere Leiterin des BBZ, die den Computer samt Drucker aus der TU Dresden holte und uns half, alles zu organisieren.
Kurz vor dem Ende des Praktikums, als der Abgabetermin für den Bericht nahte, streikte unser Drucker. Was nun? Heute kauft man neue Patronen oder eben einen neuen Drucker, aber damals kam das einer Katastrophe gleich.

Frau Kürcz hat sich sofort gekümmert und den Drucker zu einem Bekannten gebracht, der den Drucker zum Leben erwecken sollte. Aber leider funktionierte das nicht.

Im Rechenzentrum wurde uns geraten, uns bei Problemen an unsere Betreuerin von der TU Dresden, Frau Dr. Lohse, zu wenden. Sie war eine überaus freundliche und kompetente Frau, jedoch leider in vielerlei Hinsicht unzuverlässig. Vereinbarte Termine ließ sie häufig verstreichen – entweder kam sie viel zu spät oder gar nicht. Auch bei Nachfragen war sie oft schwer erreichbar, da sie stets sehr beschäftigt schien und uns regelmäßig vertrösten musste. Handys gab es damals noch nicht, und in ihrem Büro traf man sie nur selten an. In einer ihrer Vorlesungen hatte Frau Dr. Lohse einmal gesagt, dass man im Leben manchmal zu außergewöhnlichen Maßnahmen greifen müsse, um etwas zu erreichen. Daran erinnernd, beschlossen Christiane und ich, Frau Dr. Lohse zu Hause aufzusuchen, um unser Problem mit dem Drucker zu klären. Kurzerhand nahmen wir den Drucker unter den Arm und machten uns auf den Weg zu ihr.

In den Ferien mal in das BBZ gehen

Das Berufsberatungszentrum Pirna informiert

Das Berufsberatungszentrum des Kreises in der Kommunalen Berufsschule Siegfried-Rädel-Straße in Pirna bietet interessierten Schülern der 7. bis 9. Klassen die Möglichkeit, Berufe mit besonderer Bedeutung für unseren Kreis näher kennenzulernen. Am 17. Mai führen wir eine Exkursion zur Milchviehanlage Nent-

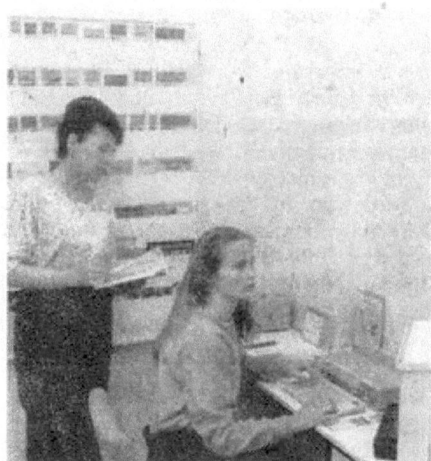

Unser Foto entstand am Selbstinformationsplatz am Kleincomputer für Schüler im Berufsberatungszentrum.

mannsdorf durch und stellen den Beruf Facharbeiter für Tierproduktion vor. Treffpunkt ist 8.45 Uhr am Parkplatz Dr.-Kurt-Fischer-Straße Pirna. Ebenfalls am 17. Mai spricht 10 Uhr im Berufsberatungszentrum ein Vertreter des Kombinates Zellstoff und Papier Heidenau zu den Berufen Facharbeiter für Anlagentechnik und Maschinenbauzeichner.

Wer sich für Bauberufe interessiert, kann am 18. Mai mit einem Mitarbeiter des VEB Hoch- und Tiefbaukombinat Pirna die Lehrbaustelle am Kreiskrankenhaus Pirna besichtigen. Treffpunkt ist 10 Uhr an der Baustellenunterkunft Schandauer Straße. Schüler der 9. Klassen, die eine Berufsausbildung mit Abitur aufnehmen wollen, können sich bei einem Forum über Anforderungen an die Bewerber und mögliche Berufe und Studienrichtungen informieren. Am 16. Mai erwarten wir die Jungen und am 18. Mai die Mädchen, jeweils 10 Uhr im Berufsberatungszentrum.

Für individuelle Beratungen steht das Berufsberatungszentrum auch in den Frühjahrsferien dienstags, mittwochs und donnerstags Schülern und Eltern offen.   Kürcz

Die Autorin am PC 1715 im Berufsberatungszentrum in Pirna

Doch als wir ankamen, war niemand zu Hause. Also warteten wir – vergeblich. Schließlich gingen wir wohl, um etwas zu essen zu besorgen. Als wir spätabends zurückkamen und erneut klingelten, öffnete sie uns – sichtlich überrascht – im Schlafanzug und mit einer Kittelschürze übergeworfen. Die

Situation war etwas unangenehm, doch Frau Dr. Lohse ließ uns freundlich hinein. Wir setzten uns gemeinsam hin, tranken in Ruhe Tee und ließen den Drucker schließlich bei ihr zurück.

Dank unseres unkonventionellen Besuchs bei Frau Dr. Lohse konnten wir später im Rechenzentrum alle benötigten Dokumente ausdrucken und unseren Praktikumsbericht rechtzeitig fertigstellen.

Betina Stock, geb. 1964, 1982 EOS Kreuzschule Dresden Abitur, 1-jähriges Pflege-Praktikum im Krankenhaus Weißer Hirsch, 1983-1988 Studium Arbeits- und Ingenieurpsychologie an der TU Dresden, 1988 -1990 Berufsberaterin für Schüler mit gesundheitlichen Einschränkungen, seit 1990 Berufs- und Studienberaterin.

***

Erklärung zeithistorisch – „Ein legendierter Kontaktversuch"

Information zum Beitrag von J. Klose: „Fachprofessoren wurden ..."

Hier wird beschrieben, dass eine Person im Auftrag des MfS handelte, indem sie eine falsche Identität oder Hintergrundgeschichte (eine sogenannte Legende [sic]) nutzte, um einen Kontakt herzustellen. Solche Aktionen wurden in der Regel durchgeführt, um Informationen zu sammeln oder verdeckte Operationen durchzuführen, ohne die wahre Absicht oder Identität der handelnden Person preiszugeben.
Es wird darauf hingewiesen, dass es um sicherheitsrelevante Informationen geht, die in den Strukturen des MfS eine Rolle spielten. Dies verdeutlicht, dass der Ausdruck „legendiert" bewusst gewählt wurde.

***

Fachprofessoren wurden verpflichtet, mit mir „Erziehungsgespräche" zu führen

Dr. phil. Dipl.-Phys. Joachim Klose (FS Theologie, TU Dresden, Physik, Diplom 1990)

Im November 1985 wurde ich vom Dienst als Bausoldat aus der NVA entlassen und mit denjenigen, die einen längeren Armeedienst als Unteroffizier oder Offizier auf Zeit absolvierten – diese waren immerhin ein Drittel der Studenten des Jahrgangs – an der TU Dresden, Sektion Physik, immatrikuliert.

Anfang der 1980er Jahre hatte ich aus Gewissensgründen den Wehrdienst mit der Waffe in der Nationalen Volksarmee (NVA), zu dem jeder Bürger verpflichtet war, verweigert. Zum einen überdeckte die Friedensrhetorik der DDR, die nicht mit den Feindbildprojektionen zusammenpasste, nicht deren ideologische Aggressivität. Zum anderen war ich überzeugt, dass die NVA keine defensive Armee ist, die also nur der Verteidigung dient, was sich nach 1989 auch bestätigen sollte. Damit war ich einer der wenigen Studenten überhaupt, die in der DDR als Bausoldat an einer staatlichen Universität zugelassen wurden und dabei nicht Theologie studierten.

Der Aufforderung an der TU Dresden, die Reserveoffiziersbereitschaftserklärung (ROA-Erklärung) zu unterschreiben, kam ich nicht nach, da ich nicht vereidigt war. Der Sachverhalt schien bis dato der Uni unbekannt gewesen zu sein. So erstaunte mich die Selbstverständlichkeit, mit der die ROA-Erklärung ausgeteilt und von den Anwesenden unterzeichnet wurde, ebenso beeindruckte mich der Druck, der sich nach diesem Ereignis aufbaute.

Da ich außerdem aus allen gesellschaftlichen Organisationen wie FDJ, DSF, GST, FDGB und DTSB ausgetreten war, wurden die Fachprofessoren, denen ich später in den Prüfungen begegnete, verpflichtet, während der ersten 14 Tage meines Studiums mit mir „Erziehungsgespräche" zu führen, um meine politische Einstellung und Eignung zu prüfen.

Schließlich wurde ein Disziplinarverfahren eröffnet, um meine Exmatrikulation einzuleiten. Aufgrund einer Verpflichtungserklärung, die bei der Studienbewerbung jeder zukünftige Student unterzeichnete, musste jeder alle Veränderungen zur Person unmittelbar der Universität mitteilen. Dieser

„Selbstverpflichtung" war ich nicht nachgekommen, sonst wäre ich gar nicht erst zur Universität zugelassen worden.

Das Verfahren wurde erst beendet, als sich der akademische Mittelbau für mich einsetzte und ich zustimmte, wieder in die FDJ einzutreten. Der damalige Sektionsdirektor, Herr Seeliger, bemerkte abwertend: „Sie können hier studieren, das ist alles." Damit schien auch die weitere Perspektive festgelegt zu sein.

Da Bausoldaten als „Staatsfeinde" bezeichnet wurden, polarisierte sich der Studienjahrgang: Parteigenossen mieden und schnitten mich, wo es möglich war, andere, meist Kinder christlicher Elternhäuser, sympathisierten und solidarisierten sich mit mir. Das Studium selbst war ein Balanceakt. Jede mündliche Prüfung konnte den Exmatrikulationsgrund liefern.

Von Beginn an spürte ich sowohl Gegenwind als auch Unterstützung. Nach der Aufspaltung des Studienjahrgangs in „systemtreue" und „systemkritische" Studenten wurde systematisch versucht, den sich bildenden Freundeskreis zu zerschlagen, wobei ich im Fokus der Aufmerksamkeit stand. Gründe für Auseinandersetzungen gab es vielfältige. So wurde mir zum Beispiel mit Weisung vom Sektionsdirektor untersagt, Programmhefte der Katholischen Studentengemeinde zu verteilen, oder vor Wahlen wurde ich zu Gesprächen geladen, in denen meine Haltung erfragt und ich quasi genötigt wurde, zu den Wahlen zu gehen.

Die Universität hatte sich selbst verpflichtet, zu 100 Prozent für den Vorschlag der Nationalen Front zu stimmen. Ich stellte ein Risiko dar und überhaupt war der sich bildende systemkritische, aber leistungsstarke Freundeskreis der Sektionsparteileitung ein Dorn im Auge. Er sollte mit allen Mitteln zerschlagen werden.

Dies gelang im Frühjahr 1986 durch „gezielten Einsatz" eines inoffiziellen Mitarbeiters der Staatssicherheit. In meiner Stasiakte ist zu lesen:

„Es wurden durch den IMS Helm und den GMS (Anmerkung des Herausgebers: GMS bedeutete Gesellschaftlicher Mitarbeiter für Sicherheit, eine besondere Form der inoffiziellen Zusammenarbeit mit dem MfS) Hasse Hinweise bekannt, [...] dass in der Sektion Physik eine politisch negative Gruppierung besteht. [...] Gleichzeitig wurde zu den Personen bekannt, dass sie versuchten, bei der FDJ-Wahl 1985 durch Manipulation eine ‚gefügige' FDJ-Leitung zu schaffen und fortschrittliche Studenten zu isolieren. [...] Über

einen IM in Schlüsselposition konnte erreicht werden, dass der JÜTTNER mit Wirkung vom 27.5.1986 vorzeitig exmatrikuliert wurde. - Bezirksverwaltung für Staatssicherheit, Objektdienststelle TU/H"

Das Exempel ist gelungen. Bernhard Jüttner, mit dem ich in einer Wohngemeinschaft wohnte, wurde aufgrund einer unbedachten Äußerung im Zuge einer organisierten Solidaritätsbekundung mit dem libyschen Präsidenten Gaddafi nach dem Lockerbie-Anschlag der Uni verwiesen mit der Begründung, dass er nicht die Anforderungen an einen zukünftigen sozialistischen Leiter erfülle.

Mir wurde gleichzeitig eine Studienzurückstellung verwehrt, die ich aufgrund eines 15-wöchigen Krankheitsausfalls beantragt hatte. Dadurch war ich isoliert und die Kommilitonen waren gewarnt.
Von Beginn meines Studiums an versuchte die Stasi, mir staatsfeindliche Tätigkeiten nachzuweisen. Man vermutete, dass in meiner Wohnung Treffen mit staatsfeindlichen Aktivitäten stattfinden. So wurde geplant, während des Sportunterrichts Abdrücke von meinen Schlüsseln zu machen. Meine Wohnung wurde überwacht, Dossiers über mich angefertigt und eine Operative Personenkontrolle (OPK „Atom") gestartet. Erfahren habe ich dies erst nach 1989 beim Lesen meiner Stasiakte.

Das gezielte Installieren inoffizieller Mitarbeiter der Stasi führte zur Observierung des gesamten Lebensumfelds. Sechs verschiedene (!) Quellen vor allem aus der Studentenschaft und dem Lehrkörper fertigten Berichte an. Die Staatssicherheit attestierte mir eine negative Grundhaltung zur DDR und hob meinen schlechten Einfluss auf meine Seminargruppe hervor. Mit krimineller Energie plante sie, mich mit staatsfeindlichen Flugblättern, die ich hergestellt haben sollte, zu erpressen. Interessant für die Beobachtung war ich außerdem, weil ich in der Katholischen Studentengemeinde (KSG) als Sprecher tätig war. Die OPK wurde schließlich im Herbst 1988 eingestellt, als von dem Erpressungsversuch Abstand genommen wurde, es aber auch nicht gelang, mich als Informationsquelle zu führen bzw. abzuschöpfen.

Das Hannah-Arendt-Institut stellte nach Aktenstudium fest, dass es dem Ministerium für Staatssicherheit zu keiner Zeit gelang, in die sogenannten „Kernkreise" der KSG Dresden vorzudringen. *„Ein legendierter [sic!] Kontaktversuch zu dem seit Juni 1986 in der OPK ‚Atom' bearbeiteten späteren KSG-Gemeinderatsvorsitzenden scheiterte 1988 bereits nach dem ersten*

Gespräch (in dem sich der MfS-Mitarbeiter noch nicht als solcher vorzustellen wagte)."

Dafür, dass es mir möglich war, in der DDR aufrecht zu gehen, bin ich dankbar. Der zu verhandelnde Raum bei der Aufarbeitung einer Diktatur, wie die DDR es war, ist der zwischen minimalem Kompromiss und vorauseilendem Gehorsam. Jeder Einzelne hat zu verantworten, inwieweit er sich auf das System eingelassen hat und seinen Mitmenschen Schaden zugefügt hat, indem er andere aufgrund ihrer Einstellung drangsalierte oder sich selbst Vorteile verschaffte.

Ein SED-Genosse fragte mich einmal, warum ich viele Sachen nicht einfach mitmachen könne. Daraufhin fragte ich ihn: *„Warum schreiten Sie nicht ein, wenn Sie offensichtlich Benachteiligungen anderer wahrnehmen?"*

Joachim Klose, geb. 1964; keine Zulassung zur EOS; Berufsausbildung; 1982 Fernstudium Theologie; 1984 Bausoldat; Abitur, 1985 TU Dresden, Physikstudium; Sprecher/Gemeinderatsvorsitzender der Katholischen Studentengemeinde Dresden. 1990 Studium der Philosophie, Logik und Wissenschaftstheorie München, Harvard-Universität Cambridge/USA, LMU München; 1997 Promotion; 2007 Landesbeauftragter der Konrad-Adenauer-Stiftung Sachsen, 2023 KAS Berlin, Leiter Politisches Bildungsforum Berlin.

***

** Kommentar zeithistorisch **– Lockerbie-Anschlag

In den späten 1980er Jahren pflegte die DDR enge wirtschaftliche und militärische Beziehungen zu Libyen, das nach internationalen Partnern suchte. Es gab Abkommen über Waffenlieferungen und militärische Zusammenarbeit, während Libyen finanzielle Unterstützung leistete.
Der Lockerbie-Anschlag vom 21. Dezember 1988, bei dem 270 Menschen starben, wurde später Libyen zugeschrieben. Obwohl die DDR offiziell Terrorismus verurteilte, deuten Hinweise auf Verwicklungen des MfS in internationale Operationen hin. Dies zeigt, wie die DDR politische Loyalitäten über rechtsstaatliche Prinzipien stellte, selbst wenn dies bedeutete, begabte Studenten wie Jüttner aufgrund abweichender Meinungen zu exmatrikulieren.

***

„Herr Hübner, wollen Sie mich umbringen?"

Reise nach Hamburg zur Hochzeit meiner Cousine Vera

Dipl.-Ing. Armin Hübner (TU Dresden, Studienjahrgang 1985, Maschinenbau, Fachrichtung Fertigungsmittelentwicklung, Diplom 1990)

Am 30. November 1988 wurde die „Verordnung über Reisen von Bürgern der Deutschen Demokratischen Republik nach dem Ausland" erlassen, in deren Paragraf sieben unter anderem stand, dass ein Antrag zu einer Privatreise auch aus Anlass der Hochzeit einer Cousine gestellt werden kann. Und in Paragraf acht stand „ergänzend": „Die zuständige Dienststelle der Deutschen Volkspolizei – Paß- und Meldewesen – ist berechtigt, bei der Beantragung von Privatreisen gemäß § 7 von Berufstätigen eine schriftliche Zustimmung ihrer Arbeitsstelle zu fordern."

Auf dieser Grundlage habe ich Anfang 1989 bei meinem zuständigen Professor für Erziehung, Aus- und Weiterbildung (EAW), Herrn Professor Will, eine Besuchsreise in die Bundesrepublik Deutschland zur Hochzeit meiner Cousine Vera in Hamburg beantragt. Meine Chancen auf Genehmigung schätzte ich damals auf fünf bis zehn Prozent ein, zumal die Feier ausgerechnet am Wochenende der 40. Volkskammerwahl im Mai stattfand.
Professor Will hatte diese Funktion zu der Zeit an der Sektion 14 der TU, er war also der disziplinarische Vorgesetzte der Studenten. Es gab auch einen Prorektor EAW an der TU, verantwortlich für alle die Erziehung, Aus- und Weiterbildung der Studenten betreffenden Angelegenheiten.
Professor Will hielt an diesem Tag eine seiner ersten Vorlesungen nach einer längeren Herzkrankheit, als ich ihm nach der Doppelstunde, während er die Tafel säuberte, meinen Wunsch vortrug. Nie werde ich vergessen, wie er wortlos den Schwamm auf den Tisch legte, zum Fenster ging, dieses öffnete und sagte: *„Herr Hübner, wollen Sie mich umbringen?"*
Später erfuhr ich, dass ich wohl der erste Student an der Sektion, vielleicht sogar an der TU war, der so einen Antrag stellte.
Als ich ihm den Termin sagte, machte er mir keine Hoffnung, dass ich die Genehmigung bekomme, aber er wolle das nicht entscheiden und bat mich,

meinen Antrag am nächsten Tag schriftlich bei ihm einzureichen, er werde dann die weiteren Schritte einleiten.

Ich habe den Antrag bei ihm eingereicht, und er hat ihn offensichtlich befürwortend weitergeleitet an den Prorektor, der ihn auch genehmigt haben muss. Den weiteren Ablauf kenne ich leider nicht, aber ich weiß, dass ein SED-Mitglied der Seminargruppe um eine Beurteilung und um seine Einschätzung gebeten wurde, ob bei mir das Risiko einer Republikflucht besteht, was er wohl verneint hat.

Durch seine Äußerung zum Termin der beantragten Reise und meine eigene Einschätzung der Chancen wollte ich schon fast aufgeben, wurde aber von befreundeten Kommilitonen ermutigt, es doch zu versuchen und so beantragte ich noch in der gleichen Woche bei der zuständigen Meldestelle der Polizei den Reisepass und die Genehmigung der Reise. Es war eine Auflage der polizeilichen Meldestelle, die Genehmigung des Arbeitgebers für die Reise vorzulegen.

In den folgenden Wochen fanden mehrere Aussprachen statt, es wurde versucht, herauszubekommen, ob ich mich mit dem Gedanken trage, nicht wiederzukommen. Es wurde gefragt, ob das unbedingt sein muss, aber was wollte man für Argumente finden gegen den Wunsch, die Hochzeit seiner Cousine zu besuchen?

Es waren unterschiedliche Gesprächspartner mit Leitungsfunktionen in FDJ und SED. Unter anderem mit dem Seminargruppenberater, der FDJ-Leitung der Sektion und der Seminargruppenleitung. Es waren in der Erinnerung aber entspannte Gespräche, für mich war es ja nur ein Versuch mit wenig Aussicht auf Erfolg, aber selbst aufgeben kam nicht infrage, eigentlich wollte ich nur wissen, wer das entscheidende „Nein" sagt und mit welcher Begründung.

In einem der Gespräche musste ich mich zum Beispiel verpflichten, per Briefwahl zu wählen, um das angestrebte 100-Prozent-Ergebnis der TU nicht zu gefährden. Ja, es war ja das irrwitzige Staatsziel, dass 100 Prozent der Bevölkerung hinter der SED-Regierung stehen, was ja mit allen erdenklichen Tricks auch zu erreichen versucht wurde, wir hatten sogar die Anweisung, am Wahlsonntag bis 9 Uhr im Wahllokal gewesen zu sein, um als Studenten mit gutem Beispiel voranzugehen, da der Staat uns ja auch die Möglichkeit des Studiums gegeben hat und wir so unseren Dank auszudrücken hatten. Außerdem gab es die Wahlpflicht. Wer nicht wählen kam, wurde geholt. Ein Kommilitone bekam zum Beispiel Ärger, da er in der Nacht vor der Wahl nicht im Wohnheim schlief, sondern bei seiner Freundin, und so erst gegen 10 Uhr gewählt hatte - die Wahllokale hatten bis 18 Uhr auf!

Nach Wochen des Wartens bekam ich drei Tage vor Reiseantritt die Aufforderung von der Meldestelle, mir meinen Reisepass mit eingetragenem Visum abzuholen. Damit durfte ich mir zum Kurs von 1 : 1 in der Staatsbankfiliale 15,– DM eintauschen. Am Dienstagvormittag habe ich den Pass abgeholt und kam danach mit etwas Verspätung in die Vorlesung, wo meine Kommilitonen schon gespannt warteten und es genauso wenig wie ich glauben konnten, dass ich vom 4. bis 8. Mai 1989 nach Hamburg reisen konnte. Noch heute bin ich allen Beteiligten dankbar, die mir die Teilnahme an der Feier ermöglicht haben, sei es durch eine wohlwollende Bearbeitung des Antrags oder durch eine ebensolche Beurteilung.

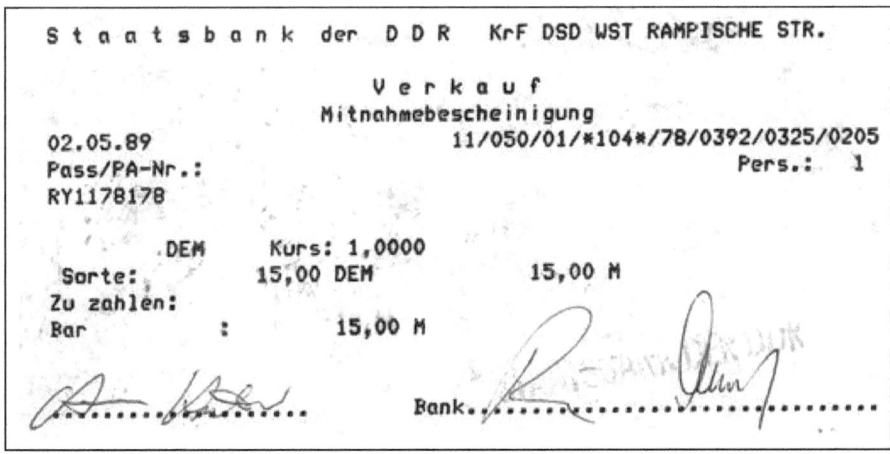

Umtauschbescheinigung für 15 Mark der DDR zu 15 DM (Quelle: Archiv Armin Hübner)

Erwähnen möchte ich noch, wie unterschiedlich solche Reiseanträge an der TU gehandhabt wurden, da meinem Bruder Olaf, der zu der Zeit an der Sektion Wasserwesen studierte, die gleiche Reise von seinem verantwortlichen Hochschullehrer nicht genehmigt wurde. Er sagte ihm sogar, dass er sich den Weg zum Prorektor der TU sparen könne, da er keine Befürwortung von der Sektion, also von ihm, bekäme. Gegen eine solche Entscheidung konnte man auch nicht vorgehen, da die Erlaubnis des Arbeitgebers im Ermessen desselben lag. Aus dem damaligen Gesetzblatt: § 8: „Die zuständige Dienststelle der Deutschen Volkspolizei – Paß- und Meldewesen – ist berechtigt, bei der Beantragung von Privatreisen gemäß § 7 von Berufstätigen eine schriftliche Zustimmung ihrer Arbeitsstelle zu fordern."

Die Arbeitsstelle von uns Studenten war die TU Dresden.

Armin Hübner, geb. 1962 in Dresden; Polytechnische Oberschule, 1978 Lehre VEB Pentacon Kamerawerke Dresden, 1983 Abendkurs/Abitur Volkshochschule, 1985 TU Dresden Fachrichtung Fertigungsmittelentwicklung. Diplom 1990. Konstrukteur/ Entwicklungsingenieur bei verschiedenen Firmen; 2013 Entwicklung von Prozesstechnik und Anlagenkomponenten zur Vakuumbeschichtung.

***

Teilnahme am Kulturwettstreit der TU Dresden
– 1986 und 1987

Dipl.-Ing. Armin Hübner (TU Dresden, Studienjahrgang 1985, Maschinenbau, Fachrichtung Fertigungsmittelentwicklung, Diplom 1990)

Ein gewisser Höhepunkt im gesellschaftlichen Leben an der Universität war der jährlich stattfindende Kulturwettstreit der Seminargruppen. Dazu wurde jedes Jahr von der FDJ-Kreisleitung der TU ein Motto vorgegeben, verbunden mit Richtlinien zum erwarteten Inhalt und Tipps zur Gestaltung.

Da wir gute Sänger sowie einen Gitarristen und einen Pianisten in unseren Reihen hatten, fiel recht schnell die Entscheidung, uns mit einem eigenen Programm an diesem Wettbewerb zu beteiligen. Das hatte – neben dem Spaß am Erstellen der Texte, dem Einstudieren und Vorführen der Werke – auch den Vorteil, dass wir etwa bei der Beantragung von Leistungsstipendien eine anerkannte gesellschaftliche Aktivität vorweisen konnten und mit anderen Aktivitäten aus dieser Rubrik weitestgehend nicht behelligt wurden. Außerdem boten uns die eigenen Texte die Gelegenheit, einige kritikwürdige Sachverhalte einigermaßen augenzwinkernd und diplomatisch anzusprechen.

Alle Genossen (SED-Mitglieder) waren auch dabei, sehr engagiert und, soweit ich mich erinnere, ohne inhaltliche Kritik an meinen Texten.

Wie in der abgebildeten Kopie eines „Briefes" unseres Seminargruppenberaters Wuttke zur Erarbeitung eines Kulturprogrammes deutlich zu erkennen ist, wurde schon ziemlich unverhohlen versucht, Einfluss auf die inhaltliche Gestaltung der Darbietung beziehungsweise auf deren „richtige" politische Aussage zu nehmen, ja es wurde sogar eine direkte und vorbeugende Drohung gegen die an der Gestaltung des Inhaltes völlig unbeteiligte Person des verantwortlichen Hochschullehrers gerichtet, die dieser zur Vermeidung von Ärger mahnend an uns weiterreichte. Wir konnten ihm seine Befürchtungen nehmen mit dem Versprechen, uns mit unseren Texten nicht zu weit aus dem Fenster zu lehnen.

Dieses handschriftliche Schreiben von unserem Seminargruppenberater Dr. Wuttke war an Sven Haferkorn (Gitarrist) und mich gerichtet.

Auch ohne dieses Schreiben war uns natürlich klar, dass es eine Zensur der zur Aufführung vorgesehenen Beiträge geben würde und wir den Spagat zwischen gewünschter politischer Aussage und unserer Sicht der angesprochenen Dinge hinbekommen mussten. Da wir aber schon die sprichwörtliche Schere im Kopf hatten und unsere Texte selbst durch die Augen eines Zensors betrachteten, konnten wir unser Programm unverändert und ohne Beanstandungen aufführen und sogar den Sieg in unserer Sektion erringen. Und das mit Textzeilen wie:

„... Jeder Tag ist ausgefüllt mit verschiedenen Aktionen,
es verplanen unsre Zeit diverse Organisationen,
DSF und FDJ, nicht zuletzt auch die Genossen,
haben ein Aktionsprogramm gegen freie Zeit beschlossen."
(Zur Melodie „Über den Wolken" von Reinhard Mey)
Oder:

„... Kohle braucht das Land, sprach der Minister,
also müssen die Studenten ran.
Aber sehr schlecht informiert, das ist er,
weil man uns hier nicht gebrauchen kann.
Doch mit etwas gutem Willen und mit Hilfe der Partei
Konnt' man unsre Triebe stillen,
aus war's mit der Warterei.
...
SO_2 in malerischen Wolken zieht am Himmel ruhig seine Bahn,
zeigte uns aus jeder Himmelsrichtung unfehlbar die Lage Vetschaus an,
und weil die Bäume daran sterben,
pflanzt man resistente Sorten an,
schade nur,
dass man bis heute keine resistenten Menschen züchten kann. ..."
(Zur Melodie „Gänselieschen" der seinerzeit verbotenen Gruppe Renft)

Unsere Professoren und Betreuer bewiesen Humor beim Vortrag folgender Zeilen:

„... Einmal wie ein Hochschullehrer leben,
einmal vorne an der Tafel stehn
und Zensuren für Belege geben,
ohne sie nur einmal anzusehn ..."
(Zur Melodie von „Am Fenster" von City)

(Informationen zum Liedtext am Ende des Beitrages)

FDJ-Kreisleitung
Technische Universität Dresden
Sekretariat   Dresden, den 8. Okt. 1986

A U F R U F

zum Wettstreit um das beste politisch-kulturelle Programm

Darum laßt uns alles wagen.

Nimmer rasten, nimmer ruhn.

(Karl Marx an Friedrich Engels)

Unter diesem Leitgedanken, der die brennendsten Probleme der Gegenwart berührt, rufen wir alle FDJ-Gruppen unserer Universität auf,
sich am diesjährigen Wettstreit um das beste politisch-kulturelle
Programm zu beteiligen!

Was sollte der Inhalt Eurer Programme sein?

Die Thematik bietet einen breiten Raum, die Aufgaben und Ziele,
die Probleme und Konflikte, die Möglichkeiten und Leistungen
unserer Jugend darzustellen. Dabei steht der diesjährige Wettstreit ganz im Zeichen der Auswertung der Beschlüsse des XI.
Parteitages der SED, des Jahres des Friedens und des 40. Jahresta-
ges der Gesellschaft für Deutsch-Sowjetische Freundschaft.
Stellt in Euren Programmen die aktive parteiliche Position
Eurer FDJ-Gruppe dar, seht in Euren Programmen stets Euer Bekenntnis zu politischen Fragen unserer Zeit in der Darstellung
mit kulturell-künstlerischen Mitteln. Setzt Euch aktiv mit den
brennendsten politischen Problemen auseinander und diskutiert
in der Gruppe, was Ihr erreichen, was Ihr verändern wollt. Denkt
an Eure Stärken und Schwächen, zeigt, wie Ihr es versteht, Euch
den Anforderungen zu stellen. Betrachtet weniger die Erlangung
eines Preises als Teilnahmemotiv, sondern vielmehr den Beitrag,
den die Erarbeitung des Programmes für Eure Kollektivbildung und
die Persönlichkeitsentwicklung eines jeden FDJlers leistet. Sucht
gemeinsam mit Euren FDJ-Leitungen nach Möglichkeiten, das fertige Programm möglichst vielen Freunden Eurer Sektion aber auch
darüber hinaus an der TU oder im Territorium zu zeigen.

Wie beginnt man mit der Programmbearbeitung?

Ihr müßt zuerst in der gesamten FDJ-Gruppe über das Anliegen der
Thematik diskutieren, Möglichkeiten beraten und alles gut auf-
schreiben. Ein kleines Team wertet diese Ideen aus und schlägt
der FDJ-Gruppe eine Entscheidung vor. Das müßte bis spätestens
Ende November abgeschlossen sein. Damit ist die Hälfte schon ge-
schafft. Jetzt sucht nach Texten oder schreibt eigene. Bilder,
Lieder und andere Materialien müssen gefunden werden und erste
Probenarbeiten sollten beginnen.

Bezieht möglichst viele Freunde ein, es soll ja ein kollektives Programm werden. Bei ein bischen Überwindung werdet Ihr sicher viele ungeahnte Talente finden.

Hier noch einige kurze methodische Hinweise:

. legt in Euren Programmen Wert auf Selbstgeschaffenes

. nutzt neben dem künstlerischen Wort auch Instrumentalmusik und Gesang

. setzt Bild- und Tontechnik ein

. verwendet Prosatexte, Originaldokumente und optische Elemente

. Achtung! Programmdauer 15 bis 20 Minuten ist optimal!

. konzentriert den Inhalt Eures Programmes, denkt an einen guten Auftakt und einen starken Schlußakkord

. vergeßt bitte nicht die Satire und den Humor und stellt Euch damit selbst dar

. baut Euer Programm so auf, daß es unkompliziert und flexibel einsetzbar ist

Wer gibt Euch Ratschläge?

FDJ-Gruppen, die sich schon erfolgreich am Wettstreit beteiligt haben könnt Ihr gerne um Hilfe bitten. Holt Euch auch Rat bei Euren Gruppenberatern, Hochschullehrern und natürlich in der FDJ-GOL beim Kulturfunktionär. Nutzt die Möglichkeiten, die das Methodische Kabinett (Zentraler FDJ-Studentenklub in der FDJ-Kreisleitung, Zimmer 14, Hausruf 3073) bietet. Sucht nach Anregung und Hilfe beim Studium der Tagespresse.

Wie ist der Ablauf des Wettstreites?

Beginnt natürlich möglichst bald mit der Arbeit an den Programmen, so daß im Dezember zumindest die Idee, besser noch der "Rohbau" steht! Im Dezember organisieren alle Grundorganisationen kleine Werkstätten, wo Ihr Eure Erarbeitungsstände vorstellen könnt. Im Zeitraum bis Ende März 1987 werden die Wettstreite in den Sektionen abgeschlossen sein, danach gibt es Ausscheide auf Fakultätsebene. Im Rahmen der FDJ-Studententage Anfang Mai 1987 findet die feierliche Abschlußveranstaltung staat, auf der die Sieger der Fakultätsausscheide vorgestellt werden.

Wir wünschen Euch viele gute Einfälle, Spaß und Elan bei der Programmerarbeitung!

Freundschaft!

Eure FDJ-Kreisleitung

Schreiben des Seminargruppenberaters Wuttke zum Inhalt des Kulturprogrammes 1985

Handschriftlichen Notiz von Wuttke an Haferkorn (Gitarrist) und Hübner:

Problem: Kulturwettstreit
- Wie ich informiert wurde, müßte bis 10.1.86
  Ein 1. Konzept in allen Gruppen vorliegen.
- Kulturwettstreit wird von FDJ – organisiert.
- Gruppenleiter muß aber Inhalt kennen und
  wird bei falscher politischer Aussage zur Verantwortung gezogen!
- Anleitung + Vorgabe des Themas kommt von FDJ.
  Ich weiß noch gar nichts außer obige Fakten.

Wuttke, 18.12.85"

Ein Nachwort zum Kulturwettbewerb

Es ist sicher glücklichen Umständen zuzuschreiben, dass unsere Seminargruppe so zusammengestellt wurde, dass die Chemie zwischen uns von Anfang an recht gut stimmte und im Laufe des Studiums immer besser wurde, ohne dabei zu vergessen, dass es natürlich ab und zu auch ordentlich krachte.

Es gab natürlich immer mal wieder Meinungsverschiedenheiten zu verschiedenen Anlässen, einer war, dass wir im April 1986 für drei Wochen in den Braunkohle-Noteinsatz beordert wurden, uns dort aber zwei Tage lang keiner brauchen konnte oder wollte, bis ein Teil von uns beschlossen hatte, über die Parteileitung unserer Sektion das Problem zu klären, uns entweder eine vernünftige Arbeit zu geben oder studieren zu lassen, was dann auch klappte. Wir halfen bei der Generalüberholung eines Braunkohlebaggers, wobei wir auch für unser Technikstudium einiges lernen konnten. Die nötige gute Stimmung bei Schnee und Eis auf der rostigen Riesenmaschine haben wir uns selbst geschaffen. Ein Teil unserer Seminargruppe hätte lieber nichts unternommen und die Zeit „abgesessen". Da flogen die Fetzen. Am Ende haben wir aber immer einen Kompromiss gefunden, mit dem alle leben konnten.

Ein Resümee

Für das gute Verhältnis untereinander in der Seminargruppe spricht auch, dass innerhalb der Gruppe zwei Ehen geschlossen wurden, die bis heute glücklich bestehen, und ebenso langjährige Freundschaften entstanden. Einige Mitstreiter von damals haben noch immer sehr engen Kontakt und wir treffen uns mehrmals jährlich zu Familienfeiern und wir halfen und helfen uns gern gegenseitig bei Großprojekten.
Und wenn die Gelegenheit sich bietet und die Stimmung passt, stimmen wir auch gern die alten Lieder an und schwelgen in Erinnerungen an eine summa summarum schöne und interessante Zeit, die unser Leben sicher in vielerlei Hinsicht entscheidend geprägt hat.

Rückblickend kann ich sagen, dass es eine Vielzahl offener oder subtiler Versuche gab, politischen Einfluss auf unser Studium und auf uns zu nehmen, aber es gab auch viele Möglichkeiten, diesem Druck auszuweichen oder ihn abzuschwächen.

Armin Hübner, geb. 1962 in Dresden; Polytechnische Oberschule, 1978 Lehre VEB Pentacon Kamerawerke Dresden, 1983 Abendkurs/Abitur Volkshochschule, 1985 TU Dresden Fachrichtung Fertigungsmittelentwicklung. Diplom 1990.
Konstrukteur/ Entwicklungsingenieur bei verschiedenen Firmen; 2013 Entwicklung von Prozesstechnik und Anlagenkomponenten zur Vakuumbeschichtung.

***

***

Information zeithistorisch – Kraftwerk Vetschau:
Das Kraftwerk Vetschau ist ein Beispiel für die energiepolitische Ausrichtung der DDR auf Braunkohle, die damals als wichtigste heimische Energiequelle galt. Es zeigt jedoch auch die ökologischen Folgen dieser Politik, die nach der Wende zunehmend in den Fokus rückten. Vetschau bleibt ein Symbol für die Umweltprobleme, die mit der Braunkohlenutzung in der DDR einhergingen.

***

Information zeithistorisch – Gruppe Renft
Die Gruppe Renft, offiziell „Klaus Renft Combo", war in der DDR eine der einflussreichsten und populärsten Rockbands. Sie spielte in den 1960er und 1970er Jahren eine entscheidende Rolle in der alternativen Musikszene und repräsentierte für viele Jugendliche eine Form von Protest und Freiheitsdrang. Renft war bekannt für ihre kritischen Texte, die oft das Leben in der DDR hinterfragten und Missstände thematisierten – ein gewagter Schritt in einem Regime, das wenig Toleranz für abweichende Meinungen zeigte.)

***

Deutschlandfunk – *Andruck Das Magazin für politische Literatur*
Von Henry Bernhard
Auszug aus der Sendung vom 16.10.2017[26]

Studieren in einer Diktatur

„Die Hochschulen der DDR waren nicht nur Institutionen von Wissenschaft und Lehre. Noch mehr waren sie Orte, an denen stromlinienförmige Sozialisten ausgebildet wurden. Schon die Zulassung zu einem Studium war ein Mittel, um junge Leute zu disziplinieren. Nachzulesen ist das im Sammelband **„Zwischen Humor und Repression".**

Gerade an einem besonders brisanten Beispiel an der Pädagogischen Hochschule Erfurt zeigt der Band wohldokumentiert und aus verschiedenen Perspektiven beleuchtet die Exmatrikulation mehrerer politisch kritischer Studenten unter Einbeziehung von Hochschule, SED, Staatssicherheit, FDJ und auch der Kommilitonen.

In den knappen biographischen Skizzen der Autoren wird außerdem deutlich, dass fast nur parteitreue Akademiker aufsteigen konnten, während oftmals fähigere, aber politisch weniger Zuverlässige im Mittelbau der Hochschulen blieben. Nach 1989 konnten noch einige von ihnen im fortgeschrittenen Alter promovieren, sich habilitieren und mitunter auch zu Professorenwürden gelangen.

Die einzelnen Beiträge sind von durchaus unterschiedlicher stilistischer und inhaltlicher Qualität. Der nüchterne, sachliche Stil der ehemaligen Studenten meist technischer Fächer ist wohltuend, manchmal auch etwas sperrig, dann aber wieder humorvoll. ..."

---

[26] https://www.deutschlandfunk.de/ddr-studieren-in-einer-diktatur-100.html

Studentische Kultur

Günter Knoblauch

Die Idee, die Rubrik „Studentische Kultur" aufzunehmen, entstand im Verlauf des Projekts. Gesprächen und Korrespondenzen mit den Autoren machte deutlich, dass Plakate, studentische Lieder und – selbstverständlich - auch politische Witze eine zentrale Rolle im studentischen Leben spielten. Um die Dokumentation aufzulockern und diese Aspekte einzufangen, entschieden wir uns, einige dieser Elemente einzubinden.

In Kunst und Literatur, insbesondere jedoch in der pädagogischen Ausbildung zukünftiger Lehrerinnen und Lehrer, war der Spielraum deutlich eingeschränkt. Dies wird besonders in den Berichten von Studierenden der Pädagogischen Hochschule Erfurt deutlich. Hier reagierte das System besonders „nervös", galten die angehenden Pädagogen doch als „Schlüssel" für die systemgerechte und systemkonforme Erziehung der nächsten Generation.

Die Entstehung von Witzen ist eine typische Erscheinung sozialistischer Systeme – sie beruhte auf Mangelwirtschaft, Ohnmacht, Schadenfreude und systembedingter Engstirnigkeit. Auch Genossen auf allen Hierarchieebenen konnten darüber lachen. Ob das Erzählen eines Witzes gefährlich oder harmlos war, hing entscheidend davon ab, wer den Witz erzählte und auf welcher politischen Seite er stand.

Das politische Studentenlied

Es gab immer wieder Anlässe, wie ET-Fine oder Theatergruppen, bei denen Studierende bekannte Volkslieder, aktuelle Popsongs und Chansons – darunter Werke von Wolf Biermann oder Reinhard Mey – sowie Songs aus Brecht/Weil-Opern umgestalteten, um auf ihre Situation aufmerksam zu machen. Kritik wurde in „moderater" Form vorgetragen, ohne allzu stark zu provozieren. Das Geschick bestand darin, ein ausgewogenes Verhältnis zwischen kritischen Tönen und demonstrierter Loyalität zur DDR zu wahren.

Hier ein Beispiel von Armin Hübner:

„Über den Wolken"
(Orthografie und Zeichensetzung folgen dem Original von Armin Hübner)
(Originaltext: Reinhard Mey)

Jeder Tag ist ausgefüllt
mit verschiedensten Aktionen,
es verplanen uns're Zeit
diverse Organisationen.
DSF und FDJ nicht
zuletzt auch die Genossen
haben ein Aktionsprogramm
gegen freie Zeit beschlossen.

Hab mich selten so geirrt,
wie in diesen ersten Zeilen.
Darum will ich nicht mehr lang
bei dem Zeitproblem verweilen
Mit Computern – wenn sie geh'n,
kann man das Problem bezwingen
mit CAD/CAM und etwas Glück
wird uns das sehr bald gelingen.

Refrain:
Dann nach dem Studium muß die Freizeit wohl grenzenlos sein. Keiner kann mir mehr sagen: „Da mußt du hin". Weil ich dann ein Diplomingenieur bin, dann bestimme ich allein was ich tu und ich hab meine Ruh.

Was wir eigentlich studieren,
das ist sehr schwer zu erraten,
weil Sie uns zu jedem Fach,
was gelesen wird verbraten.
Russisch, Mathe, SBW,
Englisch, Femiko, Dynamik
das gibt unsren Stundenplan
einen kleinen Hauch von Panik.

Aktuell 1987:
Im September zieh'n wir um
in das Haus Gagarinstraße.
Jedes Zimmerchen dort hat
von Sojus die Innenmaße.
Gagarin hätte sich gefreut,
doch der mußte nicht studieren.
Einfach wird es sicher nicht,
doch wir müssen es probieren.

Refrain: Dann nach dem Studium muß die Freizeit wohl grenzenlos sein. Wenn mein Chef mir sagt: „Du bist Konstrukteur, laß Dir was einfall'n, das ist doch nicht schwer." Dann sag ich leise: „wenn Du wüßtest" und dann geh ich los und fang an.

Die politische Grafik in der DDR

Kunst im Bildungssystem?

Die Studentenbühne der Pädagogischen Hochschule Erfurt

Gabriele Stötzer schreibt in ihrem Beitrag „Wir lasen bändeweise Marx, Engels, Lenin und Luxemburg": *„Die Ideologie der ROSTA-Fenster, die den Arbeiter als eine Art Superhelden darstellten, ermunterte uns, im ‚Antispießer' ein neues Lebensideal zu sehen […]."*

ROSTA-Fenster waren sowjetische Propagandaplakate. Sie wurden von der russischen Telegrafen-Agentur ROSTA, die mit Künstlern wie Majakowski zusammenarbeitete, herausgegeben. Die Plakate standen immer unter einem bestimmten Thema und zeigten meistens 4 (maximal 12) thematisch zusammengehörige Einzelbilder.

Von dieser Kunst- und Ausdrucksform der ROSTA-Fenster lässt sich durchaus eine Verbindung zur politischen Ausbildung an den Hochschulen der DDR herstellen: plakativ und einprägsam – dabei die Möglichkeit individueller Interpretation weitgehend *einschränkend.*

Ausschnitte aus ROSTA-Fenstern von Wladimir Majakowski (1893–1930) aus den Jahren 1920 und 1921.

Die ROSTA-Fenster von Wladimir Majakowski: Das Plakat (links) richtet sich gegen die sogenannte Bourgeoisie. Das Bild in der Mitte: „Noch lebt das Scheusal Weltkapital". Das rechte Bild hat den Titel „Hebe die Produktivität Pud für Pud" - Pud ist ein altes russisches Gewichtsmaß.

Majakowski wurde in der Sowjetunion zu einen der prominentesten Dichter und Lyriker seiner Zeit. Seine Fähigkeit, politische Aussagen eindrucksvoll und plakativ zu formulieren, passte gut zur Ideologie des Sowjetsystems. In den 1920er-Jahren begann er jedoch, das Sowjetsystem zunehmend kritisch zu hinterfragen, was sein satirisches Drama *Die Wanze* (1929) belegt. 1930 nahm sich Majakowski das Leben. Trotzdem gehörte er als sowjetischer Schriftsteller in der DDR zur Pflichtliteratur. Berühmt ist sein Ausspruch: „Meine Feder ins Waffenverzeichnis."

Die ROSTA-Fenster-Kunst spielte in der Kultur der DDR nur eine unterge-ordnete Rolle und fand im Bildungssystem kaum Beachtung.
Dennoch ist es nachvollziehbar, dass sich Studierende mit dieser Kunstform Majakowskis auseinandersetzten. Künstler wie er bezogen mit einfachen, klaren Worten Stellung und riefen zur Aktion auf. Diese Kunstform enthielt ein Protestpotenzial, das sich mit der 68er-Bewegung in der Bundesrepublik vergleichen lässt.

In der DDR findet sich vor allem die Übernahme plakativer, verbaler Inhalte: Lobeshymnen auf die Partei, die Helden der Arbeit, die Übererfüllung von Produktionszielen und Verpflichtungen sowie der Kampf gegen den Klassen-feind. Auch die grafische Umsetzung spielte eine Rolle, wenn auch in verfei-nerter Form. Helden der Arbeit und heroische Szenen – dargestellt durch Arbeiter, Bauern und die sozialistische Intelligenz – wurden unter der Fahne der SED sowie unter Hammer, Sichel und Zirkel in plakativer Malerei oder als großformatige Mosaike auf öffentlichen Gebäuden präsentiert. Diese Kunstform wurde offiziell als „sozialistischer Realismus" bezeichnet. Zu den wichtigsten Vertretern dieser Malerei in der DDR zählen Walter Womacka und Willi Sitte.

Gabriele Stötzer beschreibt, wie aus ihrer Seminargruppe heraus gleich im ersten Studienjahr eine Studentenbühne gegründet wurde. Die Studieren-den nahmen auf, was Margot Honecker, damals Ministerin für Volksbildung, auf einem SED-Parteitag sagte: „Wenn es um Kultur und Kunst geht, darf es keine Tabus geben."
Und Stötzer fährt fort: *„Das waren unsere Ansichten damals."* Und Eugen Blume ergänzt: *„Die Grafik Marx, Lenin und Rosa Luxemburg mit Dompteur*

entstand als eine der Zeichnungen im Umfeld des Bühnenbildes zur ‚Wanze',
für die ich einen Vorhang entworfen habe, auch mit Marx etc. ..."

Marx, Lenin und Rosa Luxemburg mit Dompteur. Entwurf des Studenten Eugen Blume[27] für die Studentenbühne der Pädagogischen Hochschule Erfurt, 1974 (Archiv G. Stötzer)

---

[27] Prof. Dr. Eugen Blume (geb. 1951 in Bitterfeld), studierte 1972–1974 an der Pädagogischen Hochschule in Erfurt Deutsch und Kunsterziehung; 2001-2016 Leiter des Hamburger Bahnhofs-Museum in Berlin. (Anm. d. Hg.).

Es ist heute nicht mehr bekannt, welche Grafik tatsächlich verwendet wurde. Diese anscheinend nicht. Für die Hochschulleitung hätte dies ein Grund für eine Exmatrikulation sein können.

Der politische Witz - gab es das in der DDR?

„Wir hatten tagtäglich etwas zu lachen"

An den Hochschulen und Universitäten der DDR gab es durchaus Raum für Humor. Witze wurden überall erzählt – auch unter Genossen, oft mit einem zweideutigen Schmunzeln im Sinne von „Schau mal her, was wieder kursiert". Politische Witze waren im kleinen Kreis toleriert, solange sie „allgemein" blieben und keine höheren Funktionäre ins Visier nahmen.Der politische Witz in dieser Form entwickelte sich in der DDR und den anderen Ostblockländern, während er in der Bundesrepublik kaum vorkam. Solche Witze entstehen meist in totalitären Systemen, geprägt durch Mangelwirtschaft und Verbote – beides Keimzellen für Humor als Ausgleichsventil.

Es gab auch „harmlose" Witze über Themen wie die Mangelwirtschaft, alltägliche Ereignisse oder Berufsgruppen, die von der Partei selbst kritisiert wurden und öffentlich erzählt werden konnten. War ein Witz jedoch „politisch", musste man genau überlegen, wem gegenüber man ihn äußerte, um nicht Gefahr zu laufen, dass er der Stasi gemeldet wurde. Solche Vorfälle fanden oft ihren Weg in die Akten und konnten bei Bedarf zur Erpressung oder sogar zur strafrechtlichen Verfolgung der betreffenden Person eingesetzt werden.

In der Haftanstalt Bautzen (1967–1968) lernte ich einen höheren Funktionär des damaligen VEB Carl-Zeiss Jena kennen. Er war nach dem Bürgerlichen Strafgesetzbuch straffällig geworden und zu zwei Jahren und acht Monaten verurteilt worden. Acht Monate dieser Strafe waren nach dem damals gültigen Strafrechtsergänzungsgesetz (StEG) verhängt worden – was nach heutiger Sicht als politisches Strafrecht gilt -, weil er einen Witz über den damaligen Staatsratsvorsitzenden Walter Ulbricht erzählt hatte. Die Anklage lautete: Herabwürdigung Walter Ulbrichts.

Doch jetzt übergebe ich Reinhard Keller das Wort.

✳✳✳

Reinhard Keller erzählt nach, worüber damals in der DDR gelacht wurde

(Reinhard Keller: Siehe seinen Beitrag „Als Parteiloser werden Sie immer am Katzentisch sitzen müssen")

Eine neue Anwendungsmöglichkeit für ein „Dreistoff-Diagramm"

„In der Baustoffkunde ist das Dreistoff-Diagramm ein oft benutztes Hilfsmittel, um Bindemittel einzuordnen. Dabei schließt das Vorhandensein von zwei Eigenschaften jeweils das Auftreten der dritten aus.

Diese Methodik kann auch mit Erfolg bei der Beurteilung sozialistischer Kader angewendet werden. Als Parameter kommen die Parteizugehörigkeit zur SED, der Intellekt und die Ehrlichkeit des Delinquenten zur Anwendung.

Die folgenden Ergebnisse liegen auf der Hand:
Der Nachwuchskader ist ehrlich und intelligent. Also ist er nicht in der Partei.
Der Nachwuchskader ist intelligent und in der Partei. Also ist er nicht ehrlich.
Der Nachwuchskader ist ehrlich und in der Partei. Also ist er nicht intelligent."

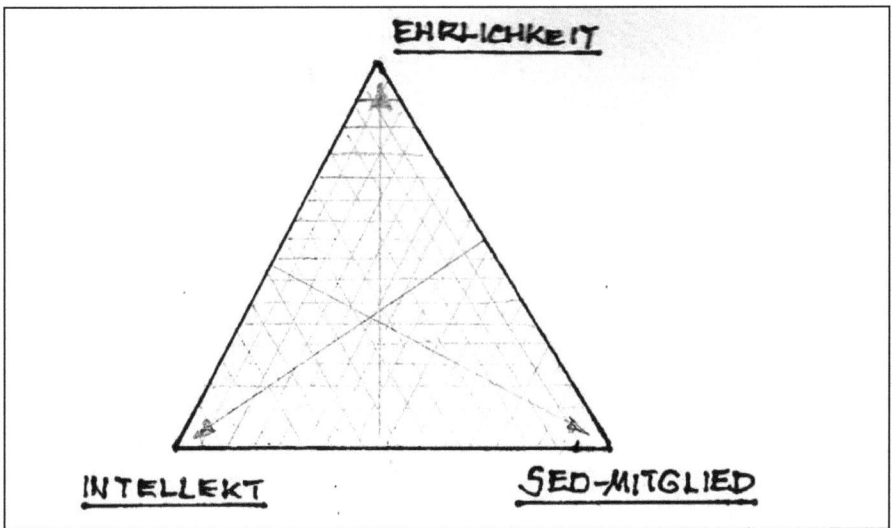

Das Dreistoff-Diagramm

287

Der sozialistische Arbeitstag

„Beim Arbeitstag in der sozialistischen Produktion geht es rund. Er umfasst vier Tätigkeiten:

- Arbeit,
- Kaffee trinken,
- Erledigung von Privatem,
- Agitation und Propaganda.

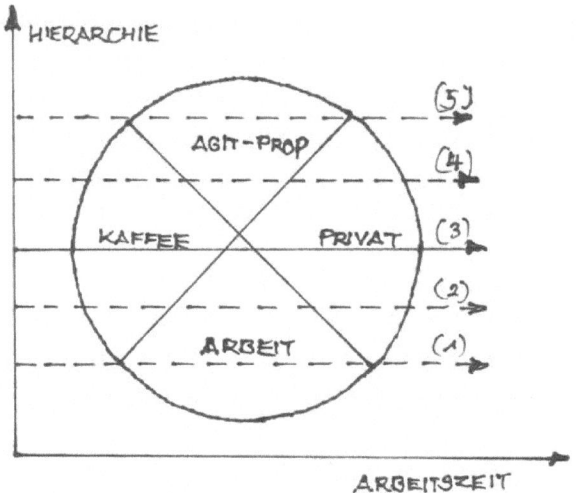

Der Ablauf des Arbeitstages ist für den Einzelnen von der Einordnung in die Hierarchie des VEB abhängig, wie die Grafik verdeutlicht.

- Der einfache Arbeiter (1) kommt zur Arbeit und geht wieder.
- Der Brigadier (2) kommt in den Betrieb, trinkt Kaffee, arbeitet etwas, erledigt Privates und geht wieder.
- Der BGLer (3) kommt in den Betrieb, trinkt Kaffee, erledigt Privates und geht wieder.
- Der sozialistische Leiter (4) kommt in den Betrieb, trinkt Kaffee, betreibt etwas Agit-Prop, erledigt Privates und geht wieder.
- Der Parteisekretär (5) kommt in den Betrieb, betreibt Agit-Prop und geht wieder.

(Anmerkung des Herausgebers: BGLer: Betriebsgewerkschaftsleitung; Agitprop: Kurzwort aus Agitation und Propaganda, Methode zur Werbung für die Ziele der SED in der DDR.)

***

288

Für jedes Problem ein besonderes Institut

Das bekannteste Kabarett in der DDR war „Die Distel" in Berlin. Sowohl sie als auch andere Kunstinstitutionen mussten ihre Programme vor dem Aufführen von einer Kommission abnehmen lassen.

Der folgende Witz war sicher grenzwertig: Zulassen als Ventil zum Dampfablassen oder streichen, da die sozialistische Landwirtschaft und Institutionen der DDR der Lächerlichkeit preisgegeben wurden?

„Die LPG „Roter Oktober" wendet sich an das Institut für Hühnerernährung mit der Frage, was sie den Hühnern zu fressen geben sollte. Auf die Gegenfrage, was sie bisher verfüttert hätten, wird wahrheitsgemäß geantwortet: Alles, was wir so haben. Das Institut für Hühnerernährung rügt diese Verfahrensweise und regt an, nur Körnerfutter zu verwenden. Nach einem halben Jahr hat sich die Zahl der Hühner halbiert und die LPG wendet sich in ihrer Not wieder an das Institut für Hühnerernährung. Wiederum wird nach dem Futter gefragt, und bemängelt, dass Körnerfutter völlig falsch sei. Es dürfe nur „Grünes" verfüttert werden. Nach einem weiteren Halbjahr ist auch das letzte Huhn verendet. Die LPG „Roter Oktober" wendet sich in ihrer Verzweiflung erneut an das Institut für Hühnerernährung. Diesmal kommt die Antwort ganz prompt und schon vor der Frage: „Wir haben noch viele Ideen. Aber ihr habt ja keine Hühner mehr."

Das Kommunistische Manifest

„Im Gewi-Seminar stellt der Genosse Seminarleiter den Studenten die Frage, wer das „Kommunistische Manifest" geschrieben habe. Erstaunlicherweise erhält er keine Antwort.

Bei nächster Gelegenheit informiert der Seminarleiter ganz entrüstet seinen Sektionsdirektor über diesen Sachverhalt. Dieser erkennt die ungeheure Gefahr dieses Unwissens, worüber die Stasi informiert werden müsse, und greift sofort zum Telefon. Nachdem er dem Genossen von „Horch und Guck" den Fall geschildert hat, erhält er eine beruhigende Antwort: Die Stasi werde schon herausbekommen, wer das „Kommunistische Manifest" geschrieben habe."

Ein neuer Modetanz wird kreiert

„Im Sinne der Abgrenzung von dekadenten Westeinflüssen auf die Jugend der DDR wurde auf der „Messe der Meister von morgen" ein neuer Modetanz mit dem hinreißenden Titel „La Combinata" vorgestellt, der sofort viele Nachahmer in allen Bereichen der Volkswirtschaft gefunden hat. Der Grundschritt dieses Tanzes besteht in zwei Schritten rückwärts, dann ein Schritt vorwärts. Der Vorwärtsschritt wird nur angedeutet."

(Anmerkung des Herausgebers: Der folgende Witz hätte – abhängig davon, welcher Student ihn erzählte – zur Exmatrikulation führen können.)

Preisfrage

„Worin besteht der Unterschied zwischen einer Silbermann-Orgel und der Sektion Gesellschaftswissenschaften der TU Dresden?
Antwort: Bei einer Silbermann-Orgel kann man die Pfeifen noch zählen."

***

Erlebnisse von Autoren gespiegelt am Handeln der Machthaber

Die pädagogische Hochschule Erfurt

Günter Knoblauch

In den vorhergehenden und folgenden Beiträgen erzählen die Autoren, was sie bewegte und was für sie sichtbar war. Sie berichten von freudigen Momenten ebenso wie von dem Druck und den Repressionen, die sie erfuhren, wenn sie die geforderte Konformität verweigerten und deshalb von der *politischen Macht* gemaßregelt, schikaniert, diskriminiert und exmatrikuliert – kurz: ins gesellschaftliche Abseits gedrängt.

Was im Hintergrund geschah, blieb lange Zeit verborgen. Eine zentrale Rolle spielte dabei das MfS, das sich selbst als „Schild und Schwert der Partei" verstand. Seit den 1960er Jahren investierte das MfS erhebliche Ressourcen, um die vollständige Kontrolle über die Hochschulen und Fachschulen zu erlangen. Im Verborgenen arbeitend, versuchte es, die Institutionen vor dem vermeintlichen „Klassenfeind" abzusichern. Wie diese Absicherung zu erfolgen hatte, ist in der bereist besprochenen „Durchführungsanweisung Nr. 1 vom 10. Januar 1968" festgelegt.

Diese rigide, kontrollfixierte Denkweise des DDR-Systems und zeigt gleichzeitig dessen innere Widersprüchlichkeit. Nicht ohne Grund verlor die DDR Tausende ihrer talentiertesten Bürger - durch Resignation oder durch Flucht in den Westen.

Autoren wie Martina Pontius und Gabriele Stötzer spiegeln ihre Erlebnisse an der Pädagogischen Hochschule Erfurt – ausgelöst durch die Exmatrikulation eines Studenten - an Dokumenten aus den Archiven der BStU wider, die das skrupellose Handeln der Machthaber im Sinne ihrer Ideologie enthüllen.

Ihre studentischen Biografien zeigen eindrucksvoll, dass die Maßnahmen der Verfolgung und Überwachung nicht das Werk einzelner Funktionäre waren, sondern Teil der Politik der obersten Führungsebene der DDR.

Wilfried Linke: „Sieben unverblümte Äußerungen über Bekanntes (Sätze zum Anzweifeln)"

Ein „quasi illegal verbreiteter Text"
mit einer Einführung von Günter Knoblauch

Das nachfolgend abgebildete Schriftstück wird in den Beiträgen *„Es herrschte eine Atmosphäre der Angst und Beklemmung", „Wir lasen bändeweise Marx, Engels, Lenin und Luxemburg"* sowie *„Die Zerschlagung des studentischen Widerstands an der Pädagogischen Hochschule Erfurt"* von Martina Pontius und Gabriele Stötzer (Kachold) erwähnt.

Der Verfasser, Wilfried Linke, war Student an der Pädagogischen Hochschule Erfurt. In seinem Artikel *„Sieben unverblümte Äußerungen über Bekanntes (Sätze zum Anzweifeln)",* den er im Januar 1976 verfasste, wollte Linke zur Verbesserung des Unterrichts im Fach Marxismus-Leninismus beitragen, der ideologischen Indoktrinierung entgegenwirken und eine kritische Diskussion anregen. Der Artikel wurde jedoch nie veröffentlicht.

Wilfried Linke sagt heute dazu: *„Der Text war für die Hochschulzeitung der Partei (SED) an unserer damaligen Pädagogischen Hochschule Erfurt bestimmt. Der zuständige Redakteur wurde jedoch angewiesen, den Text auf keinen Fall zu veröffentlichen. Daraufhin haben die Studenten Gabi Stötzer, Manfred Mortzeck und andere den Text einfach abgeschrieben und unter den Studenten verbreitet – quasi illegal. Trotzdem wurde der Text nur einigen wenigen Studenten bekannt. Eine öffentliche Diskussion über den Text oder den kritisierten Marxismus-Leninismus-Unterricht hat es nie gegeben."*

Dieser Text führte schließlich zu unerwarteten Eskalationen und Konsequenzen, die in mehreren Beiträgen angesprochen werden. Wilfried Linke selbst wurde im Juni 1976 exmatrikuliert, was ein unbegrenztes Studienverbot an allen Universitäten, Hochschulen und Fachschulen der DDR bedeutete.

1

Die Seminargruppe T 7#/2 äußerte in WIR -18/75:"...daß es ganz
sinnvoll wäre, wenn andere Seminargruppen ihre Erfahrungen (über)
den Unterricht in Marxismus-Leninismus/ W.L.) auch einmal zu
Papier bringen,...um mit dazu beizutragen, die Lehrveranstaltungen
in Marxismus-Leninismus effektiver zu gestalten."
Eingangs nur soviel:
Bringen wir diese Erfahrungen zu Papier, ist aufzupassen, daß sie
vom Papier nicht vergewaltigt werden. Was soll das? Es hat sich
eingebürgert, den Erfahrungsaustausch mehr als Umarmung denn als
Boxkampf zu verstehen. Von wegen der unangenehmen Treffer und -
schaudererregende Vorstellung für manche - des Auszählens. Lieber
schlagen wir uns die Erfolgsmeldungen gegenseitig um die Ohren
und klopfen dem Gegenüber satt auf die linke Schulter: Alles okay;
der Laden läuft schon.
Aber mir ist denn doch wohler, wenn ich in den Ring trete; auch
wenn da Tiefschläge zu erwarten sind.

2

"...Die Lehrveranstaltungen in Marxismus-Leninismus effektiver zu
gestalten." Eine ehrfurchtslose Notiz dazu:
Wir haben uns lange genug auf Allgemeinplätzen wie "Effektivität",
"noch bessere Qualität", "noch mehr Aktivität" etc. ausgetpbt.
Und es hat uns müde gemacht, immer durch die Blume der "Effektivität" und dergleichen mehr in papieraufwendigen Verbesserungs-
kommuniques zu verkünden: Lust muß effektiver werden, die FDJ-Arbeit,
die Seminare in Marxismus-Leninismus, die Mitarbeit, das Interesse,
die Effektivität und was uns sonst noch alles bewegt. Die höheren
Leitungen registrieren mit Eifer diese Großartigkeiten, und unser
Gewissen läßt sich von derartigen "Feiertagen" verblüffen.
Frappante Selbsttäuschungen, die uns höchstens dort Erfolge bescheren,
wo keiner von uns sie will. Vor einem Dilemma stehen wir deswegen
keinesfalls: Wirksamer ist immerhin erst dann etwas zu gestalten,
wenn ich benenne, was da noch brachliegt - und warum. "Wir geben
der Hoffnung Ausdruck, wenn wir vom Wirklichen reden." (Volker Braun:
Es genügt nicht die einfache Wahrheit; S.59)

3

Der Marxismus-Leninismus ist Studienobjekt Nummer 1. So steht's
geschrieben. Im Kampfprogramm unserer FDJ-Organisation. Genau:
Studienobjekt Nummer 1, weil u.a. die dialektische Methode - von
Marx und Engels gründlich benutzt, um beispielsweise die wirklichen
Basis der Ideologie aufzuzeigen (und so auch die Ursachen für das
Funktionieren bestimmter historischer Herrschaftsmechanismen) -
eine ganz brauchbare Handhabe ist, sich in unsere eigenen Belange
einzumischen.
Und so ab und an kann man in Zeitungen lesen, daß die Lehren der
Klassiker - und nun gar besonders deren Methode - bei uns lebendiger
denn je wären. Sitzt man dann allerdings im Seminar, wähnt man sich
eher auf einer Tagung der Schläfrigkeit als auf einem Fest zu Ehren
der Lebendigkeit.
Das schulmeisterliche Frage-Antwort-Spiel - seit unserer Einschulung
noch immer die geläufigste Art, uns was beizubringen - wird, Verzei-
hung für den Ausdruck, "munter" betrieben, Diskussionen schießen
zwar auf, breiten sich aus, aber das Lachen kann einem vergehen

Seite 1 des Linke Textes für die Hochschulzeitung der Pädagogischen Hochschule Erfurt

angesichts der Auskünfte, die man sich einholt, angesichts der
Klarheit, die herrscht. Wenn es so gerade anfängt "unartig" zu
werden, was ja ganz belebend ist, denn Artigkeit hat irgendwo
etwas mit Langeweile zu tun, passiert für uns in ebendem Augenblick
immer noch Unverständliches: Da der Lehrplan eine seriöse runde
Sache ist, kann ein unbequem fragender Mund schon ein bißchen
Verwirrung in seinem Gefüge stiften. Ähnliches vor Augen, setzt
dann auch der Lehrer ein, Meinungen zu koordinieren, sie zusam-
menzufassen" und hernach die fertigenLehrbuchsätze zu postulie-
ren oder solche, die bestenfalls davon abstammen. Mittlerweile
hat der Student den Dreh heraus und sammelt eilends die
ordentlichen Zusammenfassungen in sein Merkbuch. Er weiß:
Das ist Gesichertes, das wird verlangt, und das brauche ich in
diversen Kontrollen nur noch ausgeschmückt herzubeten.
Und Ungeklärtes? Offene Fragen? Wie ist das tatsächlich mit dem
Absterben des Staates bei uns? Gibt es bei uns antagonistische
Widersprüche - oder? Wer gehört denn nun zur Arbeiterklasse?
Wie entwickelt sich wirklich die sozialistische Demokratie, und
wie sehr wird sie denn von der Bürokratie untergraben?
Solches, wo uns die klaren Antworten fehlen, solches, sagt sich der
Student, werden die doch nicht abfragen. So kurzsichtig werde ich
nicht sein und damit herausrücken. Womöglich handle ich mir dunkle
Noten ein, und die werfen ein verdächtig düsteres Licht auf mich.

4

Was hier vorerst aufgezeigt wurde, provoziert eine Menge Fragen,
Wem nützt denn, verschiedene Sichten auf Probleme, Vorgänge und
Zusammenhänge zu benoten? "Wenn die Auffassung geistiger Dinge
individuell ist, welches Recht hat eine geistige Ansicht vor der
anderen, die Meinung des Zensors vor der des Schriftstellers?"
(M/E, Bd.1, S.61).
Teilt man aber Noten für Meinungen aus, so darf man sich nicht
wundern, daß zensurenorientiertes Denken eigene Überlegungen
ausspart. (Wie entwickelt sich ein enges, schöpferisches und eingreifendes Verhältnis zu unserer Wirklichkeit anders, als durch
offenes und ungeschminktes Behandeln der oft diffizielen Probleme).

5

Weiter: Von welcher Absicht wird eigentlich die stillschweigende
Übereinkunft diktiert, diese oder jene Fragen, deren Antworten noch
nirgendwo nachzulesen sind (siehe oben), im M/L-Seminar mit Wendun-
gen wie: "Das gehört nicht hierher/Das Problem wird in einem anderen
Zusammenhang erörtert/Das führt jetzt zu weit/Das wird zu speziell/
Das liegt nicht in unserem Interesse" usw. letztlich zu tabuieren?
Offensichtlich ist das Umgehen von nicht eindeutigen Sachverhalten
kein Akt der Klärung der Dinge. Allgemeone Sätze herzitieren oder
die Hinweise auf geordnete Erklärungen in Lehrbüchern ist auch
nichts anderes als Ausweichen. Diese Palliative sind zwar gängig,
ersetzen uns aber niemals den Meinungsstreit, der uns alle auf-
scheuchen müßte. Das Erwähnen deutet auf Tabus.
Nun gut: Gibt es noch Bezirke, die durch kleine Fähnchen mit der
Aufschrift "Tabu" abgesteckt sind, fragt man sich, welcher Art das
Vertrauen zu den Studenten ist, daß man ihnen öffentlich den Blick
über besagte Bezirksgrenzen vorenthält.
"Die Existenz unserer Gesellschaft ist nämlich nicht an Tabus gebunden: das ist neu. Ja, diese Gesellschaft kann nur weiterexistie-
ren und sich entwickeln, indem sie ihre Tabus aufgibt, das heißt
indem sie sich selbst rigoros anrührt." (V.Braun,a.a.O., S.112).

Seite 2 des Linke Textes für die Hochschulzeitung der Pädagogischen Hochschule Erfurt

6

Die Frage des Vertrauens ist keineswegs aus der Luft gegriffen.
An Institutionen und von einigen Lehrkräften wird -oft schnell bei
der Hand- ein Vokabular von Prädikaten benutzt (etwa: reaktionär,
oppertunistisch, linksradikal, revisionistisch, sektiererisch usw.)
für eine beinahe denunzierende "Klassifizierung" "unbormäßiger"
Überlegungen der Studenten. Die so Disqualifizierten müssen dann
- gegen ihre Absicht - meist lange den schwarzen Schafspelz
überziehen (er wird ihnen übergezogen).
Es kann einfach nicht mehr angehen, sich auf so fragwürdige Art
konträrer Meinungen zu entledigen. Was sind denn das für Präserva-
tivmittel, die leichtfertig verwendet werden und nicht vorbeugen,
sondern eher begünstigen, daß man schweigt!
Und wenn es allen, die es angeht, Mühe, Schweiß und Zeit kostet:
Es ist immer noch besser mit Argumenten zu arbeiten, sich xxxinxxx
auseinanderzusetzen, als jemandem solche Etiketten aufzukleben - und
damit fertig.

7

Markiert einer brüchige Stellen, bleibt man noch recht gemütlich,
schaut ihm zu; das ist noch gefällig und zumutbar. Solange er nicht
antastet, warum sie dünn geworden sind, solange mag er seinen Finger
ausstrecken und darauf zeigen, solange. Und dabei wird gar nicht
mal hinter vorgehaltener Hand über Zugriffe und Antasten gesprochen.
Aber die Hände werden über dem Kopf zusammengeschlagen, w e n n
einer z u g r e i f t .
Mit dem Unterricht in M/L ist die allerbeste(!) Möglichkeit gegeben,
eingreifendes Denken und Handeln zu vermitteln. Die Religion drückte
die Menschen in eine kontemplative Haltung. Ihre eigenen Angelegenheiten wurden ihnen zum Mysterium, da undurchsichtige Gestalten
(Götter) die Regelung in der Hand hatten.
Wir haben das hinter uns. Wir haben es nicht mehr drauf, Seminare
über die Runden zu bringen, in denen Einsichten in Notwendigkeiten
obligaterweise einzuprägen sind, deren Einsehbarkeit hinfällig
geworden ist.

Wilfried Linke DK 73 ; 9.1.1976

Seite 3 des Linke Textes für die Hochschulzeitung der Pädagogischen Hochschule Erfurt

Das abgebildete Dokument wurde in der Gerichtsakte von Gabriele Kachold gefunden. Sie hatte sich damals als FDJ-Stellvertreterin zusammen mit der FDJ-Sekretärin Martina Anger (heute Pontius) für Linke eingesetzt.

Besonders bemerkenswert ist der BStU-Stempel auf dem Dokument. Es handelt sich um eine Kopie aus den Unterlagen des Ministeriums für Staatssicherheit (MfS) – ein Hinweis darauf, dass das MfS über alle Vorgänge an der Pädagogischen Hochschule Erfurt entweder durch IMs (inoffizielle

Mitarbeiter) unter den Studenten oder durch das Lehrpersonal informiert wurde.

Wilfried Linkes Biographie:

> Wilfried Linke, geb. 1950 in Eisenberg/Thüringen; 1973 Studium in Erfurt, 1976 Exmatrikulation, Hilfsarbeiter; 1977 Regieassistent am Schweriner Theater. 1983 Lagerist, Hilfspfleger; 1989/90 Mitglied des „Neuen Forums" in Schwerin.
> 1992 Rehabilitation (Zuerkennung Diplom-Pädagoge), 1993 Psychologiestudium, 1997 Diplom; 2004 Approbation. 2002 Fachbereichsleiter Persönlichkeit Danuvius-Klinik; 2009 Dozent Luisenklinik; 2016 Gründung des Theaters No Blind Date.

***

** Kommentar zeithistorisch ** - studentischer Protest an der Pädagogischen Hochschule Erfurt

Ohne Zugang zu den Akten der BStU könnte man annehmen, dass studentische Unmutsbekundungen oder öffentlich formulierte Proteste rein hochschulinterne Vorgänge waren, die in Auseinandersetzung mit der Universitätsleitung, der FDJ und der Parteileitung geklärt wurden. Doch das entspricht nicht der Realität.

Sobald „Äußerungen", die der Politik und Ideologie der SED swidersprachen, öffentlich wurden, schaltete sich das MfS unmittelbar ein – entweder durch seine IMs oder auf direkte Anweisung staatlichen Stellen, in der Regel der SED. Für die Betroffenen blieb dieses Eingreifen oft unsichtbar, sei es in Form „informeller Beobachtung" (IM-Tätigkeit) oder durch gezielte Maßnahmen des MfS.

Der Beitrag von Martina Pontius und Gabriele Stötzer, *„Die Zerschlagung des studentischen Widerstandes an der Pädagogischen Hochschule Erfurt"*, zeigt eindrucksvoll die enge Verflechtung der Institutionen mit dem Ministerium für Staatssicherheit. Der Protestbrief der Erfurter Studenten an die Ministerin für Volksbildung, Margot Honecker, tauchte als Kopie in den Unterlagen des MfS auf.
Dies zeigt, dass selbst scheinbar geringfügige Kritik an Maßnahmen der DDR sofort die Aufmerksamkeit der Staatssicherheit auf sich zog. Im Hintergrund wurden operative Maßnahmenpläne ausgearbeitet, um der SED und den zuständigen Institutionen – einschließlich der Justiz – Handhabe gegen die Studenten zu liefern.

***

Die Zerschlagung des studentischen Widerstands an der Pädagogischen Hochschule Erfurt

Martina Pontius und Gabriele Stötzer

Ein Brief mit 83 Unterschriften von Erfurter Studentinnen und Studenten der Pädagogischen Hochschule an Margot Honecker, Ministerin für Volksbildung in der DDR, vom 11. Juni 1976 löste eine Reihe von weitreichenden Reaktionen der Ministerin für Volksbildung und ihrer Hauptabteilung Lehrerbildung (Ministerium für Volksbildung Berlin) sowie der Leitung der Pädagogischen Hochschule Erfurt/Mühlhausen, der Hochschulparteileitung der SED und der Bezirksleitung der SED Erfurt aus.

Anlass war die Exmatrikulation des Studenten Wilfried Linke der Seminargruppe Deutsch/Kunsterziehung (DK 73) im dritten Studienjahr. Linke hatte einen Artikel für die Hochschulzeitung geschrieben, in dem er die Qualität des Seminarfachs Marxismus–Leninismus zur Diskussion stellte. Darüber wird im Beitrag „Sieben unverblümte Äußerungen über Bekanntes (Sätze zum Anzweifeln)" berichtet.
Viele Studenten solidarisierten sich mit Linkes Meinung und diskutierten öffentlich darüber. Die Hochschulleitung fühlte sich politisch und persönlich angegriffen. Daraufhin wurde Wilfried Linke als Staatsfeind exmatrikuliert.

Die Studenten der Hochschule wehrten sich gegen die Exmatrikulation des Studenten und kamen damit selbst in Gefahr. Die heftige Reaktion des Staatsapparates und der Schulterschluss aller institutionellen Einrichtungen lassen sich in einem umfangreichen Material des Bundesarchivs nachlesen. Anhand von Protokollen aus den Archiven des ehemaligen Ministeriums für Volksbildung und der PH Erfurt soll rekonstruiert und belegt werden, wie im Ministerium, an der PH Erfurt und in den dortigen SED- und FDJ-Organisationen gedacht und gehandelt wurde.
Die Recherche im Bundesarchiv wurde von Frau Stötzer in Kooperation mit dem Landesbeauftragten des Freistaates Thüringen zur Aufarbeitung der SED-Diktatur, Christian Dietrich, im Februar 2015 durchgeführt.

Nur für den Dienstgebrauch

An Frau Minister
Margot Honecker

Ministerium für Volksbildung
108 B e r l i n

Unter den Linden 69-73

Erfurt, den 11.6.76

Ministerium für Volksbildung
Büro des Ministers
1 4. JUNI 1976
E 657/76

Sehr geehrte Frau Minister!

Wir sind Studenten der Pädagogischen Hochschule Erfurt und versuchen, allen Anforderungen zur Herausbildung einer sozialistischen Studentenpersönlichkeit gerecht zu werden. Hierzu gehören vor allem offene und kritische Diskussionen, das Finden von produktiven Vorschlägen zur inhaltlichen und formalen Verbesserung des Studiums, die ständige Auseinandersetzung mit aktuell-politischen Problemen und das Bemühen, das Verhältnis zwischen Studenten und Dozenten zu verbessern.

Mit Befremden mußten wir aber feststellen, daß ein Teil des Lehrkörpers (insbesondere Prof. Zacharias, Prof. Hub) diesem ehrlichen Bemühen mit großen Vorbehalten entgegentritt. Das führte soweit, daß verschiedenen Studenten administrative Maßnahmen angedroht wurden (der Seminargruppe DK 73 wurde ein Redeverbot über einen von der Hochschulzeitung abgelehnten Artikel auferlegt), und gegen einen Studenten (Wilfried Linke, der Verfasser des Artikels) in eintägiger Frist ein Disziplinarverfahren eröffnet wurde. Derartige Maßnahmen haben unser Vertrauen und den Glauben an ein schöpferisches Mitgestalten am Hochschulleben erschüttert. Wegen dieser Vorgänge sind wir in großer Sorge und bitten Sie zu verhindern, daß dieses Disziplinarverfahren mit einer Exmatrikulation oder gar angedrohter strafrechtlicher Verfolgung endet.

Seite 1 des von 83 Studenten der Erfurter Pädagogischen Hochschule unterschriebenen Briefes an die Ministerin für Volksbildung, Margot Honecker (Quelle Bundesarchiv)

Brief an Margot Honecker, Ministerin für Volksbildung, vom 11. Juni 1976

Diesen Brief unterschrieben 83 Studenten der Pädagogischen Hochschule Erfurt. In ihm wird gegen die Exmatrikulation des Studenten Wilfried Linke protestiert. Ebenfalls wird in dem Brief Sorge darüber geäußert, *„[...] dass verschiedenen Studenten administrative Maßnahmen angedroht wurden (der Seminargruppe DK 73 wurde ein Redeverbot über einen von der Hochschule abgelehnten Artikel auferlegt), und gegen einen Studenten (Wilfried Linke, der Verfasser des Artikels) in eintägiger Frist ein Disziplinarverfahren eröffnet wurde. [...] Wegen dieser Vorgänge sind wir in großer Sorge und bitten Sie zu verhindern, dass dieses Disziplinarverfahren mit einer Exmatrikulation oder gar angedrohter strafrechtlicher Verfolgung endet."*

Niederschrift über die Aussprache bei Genossin Honecker mit Genosse Prof. Dr. Glocke am 17. Juni 1976
(Teilnehmer: Genosse Lorenz, Genosse Dr. Machacek, Stellvertreter des Ministers für Volksbildung, Hauptabteilung Lehrerbildung)

Diese Niederschrift zeigt erste Reaktionen und definitive Festlegungen von Margot Honecker für die Pädagogische Hochschule Erfurt und den Umgang mit den Studenten. Margot Honecker äußerte sich empört darüber, dass sie erst am 11. Juni 1976 von diesem Vorgang an der PH Erfurt erfahren habe.

„[...] Wie ist es möglich, dass seit <u>Januar</u>, besonders seit <u>März</u> [...], Träger prinzipiell falscher politisch-ideologischer Positionen agieren konnten? [...] Die Exmatrikulation von Linke war höchste Zeit, sie war richtig, dazu darf man keine Diskussion zulassen." [28]

Der Rektor der PH Erfurt, Prof. Dr. Theo Glocke, erwiderte:
„Die politische Seite wurde nach dem <u>Disziplinarverfahren</u> verstärkt. Ausarbeitung einer <u>schriftlichen Argumentation</u> für die Hand der Studenten ist vorgenommen. Es gibt keine Schwankungen im Lehrkörper [...] GOL (Grundorganisationsleitung der FDJ, in diesem Fall FDJ-Leitung der gesamten Pädagogischen Hochschule Erfurt – Anm. d. Hg.) hat spät, aber doch reagiert. Erkennen des Sachverhaltes dauerte länger! Linke ausgeschlossen. Gegen den FDJ-Sekretär und 1 Mitglied der Gruppe Verbandsverfahren eingeleitet. [...] Ziel ist es, zu den Rädelsführern vorzudringen!"

---

[28] Bestandssignatur DR2 Aktennr. 28787, S. 72, 73, Margot Honecker ff..

Bezugnehmend auf das Redeverbot zum Artikel äußerte Ministerin Honecker:

„Das war ein grundsätzlicher Fehler. Anstelle des Verbots hätte man gezielt die Argumente zerschlagen müssen. […] Laut Gesetz hat ein Lehrer die Ideologie unseres Staates zu vertreten, sonst ist er für den Lehrerberuf nicht geeignet. Wer sich dazu nicht in der Lage fühlt, soll zurücktreten. […] Was ist jetzt noch zu tun! […] In den Lehrveranstaltungen des M/L (Marxismus-Leninismus – Anm. d. Hg.) *muss man sich mit bestimmten Positionen auseinandersetzen. Die gesamte Parteiorganisation muss man voll informieren, ebenso das FDJ-Aktiv. […] Es ist abzusichern, wo bestimmte Studenten während der Ferien hingehen, welche Kontakte dabei aufgenommen werden* (Die Studentinnen Kachold, Kämpfert und Anger planten eine Reise nach Rumänien – Anm. d. Hg.) *[…] Das gesamte Vorgehen ist mit der Bezirksleitung der SED abzustimmen […]."*

Abschließend verfügt Ministerin Honecker:

„[…] Genosse Machacek wird beauftragt, eine knappe Parteiinformation an die Genossen Hager und Oppermann vorzubereiten, die den Vorgang mit den wesentlichen Fakten darstellt und über die eingeleiteten Maßnahmen informiert."

∗∗∗

Information zeithistorisch - Genosse Hager

Kurt Hager bekleidete 1976 die Position des Sekretärs des Zentralkomitees (ZK) der SED für Wissenschaft, Bildung und Kultur und galt als Hauptideologe der SED. In seiner Funktion war er verantwortlich für die Ausrichtung und Kontrolle der Kultur- und Bildungspolitik in der DDR, darunter auch für die Zensur von Kunst und Medien sowie die ideologische Überwachung des Bildungswesens. Er spielte eine Schlüsselrolle bei der Durchsetzung der marxistisch-leninistischen Ideologie und trug maßgeblich dazu bei, das Kultur- und Bildungssystem strikt an den Prinzipien der Partei auszurichten. Besonders bekannt wurde Hager durch seine Haltung gegenüber kulturellen Öffnungsbewegungen in anderen sozialistischen Ländern, wie zum Beispiel die Reformen in Ungarn oder die „Perestroika" in der Sowjetunion.

∗∗∗

Bericht von einer Aussprache mit Genosse Prof. Dr. Lange (Prorektor), Genosse Dr. Droß (1. Sekretär Hochschulparteileitung der SED der PH Erfurt), Genosse Joachim Ackermann und Dr. Horst Zipser vom 17. Juni 1976

(Anmerkung des Herausgebers: Gen. Joachim Ackermann – zusammen mit Gen. Dr. Werner Maier bildete die Inspektion der Hauptabteilung Lehrerbildung im Ministerium Berlin)

Dieser Bericht enthält, wer von der Exmatrikulation des Studenten Linke informiert wurde (Bezirksleitung der SED Erfurt, Ministerium für Volksbildung Berlin, Bezirksleitung der FDJ Erfurt). Das Verfahren gegen Wilfried Linke wurde auf Band aufgezeichnet.

„Nach bisheriger Ermittlung der Erfurter Genossen waren an der Verteilung des Artikels von Linke neben Angehörigen der Gruppe DK 73 die Studenten Winter und Bohne der Gruppe KD 74 beteiligt. Von Gen. Prof. Lange wurde die bisher nicht bestätigte Vermutung geäußert, dass die Studentenbühne der PH Erfurt, in der Linke aktiv war, ein Zentrum dieser Gruppe bildet. Wir wurden informiert, dass unmittelbar nach dem Disziplinarverfahren ein weiterer Brief, und zwar an die Bezirksleitung der SED, gerichtet wurde, der von den Studenten Kachold, Anger sowie dem Studenten Mortzeck unterschrieben wurde. Der Brief liegt der Hochschule nicht vor. Er beinhaltet nach Aussagen von Prof. Lange eine Art ‚Hilferuf' wegen angeblich bevorstehenden Massenexmatrikulationen."

In diesem Bericht kommt es zu einer ausführlichen Darstellung, wie es zur Exmatrikulation des Studenten Wilfried Linke gekommen ist.

„Am 24.5.76 fand mit den Studenten Linke und Anger ein weiteres Gespräch statt, an dem teilnahmen:
Gen. Prof. R. Hub (Anmerkung des Autors: Sektionsdirektor Marxismus/Leninismus), Gen. Prof. Zacharias (AdA: Sektionsdirektor Philologie, Literatur-/ Kunstwissenschaft), Gen. Dr. Kerbst (AdA: Parteisekretär, Philologie, Literatur-/ Kunstwissenschaft), Gen. Dr. Hohmann (AdA: HS-Parteileitung, Philologie, Literatur- und Kunstwissenschaft)

Ziel dieses Gesprächs war es, Linke wegen seiner illegalen Aktivitäten zur Rede zu stellen, um damit zu erreichen, dass er sich entweder davon distanziert und damit vor der Gruppe unglaubwürdig macht oder aber diese Aktivitäten tatsächlich zuzugeben. [...]

Am 2.6.76 führte Prof. Zacharias ein weiteres Gespräch mit Linke, an dem auf dessen Wunsch die FDJ-Sekretärin der Gruppe, Frl. Anger, teilnahm.

In einer Abendveranstaltung der FDJ-Gruppe wertete die Studentin Anger dieses Gespräch aus, wobei sie, wie im Protokoll des Disziplinarverfahrens zum Ausdruck gebracht wurde, die tatsächlichen Äußerungen des Gen. Prof. Dr. Zacharias entstellte.

Die beiden Genossinnen verließen unter Protest diese Veranstaltung und informierten am nächsten Morgen Prof. Dr. Zacharias über das Vorkommnis."

Eine Woche später wurde das Disziplinarverfahren gegen Wilfried Linke durchgeführt und endete mit dessen Exmatrikulation.

Aktennotiz über ein Telefongespräch des Genossen Dr. Machacek (Stellv. Minister für Volksbildung) mit dem Genossen Prof. Dr. Glocke, (Rektor der PH)
am 21. Juni 1976 (mit Kürzel von Margot Honecker „M. H." versehen)

„Genosse Glocke informierte darüber, dass es in der Aussprache mit Genossen Schinkel, Sekretär der Bezirksleitung der SED in Erfurt, Übereinstimmung gab, so wie vom Minister für Volksbildung festgelegt vorzugehen. Dabei hat Genosse Schinkel darauf hingewiesen, dass es wahrscheinlich doch, veranlasst durch Hinweise der Bezirksleitung Gera, eine Beziehung von Linke zum „Klub junger Lyriker" (Anmerkung des Autors: gemeint sind Jürgen Fuchs und Lutz Rathenow) in Jena gibt. [...] Die Mehrzahl der Seminargruppen der Sektion Ph/D/K (Philologie/Deutsch/Kunst) hat sich öffentlich prinzipiell von dem Verhalten Linkes distanziert. 40 Studenten, die die Eingabe an die Genossin Minister unterschrieben haben, haben ebenfalls öffentlich erklärt, dass sie irregeführt worden sind und dass sie ihre Unterschrift zurückziehen."

Inzwischen hat sich auch das FDJ-Aktiv der Pädagogischen Hochschule Erfurt/Mühlhausen formiert und ein vierseitiges Schreiben verfasst, das einstimmig am 21. Juni 1976 angenommen wurde:

„Wir, die FDJ-Aktivisten an der Pädagogischen Hochschule „Dr. Theodor Neubauer" Erfurt/Mühlhausen, haben mit tiefer Bestürzung und ernster Sorge das Verhalten einiger Kommilitonen zur Kenntnis genommen. Wir distanzieren uns energisch von Leuten, die unsere sozialistischen Ideale heuchlerisch im Munde führen und ,Verbesserungsvorschläge' anbieten, die schon seit Eduard Bernstein auf dem Misthaufen der Geschichte faulen. [...] Wir danken der Partei der Arbeiterklasse dafür, dass wir mehr als drei Jahrzehnte in Frieden leben, dass wir Klassenfeinde nur aus der Ferne und von Karikaturen her kennen. Manche von uns haben – ideologisch gesehen – Fett angesetzt, sind behäbig, friedfertig und leichtsinnig geworden. Das wird sich ändern, Wachsamkeit ist uns jetzt kein Fremdwort mehr [...] Wir verurteilen die Leichtfertigkeit der Mitläufer anderer, uns fremder Kräfte, jene Kommilitonen, die aus persönlicher Sympathie, unkritische Kameraderie oder auch aus Furcht vor der Verantwortung das preisgeben, was für jeden Kommunisten – mit oder ohne Parteibuch – das höchste Ziel ist: mit der ganzen Persönlichkeit, und sei es mit dem Leben, für die Ideale der Arbeiterklasse einzustehen. Ein bisschen schmutziger Schaum bleibt am Ende noch übrig, befleckt – vielleicht – nicht immer durch eine hinterhältige Taktik, durch ehrloses Verhalten. Diese Leute können zum Teufel gehen, aber da es ja keinen gibt, werden sie in unserer sozialistischen Welt bleiben; sie sollen aber nicht Lehrer künftiger Generationen sein. Das erklären die Mitglieder des FDJ-Aktivs der PHEM."*

Operative Kontrolle an der Pädagogischen Hochschule
„Dr. Theodor Neubauer" am 24. Juni 1976

Am 24. Juni 1976 erfolgte eine Operative Kontrolle an der PH Erfurt. Genosse Prof. Dr. Müller (Hauptabteilungsleiter der HA Lehrerbildung) und Genosse J. Ackermann (Inspektion der Hauptabteilung Lehrerbildung) flogen aus Berlin-Schönefeld ein und trafen sich mit dem Rektor der PH Erfurt, Prof. Dr. Glocke, dem 1. Prorektor Genosse Prof. Lange, dem Parteisekretär und FDJ-Sekretär der Hochschule sowie Genosse Eccarius von der Bezirksleitung der SED.

Besprochen wurde unter anderem, wie viele Studenten sich schon von der Unterschriftensammlung an Margot Honecker distanziert hätten und in welcher Form mit den Studenten politisch gearbeitet würde.

„Welche Maßnahmen wurden eingeleitet bzw. geplant, um gegen die Studenten Kachold und Anger sowie Mortzeck vorzugehen, die zum engeren Kreis um Linke gehörten?"*

**Information an Genossin Ministerin Honecker durch
Genosse Müller (HA Lehrerbildung) vom 25. Juni 1976**
(mit Kürzel von Margot Honecker „M. H." versehen)

Der Hauptabteilungsleiter der HA Lehrerbildung des Ministeriums für Volksbildung der DDR, Genosse Prof. Dr. Müller, informierte seine Vorgesetzte,
Ministerin Margot Honecker, am 25. Juni 1976 in einem neunseitigen Schreiben über die neuesten Entwicklungen an der PH Erfurt. Diesem Schreiben
waren zusätzlich acht Seiten einer Argumentation der PH Erfurt gegen den
Artikel von Linke sowie das oben genannte vierseitige Schreiben des FDJ-
Aktivs der PH Erfurt/Mühlhausen beigelegt.

*„Das Ziel besteht darin, die in der schriftlichen Argumentation und in der
Erklärung des FDJ-Aktivs formulierten Standpunkte und Argumente darzulegen. In der Diskussion sollen nach gründlicher Vorbereitung die politisch
bewusstesten Studenten die Auseinandersetzung mit den feindlichen Auffassungen und falschen Auffassungen solcher Studenten führen, die sich
bisher nicht von den Positionen Linkes klar distanziert haben oder Anhänger
seiner Plattform sind. Letzteres bezieht sich vor allem auf die Studenten
Kachold, Anger und Mortzeck, mit deren Haltung und Auffassung eine offene
Auseinandersetzung geführt werden soll."*
Es wurde die Durchführung einer FDJ-Aktivtagung am 30. Juni 1976 beschlossen, wo den feindlichen Positionen entgegengetreten werden sollte.
Ebenfalls wird wieder der aktuelle Stand des Rückzugs der Unterschriften
ausgewertet. Ziel ist,
*„vor Abschluss des Studienjahres bei der Mehrzahl der Studenten einen richtigen politischen Standpunkt zu der Sache herbeizuführen und die Auffassungen von Kachold und Anger offen aufzudecken. Mit dem Rektor wurde
Übereinstimmung erzielt, dass unter Berücksichtigung des weiteren Stabilisierungs- und Differenzierungsprozesses unter diesen Studenten er entscheiden wird, ob und wann die Studentin Kachold durch Weisung des Rektors exmatrikuliert wird, weil sie für den Lehrerberuf ungeeignet ist. Letztere
tritt mehrfach als Hauptakteur neben Linke in Erscheinung."*

Die FDJ-Aktivtagung fand am 30. Juni 1976 statt. Die FDJ-Gruppenleitung
distanzierte sich formal von der charakterisierten Plattform. Dazu notiert das
Ministerium für Volksbildung in einer abschließenden Information:

„Doch ist anzunehmen, dass diese FDJ-Gruppenleitung und einige weitere Studenten ihren Standpunkt nicht aus eigener Einsicht und Überzeugung geändert haben. Das trifft vor allem auf die Studentin Kachold und Anger zu."

Einschätzung der politisch-ideologischen Arbeit im Internationalen Ferienkurs für Lehrer und Studenten der deutschen Sprache, 14. Juli und 22. Juli 1976

In den kommenden Hochschulferien findet ein Internationaler Ferienkurs für Lehrer und Studenten der deutschen Sprache aus Dänemark, Finnland, Norwegen und Schweden statt. Die ausländischen Studenten erfahren von der Exmatrikulation des Studenten Linke. In der Aktennotiz des Direktorates vom 14. Juli 1976 wird den Studenten der Hochschule folgende Aussage gegenüber den ausländischen Studenten unterstellt:

„Wer Kritik übt, wird disziplinarisch belangt; wer eine andere politische Ansicht vertritt, muss mit Exmatrikulation rechnen."

Die ausländischen Studenten ziehen ihre Schlussfolgerungen über die DDR: „keine Meinungsfreiheit, keine uneingeschränkte Reisemöglichkeit, keine Kritik an bestehenden gesellschaftlichen Verhältnissen, keine Pressefreiheit".

In Einzelgesprächen erklären die Lehrkräfte den vor Kursbeginn festgelegten einheitlichen Standpunkt: „[...] dass Herr Linke exmatrikuliert wurde wegen Verstoßes gegen die Disziplinarordnung, d. h. wegen Schädigung des Ansehens der Hochschule in der Öffentlichkeit, wegen Verleumdung der leitenden Mitarbeiter der Hochschule, wegen bewusster Belügung des Disziplinarausschusses."

Sie versuchen, die Kursteilnehmer zu spalten, und erreichen „[...] dass diese Gruppe von den anderen Kursteilnehmern [...] immer stärker isoliert wurde und dass einige ausländische Teilnehmer offen gegen sie auftraten."

Im später folgenden Exmatrikulationsverfahren gegen G. Kachold wird den hier nicht anwesenden Studenten – gemeint ist die Gruppe um die Studentin Kachold – die moralische Schuld für die Information der ausländischen Studenten gegeben, die ja auch bei der CIA sein oder gegen die DDR agieren könnten (Anm. d. Autorinnen).

Direktorat IBÖ

Abteilung Ausländerstudium   Erfurt, den 14.7.76

A k t e n n o t i z

über Diskussionen im Internationalen Ferienkurs für Lehrer
und Studenten der deutschen Sprache aus Dänemark, Finnland,
Norwegen und Schweden   (Exmatrikulation des Herrn Linke)

Am Montag, dem 12.7.76 informierte mich Genossin Dr.Schirmer
(Leiterin der Arbeitsgruppe Bildungswesen der DDR) darüber, daß
unter den Ausländern über die Exmatrikulation des Herrn Linke
diskutiert wird. Ein norwegischer Teilnehmer (Herr Zahl) hatte
sie gefragt, ob es stimmt, daß ein Student wegen seiner politischen Einstellung exmatrikuliert worden sei. Genossin Dr.Schirmer
hat entsprechend den Festlegungen in der ersten Dienstbesprechung
des diesjährigen Internationalen Ferienkurses die Frage beantwortet. (Festlegung: Exmatrikulation erfolgte wegen Verstoßes
gegen die Disziplinarordnung, d.h. wegen Schädigung des Ansehens
der Hochschule in der Öffentlichkeit, wegen Verleumdung von leitenden Mitarbeitern der Hochschule, wegen bewußter Belügung des
Disziplinarausschusses)

Am Dienstag, dem 13.7. wurde in der Sprachübungsgruppe des Genossen
Dr. Schreiber eine ähnliche Frage gestellt. Eine Rückfrage bei den
ausländischen Teilnehmern mit Bitte um Konkretisierung der Frage-
stellung ergab, daß sie von den Studenten unserer Hochschule über
den "Fall Linke" informiert worden waren. (Information: Wer Kritik
übt, wird disziplinarisch belangt; wer eine andere politische Ansicht vertritt, muß mit Exmatrikulation rechnen) Auch in dieser
Gruppe wurden die Ausländer entsprechend der Festlegung der ersten
Dienstbesprechung informiert.

Am gleichen Tag wurde Genosse Dr. Schreiber von einem Schweden
(Herr Björn Holmberg) ebenfalls nach der Meinungsfreiheit und
nach Möglichkeiten der Kritik an bestehenden Verhältnissen in der
DDR gefragt. Auch hier ergab eine Rückfrage, daß Kenntnis über
den "Fall Linke" vorhanden war.

Es kann angenommen werden, daß unter den ausländischen Kursteilnehmern recht ausführlich über dieses Problem diskutiert wurde
und daß die Ausländer zu dem Schluß gekommen sind, in der DDR

            - 2 -

Seite 1: Einschätzung der politisch-ideologischen Arbeit im Internationalen Ferienkurs für
Lehrer und Studenten der deutschen Sprache (Quelle: Bundesarchiv)

Ergänzende Information über die besonderen Vorkommnisse an der Pädagogischen Hochschule Erfurt/Mühlhausen H vom 20. September 1976

(Hauptabteilung Lehrerbildung Inspektion)

Unmittelbar nach Beginn des Studienjahres 1976/77 wurde eine erneute FDJ-Aktivtagung einberufen. Auf Antrag der Grundorganisationsleitung (GOL) der FDJ der PH Erfurt wurde am 7. September 1976 ein Disziplinarverfahren gegen Gabriele Kachold, eingeleitet,

„[...] das mit ihrer Exmatrikulation wegen Nichteignung zum Lehrerberuf endete. Unmittelbar nach dem Disziplinarverfahren wurde eine FDJ-Aktivtagung der Sektion Philologie/Literaturwissenschaft/Kunst durchgeführt, die das Ziel hatte, bei allen Studenten grundsätzlich Klarheit darüber zu schaffen, dass nicht würdig ist, Lehrer zu werden, wer nicht bereit ist, die Politik der Partei der Arbeiterklasse aktiv zu vertreten und die Kinder im Geiste der Weltanschauung und Moral der Arbeiterklasse zu bilden und zu erziehen. In einer mehrstündigen Zusammenkunft waren die Genossen Studenten des 4. Studienjahres der Sektion Philologie/Literaturwissenschaft/Kunst, verstärkt durch die Genossen Studenten anderer Sektionen (insgesamt 30–40 Studenten, durch den HPL-Sekretär auf die Aktivtagung vorbereitet worden. Die Vorbereitung der parteilosen FDJ-Gruppenleiter erfolgte durch den Direktor der Sektion Philologie/Literaturwissenschaft/Kunst [...] Eine besonders positive Rolle in der Aktivtagung spielten die vom Teilstudium in der Sowjetunion zurückgekehrten Studenten, die eine klare Entscheidung forderten."

Zwei Studentinnen, Christina Kämpfert und Sabine Wernitzsch, distanzierten sich nicht und wurden am nächsten Tag exmatrikuliert. Die aktivsten Studenten, die bis zuletzt Widerstand geleistet hatten, gaben auf, um ihren Studienplatz nicht zu gefährden.

Brief an Genosse Kurt Hager, Zentralkomitee der SED, von Genosse Dr. Machacek, Stellv. des Ministers für Volksbildung,
30. September 1976 (mit Kürzel von Margot Honecker „M. H." versehen)

Genosse Machacek, Stellvertreter Margot Honeckers, formuliert abschlie-ßend in seinem Brief an Kurt Hager:

„Während meines Aufenthaltes in Erfurt hatten wir auch Gelegenheit, kurz mit dem 1. Sekretär der Bezirksleitung, Gen. Bräutigam, zu sprechen. Ge-nosse Schinkel trug unsere gemeinsame Einschätzung vor. Sie wird von Ge-nossen Bräutigam gebilligt. Das Sekretariat der Bezirksleitung hat inzwi-schen im Arbeitsplan festgelegt, dass die Hochschulparteileitung der Pädagogischen Hochschule Erfurt/Mühlhausen Ende November/ Anfang De-zember über die politisch-ideologische Arbeit an der Hochschule nach dem IX. Parteitag berichtet. Die Vorbereitung dieser Berichterstattung, die wir gemeinsam mit den Genossen des Ministeriums für Volksbildung unterstüt-zen werden, wird eine große Hilfe für die Parteiorganisation der Hochschule sein, ihre Arbeit konkreter und effektiver zu gestalten.
Mit sozialistischem Gruß"

Information über einige Probleme der politisch-ideologischen Arbeit an der Pädagogischen Hochschule Erfurt/Mühlhausen im Zusammenhang mit geg-nerischen Aktivitäten,
Ministerium für Volksbildung, Dr. Machacek, Prof. Dr. Müller, 4. November 1976

Die Ereignisse an der Pädagogischen Hochschule Erfurt zusammenfassend ziehen die Genossen das Fazit, es sei:
„[...] an der Hochschule eine schöpferische Arbeitsatmosphäre zu ent-wickeln und die dabei noch verbreitete Scheu, Kritik zu üben und Män-gel und Schwächen aufzuzeigen, zu überwinden".

***

Die Erneuerung der Hochschulen zwischen 1989 und 1993 in Sachsen

Matthias Rößler, Präsident des Sächsischen Landtags a.D.

Zur Situation der Hochschulen in der DDR (1968 bis 1989)

Wenn den Fernsehzuschauern die DDR-Zeit als eine Art Seifenoper vorgeführt wird, mag bei manchem der Eindruck entstehen, das SED-Regime sei ja ganz lustig, jedenfalls gar nicht so schlimm gewesen. Wer aber in der DDR studiert hat, der weiß, wie unhaltbar das ist. Die Universitäten und Hochschulen des Landes befanden sich aufgrund der „führenden Rolle der Partei" in einer katastrophalen Situation.

Mit der Partei war nicht irgendeine, sondern selbstverständlich die SED gemeint, und den Ausdruck „führende Rolle" verstand jeder so, wie er gemeint war. Er umschrieb mit sanft klingenden Worten den absoluten, vollständigen Machtanspruch der kommunistischen SED, vor dem es kein Entrinnen gab. Dieser Machtanspruch ließ sich nur mit den dafür geeigneten „Kadern" durchsetzen, für die eine „Kaderschmiede" gebraucht wurde. Das waren die Hochschulen.

„Kader" sind nach einem DDR-Lexikon von 1976 der *„planmäßig herangebildete Stamm von Leitungs- und Nachwuchskräften des gesellschaftlichen Lebens".*

Unter Stalin, Walter Ulbricht und später Erich Honecker hieß es: *„Die Kader entscheiden alles."* Daher gab es in jeder Sektion einen „Kaderbeauftragten" – es versteht sich von selbst, dass er der SED angehörte – und in der Sektionsparteileitung gab es eine „Kaderkommission". Berufungskommissionen zur fachlichen Wertung von Kandidaten gab es wie überall auch in DDR-Hochschulen, und es wäre auch falsch, würde man sie allein als ein „akademisches Mäntelchen" bezeichnen, das den Berufenen umgehängt wurde. Dennoch: Auch ein fachlich herausragender Kandidat wäre niemals in einen Berufungsvorschlag aufgenommen worden, wenn er den Segen der Kaderkommission nicht gehabt hätte. Die wirklichen Entscheidungen über die Berufung und über die Besetzung von Leitungspositionen in der Sektion wurden von der SED getroffen.

Die dritte Hochschulreform 1968

Die Weichen dafür, dass das möglich wurde, waren im Jahre 1968 mit der dritten Hochschulreform der DDR gestellt worden. Nachdem die SED in ihren Anfangsjahren noch auf diejenigen angewiesen war, die sie in abwertender Weise als „bürgerliche Intelligenz" bezeichnete, sah sie 1968 die Zeit gekommen, diese Wissenschaftler von den entscheidenden Positionen im Hochschulsystem zu verdrängen, sie auszuschalten und neue, eben die richtigen „Kader" in diese Positionen zu bringen. Damit gelang es ihr zwar nicht vollständig, aber doch in weiten Teilen, das zentralistische und dirigistische Kommandosystem des „real existierenden Sozialismus" in den Hochschulen zu etablieren.

In der Folgezeit führten die rigiden Methoden der Machtausübung zu Fehlentwicklungen, die auch von der SED nicht ohne Weiteres ignoriert werden konnten. Sie waren teilweise so gravierend, dass in den Achtzigerjahren Korrekturen vorgenommen werden mussten, um die Leistungsfähigkeit des Hochschulsystems nicht weiter absinken zu lassen.

In den ersten Jahren nach der Hochschulreform kam ein Wissenschaftler, der nicht SED-Mitglied war, unter keinen Umständen in die engere Wahl für eine Berufung. Später kam man nicht umhin, gewisse Modifikationen vorzunehmen, natürlich nur, wenn Exzellenz auf keine andere Weise erreichbar war. Der Umfang blieb aber gering. Ein fachlich sehr gut geeigneter Parteiloser wurde nicht einmal dann berufen, wenn die fachlichen Mängel des SED-Kandidaten unverkennbar und die negativen Auswirkungen der Berufung absehbar waren.

(Anmerkung des Herausgebers:
In der Publikation *„Der Schrei – Ein Buch gegen das absichtliche Vergessen – Die Hochschule für Musik Franz Liszt Weimar"* (Verlag BoD, 2023, Seite 154) beschreibt Roland Mey, wie die strikt verfolgte Politik, Führungspositionen bevorzugt mit SED-Kadern zu besetzen – notfalls auch mit zweitklassigen Genossen –, anstatt die fähigsten Studenten und Musiker zu fördern, zwangsläufig zu peinlichen Situationen für die Hochschule führte.)

In dieser Zeit wurde eine Reihe stark spezialisierter Hochschulen neu gegründet und bereits bestehende wurden durch Spezialisierung umgewandelt. Bei dieser engen Ausrichtung der Hochschulen handelte es sich einerseits um das Kopieren des sowjetischen Hochschulwesens, denn auch im akademischen Bereich hatte die Losung zu gelten: *„Von der Sowjetunion* *lernen heißt siegen lernen.*" Die Neugründung von Hochschulen aber hatte auch kaderpolitische Gründe. In neuen Hochschulen brauchte man nicht erst alte Strukturen zu zerschlagen. Es war der SED auf diese Weise viel leichter möglich, ihre kaderpolitischen Entscheidungen durchzusetzen.

Zur „führenden Rolle der Partei" kam die „marxistisch-leninistische Durchdringung der Wissenschaften" hinzu. Zwar war der Marxismus-Leninismus schon 1951 als obligatorisches Studienfach für jeden Studenten eingeführt worden, aber die anderen Fächer waren davon zunächst kaum berührt. Das sollte sich nach der dritten Hochschulreform gründlich ändern. Die erste Folge war die Pflicht für jeden Wissenschaftler, der nicht der SED angehörte, an einer marxistisch-leninistischen Weiterbildung teilzunehmen. Sie fand monatlich im Beisein eines von der Parteileitung mit der Kontrolle beauftragten SED-Mitglieds statt, wurde an der Sektion ML (Abkürzung für Marxismus-Leninismus) durchgeführt und wie bei den ML-Vorlesungen und ML-Seminaren für Studenten wurde auch hier festgestellt, wer fehlte. Hochschullehrer hatten im Zweijahresrhythmus die marxistisch-leninistische Weiterbildung für Professoren zusätzlich zu durchlaufen.

In den Achtzigerjahren trat noch etwas hinzu: Alle Fachrichtungen, auch die technischen und naturwissenschaftlichen, hatten die marxistisch-leninistische Ideologie in die Lehrveranstaltungen zu integrieren. Ein Mathematikprofessor sollte zum Beispiel nachweisen, dass seine Wissenschaft ohne die marxistisch-leninistische Philosophie eigentlich handlungsunfähig und wertlos sei. Außerdem ordnete die SED an, dass in den Vorlesungen zur – wie es hieß – „aktuell-politischen Lage" Stellung bezogen wird, natürlich im Sinne der SED-Doktrin. Es waren „die Vorzüge des real existierenden Sozialismus" zu preisen und „dessen Überlegenheit über den sterbenden, faulenden, parasitären Kapitalismus" musste deutlich werden.

Zu den Auswirkungen der Hochschulreform von 1968

Den Studenten war die ideologische Vergewaltigung bereits aus der Schule wohlbekannt, die nahtlos im Studium fortgesetzt wurde. Wer fachlich gut war und Leistungsstipendium haben wollte, durfte in den ML-Seminaren nicht nur einfach still dasitzen. Er musste aktiv die SED-Position vertreten. Wer promovieren wollte, brauchte vor der Verteidigung seiner Dissertation das Plazet der Sektion Marxismus-Leninismus, dass er dort seine Prüfung bestanden hatte.

Anmerkung des Herausgebers: Der Herausgeber selbst erlebte, dass dies keineswegs übertrieben ist. Sein damaliger Betrieb, die Wasserwirtschaft Dresden, stellte an die TU Dresden den Antrag auf Aberkennung seines Diploms. Der Betriebsdirektor begründete dies vor versammelter Direktion, Parteileitung, FDGB, DSF und anderen wie folgt: „Herr Knoblauch, sie haben zwar die Prüfung in Marxismus-Leninismus bestanden, jedoch durch ihr Verhalten gezeigt, dass Sie den tiefen Sinn dieser Wissenschaft nicht begriffen haben." Anlass für diesen Antrag war mein gestellter Ausreiseantrag.

Unter diesen Umständen erscheinen die pauschalen Negativurteile über Wissenschaft und Wissenschaftler in der DDR, die in der Folgezeit aufkamen, nicht völlig unverständlich.

Sie sind aber falsch und setzen die herab, die sich ihren klaren Blick, ihre wissenschaftlichen Fähigkeiten, ihre politische Urteilsfähigkeit und ihre persönliche Integrität über die Zeiten der Diktatur hinweg bewahrt haben. Es ist eine uralte Menschheitserfahrung, dass es in Zeiten der Not stets auch die wahre Elite, die Fähigen und zugleich Aufrechten gibt, die allen Widrigkeiten zum Trotz Kristallisationspunkte für künftige Entwicklungen bilden und so der Zukunft den Weg bereiten. Und das waren in der DDR durchaus nicht wenige.

Ohne jeden Zweifel richtig war, dass die Professorenschaft in den geisteswissenschaftlichen Fächern, wenn überhaupt, dann nur zu einem verschwindend geringen Teil geeignet war, die kommenden Führungsaufgaben wahrzunehmen. Das Gleiche trifft auch für die Wirtschafts- und Sozialwissenschaften zu. Die meisten dieser „Wissenschaftler" hatten dem Denken nur dann seine Berechtigung zugesprochen, wenn es dem Machtanspruch der SED diente, in Wissenschaftlern nur Lakaien dieser Partei gesehen und dem diktatorisch beherrschten Staat bedingungslos gedient.

Nicht gänzlich anders, aber dennoch davon zu unterscheiden, war die Situation in den technischen und naturwissenschaftlichen Disziplinen. Weil sich darin Unfähigkeit nur schlecht vertuschen ließ und diese zudem die DDR in einem neuralgischen Punkt, der wirtschaftlichen Leistungsfähigkeit, traf, war die SED gezwungen, in diesen Disziplinen deutlich mehr Wert auf die fachlichen Fähigkeiten der Professorenschaft zu legen. Dennoch gab es auch hier Unfähigkeit und Ignoranz, und viele befähigte Wissenschaftler hatten aufgrund ihrer ablehnenden Haltung gegenüber dem SED-Regime keinerlei berufliche Aufstiegsmöglichkeiten. Sie mussten im wissenschaftlichen Mittelbau verbleiben.

Dort also, im Mittelbau, bildete sich auf diese Weise ein auch zahlenmäßig erhebliches Potenzial an fähigen Wissenschaftlern heraus, die nicht nur über persönliche Integrität verfügten, sondern auch über einen klaren Blick für das nach dem Ende der SED-Diktatur Notwendige, und über die Fähigkeit, dies in die Tat umzusetzen. Das erwies sich nach der friedlichen Revolution in der DDR als große Chance für die Universitäten und Hochschulen. Diese Wissenschaftler wurden zur Triebkraft der Erneuerung. Auf diesen Personenkreis konnte gebaut werden und diese Wissenschaftler standen auch zur Übernahme von Verantwortung bereit.

Von der friedlichen Revolution zur deutschen Einheit (1989 bis 1990)

Die Universitäten und Hochschulen waren nicht der Ausgangspunkt der friedlichen Revolution, aber sie standen auch nicht völlig abseits, wie manchmal behauptet wurde. Trotzdem verhielt sich die Masse der Studenten und die Mehrheit des Lehrkörpers anders als in den anderen mittel- und osteuropäischen Staaten eher passiv und vielfach ablehnend.

Akademische Gremien wurden durch demokratische Wahlen neu besetzt

Manche Wissenschaftler der Hochschulen und Universitäten, auch der Institute der Akademie der Wissenschaften, auch manche Studenten beteiligten sich aktiv und versuchten vor allem, Veränderungen in den Hochschulen herbeizuführen. Die FDJ-Leitungen wurden von beherzten Studenten einfach beiseitegeschoben und später aufgelöst. Ein basisdemokratisch gewählter Studentenrat konstituierte sich. Eine Änderung der personellen Besetzung der Universitätsgremien kam in Gang. Sie verlief aber langsamer und immer wieder stockend und eine Änderung der Universitätsstruktur wurde zunächst gar nicht in Angriff genommen.

In den meisten Sektionen wurden der Sektionsrat und der Sektionsdirektor neu gewählt und der „Stellvertreter EAW" (Entwicklung und Anwendung der Wissenschaft), der die SED-Doktrin in der Lehre durchzusetzen hatte, wurde abgeschafft. Der akademische Mittelbau setzte in vielen Fällen durch, dass seine Vertreter mit denen der Professoren gemeinsam gewählt wurden, um so den Einfluss der SED-Professoren zu begrenzen. Zwar wurde der eine oder andere Gewählte später als Stasi-IM enttarnt, aber das waren wenige Ausnahmen. Durch diesen Wahlmodus wurde jedenfalls erreicht, dass diejenigen schon frühzeitig zahlreicher in Führungspositionen kamen, die anschließend Verantwortung übernehmen sollten.

Eine bedeutende Weichenstellung an der Technischen Universität Dresden vollzog sich am 26. Februar 1990, als von einem aus 400 Personen bestehenden und von allen Mitgliedergruppen der Universität paritätisch besetzten Wahlgremium ein neuer Senat und zugleich auch ein neuer Rektor gewählt wurde.

Es war klar, dass die bevorstehenden Einschnitte drastisch und die Widerstände erheblich sein würden.

Einigkeit herrschte darin, dass das Hochschulrecht der DDR für jede Erneuerung untauglich ist

Einigkeit unter allen Erneuerungsbefürwortern herrschte allein darin, dass das Hochschulrecht der DDR für jede Erneuerung untauglich ist. Wie die Erneuerung aber vonstattengehen sollte, war weithin strittig. Das Spektrum der Meinungen reichte von der Abwicklung und Neugründung aller Hochschulen auf der einen Seite bis zur Selbstreinigung ohne Eingriffe des Staates auf der anderen.

Vonseiten der Modrow-Regierung wurde alles getan, um so viel wie möglich von dem zu erhalten, was die SED – inzwischen in SED/PDS umbenannt – an Voraussetzungen für ihre Machtausübung geschaffen hatte.

Die vom Staat ausgehenden Orientierungen und Einflüsse änderten sich erst, als im Ergebnis der einzigen demokratischen Volkskammerwahl vom 18. März 1990 eine Koalitionsregierung unter dem Ministerpräsidenten Lothar de Maizière ihr Amt angetreten hatte.

Ein erster klarer Trennungsstrich war die Abberufung aller Hochschullehrer für Marxismus-Leninismus. Diese Abberufung war nach der DDR-Hochschullehrerberufungsverordnung rechtlich ohne Weiteres möglich, denn mit dem Wegfall des marxistisch-leninistischen Grundlagenstudiums waren alle sich darauf beziehenden Berufungsgebiete entfallen.

Ich war damals bereits wissenschaftspolitischer Sprecher im Vorstand der Partei „Demokratischer Aufbruch" in Berlin – Angela Merkel, die ich von daher kenne und schätze, war unsere Pressesprecherin –, Mitglied des Runden Tisches in Dresden und später zuständiger Arbeitsgruppenleiter für den

Kultusbereich im Koordinierungsausschuss zur Bildung des Landes Sachsen. Die politischen Maßnahmen der de Maizière-Regierung waren damals viel zu zögerlich und auf die Wahrung einzelner Besitzstände der alten DDR-Eliten auch an den Hochschulen ausgerichtet. Deshalb drängten wir die de Maizière-Regierung zum schnellen Beitritt zur Bundesrepublik und zu radikaleren, weitergehenden Veränderungen.

Die vorläufige Hochschulordnung von 1990

Weitere Schritte mussten folgen. Weil diese rechtsstaatlich eingeleitet werden sollten, dies aber mit dem bestehenden, auf Machterhalt der SED ausgerichteten DDR-Recht nicht möglich war, wurde von DDR-Bildungsminister Prof. Dr. Hans-Joachim Meyer eine „vorläufige Hochschulordnung" ausgearbeitet und am 18. September 1990, zwei Wochen vor der Wiedervereinigung, von der DDR-Regierung beschlossen.

Sie schrieb vor, dass die Hochschulen *„gemeinsam mit den zuständigen staatlichen Stellen ihre Bereitschaft und Fähigkeit zur Reform des Hochschulwesens"* zu gewährleisten haben. Land und Hochschulen hatten nach diesem Gesetz die Freiheit der Forschung, der Lehre und des Studiums für alle Mitglieder der Hochschulen zu wahren.

Eine wichtige Änderung betraf die Abberufung hauptberuflich tätiger Hochschullehrer: Nach der Hochschullehrerberufungsverordnung von 1968 waren Professoren bei Entzug der facultas docendi abzuberufen. Diese Vorschrift war das „akademische Deckmäntelchen", mit dem es möglich geworden war, Professoren aus der Hochschule zu verdrängen, die sich dem SED-Diktat widersetzten. Die facultas docendi konnte von der zuständigen Fakultät unter anderem dann entzogen werden, wenn deren Inhaber zur „Leitung wissenschaftlicher Kollektive" nicht mehr geeignet erschien. Diese Vorschrift wurde zwar gestrichen, aufgenommen wurde jedoch die Möglichkeit der Abberufung *„bei fehlender Eignung nach grundsätzlicher inhaltlicher Änderung des Berufungsgebietes"*. Insbesondere im geisteswissenschaftlichen Bereich konnten auf dieser Rechtsgrundlage durch ideologische Ausrichtung belastete Professoren sofort abberufen werden. Umgesetzt wurden diese Vorschriften allerdings von der Regierung de Maizière nicht mehr. Wichtig wurden also die in den neu entstehenden Bundesländern zu beschließenden Hochschulgesetze.

Auf dem Weg zum Hochschulerneuerungsgesetz (1990/91)

Am 3. Oktober 1990 wurde Deutschland in Freiheit und Frieden wiederver-
einigt. Der Einigungsvertrag umfasst Hunderte von Seiten, die die Grundlage
für den nunmehr anlaufenden Transformationsprozess bildeten. Es versteht
sich von selbst, dass die öffentliche Verwaltung bei der Gestaltung des
Transformationsprozesses von besonderer Bedeutung war. Nicht nur an den
Hochschulen, sondern in der gesamten öffentlichen Verwaltung dominierten
noch die SED-Kader.

Aus diesem Grunde wurde im Einigungsvertrag bestimmt, dass die persönliche Eignung für eine Tätigkeit im öffentlichen Dienst jeder Person fehlt, die
gegen die Grundsätze der Menschlichkeit oder Rechtsstaatlichkeit verstoßen
hat oder für das Ministerium für Staatssicherheit tätig ist und deren Beschäftigung im öffentlichen Dienst deshalb unzumutbar erscheint – ein
Grundsatz, der zwei Jahre später als Artikel 119 Eingang in die sächsische
Verfassung fand. Damit erhielten die international anerkannten Grundrechte
und Rechtsgrundsätze, die in der „Allgemeinen Erklärung der Menschenrechte" vom 10. Dezember 1948 sowie im „Internationalen Pakt über bürgerliche und politische Rechte" vom 19. Dezember 1966 aufgeführt sind,
unmittelbare Bindungswirkung.

Das sächsische Hochschulerneuerungsgesetz

Nur elf Tage nach der Wiedervereinigung, am 14.Oktober 1990, fand die
erste Wahl zum Sächsischen Landtag statt, aus der die Christlich-Demokra-
tische Union mit absoluter Mehrheit als weitaus stärkste Fraktion hervorging. Ich war im August 1990 in die CDU eingetreten, wurde im September
in den Sächsischen Landtag und im Oktober als wissenschaftspolitischer
Sprecher der CDU-Fraktion gewählt.

Die Hochschulen mussten die Folgen jahrzehntelanger ideologischer Indoktrination überwinden und sowohl personell als auch strukturell erneuert
werden. Die Debatte um den zu wählenden Weg wurde nicht nur im Sächsischen Landtag, sondern auch in der Öffentlichkeit, insbesondere natürlich
in den Hochschulen, damals sehr leidenschaftlich geführt. Feststand, dass
die Erneuerung bei Fortführung der Lehr- und Forschungstätigkeit geschehen musste, schon weil die immatrikulierten Studenten ein einklagbares, vor
allem aber moralisches Recht auf ununterbrochene Fortsetzung ihres Studiums hatten.

Mit einer ersten Maßnahme im Bereich des Hochschulwesens, der Abwicklung der ideologisch besonders belasteten Sektionen, setzte die Sächsische Staatsregierung ein deutliches Zeichen.

Im zweiten Schritt galt es, ein Hochschulgesetz zu schaffen, mit dem die Erneuerung weiter vorangetrieben werden konnte. Der Ausschuss für Wissenschaft und Hochschulen des Sächsischen Landtags, an dessen Arbeit ich als wissenschaftspolitischer Sprecher der CDU-Fraktion teilhatte, versicherte sich durch Anhörung aller maßgeblichen Gruppen und Verbände in umfassender Weise des Sachverstandes der Experten, aber vor allem der Betroffenen.

Nach zum Teil kontrovers geführter Debatte verabschiedete der Sächsische Landtag am 25. Juli 1991 das Sächsische Hochschulerneuerungsgesetz. Mit diesem Gesetz wurde die politische, rechtliche und organisatorische Voraussetzung für die personelle und strukturelle Erneuerung der sächsischen Hochschulen geschaffen. Neben einer umfassenden Überprüfung des Hochschulpersonals wurden alle Lehrstühle durch die sogenannten „Professoren neuen Rechts" verkürzt oder in ordentlichen Berufungsverfahren neu besetzt.

Von manchem wurde der, wie es hieß, undemokratische Zentralismus dieses Gesetzes gerügt. Es ist richtig, dass das Hochschulerneuerungsgesetz dem Wissenschaftsminister mehr Kompetenzen eingeräumt hat, als dies im Allgemeinen in Hochschulgesetzen der Fall ist. Anders ließen sich aber die durch die Nationalsozialisten und die Kommunisten systematisch zerstörten Voraussetzungen akademischer Eigenverantwortung und Selbstverwaltung nicht wiederherstellen.

Ich war und bin fest davon überzeugt, dass sich die personellen und strukturellen Hochschulreformen nur von hochschulinternen und hochschulexternen Kräften gemeinsam realisieren ließen und dass dabei der Staat die Bürde der unangenehmen Entscheidungen zu übernehmen hatte.

Die personelle und strukturelle Erneuerung der Hochschulen (1991 bis 1993)

Der achte Abschnitt des Sächsischen Hochschulerneuerungsgesetzes trägt die Überschrift „Reform und Erneuerung des wissenschaftlichen und künstlerischen Personals". Das Gesetz schrieb vor, dass unverzüglich nach seinem Inkrafttreten zu prüfen war, welche Hochschullehrer und Mitarbeiter nicht über die erforderlichen persönlichen Voraussetzungen für ihre Tätigkeit verfügten. Dazu wurden Personal- und Fachkommissionen eingerichtet.

Die Arbeit der Personalkommissionen

Die Personalkommissionen überprüften in der Folgezeit alle in ihren Zuständigkeitsbereich gehörenden Personen. Das dabei angewendete Verfahren war gesetzlich geregelt.

Den Betroffenen war rechtliches Gehör zu gewähren, insbesondere Gelegenheit zur Stellungnahme zu allen von der Kommission herangezogenen Unterlagen. Die Personalkommission konnte alle verfügbaren Unterlagen, Unterlagen aus dem Universitätsarchiv, Berufungsunterlagen aus dem Bundesarchiv, auch die manchmal sehr entlarvenden Akten des SED-Archivs, nutzen. Sie konnte auch Personen befragen und sonstige sachdienliche Ermittlungen durchführen. Im Ergebnis ihrer Beratungen hatte die Personalkommission mit der Mehrheit ihrer Mitglieder zu beschließen, ob dem Staatsminister für Wissenschaft und Kunst die Abberufung von Professoren oder die Kündigung von wissenschaftlichen und künstlerischen Mitarbeitern zu empfehlen ist. Die Überprüfung hat übrigens gezeigt, dass das Votum „Fachlich ungeeignet" vielfach mit dem Befund „Persönlich ungeeignet" einherging, eine Tatsache, die mit den in der DDR gemachten Erfahrungen vollständig übereinstimmt.

Die Personalkommissionen wurden auf Beschluss des Gesetzgebers auch nach Abschluss des Überprüfungsverfahrens für den damaligen Personalbestand fortgeführt. Ihre Aufgabe bestand seither darin, das neu einzustellende Personal zu überprüfen. Damit wurde erfolgreich verhindert, dass Personen, denen die persönliche Eignung fehlt, in die Hochschulen zurückkehren können.

Unabhängig von der Überprüfung durch die Personalkommission wurde und wird jeder an einer sächsischen Hochschule Beschäftigte durch die so bezeichnete Gauck-Behörde, die Behörde des Bundesbeauftragten für die Stasi-Unterlagen, überprüft. Insgesamt wurden an den sächsischen Hochschulen 2.630 Personalentscheidungen getroffen. Im Geschäftsbereich des Staatsministeriums für Wissenschaft und Kunst wurden rund 55.000 Anträge an die Gauck-Behörde gestellt. In etwa 1.850 Fällen enthielten die von der Gauck-Behörde erteilten Auskünfte einen Hinweis auf vorhandene Aktenbestände. Aus solchen Auskünften resultierten ca. 800 Personalmaßnahmen, die von Kündigungen bis zu Abmahnungen wegen falscher Angaben im Erklärungsbogen reichten.

Im Geschäftsbereich des Staatsministeriums für Wissenschaft und Kunst wurden ca. 1.400 Kündigungen wegen nachgewiesener Menschenrechtsverletzungen bzw. wegen einer Tätigkeit für das Ministerium für Staatssicherheit ausgesprochen. Zusätzlich kam es in ca. 500 Fällen zu andersartigen Beendigungen von Arbeitsverhältnissen wegen persönlicher Nichteignung. Mit den Kündigungen waren ungefähr 1.000 Arbeitsrechtsstreitigkeiten verbunden und nur in 53 Fällen unterlag der Freistaat Sachsen rechtskräftig.

Mit dem Ziel der Rehabilitierung wurde auch die Möglichkeit geschaffen, Hochschuldozenten und wissenschaftlichen Mitarbeitern das Recht zur Führung des Titels Professor zu verleihen, wenn sie sich durch besondere Verdienste in Forschung und Lehre ausgezeichnet hatten, aber durch die politischen Verhältnisse bisher benachteiligt waren. Diese außerplanmäßigen Professoren wurden den gemäß Hochschulerneuerungsgesetz berufenen Professoren („Professoren neuen Rechts") gleichgestellt. Auf diese Weise war es möglich, rasch und flächendeckend die Leitungspositionen der Hochschulen mit Professoren neuen Rechts zu besetzen.

Die Arbeit der Hochschulkommission

Neben der personellen Erneuerung stand zugleich auch die Aufgabe der strukturellen Erneuerung der Hochschulen – und das war mindestens eine genauso große Hürde. Zum einen gab es, wie bereits erwähnt, Hochschulen, in denen eine echte personelle Erneuerung kaum denkbar war und das bis dahin Geschehene teilweise als Mogelpackung angesehen werden musste. Andererseits war klar, dass auch die Universitäten nicht in der von der dritten Hochschulreform der DDR 1968 geschaffenen Struktur weiterbestehen konnten, sondern dass sie den Anforderungen an moderne Universitäten angepasst werden mussten.

Zugleich mit dem Abwicklungsbeschluss für belastete Teileinrichtungen bekundete die Sächsische Staatsregierung ihre feste Absicht zur Weiterführung der begonnenen Studien und zur Neugründung von Fakultäten, Fachbereichen und Instituten. Sie schuf damit auch die Grundlage dafür, dass in der zukünftigen akademischen Lehre und Forschung, die von fachlicher Kompetenz, wissenschaftlicher und weltanschaulicher Pluralität und persönlicher Integrität geprägt wird, auch den erneuerungswilligen und erneuerungsfähigen Angehörigen der früheren Einrichtungen eine Chance gegeben wurde.

In den technischen und naturwissenschaftlichen Fachgebieten stand man vor dem gewiss nicht einfachen Prozess, eine Reihe von Berufungsgebieten neu zu definieren und die Kompetenz der Lehrenden an diesen neuen Berufungsgegenständen zu messen. Im Interesse der künftigen Leistungsfähigkeit der wissenschaftlichen Einrichtungen musste unabhängig vom vorhandenen Personal festgestellt werden, wie diese Berufungsgebiete inhaltlich zu definieren wären. Das war ohne die verantwortliche Mitwirkung auswärtiger Sachverständiger und Gutachter nicht möglich. Deshalb beschloss das Kabinett bereits im Januar 1991, eine Sächsische Hochschulkommission ins Leben zu rufen. In den zweieinhalb Jahren ihrer Tätigkeit hat diese Kommission eine kritische Analyse der überkommenen Hochschulstruktur erarbeitet und einen fundierten Rat zur zukünftigen Gestaltung der sächsischen Hochschullandschaft vorgelegt.

Was sich bereits bei der personellen Erneuerung herausstellte, zeigt sich auch im Hinblick auf die strukturelle Erneuerung: Die Hochschulen waren aus eigener Kraft nicht in der Lage, die Erneuerung im erforderlichen Tempo zuwege zu bringen, aber auch die Politik allein, das zeigte sich genau so drastisch, konnte das nicht schaffen. Erforderlich war der Verbund aller Reformkräfte aus den Hochschulen selbst sowie aus Politik und Verwaltung, und auch die Hilfe aus den alten Bundesländern.

Alle damals aktiv Beteiligten sind bis an die Grenzen ihrer Leistungsmöglichkeiten gegangen, psychisch und mental, aber auch physisch. 14 Hochschulen – vier Universitäten, vier Kunsthochschulen und fünf Fachhochschulen sowie das Internationale Hochschulinstitut – wurden, zugleich mit ihrer Personalausstattung, als sächsische Hochschullandschaft festgeschrieben. Alle anderen bis dahin bestehenden Hochschulen wurden aufgelöst und weiterbestehende bzw. neu gegründete Hochschulen mit der vorübergehenden Übernahme von deren Aufgaben und mit der Durchführung der Auflösung beauftragt. Dieser Prozess der Umstrukturierung der Hochschulen war mit erheblichen Turbulenzen verbunden, konnte aber – das hat die Entwicklung seit 1993 unter Beweis gestellt – erfolgreich abgeschlossen werden.

***

Das Jahr 1989 – der Aufbruch aus der Sicht des akademischen Mittelbaus

Dr.-Ing. Matthias Rößler

Teile des vorliegenden Beitrags sind mit freundlicher Genehmigung des Ch. Links Verlags, Berlin, entnommen aus der Publikation: Eckhard Jesse (Hg.): Friedliche Revolution und deutsche Einheit – Sächsische Bürgerrechtler ziehen Bilanz

Namen und Organisationen, die im folgenden Beitrag erwähnt werden und eine zeithistorische Bedeutung haben, sind mit ** gekennzeichnet. Sie werden in der Reihenfolge ihrer Erwähnung am Ende des Beitrages aufgeführt.

Das Jahr 1989: Anfang Oktober ging ich mit nach Leubnitz-Neuostra zu einer Gründungsversammlung des Neuen Forums, um organisatorische Strukturen zu schaffen. Deswegen rief ich zahlreiche Freunde und Bekannte an. Die meisten kamen auch. Allerdings wurde das Neue Forum dort nicht gegründet, die Staatssicherheit verhinderte es.

(Anmerkung des Herausgebers: Das Neue Forum (NF) war eine der ersten neuen Bürgerbewegungen in der DDR, die die friedliche Revolution wesentlich prägten. Ein Teil des NF fand sich später im Bündnis 90 bzw. in der Partei Bündnis 90/Die Grünen, ein anderer in der CDU wieder.)

Wir haben uns später bei einer anderen Gründungsveranstaltung beteiligt. Im Neuen Forum ging aber nichts los außer endlosen Diskussionen. Gemeinsam mit Bekannten beschlossen wir deshalb, uns die neuen Parteien anzusehen. Mein Großvater und mein Urgroßvater waren in der SPD gewesen, alle in der Familie Rößler waren vor 1933 in der SPD gewesen. Deswegen gingen wir zur SDP-Gründung ** (Sozialdemokratische Partei in der DDR) in Dresden am 9. November 1989 im Saal der Martin-Luther-Kirche. Es war zwar eine unbelastete Partei, aber im Grunde dasselbe wie beim Neuen Forum: Am Tag des Mauerfalls weinerliches Gerede über die historische Schuld der Deutschen und unentschlossenes Hin und Her. Ich sagte: *„Leute, ihr müsst was machen, ihr müsst aktiv werden. Die Menschen wollen die Wiedervereinigung, die wollen leben wie im Westen."* Die Antwort war: *„Das können wir nicht, da gibt es noch so viel zu bedenken, da müsse man, da solle man ..."*

Beim Demokratischen Aufbruch** erfolgte zu diesem Zeitpunkt gerade der Bruch mit Friedrich Schorlemmer** und dem linken Flügel, am Jahresende redete in dieser Partei keiner mehr vom Sozialismus. Als ich dort richtig aktiv wurde, war das Spektrum des Demokratischen Aufbruchs schon sehr zusammengeschrumpft.

Der ganze rot-grüne Teil um Schorlemmer trat aus. Die Partei erschien konservativer und patriotischer. Wolfgang Schnur** positionierte sich immer eindeutiger, erst zur Marktwirtschaft und dann zur Wiedervereinigung. Später stellte sich heraus: Schnur war IM der Staatssicherheit. Das Programm hat mir gut gefallen. Es war durchdacht und ein ostdeutsches Eigenprodukt. Deswegen sind wir dort eingetreten.

Auch mit der Idee von Hans Geisler**, dem späteren sächsischen Sozialminister, den Demokratischen Aufbruch zur Partei im Neuen Forum zu machen, war ich einverstanden. Mit Parteien hatten die Leute nach der DDR-Erfahrung nicht viel am Hut, ich ja auch nicht. Ich musste wirklich eine echte Barriere überwinden. Die Vorstellung, in einer Partei zu sein, war für mich schwierig.

Übrigens hatte ich bereits im Oktober 1989 bei uns in der Hochschule für Verkehrswesen in Dresden zwei Gründungsaufrufe ausgehängt, den von der sozialdemokratischen SDP und den vom Demokratischen Aufbruch. Bis Anfang 1990 sagte nie jemand etwas dagegen. Dann kam am 3. Januar 1990 diese unglaubliche SED-Provokation am Treptower Ehrenmal in Ost-Berlin. Provokateure hatten – man erinnere sich – den Sockel des sowjetischen Ehrenmals mit Naziparolen beschmiert, um auf diese Weise eine antifaschistische Einheitsfront anzuregen. Daraus wurde aber nichts. Noch heute sehe ich die Fernsehbilder, die Gregor Gysi** und Lothar de Maizière** in Treptow nebeneinander zeigten.

Und plötzlich forderte unser Sektionsdirektor mich auf, ich solle die Gründungsaufrufe dieser beiden Parteien entfernen.

Bei einer dieser damaligen großen Demonstrationen in Dresden von manchmal 100.000 Menschen zogen wir auch einmal auf mein Drängen an den Studentenheimen der TU Dresden vorbei. Es war ein Phänomen der friedlichen Revolution in der DDR und wohl einmalig in der europäischen Geschichte, dass die Studentenschaft nicht zu den Triebkräften einer revolutionären Bewegung gehörte. Leider trat diese „Kampfreserve der Partei", ähnlich wie die Masse der SED-Hochschullehrer, eher als Gegenkraft in Erscheinung.

Eine unrühmliche Rolle spielten die Studenten der Karl-Marx-Universität Leipzig als Gegendemonstranten auf dem Augustusplatz oder die Studenten der Pädagogischen Hochschule in Dresden bei der historischen Rede von Helmut Kohl vor der Frauenkirche in Dresden.

Die passive, manchmal im Wortsinne konterrevolutionäre Haltung der ostdeutschen Hochschulen blieb gerade im Hinblick auf die Rolle der Universitäten in Mittel- und Osteuropa ein besonderer Makel und signalisierte hier besonderen Reformbedarf. Jedenfalls skandierten die Demonstranten – Arbeiter, Handwerker, Angehörige der sogenannten technischen Intelligenz und des akademischen Mittelbaus der Dresdner Hochschulen – immer wieder: *„Kommt heraus und schließt euch an, wir brauchen jeden Mann!"*
Die Studenten in ihren braunen NVA Trainingsanzügen glotzten zwar aus den hell erleuchteten Zimmern des Wohnheims, angeschlossen hat sich keiner. Die friedliche Revolution wurde zur Angelegenheit der kleinen Leute, die „Eliten" der DDR stemmten sich gegen die Wiedervereinigung.

Dass die Auseinandersetzung mit den Vertretern des DDR-Machtapparates aber richtig gefährlich werden konnte, lernte ich nach einer der vielen Sitzungen des Runden Tisches. Wie jeden Montag fand diese im Rat des Bezirkes, der heutigen Staatskanzlei, statt. Wie immer stritten wir mit den Funktionären der SED, wurden von manchen Vertretern der Blockparteien misstrauisch beäugt und stimmten in der Gruppe der neuen Kräfte, nämlich Vaatz-CDU, Demokratischer Aufbruch (DA), DSU, Forumpartei, Neues Forum, SPD, Vereinigte Linke und andere, geschlossen ab.

Spät in der Nacht verließ ich dann das düstere Gebäude, froh darüber, heil aus dieser Zentrale des alten Unterdrückungsapparates herausgekommen zu sein. Als ich im Schritttempo mit meinem PKW Wartburg um eine Kurve bog, stoppte ein fürchterliches Krachen meine Fahrt. Mit Mühe und ganz langsam erreichte ich die Autowerkstatt. Im Laufe des Tages rief der Monteur ganz verstört meine Frau an und fragte, ob ich Feinde habe. Am Auto hatten Unbekannte alle Radmuttern gelöst.

Noch heute besitze ich die „Anzeige gegen unbekannt", die ich damals an die Kriminalpolizei richten wollte. Arnold Vaatz sagte damals bitter zu mir, dass „die nie gegen sich selber ermitteln". So erstattete ich die Anzeige nicht.

Eine weitere schmerzhafte Erfahrung brachte mir mein erster Zeitungsartikel[29] „Selbstentstalinisierung – oder: Neue Kaderakten entstehen" in der uns nahestehenden Dresdner Tageszeitung „Union" am 28. April 1990. Die Kaderakte bestimmte bekanntlich das Wohl und Wehe des realsozialistischen Menschen. Deshalb folgten im Frühjahr Zehntausende Staatsbedienstete in Betrieben und Universitäten der Aufforderung der Kaderleitungen, die jetzt Personalabteilungen hießen, Einsicht in die eigenen mysteriösen Akten zu nehmen. Jeder DDR-Bürger konnte seine eigene Kaderakte zur „Einsichtnahme" sich aushändigen lassen, mit nach Hause nehmen, „einsehen" … um diese dann wieder in der Kaderabteilung zurückzugeben.

Natürlich prangte auch der Name des Genossen Kaderleiter am Türschild seiner Personalabteilung, denn auch die Leitung der Hochschule für Verkehrswesen konnte auf solch einen Parteiarbeiter mit inquisitorischem Scharfblick nicht verzichten.

Über meine damaligen Beobachtungen schrieb ich in dem genannten Artikel u.a. Folgendes: „Verdutzt überlege ich, warum die Unterlagen von solchen Ehrenerklärungen bereinigt werden müssen. Weniger Probleme hatte ein Kollege am anderen Ende des Tisches, dem eine andere nette Sachbearbeiterin eine Teilnahmebescheinigung für die Bezirksparteischule zuschob. Mit roten Ohren versenkte der ‚Geschulte' die ‚belastenden (?)' Schriftstücke in der tiefen Jackentasche. Sofort nahm er die Möglichkeit war, einen ‚neuen' Lebenslauf zu formulieren. Ich blieb beim bisherigen Lebenslauf, obwohl sich aus der Funktion eines Gruppenratsvorsitzenden durchaus der Vorwurf einer Kollaboration mit dem stalinistischen Regime ableiten ließe."

Viele sortierten Schriftstücke wie Teilnahmebestätigungen für die Bezirksparteischule aus und schrieben sich selbst neue Lebensläufe. Damals lief die moralische Selbsterneuerung durch flächendeckende Bereinigung der

---

[29] Dresdener Tageszeitung „Union" vom 28./29.4.1990.

Kaderakten auf Hochtouren. Man bastelte an neuen Lebensläufen, die die Inhaber als völlig unbelastet darstellten. Die ehemaligen Genossen schufen sich eine neue Identität. Sie waren alle im inneren Widerstand gewesen, verhüteten das Schlimmste. Während sie den finsteren stalinistischen Mächten trotzten, führten wir ein gemütliches Leben in unseren oppositionell tapezierten Nischen. Tausendfach entstand aus der alten Kaderakte eine neue Personalakte, aus dem eifrigen Genossen der fachkompetente Demokrat. Nach diesem Artikel isolierte mich ein Großteil der Kollegen an meiner Hochschule durch eine regelrechte Mauer des Schweigens. Mein damals ruhendes Arbeitsverhältnis an der Hochschule für Verkehrswesen Dresden – ich war gerade als Applikationskader in die Praxis delegiert – löste die Kaderleitung, die jetzt Personalabteilung hieß, noch im Sommer 1990 eilends auf.

Nachtrag
Ich erhielt 1990 die Leitung der Fachkommission „Wissenschaft und Bildung", besetzt mit Rektoren, Prorektoren und Bezirksschulräten. Unter dem Druck des Runden Tisches und des CDU-Fraktionsvorsitzenden Erwin Teufel im Stuttgarter Landtag leiteten dann drei prominente Vertreter der Basisdemokratie eigene Arbeitsgruppen.

Die oftmals stasibelasteten Altkader wurden einer nach dem anderen durch unbelastete Personen aus Basisgruppen und Initiativen ersetzt. Unvergessen bleibt mir mein erster Besuch mit der Delegation in Baden-Württemberg, als der dortige Wissenschaftsminister Engler schnurstracks auf den damaligen Chemnitzer Rektor zusteuerte. In aller Höflichkeit aber mit Nachdruck erklärte ich dem verdutzten alten Herrn, dass Magnifizenz nicht das Sagen hatte. Das war für beide eine ganz neue Erfahrung: für Magnifizenz, die einem Assistenten die Delegationsleitung überlassen musste, und für den westdeutschen Wissenschaftsminister, der nie so richtig verstand, was sich im Osten abspielte.

***

***

Information zeithistorisch - „Das Jahr 1989 ... „
Begriffe und Namen der Zeit

- **SDP:** Sozialdemokratische Partei in der DDR, gegründet am 7.10.1989. Zwischen Oktober und Dezember 1989 wurden in verschiedenen Städten Regionalgruppen der SDP gegründet. Im Januar 1990 änderte die Partei ihre Abkürzung in SPD. Die SPD der DDR vereinigte sich am 26.9.1990 mit der westdeutschen Sozialdemokratischen Partei Deutschlands (SPD).

- **Die politische Gruppierung „Der Demokratische Aufbruch" (DA):** Konstituierte sich Mitte Dezember 1989 in Leipzig und trat später dem Wahlbündnis „Allianz für Deutschland" bei.

- **Friedrich Schorlemmer** (geb. 1944): Deutscher evangelischer Theologe, Bürgerrechtler, Mitglied der SPD.

- **Wolfgang Schnur** (1944–2016): In der DDR Rechtsanwalt, Mitbegründer und zeitweise Vorsitzender des Demokratischen Aufbruchs (DA) bis zu seiner Enttarnung als IM der Staatssicherheit.

- **Hans Geisler** (geb. 1940): Promovierter Chemiker, 1989 Mitglied des Demokratischen Aufbruchs (DA), später der CDU, war von 1990 bis 2002 Sächsischer Staatsminister für Soziales, Gesundheit und Familie.

- **Gregor Gysi** (geb. 1948): War von 1989 bis 1993 Parteivorsitzender der SED-PDS.

- **Lothar de Maizière** (geb. 1940): War 1989 stellvertretender Vorsitzender des Ministerrates und Minister für Kirchenfragen der DDR in der Regierung von Hans Modrow. Nach der ersten freien Volkskammerwahl wurde er am 12. April 1990 zum Ministerpräsidenten der DDR gewählt.

- **Arnold Eugen Hugo Vaatz** (geb. 1955): Mathematiker, deutscher Politiker und ehemaliger Bürgerrechtler, Bundestagsabgeordneter, seit 2002 stellvertretender Vorsitzender der CDU/CSU-Bundestagsfraktion.

***

***

** Kommentar zeithistorisch **
Fachkommission „Wissenschaft und Bildung

Das Jahr 1990 aus der Sicht der Fachkommission „Wissenschaft und Bildung"

Der Grundkonflikt zwischen radikaler Erneuerung und restaurativer Besitzstandswahrung prägte die politische Auseinandersetzung in der untergehenden DDR und später in den neuen Bundesländern. Die Herbstrevolutionäre trugen diesen Konflikt nicht nur mit den Regierungen Modrow und de Maizière aus, sondern vor allem mit den Inhabern der Machtpositionen in der Verwaltung, dem Bildungswesen und den anderen öffentlichen Bereichen. Besonders an den Hochschulen versuchten diese, ihre Lehrstühle und andere Pfründen in das von ihnen so verteufelte demokratische System des Westens zu retten. Im politischen System der DDR ordnete die herrschende Partei Forschung und Lehre dem engeren Regierungssystem unmittelbar nach.

Die Personalkultur an den Hochschulen war ein Produkt der Kaderpolitik der SED, einer gezielten politischen Auslese. Die Devise „Parteilich entscheiden über Bewerbungen!" der speziell an Universitäten geschaffenen SED-Kreisleitung, führte zu einer Parteimitgliedschaft von über 80 Prozent in der besonders systemnahen Hochschullehrerschaft. Die Karriere eines Hochschullehrers bestimmte nach der Hochschulreform von 1968 ein Kaderentwicklungsplan und erst in zweiter Linie fachliche Leistung.

Erneuerungswillige Kräfte aus Teilen des akademischen Mittelbaues versuchten Anfang 1990 einen Selbstreinigungsprozess, um so die Hochschulen auf ihre Autonomie vorzubereiten. Die Kraft dieser Initiativgruppen, die wenig Unterstützung im Bildungsministerium fanden, erlahmte im Herbst 1990 zunehmend. Starke Beharrungskräfte und absolute SED-Mehrheiten führten zu einer Struktur- und Hierarchieverfestigung. Die Hochschulen entwickelten sich zu letzten Wagenburgen des DDR-Sozialismus.

Matthias Rößler

***

** Kommentar zeithistorisch **- Hochschulreform von 1968

Die Hochschulreform in der DDR von 1968 zielte darauf ab, das Bildungssystem stärker an die Bedürfnisse der sozialistischen Planwirtschaft anzupassen. Die Hochschulen wurden zentralisiert und stärker unter staatliche Kontrolle gestellt, wobei die ideologische Ausrichtung der Lehre weiter

327

intensiviert wurde. Die Polytechnisierung des Studiums wurde forciert, was jedoch das Leistungsniveau senkte. Die Reform stärkte die Rolle der SED in den Hochschulen und schränkte die akademische Selbstverwaltung deutlich ein.

Neben bildungspolitischen hatte die Reform auch klare politische Gründe. Sie war Teil einer umfassenderen Strategie, das Bildungssystem auf die Anforderungen der sozialistischen Gesellschaft und besonders auf die Ideologie der SED (Sozialistische Einheitspartei Deutschlands) auszurichten. Zentrale politische Ziele der Reform waren die Stärkung der marxistisch-leninistischen Ideologie und die noch stärkere ideologische Ausrichtung der Lehre. Das galt insbesondere für die Pädagogischen Hochschulen und Bildungsstätten. Politische Schulungen und das Fach Marxismus-Leninismus waren verpflichtend für alle Studierenden, mit dem Ziel der Indoktrinierung. die SED erhielt umfassenden Einfluss auf Personalentscheidungen und Lehrinhalte. Damit sollte sichergestellt werden, dass die künftigen Fachkräfte und Akademiker die ideologischen Ziele der Partei vertraten. Die Studenten mussten sich schriftlich vor Antritt des Studiums verpflichten, dort zu arbeiten – nach Studiumsabschluß – wo der Staat sie einsetzten würde.

***

Themenbeitrag - Der Modrow-Erlass und seine Auswirkungen an den Hochschulen und Universitäten

Günter Knoblauch

Matthias Rößler beschreibt in **„Das Jahr 1989 – der Aufbruch ...“**

„Eine weitere schmerzhafte Erfahrung brachte mir mein erster Zeitungsarti-kel[30] „Selbstentstalinisierung – oder: Neue Kaderakten entstehen" in der uns nahestehenden Dresdner Tageszeitung „Union" am 28. April 1990. Die Ka-derakte bestimmte bekanntlich das Wohl und Wehe des realsozialistischen Menschen. Deshalb folgten im Frühjahr Zehntausende Staatsbedienstete in Betrieben und Universitäten der Aufforderung der Kaderleitungen, die jetzt Personalabteilungen hießen, Einsicht in die eigenen mysteriösen Akten zu nehmen. Jeder DDR-Bürger konnte seine eigene Kaderakte zur „Einsicht-nahme" sich aushändigen lassen, mit nach Hause nehmen, „einsehen" ... um diese dann wieder in der Kaderabteilung zurückzugeben. "

Diese Passage verdeutlicht eine der unglaublichsten Entwicklungen in der Endphase der DDR. Für heutige Leserinnen und Leser ist kaum nachvoll-ziehbar, was hier tatsächlich geschah und welche Konsequenzen das für die Vergangenheitsaufarbeitung an Hochschulen hatte.

Wovon Rößler spricht, ist als „Modrow-Erlass in die deutsche Geschichte eingegangen. Bis heute wird versucht, dieses Thema herunterzuspielen – ein entscheidender Grund, weshalb viele Hochschulen kein Interesse an ei-ner ehrlichen Aufarbeitung zeigten und zeigen. Begründet wird das mit feh-lenden Mitteln, fehlendem Personal, fehlender Notwendigkeit auf Grund feh-lendem Interesse der Gesellschaft etc.

Was war der Modrow-Erlass?

Der Modrow-Erlass war eine bildungspolitische Maßnahme der letzten DDR-Regierung unter Hans Modrow (1989–1990). Er wurde im Frühjahr 1990 erlassen und sollte ehemals aus politischen Gründen exmatrikulierten Stu-dierenden die Wiederaufnahme ihres Studiums zu ermöglichen.

Während der SED-Diktatur wurden zahlreiche Studierende aufgrund oppo-sitioneller Aktivitäten, kritischer Äußerungen oder "fehlender sozialistischer

---

[30] Dresdener Tageszeitung „Union" vom 28./29.4.1990.

Haltung" von Hochschulen ausgeschlossen. Das hat der Leser – wenn er hier angekommen ist -nacherleben können.

Der Modrow-Erlass klang daher wie eine späte, überfällige Geste der Wiedergutmachung.

Doch in der Praxis war die Umsetzung oft halbherzig, da die Hochschulen selbst über die konkrete Umsetzung entscheiden konnten. Hier liegt das eigentliche Problem:

* Viele Hochschulen und Universitäten konnten nicht auf ihre belasteten Kader verzichten.
* Die Entfernung aller hochschulpolitisch belasteten Personen hätte massive Lücken in der Verwaltung und Lehre hinterlassen.
* Rößler beschreibt in seinen Berichten, wie schwierig es war, den Studienbetrieb nach der Entfernung systemtreuer Funktionäre aufrechtzuerhalten.

Warum viele Hochschulen die Aufarbeitung verweigerten

Diese Problematik erklärt, warum selbst Jahrzehnte nach dem Ende der DDR Hochschulen eine aktive Aufarbeitung ihrer Vergangenheit verweigern.

Ein besonders markantes Beispiel ist die Hochschule für Musik FRANZ LISZT Weimar (HfM). Aber auch an der TU Dresden scheint es nach dem Ende der Amtszeit von Rektor Hermann Kokenge (2003–2010) Diskussionen darüber gegeben zu haben, ob man das Thema am besten ganz ruhen lässt.

Die Strategie war klar:

Nicht mehr darüber reden – nichts tun.

Der eigentliche Kern des Modrow-Erlasses: Die Aktenbereinigung

Der Modrow-Erlass hatte nicht nur Auswirkungen auf die Wiederzulassung exmatrikulierter Studierender – er spielte auch eine zentrale Rolle bei der Aktenbereinigung an Hochschulen und Universitäten.

Und genau hier wird es brisant.

Aktenvernichtung und Bereinigung unter dem Modrow-Erlass

Mit dem Erlass ergab sich eine akute Gefahr für Hochschulfunktionäre, die in der Vergangenheit an politischen Repressionen gegen Studierende beteiligt waren. Die Möglichkeit, dass rehabilitierte Studierende Einblick in ihre Akten erhalten könnten, führte vielerorts dazu, dass belastende Dokumente gezielt vernichtet oder manipuliert wurden.

Folgen:

- Säuberung von Personal- und Studienakten, um Exmatrikulationen zu verschleiern und Verantwortlichkeiten zu vertuschen.
- Gezielte Vernichtung von Stasi-Dokumenten, insbesondere in den Hochschulverwaltungen.
- Aktenmanipulation, um Funktionäre zu entlasten oder ehemalige Studierende als freiwillige „Studienabbrecher" darzustellen.

In vielen Fällen wurde dadurch eine spätere Aufarbeitung erschwert oder unmöglich gemacht, da wichtige Nachweise für Repressionen an Hochschulen fehlten. Die komplette Aktensicherung gelang nicht überall.

Fazit:

Der Modrow-Erlass sollte ursprünglich als eine Rehabilitationsmaßnahme dienen, wurde jedoch gleichzeitig von den Verantwortlichen genutzt, um eigene Verstrickungen zu vertuschen und Spuren zu beseitigen.

Jeder (!) konnte seine alte DDR-Kaderakte mit nach Hause nehmen, Dokumente entfernen, ersetzen manipulieren oder sogar neu schreiben. Welche weiteren Möglichkeiten der Aktenmanipulation genutzt wurden, lässt sich kaum vollständig erfassen.

Die Ablehnung der Trägerschaft des Projektes „Zwischen Humor und Repression" durch die TU Dresden

Eine kritische Betrachtung von Günter Knoblauch

Im Nachwort zur Buchausgabe von 2017 beschreibt Rainer Jork die uneingeschränkte Unterstützung durch den damaligen Rektor und späteren Altrektor Herrmann Kokenge. Sein Nachfolger im Amt, Hans Müller-Steinhagen, signalisierte zunächst Verständnis für die Bedeutung der historischen Aufarbeitung und begrüßte diese ausdrücklich.

Doch als es um die Weiterführung des Projektes durch die TU geht, kam es zu einem plötzlichen und unerwarteten Bruch.
In einem Schreiben an Dr. Matthias Rößler, den amtierenden Präsidenten des Sächsischen Landtags, begründet Müller-Steinhagen seine Ablehnung folgendermaßen:
„Ich habe das mir dankenswerterweise überlassene Manuskript zwischenzeitlich weitgehend gelesen und hatte es auch einem renommierten Kollegen und verständigen Zeitzeugen zur Durchsicht überlassen ..."
„Im Ergebnis möchte ich Ihnen mitteilen, dass wir das Manuskript sowohl aus inhaltlichen als auch formalen und redaktionellen Gründen nicht für die vorgeschlagene Verwendung geeignet halten."
„... vom Erwerb einer Teilauflage des Buches durch die TU möchten wir deshalb Abstand nehmen. Ich hoffe , Sie haben dafür Verständnis."

Eine Rückfrage, wer dieser „renommierte Kollege und verständige Zeitzeuge" sei, blieb unbeantwortet.

Immerhin bot Müller-Steinhagens an, ein (!) gedrucktes Exemplar des Buches im Universitätsarchiv aufzubewahren. Doch der Leiter des Archivs, Dr.Lienert, beließ es nicht dabei - er ging ein persönliches Risiko ein und kaufte fünf Exemplare für das Archiv der TU Dresden.

TECHNISCHE UNIVERSITÄT DRESDEN

DRESDEN concept

Der Rektor

Technische Universität Dresden, 01062 Dresden

Herrn
Dr. Jork
Thomas-Mann-Straße 16
01445 Radebeul

Dresden, 26.07.2016

**Manuskript „Mein Studium in der DDR – zwischen Humor und Repression"
herausgegeben von Rainer Jork und Günter Knoblauch
Unser Gespräch am 4. Juli 2016**

Sehr geehrter Herr Landtagspräsident, lieber Herr Dr. Rößler,
sehr geehrter Herr Dr. Jork,

ich bedanke mich noch einmal sehr herzlich für Ihren Besuch im Rektorat der Technischen Universität Dresden am 4. Juli 2016 und das sehr anregende Gespräch sowie für den Vorschlag, das von Ihnen zusammengestellte und unterstützte Manuskript durch unsere Universität zu verlegen oder zu finanzieren.
Ich habe das mir dankenswerterweise überlassene Manuskript zwischenzeitlich weitgehend gelesen und hatte es auch einem renommierten Kollegen und verständigen Zeitzeugen zur Durchsicht überlassen. Des Weiteren haben wir die Verwendung des Manuskripts durch die TU Dresden, z.B. als Geschenk für neuberufene Professorinnen und Professoren oder für besonders erfolgreiche Absolventinnen und Absolventen, in der Universitätsleitung diskutiert.
Im Ergebnis möchte ich Ihnen mitteilen, dass wir das Manuskript sowohl aus inhaltlichen als auch formalen und redaktionellen Gründen nicht für die vorgeschlagene Verwendung geeignet halten. Von einer Herausgabe des jetzt vorliegenden Manuskripts als Buch oder dem Erwerb einer Teilauflage durch die TU Dresden möchten wir deswegen Abstand nehmen. Ich hoffe, Sie haben dafür Verständnis.
Es wäre jedoch sehr schade, die mit viel Akribie und Fleiß zusammengetragenen Beiträge dem Vergessen anheim fallen zu lassen, insbesondere weil einige Teile dieser Textsammlung es durchaus verdient haben, als Zeitdokumente erhalten zu bleiben.
Insofern regen wir an, die Möglichkeit zu prüfen, diese Anthologie auf einer Website (z.B. der TU Dresden oder der SLUB) einzustellen und sie damit allen Interessierten zugänglich zu machen. Anbieten möchte ich Ihnen auch die Aufbewahrung eines gedruckten Exemplars im Universitätsarchiv. Es ist die Absicht der Autoren, die Verbreitung ihrer Erfahrungen während des Studiums an der TU Dresden sicherzustellen und die Erinnerung an eine Zeit und an ein politisches System, in dem die persönliche und akademische Freiheit stark eingeschränkt war, aufrecht zu erhalten. Diese Absicht kann

ich nur unterstützen. Ich kann mir daher vorstellen, eine digitale Fassung des Manuskripts, z.B. als CD oder usb-Stick, bei geeigneten Veranstaltungen der TU Dresden zu verteilen. Zu dieser Überlegung bitte ich Sie um Ihre Einschätzung.

Das mir überlassene Manuskript sende ich Herrn Dr. Jork zu.

Mit freundlichen Grüßen

Hans Müller-Steinhagen
Prof. Dr.- Ing. habil. DEng/Auckland

Seite 2 der Ablehnung einer Übernahme der Trägerschaft für das Projekt in Zusammenarbeit- mit der Bundesstiftung Aufarbeitung SED-Diktatur

Kurz darauf ließ uns die Gesellschaft der Freunde und Förderer der TU Dresden (GFF) „auflaufen" - darüber habe ich bereits in meinen Vorwort zu Band 1 berichtet.

Warum diese Ablehnung?
Die Resonanz in der Presse und im Rundfunk spricht eine andere Sprache – sie belegt die Bedeutung des Projekts.

Welche Motive haben die Akteure, die sich der Aufarbeitung - wie auch am Beispiel HfM Weimar - entgegenstellen?
Besteht die Sorge, dass eine offene Diskussion der eigenen DDR-Vergangenheit dem Ansehen der Bildungseinrichtungen schaden könnte?

***

Ein Resümee zu den beiden Bänden von „Zwischen Humor und Repression"

Lieber Leser,

Sie haben nun das Ende der beiden Bände erreicht, die Berichte von Autoren über ihr Studium in der DDR versammeln. Als das Projekt „Studieren in der DDR – Was war gut, und worauf hätten wir verzichten können?" ins Leben gerufen wurde, waren wir gespannt, wohin dieses „Experiment" führen würde.

Mit der wachsenden Zahl eingereichter Beiträge zeichneten sich bestimmte Themen klar ab. Ihre Häufigkeit verdeutlicht ihre Relevanz, und die Berichte erlauben eine kritische Betrachtung der damaligen Gesellschaft und ihres Umgangs mit ihrer wertvollsten Ressource – dem Menschen.

Spätestens mit der *Dienstanweisung Nr. 1* des Ministeriums für Staatssicherheit wurde offensichtlich: Ein unpolitisches, freies Studium in der DDR gab es nicht. Ebenso wenig existierte eine offene Gesellschaft, in der sich wissenschaftliche Exzellentes frei entfalten konnte. Stattdessen sorgte eine strikte politische Selektion dafür, dass sich das Hochschulsystem ausschließlich an den Vorgaben der SED ausrichtete.

Doch diese Gesellschaft war keineswegs eine stabile, ideologisch gefestigte Struktur. Das zeigte sich 1989, als das System praktisch über Nacht zusammenbrach. Die staatlich geplante Auslese hatte ihr Ziel nicht erreicht. Wer dennoch einer nostalgischen Verklärung anhängt, verkennt die Gefahren, die von diesem Gesellschaftsprinzips ausgingen – und genau hier liegt das Risiko einer Wiederholung.

In vielen Berichten werden die staatlich gelenkten Organisationen FDJ, GST und SED thematisiert. Das Ministerium für Staatssicherheit hingegen tritt seltener in den Vordergrund. Einige Autoren berichten sogar, dass sie keine Berührungspunkte mit der Stasi hatten und nichts von ihrer Präsenz spürten. Doch das bedeutet nicht, dass es keine MfS-Akten über sie gibt.

***

Anlagen

Dokumente

„[…] dass Zukunft nur so gut gestaltet werden kann, wie Vergangenheit bewusst gemacht und aufgearbeitet ist"

H. Johannes Wallmann

Durchführungsanweisung Nr. 1 [...] des Ministers für Staatssicherheit

Günter Knoblauch

Vertrauliche Verschlusssache (VVS) – MfS 008-Nr. 63/68

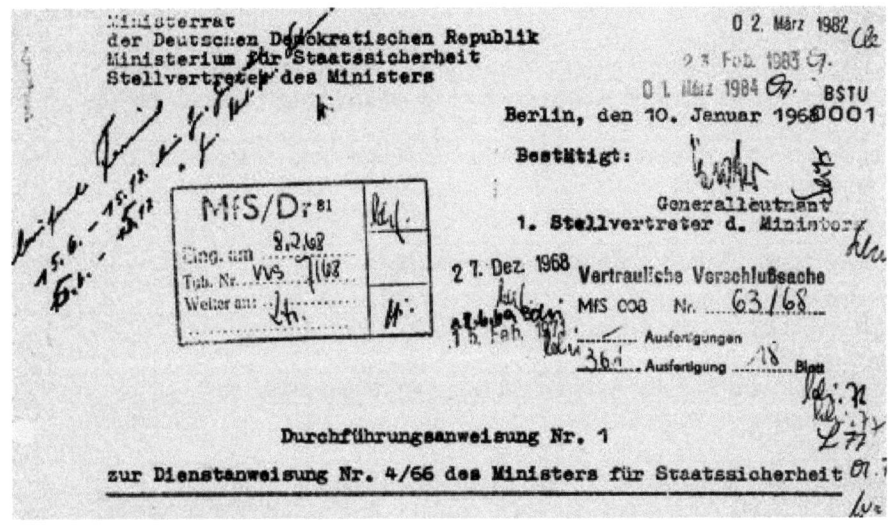

Ausschnitt des Deckblattes der Durchführungsanweisung Nr. 1

Die Auswahl oder Gewichtung einzelner Absätze der Dienstanweisung wurde in Erwägung gezogen, jedoch verworfen, da kein Abschnitt als wichtiger oder weniger bedeutsam eingestuft werden konnte.

Die VVS umfasst sämtliche Bildungsbereiche – von der Erweiterten Oberschule (EOS) über Ingenieurschulen und Hochschulen bis hin zu den Universitäten. Zudem berücksichtigt sie alle Aspekte, mit denen Studierende während ihrer Ausbildung in Berührung kommen, darunter Ernteeinsätze und die militärische Ausbildung.

Keine Eventualität und keine Personengruppe wurden ausgelassen – selbst die Familien der als IM tätigen Personen fanden Berücksichtigung.

.

Inhaltsübersicht der Durchführungsanweisung Nr. 1

	Blatt
## Zielsetzung und Anwendungsbereich der Dienstanweisung	
## Sichtweise des MfS zur Situation an den Bildungseinrichtungen	1–3
Definition des *Gegners*	2
Eingesetzte Mittel zur *systematischen Zersetzung* der Bildungseinrichtungen der DDR	2
Kritik an der *nicht klassenmäßigen Auswahl* der neu zu Immatrikulierenden	2
Kritik an den Lehrkräften wegen noch nicht ausreichender *klassenmäßiger Erziehung*	3
Zielstellungen zur Abwehr des feindlichen Einflusses und zu strafrechtlichen Maßnahmen	3
## I. Inoffizielle Arbeit – Anwerbung von IM	4–10
Maßnahmen zur Ausweitung und Qualifizierung des IM-Netzes	4
Schwerpunkte bei der Anwerbung von *Schülern und Studenten* (ab 18 Jahren) als IMs	4
Anwerbungsprofile unter Assistenten, Dozenten und Professoren	4
Besetzung von *Schlüsselfunktionen* an Universitäten, Hoch- und Fachschulen und EOS	5
Anwerbungen in Studentenheimen, kirchlichen Organisationen usw.	5
Einbindung und Ausnutzung der Angehörigen von IMs (studierende Kinder)	5–6
Anwerbungen mit *zielgerichteter Einflussnahme auf späteren beruflichen Einsatz*	6
Einsatz des *inoffiziellen Netzes* zur Erkennung *feindlicher Handlungen*	6
Vorgehensweise beim Erkennen *feindlicher Handlungen*	6
Überwachung bestehender Kontakte zu *republikflüchtigen Studenten und Lehrkräften*	6
Operative Aufklärung und Überwachung von Reisekadern bei Kongressen/Tagungen	7
Überwachung von Gastwissenschaftlern aus dem *nicht-sozialistischen Ausland*	7
Erkennung *feindlicher Elemente* – Entfernung durch *geeignete Legendierung*	8
Verhinderung von Kontaktaufnahmen zu wissenschaftlichen Kadern der DDR	8
Verhinderung der Bildung *negativer Gruppierungen* in Internaten, Klubs, kirchlichen Organisationen u. a. Einrichtungen	8

Ministerrat
der Deutschen Demokratischen Republik
Ministerium für Staatssicherheit
Stellvertreter des Ministers

0 2. März 1982

2 3 Feb. 1983

0 1. März 1984   BSTU

Berlin, den 10. Januar 1968 0001

Bestätigt:

Generalleutnant
1. Stellvertreter d. Ministers

MfS/Dr 81

Eing. am 8.2.68
Tgb. Nr. VVS 7/68
Weiter an: 24.

2 7. Dez. 1968   Vertrauliche Verschlußsache

1 5. Feb. 1971   MfS 008   Nr. 63/68

_____. Ausfertigungen
36.. Ausfertigung .... 18.. Blatt

Durchführungsanweisung Nr. 1

zur Dienstanweisung Nr. 4/66 des Ministers für Staatssicherheit

Die Durchführung der Beschlüsse des VII. Parteitages und die
Verwirklichung des einheitlichen sozialistischen Bildungssystems als Bestandteil des entwickelten gesellschaftlichen
Systems des Sozialismus stellt an die Universitäten, Hoch-,
Fach- und Erweiterten Oberschulen erhöhte Anforderungen in
der Ausbildung und Erziehung hochqualifizierter sozialistischer Kader und eine hohe Effektivität in der Forschung.

Aus der zukünftigen Struktur der Volkswirtschaft ergeben sich
wichtige Konsequenzen für die Hoch- und Fachschulausbildung
sowie für das einheitliche staatliche System der Weiterbildung.

Die etappenweise Verwirklichung der in den Prinzipien zur
weiteren Entwicklung der Lehre und Forschung an den Hoch- und
Fachschulen der DDR festgelegten Aufgaben ist das grundlegende Programm für die Ausbildung und Erziehung der wissenschaftlichen Kader bis 1980. Das erfordert, daß diesen Kadern ein
umfangreiches und fundamentiertes politisches und fachliches
Wissen vermittelt und besonderes Augenmerk auf die Anerzie-
hung solcher Eigenschaften, wie hohes Staatsbewußtsein,
Verantwortungsbewußtsein, Klassenverbundenheit und Klassen-
wachsamkeit sowie offenes parteiliches Verhalten und Auftreten für unseren sozialistischen Staat gelegt wird.

340

Der Gegner hat die Bedeutung der planmäßigen Entwicklung unseres Hochschulwesens und der Volksbildung für die weitere Stärkung der DDR erkannt und organisiert durch staatlich gelenkte Organisationen und Einrichtungen, wie das sog. Gesamtdeutsche Ministerium, die westdeutsche Rektorenkonferenz, das "Kuratorium unteilbares Deutschland", die beauftragten "Referenten an den westdeutschen Hochschulen für mitteldeutsche Hochschulfragen" sowie studentische Organisationen eine systematische Zersetzung.

Das Ziel besteht darin,

- unter der studentischen Jugend Zweifel an der Richtigkeit der Politik der Partei und Regierung zu erzeugen;

- die führende Rolle der Partei zu untergraben;

- die Sieghaftigkeit des Sozialismus in Frage zu stellen.

Diese Zersetzungstätigkeit dient dem Zweck, feindliche Stützpunkte und Untergrundorganisationen im Innern der DDR zu bilden, Ausgangspunkte für konterrevolutionäre Aktionen sowie Voraussetzungen für Spionage und Abschöpfung wichtiger Informationen und Forschungsergebnisse zu schaffen.

Mit den vielfältigsten Mitteln und Methoden wird von seiten des Gegners ständig versucht, unsere Wissenschaftler in das System der psychologischen Kriegführung einzubeziehen. Zur Durchsetzung dieser feindlichen Tätigkeit nutzt er u. a. den Reiseverkehr von Wissenschaftlern der DDR zu Tagungen/Kongressen weitgehendst zur ideologischen Aufweichung und Zersetzung aus. Hier werden alte Verbindungen, die aus gemeinsamer Studienzeit, wissenschaftlicher Tätigkeit, Konzernverbindungen und sonstiger Zusammenarbeit herrühren, aufgefrischt und neue Kontakte geschlossen. Durch das Anbieten von Fachliteratur zum Zwecke des Studiums und des Erfahrungsaustausches will der Gegner Einfluß gewinnen.

Mittels Rundfunk, Fernsehen und Presse werden differenziert und in speziellen Sendungen bzw. Veröffentlichungen zielgerichtet unser sozialistisches Bildungswesen diffamiert und westliche Anschauungen propagiert.

Insbesondere wird versucht, eine Abwertung des Studiums der Gesellschaftswissenschaften und des Russischunterrichtes vorzunehmen unter dem Vorwand, daß dieses für die fachliche Ausbildung nur hemmend sei.

An den Universitäten, Hoch-, Fach- und Erweiterten Oberschulen wirken eine Reihe für den Gegner begünstigender Faktoren, die bereits bei der Zulassung zum Studium beginnen. Es wird zum Teil durch eine nicht verantwortungsvolle und nicht klassenmäßige Auswahl der neu zu Immatrikulierenden, feindlichen, negativen und wegen schwerer Kriminalität bei den Schutz- und Sicherheitsorganen angefallenen Elementen Eingang zu den Universitäten, Hoch- und Fachschulen gewährt.

Die klassenmäßige Erziehung ist noch nicht in ausreichendem
Maße gesichert. Einige Lehrkräfte verhalten sich gegenüber
den Studenten und Schülern liberal, kommen nicht ihren
Pflichten zur politischen Erziehung nach und überlassen
diese zum überwiegenden Teil dem gesellschaftswissenschaftlichen Unterricht, dem Elternhaus, den Betrieben und gesellschaftlichen Organisationen. Das Zusammenwirken zwischen
gesellschaftlichen Organisationen und staatlichen Einrichtungen ist teilweise noch ungenügend entwickelt, weist
Lücken auf, womit sich für negative Kräfte Möglichkeiten
für provokatorische und andere feindliche Handlungen bei
Großeinsätzen, wie Einbringung der Ernte oder militärische
Ausbildung, bieten.

Mangelndes Klassenbewußtsein und das ungenügende Erkennen
des Wirkens des Feindes bieten dem Gegner Möglichkeiten,
Kontakte zu schaffen, unsere Wissenschaftler abzuschöpfen
und ideologisch zersetzend zu wirken.

Auf Grund der versteckten Angriffe des Gegners von außen und
der Aktivität einiger feindlicher Elemente im Innern ist die
politisch-operative Arbeit offensiver und umfassender zu gestalten und zu intensivieren.

Die politisch-ideologische Einflußnahme des Gegners auf die
studentische Jugend, die Schüler der Hoch-, Fach- und Erweiterten Oberschulen und den Lehrkörper ist systematisch zurückzudrängen.
Die politisch schädlichen und andere nicht im staatlichen
Interesse bestehenden Kontakte sind unter Kontrolle zu bringen und zu unterbinden.

Personen, die feindliches Gedankengut verbreiten oder auf
der Grundlage ihrer feindlichen ideologischen Grundeinstellung in anderer Form gegen die sozialistische Ordnung tätig
werden, sind durch kurzfristige Erarbeitung ausreichenden
Beweismaterials strafrechtlich bzw. in Zusammenarbeit mit
den Partei- und staatlichen Organen sowie gesellschaftlichen
Organisationen durch disziplinarische Maßnahmen zur Verantwortung zu ziehen und von den Universitäten, Hoch-, Fach-
und Erweiterten Oberschulen zu entfernen.

In Zusammenarbeit mit den Partei- und staatlichen Organen
und gesellschaftlichen Organisationen sind die die Feindtätigkeit begünstigenden Umstände zu beseitigen und systematisch, unter Einbeziehung patriotischer Kräfte, inoffizieller Kontakte und Schlüsselpositionen eine revolutionäre
Massenwachsamkeit zu entwickeln.

Zur Lösung dieser Aufgaben sind unter Ausnutzung der operativen Möglichkeiten aller Diensteinheiten des MfS folgende
Maßnahmen durchzuführen:

I. Inoffizielle Arbeit

1. Zur gründlichen Einschätzung der politisch-operativen
    Situation unter den Studenten, Schülern und dem Lehr-
    körper, zum rechtzeitigen Erkennen und zur ausrei-
    chenden Beweisführung geplanter feindlicher Handlun-
    gen, negativer Konzentrationen, begünstigender Fak-
    toren im Innern und zur Feststellung der Angriffs-
    richtung des Feindes sind auf der Grundlage der Ana-
    lyse des inoffiziellen Netzes Maßnahmen zur zahlen-
    mäßigen Erweiterung, politisch-ideologischen Erziehung,
    operativen Qualifizierung und zur stärkeren Ausnutzung
    des IM-Netzes durchzuführen.

    Die Werbung inoffizieller Mitarbeiter hat unter Be-
    rücksichtigung des Mindestalters von 18 Jahren und
    bereits bekannter Schwerpunkte vorrangig bei folgen-
    den Personenkreisen zu erfolgen:

1.1. Studenten und Schüler, die negativen Gruppierungen
     angehören, ihnen nahe stehen, oder die Möglichkeiten
     und Fähigkeiten besitzen, in solche einzudringen.

     Studenten und Schüler, die geeignet sind, die Infor-
     mationsbasis des MfS an den Universitäten, Hoch-,
     Fach- und Erweiterten Oberschulen qualitätsmäßig zu
     erweitern.

     Dabei ist stärker als bisher Wert auf Werbungen aus
     den ersten Studienjahren zu legen, um eine kontinuier-
     liche und perspektivvolle IM-Arbeit zu organisieren.

     Bei Notwendigkeit Jugendliche unter 18 Jahren zur
     Lösung operativer Aufgaben heranzuziehen, ist vom
     Standpunkt der vielseitigen Formen der Zusammenarbeit
     mit patriotischen Kräften heranzugehen. Dabei ist der
     Reifegrad des Jugendlichen zu beachten und ein enges
     Zusammenwirken mit den Eltern, Lehrern, dem Lehrkör-
     per und anderen Erziehungsberechtigten zu gewähr-
     leisten.

1.2. Assistenten, Dozenten und Professoren, die auf Grund
     ihrer Lehrtätigkeit einen großen Personenkreis opera-
     tiv erfassen und in der Lage sind, sowohl unter den
     Studenten als auch im Lehr- und Verwaltungskörper
     operativ wirksam zu werden. Sie müssen insbesondere
     in der Lage sein, die raffinierten Methoden der
     politisch-ideologischen Diversion zu erkennen und zu
     bearbeiten. Die Werbung unter diesem Personenkreis
     ist gleichzeitig vom Standpunkt der Absicherung der
     Reisekader sowie des Erkennens und Bearbeitens der
     feindlichen Kontaktpolitik/Kontakttätigkeit durchzu-
     führen.

Zur Erkundung der Pläne und Absichten des Gegners
ist besonders unter den wissenschaftlichen Kadern
mit internationaler Anerkennung das Netz zu erweitern und zu qualifizieren. Durch verstärkte Werbungen wissenschaftlicher Kader und verwaltungs-
technischer Kräfte in den volkswirtschaftlich wichtigsten Forschungsbereichen der Universitäten sind
die Ordnung und Sicherheit zu gewährleisten und die
spionagegefährdeten Punkte abzusichern.

1.3.   Zur stärkeren Unterstützung der analytischen und
operativen Tätigkeit sind in den Verwaltungen der
Universitäten, Hoch-, Fach- und Erweiterten Oberschulen wichtige Schlüsselfunktionen durch IM zu
besetzen bzw. geeignete Kader in solchen Funktionen
zu werben. Dabei kommt es besonders darauf an,
überprüfte und zuverlässige IM einzusetzen, die
befähigt und bereit sind, Aufgaben des MfS konspirativ durchzusetzen.

1.4.   Zur allseitigen Lösung der operativen Aufgaben sind
zusätzlich in den Internaten, Studentenclubs, kirchlichen Organisationen, Gaststätten, in denen vorwiegend Studenten und Schüler verkehren, und unter
bekanntwerdenden Personenkreisen, besonders weib-
lichen Personen, die engen Kontakt zu Studenten und
Schülern unterhalten, Werbungen durchzuführen.

1.5.   Zur Erweiterung der operativen Möglichkeiten und der
Informationsbasis des MfS sind inoffizielle Mitarbeiter aller Diensteinheiten, deren Kinder und Verwandte an den Universitäten, Hoch-, Fach- und Erweiterten Oberschulen studieren bzw. tätig sind, in die
operative Aufgabenstellung einzubeziehen.
Weiter sind besonders IM aller Linien, die Verbindung
zu Studenten und Schülern haben, auszunutzen.

1.6.   Um die Wirksamkeit der politisch-operativen Abwehrarbeit besonders im ersten Studienjahr zu erhöhen,
sind vorhandene IM und Kontaktpersonen aller Diensteinheiten unter den vorimmatrikulierten Studenten
rechtzeitig, vor Aufnahme des Studiums, der für die
Universität verantwortlichen Bezirksverwaltung/Ver-
waltung zwecks Übernahme mitzuteilen, wenn andere
operative Interessen dem nicht entgegenstehen.

Mit welcher Zielstellung sind von allen Diensteinheiten der zuständigen Bezirksverwaltung/Verwaltung
Hinweise über vorimmatrikulierte Studenten, die sich
besonders für eine inoffizielle Arbeit eignen (u. a.
Kinder und Verwandte von IM), zu geben und Unterstützung bei der Verbindungsaufnahme zu leisten.

Gleichzeitig sind vorliegende oder bekanntwerdende operative Hinweise über vorimmatrikulierte oder bereits in der Ausbildung befindliche Studenten und Schüler der für die Universität, Hoch- und Fachschule zuständigen Bezirksverwaltung/Verwaltung zur Bearbeitung oder zur Festlegung von Koordinierungsmaßnahmen zur Kenntnis zu geben.

Die Werbung unter Oberschülern, Studenten, Hoch- und Fachschülern muß vom Standpunkt der Bearbeitung jetziger und perspektivischer operativer Schwerpunkte unter gleichzeitiger Berücksichtigung eines inoffiziellen Einsatzes mit hohem Nutzeffekt nach dem Studium im eigenen Bereich oder im Bereich anderer Diensteinheiten erfolgen.
Das erfordert eine zielgerichtete Einflußnahme auf den späteren beruflichen Einsatz unter Beachtung der bestehenden Schwerpunkte im Bereich der Politik, Ökonomie, Wissenschaft und der ideologisch-kulturell-erzieherischen Aufgaben.

2.   Die operative Aufgabenstellung für das inoffizielle Netz ist in folgenden Richtungen zu konzentrieren:

2.1.   Durch den allseitigen Einsatz des inoffiziellen Netzes und unter Einbeziehung der IM anderer Diensteinheiten ist zu sichern, daß alle feindlichen Handlungen oder Versuche solcher Art an unseren Universitäten, Hoch-, Fach- und Erweiterten Oberschulen durch Studenten, Schüler oder Angehörige des Lehrkörpers rechtzeitig erkannt und verhindert werden.

Durch ständige Analysierung aller operativen Hinweise sind die politisch-operativen Schwerpunkte herauszuarbeiten und durch den Einsatz besonders befähigter IM und solche mit Spezialkenntnissen und der Nutzung anderer operativer Möglichkeiten des MfS zu liquidieren.

In der Anleitung und Erziehung der IM ist der Schwerpunkt auf die ausreichende und objektive Beweisführung aller negativen und feindlichen Handlungen bestimmter Personen und Personengruppen zu legen.

Bei festgestellten politisch-ideologischen Schwerpunkten sind durch Informierung der Partei die staatlichen Leitungen und gesellschaftlichen Kräfte zu mobilisieren, um gegnerische Einflüsse in Abstimmung mit den operativen Maßnahmen zurückzudrängen und zu beseitigen.

2.2.   Herausarbeitung und Überwachung bestehender Kontakte von seiten der Studenten und Schüler, des Lehrkörpers und der Verwaltungsangestellten zu staatlichen Stellen, Organisationen, Institutionen, Einzelpersonen und besonders zu republikflüchtigen ehemaligen Studenten und Lehrkräften in Westdeutschland, Westberlin und dem übrigen nichtsozialistischen Ausland.

CSSR

Dabei ist besonders zu beachten, ob bestehende Kontakte oder Versuche, solche herzustellen, den Zielen unserer Politik entsprechen und von den jeweils zuständigen Organen angeleitet und kontrolliert werden.

Alle Versuche, diese Kontakte von westlicher Seite aus zur Unterwanderung, Abschöpfung, Abwerbung usw. zu nutzen, sind rechtzeitig zu erkennen und zu verhindern.

Durch operative Maßnahmen ist zu sichern, daß es feindlichen Elementen an den Universitäten, Hoch-, Fach- und Erweiterten Oberschulen nicht gelingt, solche Verbindungen zur Organisierung einer Feindtätigkeit zu nutzen.

2.3. Operative Aufklärung, Überwachung und Absicherung der Reisekader, die an Kongressen und Tagungen teilnehmen bzw. Dienstreisen im Auftrage staatlicher Organe und gesellschaftlicher Organisationen in das nichtsozialistische Ausland durchführen. Es ist zu verhindern, daß feindliche oder schwankende Elemente durch ihr Auftreten und Verhalten im Ausland dem Ansehen der DDR schaden, den Abwerbungsversuchen des Gegners unterliegen oder Verbindungen zur Organisierung der Feindtätigkeit geschaffen werden.

Entschlüsse zur Verhinderung der Ausreise von Kadern sind gewissenhaft zu fassen unter Zugrundelegung allseitig erarbeiteter operativer Materialien. Über Schlüsselpositionen ist durchzusetzen, daß vorgesehene Auslandsreisen den betreffenden Personen erst nach erfolgter Bestätigung durch uns zur Kenntnis gelangen. Ablehnungen von Auslandsreisen sind entsprechend zu legendieren.

2.4. Durch das inoffizielle Netz ist das Auftreten von Wissenschaftlern und anderen Personen aus dem nichtsozialistischen Ausland an unseren Universitäten ständig zu überwachen und zu analysieren. Versuche feindlichen Auftretens sind vorher zu verhindern und Bestrebungen von Personen, solche Möglichkeiten zur Verbreitung der feindlichen Ideologie zu schaffen, sind rechtzeitig zu signalisieren.

2.5. In den Bereichen der Forschung und der Vertragsforschung sind im engen Zusammenwirken mit den zuständigen operativen Linien die sich für die Volkswirtschaft und der zweiseitigen Zusammenarbeit mit der UdSSR ergebenden Aufgaben allseitig abzusichern.

Durch das inoffizielle Netz sind die wissenschaftlichen Kader ständig zu überwachen, um zu verhindern,
daß feindliche Elemente in diesen Bereichen tätig
werden können. Erkannte feindliche Elemente sind,
wenn keine Strafrechtsnormen angewandt werden können,
durch geeignete Legendierung in Zusammenarbeit mit
Partei oder staatlichen Stellen zu entfernen.

Durch das inoffizielle Netz, Schlüsselpositionen und
patriotische Kräfte ist zu sichern, daß die Anord-
nung des Ministerrates über die Anfertigung, Behandlung, Aufbewahrung und Sicherung von Verschlußsachen
vom 30. 1. 1964 gemäß Befehl 245/64 des Genossen
Minister durchgesetzt wird und verbrechensbegünstigende Bedingungen aufgedeckt und beseitigt werden.

Die wissenschaftlichen Kader sind so abzusichern,
daß alle Versuche der Kontaktaufnahme von westlicher
Seite in ihrem Charakter erkannt werden und verhindert wird, daß der Feind durch Abschöpfung oder
Spionage in den Besitz von Forschungsunterlagen
kommt bzw. sie zur Zersetzung und Aufweichung der
Bürger der DDR benutzt.
Mit gleicher Zielstellung sind Kontakte zu westdeutschen Konzernen operativ zu kontrollieren und
herauszuarbeiten, inwieweit feindliche Organisationen diese Tätigkeit organisieren.

Durch die inoffizielle Arbeit muß gesichert werden,
daß es westlichen Konzernen nicht gelingt, Wissenschaftler der DDR zu gewinnen, um unsere Forschungs-
stätten und staatlichen Gelder für ihre Profitinter-
essen zu mißbrauchen.

2.6. Der Einsatz des IM-Netzes hat zusätzlich in den
Internaten, Klubs, kirchlichen Organisationen und
anderen Zusammenkunftsorten der Studenten und Schüler
zu erfolgen, um rechtzeitig die Bildung negativer
und feindlicher Gruppierungen oder anderer negativer
und feindlicher Handlungen bzw. des Verdachtes solcher Handlungen über den Rahmen der Universitäten,
Hoch-, Fach- und Erweiterten Oberschulen hinaus zu
erkennen.

2.7. Mit Hilfe von Schlüsselpositionen ist die analyti-
sche Arbeit des MfS an den Universitäten, Hoch-,
Fach- und Erweiterten Oberschulen zu unterstützen.

Sie sind heranzuziehen bei der Überprüfung der durch
IM erhaltenen Fakten. Die IM in Schlüsselpositionen
sind einzubeziehen bei der Durchsetzung operativ
notwendiger Maßnahmen und deren Abdeckung.

Über IM in Schlüsselpositionen sind die Beschlüsse des Ministerrates über die Durchführung von Dienstreisen in das nichtsozialistische Ausland und der Arbeit im Bereich der Wissenschaft und Kultur nach Westdeutschland und Westberlin unter Berücksichtigung der operativen Interessen durchzusetzen.

IM in Schlüsselpositionen und patriotische Kräfte sind zur Verhinderung von Immatrikulationen klassenfeindlicher und im Zusammenhang mit der schweren Kriminalität angefallenen Elemente einzusetzen.

Erkannte verbrechensbegünstigende Umstände sind über IM in Schlüsselpositionen zu beseitigen.

Gleichzeitig sind sie einzusetzen, um die revolutionäre Wachsamkeit an den Universitäten, Hoch-, Fach- und Erweiterten Oberschulen zu erhöhen und die Ordnung und Sicherheit zu gewährleisten.

2.8. Inoffizielle Mitarbeiter, Schlüsselpositionen und patriotische Kräfte sind zur Durchführung von operativen Sicherungsmaßnahmen unter den in der DDR studierenden ausländischen Bürgern einzusetzen. Die Maßnahmen müssen das rechtzeitige Erkennen und Verhindern von feindlichen Handlungen dieser Bürger und Handlungen, die die freundschaftlichen Beziehungen zwischen den delegierenden Staaten und der DDR stören könnten, gewährleisten.

Dabei ist besonders herauszuarbeiten:

- die Bildung negativer Gruppierungen innerhalb und außerhalb der bestehenden nationalen Ländergruppen;

- beabsichtigte Demonstrationen, die dem Ansehen der DDR schaden können;

- provokatorische Handlungen;

- Unterstützung von Bürgern unseres Staates beim illegalen Verlassen der DDR;

- Ausnutzung der Reisemöglichkeiten in die nichtsozialistischen Länder, vorwiegend Westberlin und Westdeutschland, zur Durchführung von Spionage, Nachrichtensammlung, Kuriertätigkeit und ideologisch zersetzenden Handlungen unter den Bürgern der DDR;

- Ausnutzung von Reisemöglichkeiten zur Aufrechterhaltung von Verbindungen zu ausländischen feindlichen Zentren zwecks Spionage, Nachrichtensammlung, ideologischer Zersetzung und Organisierung von Provokationen unter den in der DDR studierenden ausländischen Bürgern;

- Verbrechen der schweren Kriminalität.

2.9. Die Leiter der Bezirksverwaltungen/Verwaltung gewährleisten, daß zur Durchführung der politisch-operativen
Aufgaben an den Universitäten, Hoch-, Fach- und Erweiterten Oberschulen die in diesen Einrichtungen vorhandenen inoffiziellen Mitarbeiter aller Diensteinheiten der Bezirksverwaltung/Verwaltung mit hohem Nutzeffekt einbezogen werden.

3. Einbeziehung der an Universitäten, Hoch- und Fachschulen studierenden Mitarbeiter des MfS und ihrer
Angehörigen.

3.1. Die vom MfS an die Universitäten, Hoch- und Fachschu-
len delegierten Mitarbeiter sind zur Durchführung
politisch-operativer Aufgaben entsprechend ihren
Möglichkeiten und Fähigkeiten einzusetzen.
Dieser Einsatz ist mit dem Leiter der Abteilung
Schulung der Hauptabteilung Kader und Schulung des
MfS und dem Dienstvorgesetzten des Delegierten abzu-
stimmen.

3.2. Die Leiter der Bezirksverwaltungen/Verwaltung sichern,
daß Verwandte von Mitarbeitern, die an Universitäten,
Hoch- und Fachschulen studieren und geeignet sind,
politisch-operative Aufgaben durchzuführen, in die
operative Abwehrarbeit einbezogen werden.

II. Operative Vorgänge und Materialien

1. Der Entwicklung und zielstrebigen Bearbeitung operativer Materialien und Vorgänge ist zur erfolgreichen Bekämpfung des Feindes besondere Aufmerksamkeit zu schenken. Die Hauptkraft ist auf die operative Bearbeitung von Vorgängen zu konzentrieren.

1.1. In der Entwicklung von operativen Materialien und Vorgängen muß sich der Hauptstoß gegen solche Personenkreise richten, die eine Untergrundtätigkeit gegen die DDR durchführen. Im Bereich der Universitäten, Hoch-, Fach- und Erweiterten Oberschulen zeigt sich die Feindtätigkeit insbesondere in

- der Bildung von Untergrundgruppen mit staatsfeindlicher Konzeption;

- Verbreitung der politisch-ideologischen Diversion;

- Spionage- und Schädlingstätigkeit;

- Verrat von Forschungsergebnissen, die vertraulichen Charakter tragen;

- der Organisierung einer umfangreichen feindlichen Kontaktpolitik/Kontakttätigkeit;

- Grenzdelikten;

- Republikverrat und in dessen Folge die verbrecherische Ausnutzung der Rückverbindungen;

- der Ausnutzung der Reisetätigkeit nach Westdeutschland und dem nichtsozialistischen Ausland zur Durchführung von Spionage;

- der Propagierung feindlicher Argumente durch mündliche und schriftliche Formen der staatsgefährdenden Propaganda und Hetze.

1.2. In der Bearbeitung der operativen Vorgänge und Materialien ist systematisch und kontinuierlich zu arbeiten, um

- die Feindtätigkeit allseitig aufzuklären;

- die Organisatoren zu erkennen und zu liquidieren bzw. in ihrer Wirkung einzuschränken;

- die Methoden der feindlichen Organisationen herauszuarbeiten;

- begünstigende Bedingungen zu erkennen und zu beseitigen;

- beweiskräftiges Material für evtl. propagandistische
  Zwecke zu erarbeiten.

III. Operative Absicherung der Ernteeinsätze, der vormilitärischen
Ausbildung im Rahmen der GST und der militärischen Ausbildung
im Rahmen des Studienprogrammes für die Studenten des 1. und
2. Studienjahres und anderer Großveranstaltungen

Um zu verhindern, daß feindliche Elemente während der Ernteeinsätze, der vormilitärischen und militärischen Ausbildung
und anderer Großveranstaltungen provokatorisch und zersetzend
tätig werden können, sind in die langfristige politisch-operative Planung Maßnahmen zur wirksamen Absicherung und Lösung
anderer operativer Aufgaben aufzunehmen und durchzuführen.

1.   Ernteeinsätze

1.1. Die politisch-operative Absicherung der Ernteeinsätze
      erfordert die Analyse des vorhandenen Materials über
      den zum Einsatz kommenden Personenkreis und Festle-
      gung der operativen Schwerpunkte. Das inoffizielle
      Netz ist in der Zeit vor den Einsätzen darauf zu
      orientieren, geplante feindliche Handlungen schon
      in den Anfängen zu erkennen.

1.2. Auf der Grundlage der erarbeiteten operativen Situa-
      tion sind die inoffiziellen Mitarbeiter mit konkreter
      Aufgabenstellung in den personellen Schwerpunkten zum
      Einsatz zu bringen.

      Die operative Aufgabenstellung ist zu konzentrieren
      auf:

      - die Durchführung vorbereiteter operativer Maßnahmen
        in bezug auf verdächtige Personen, die in Operativ-
        vorgängen und operativen Vorlaufakten bearbeitet
        werden;

      - solche Personen, bei denen Hinweise auf beabsich-
        tigte feindliche Handlungen vorliegen;

      - Personen, die auf Grund ihres bisherigen Verhaltens
        Ausgangspunkt für Provokationen sein können;

- das rechtzeitige Erkennen geplanter feindlicher Aktionen;

- die Herausarbeitung von Mängeln und Unzulänglichkeiten in den Einsatzgebieten, die die Einsatzkräfte negativ beeinflussen und evtl. Anlaß zu demonstrativen Handlungen sein können;

- das Erkennen feindlich wirkender Elemente unter der am Einsatzort wohnenden Bevölkerung.

1.3. Durch Schlüsselpositionen und IM in den von den Hoch- und Fachschulen gebildeten Einsatzstäben ist zu gewährleisten, daß zur Unterstützung der operativen Aufgaben die notwendigen Maßnahmen durchgesetzt werden.

1.4. Für die Führung der inoffiziellen Mitarbeiter und die Durchführung der geplanten und sich aus dem Einsatz ergebenden operativen Maßnahmen kommandiert die Bezirksverwaltung/Verwaltung, aus deren Bereich Studenten, Hoch-, Fach- und Oberschüler in andere Bezirke zum Einsatz kommen, für die Zeit des Ernteeinsatzes operative Mitarbeiter in die für den Einsatzraum verantwortliche Bezirksverwaltung.

1.5. Die für den Einsatzraum zuständige Bezirksverwaltung ist hauptverantwortlich für alle im Zusammenhang mit dem Ernteeinsatz durchzuführenden Sicherungsmaßnahmen einschl. unter den zum Einsatz kommenden Studenten, Hoch-, Fach- und Oberschüler anderer Bezirke.
Sie unterstützt die Durchführung aller operativen Maßnahmen und mobilisiert die IM der Bezirksverwaltungen und Kreisdienststellen.
Durch Nutzung der operativen Verbindungen in den Bezirks- und Kreislandwirtschaftsräten sind notwendige operative Maßnahmen konspirativ durchzusetzen und zu gewährleisten, daß feindliche Elemente nicht desorganisierend tätig werden können.
Für die ordnungsgemäße Durchführung der Aufgaben, einschl. der Anleitung und Unterstützung der kommandierten Mitarbeiter, ist von der für den Einsatzraum verantwortlichen Bezirksverwaltung eine Einsatzgruppe unter Führung eines operativ erfahrenen Offiziers einzusetzen.

1.6. Die Bezirksverwaltung/Verwaltung, aus deren Bereich Studenten, Hoch-, Fach- und Oberschüler zum Einsatz gelangen, übergeben dem Leiter der für den Einsatzraum verantwortlichen Bezirksverwaltung eine Analyse über die Einsatzkräfte, über die operative Lage und die zu beachtenden operativen Schwerpunkte.

1.7. Die zuständigen Stellvertreter Operativ sichern, daß rechtzeitig zwischen den Bezirksverwaltungen/Verwaltung koordinierte Absprachen erfolgen und Festlegungen getroffen werden, die die ordnungsgemäße Durchführung des Ernteeinsatzes gewährleisten. Dabei muß der Einsatz des inoffiziellen Netzes zur Klärung beiderseits stehender operativer Probleme maximal genutzt werden. Die Abgrenzung der Verantwortlichkeit ist entsprechend der örtlichen Lage in den Absprachen zu konkretisieren.

1.8. Nach Beendigung des Ernteeinsatzes ist durch die Bezirksverwaltung, in deren Verantwortungsbereich der Einsatz erfolgte, ein Abschlußbericht zu fertigen. Dieser hat zu enthalten:

- Einschätzung der operativen Vorkommnisse und deren Auswirkungen;

- Stand der Aufklärung feindlich in Erscheinung getretener Kräfte;

- Verantwortlichkeit der Weiterbearbeitung;

- Mängel operativer Art und staatlicherseits;

- Schlußfolgerungen für weitere Einsätze.

Der Abschlußbericht ist dem Leiter der Hauptabteilung XX 14 Tage nach Beendigung des Ernteeinsatzes zu übersenden.

Der Leiter der Hauptabteilung XX ist verantwortlich für die Auswertung dieser Berichte mit allen Bezirksverwaltungen und Festlegung von Aufgaben bei weiteren Einsätzen.

2. Vormilitärische und militärische Ausbildung

Die vormilitärische Ausbildung im Rahmen der GST und die militärische Ausbildung als obligatorischer Bestandteil des Studiums sind im engen Zusammenwirken mit den Verantwortlichen der GST und den für die militärische Ausbildung an den Universitäten, Hoch- und Fachschulen eingesetzten Personen mit den Schlüsselpositionen und dem IM-Netz qualifiziert abzusichern.

Zur Verhinderung von Provokationen während der Ausbildung sind folgende Maßnahmen durchzuführen:

2.1. Für die operative Absicherung der zur vormilitärischen und militärischen Ausbildung gelangenden Studenten, Hoch- und Fachschüler ist die Abteilung XX der Bezirksverwaltungen/Verwaltung verantwortlich, zu deren Bereich die Studieneinrichtungen gehören.

2.2. Durch die operative Arbeit ist zu gewährleisten, daß die politisch-operative Situation unter den zur Ausbildung kommenden Studenten, Hoch- und Fachschülern real eingeschätzt wird und sich daraus konkrete operative Maßnahmen ableiten lassen.

Es ist zu sichern, daß zu den Ausbildungslehrgängen ein ausreichendes Netz qualifizierter inoffizieller Mitarbeiter zum Einsatz gebracht wird.

2.3. Die operative Aufgabenstellung ist zu konzentrieren auf /

- die Durchführung vorbereiteter operativer Maßnahmen in bezug auf verdächtige Personen, die in Operativ-Vorgängen und operativen Vorlaufakten bearbeitet werden;

- solche Personen, bei denen Hinweise auf beabsichtigte feindliche Handlungen vorliegen;

- Personen, die auf Grund ihres bisherigen Verhaltens Ausgangspunkt für Provokationen sein können;

- das rechtzeitige Erkennen geplanter feindlicher Aktionen;

- die Absicherung und den Vorschriften entsprechende Unterbringung der im Ausbildungslager befindlichen Waffen und Munition;

- die Herausarbeitung von Mängeln und Unzulänglichkeiten in den Ausbildungslagern, die geeignet sind, die Studenten, Hoch- und Fachschüler negativ zu beeinflussen und evtl. Anlaß zu demonstrativen Handlungen werden können;

- das Erkennen feindlich wirkender Elemente unter den technischen Kräften des Ausbildungslagers.

2.4. Während der Zeit der Ausbildung ist sicherzustellen, daß die Führung des inoffiziellen Netzes und die Durchführung geplanter und sich aus dem Einsatz ergebender operativer Maßnahmen gewährleistet sind. Zu dem von der Universität, Hoch- und Fachschule eingesetzten Leiter für die Ausbildung, zu dem Führungsoffizier der Armee, der die Offiziersgruppe für diese Ausbildung leitet und zu der Kreisdienststelle, in deren Bereich das Ausbildungslager liegt, ist Kontakt zu halten, um zusätzliche Informationen über die Situation im Ausbildungslager zu erhalten bzw. inoffizielle Hinweise über Mängel und Unzulänglichkeiten auswerten und beseitigen können. Durch den Leiter der Bezirksverwaltung ist entsprechend der jeweiligen Lage zu entscheiden, ob ein ständiger oder zeitweiliger Einsatz operativer Mitarbeiter zur Gewährleistung der Sicherheit notwendig ist.

2.5. Die Hauptabteilung I hat zu gewährleisten, daß für die vormilitärische und militärische Ausbildung der Studenten klassenbewußte und erfahrene Offiziere eingesetzt werden. Die Abteilungen XX der Bezirksverwaltungen/Verwaltung konsultieren sich rechtzeitig mit der Hauptabteilung I, wenn von den Universitäten, Hoch- und Fachschulen die Anforderungen an die Wehrbezirkskommandos zur Bereitstellung von Ausbildungsoffizieren gestellt werden. Die Hauptabteilung I ermöglicht die Kontaktaufnahme zu dem Führungsoffizier durch den verantwortlich eingesetzten Mitarbeiter der zuständigen Abteilung XX der Bezirksverwaltung/Verwaltung. Sie unterstützt mit vorhandenen IM bzw. anderen Möglichkeiten die betreffende Linie der Bezirksverwaltung/Verwaltung.

2.6. Die Kreisdienststelle, in deren Bereich das Ausbildungslager liegt, unterstützt durch IM unter dem technischen Personal die Maßnahmen zur Gewährleistung der inneren und äußeren Sicherheit.

Sie gewährleistet durch den Einsatz des inoffiziellen Netzes in den anliegenden Orten das rechtzeitige Erkennen feindlicher Absichten, die im Zusammenhang mit der Ausbildung der Studenten, Hoch- und Fachschüler stehen. Notwendig werdende Maßnahmen, die sich auf Studenten, Hoch- und Fachschüler im Ausbildungslager beziehen, sind mit dem Mitarbeiter der Abteilung XX, der für die Absicherung der in der Ausbildung befindlichen Studenten, Hoch- und Fachschüler beauftragt ist, zu koordinieren.

Durch die zuständige operative Diensteinheit sind ausreichende Sicherungsmaßnahmen gegen Diebstahl und Verlust von Waffen und Munition unter Einbeziehung der Lagerleitung durchzuführen.

3.1. Bei Ernteeinsätzen und in der vormilitärischen und militärischen Ausbildung ist die Tätigkeit der kirchlichen Organisationen und Sekten an den Einsatz- bzw. Ausbildungsorten schon in der Vorbereitung dieser Einsätze zu beachten, und entsprechende Maßnahmen sind mit der Abteilung XX/4 der jeweiligen Bezirksverwaltung am Einsatz- bzw. Ausbildungsort zu koordinieren. Es darf weder reaktionären Geistlichen und kirchlichen Angestellten, noch unter den Studenten befindlichen Anhängern der evangelischen und katholischen Studentengemeinden sowie anderer kirchlicher Organisationen die Möglichkeit des Auftretens, der Verbindungsaufnahme, der Werbung und Beeinflussung von Studenten gegeben werden. Verbindungsaufnahmen zwischen Anhängern der ESG und KSG unter den Studenten zu Pfarrern und anderen kirchlichen Personen an den Einsatz- und Ausbildungsorten sind unter Kontrolle zu nehmen und soweit wie möglich einzuschränken.

3.2. Der zuständige Stellvertreter Operativ gewährleistet über die Linie VII bei Ernteeinsätzen und bei der vormilitärischen und militärischen Ausbildung die zusätzliche Absicherung durch geeignete inoffizielle Mitarbeiter der Arbeitsrichtung I der Kriminalpolizei und durch vertrauliche Helfer der Abschnittsbevollmächtigten der Deutschen Volkspolizei.

IV. Berichtswesen

1. Sofortmeldungen

Die Leiter der operativen Diensteinheiten, die für Universitäten, Hoch-, Fach- und Erweiterte Oberschulen in ihrem Verantwortungsbereich zuständig sind, haben an den jeweils zuständigen Leiter der Hauptabteilung im Ministerium für Staatssicherheit Sofortmeldungen über

- Entstehung staatsfeindlicher Gruppierungen;

- beabsichtigte und durchgeführte Provokationen und terroristische Handlungen;

- Aufstellung von politisch-feindlichen Forderungen;

- Verbreitung von Hetzschriften und Anbringung feindlicher Losungen;

- erfolgte Republikfluchten wissenschaftlicher Kader und die durchgeführten und eingeleiteten Maßnahmen

zu geben. Sofort meldepflichtig sind ebenfalls Vorkommnisse dieser Art während des Ernteeinsatzes, der vormilitärischen und militärischen Ausbildung und anderer Großveranstaltungen.

2. Halbjahresanalyse

Die zuständigen Stellvertreter Operativ haben Halbjahresanalysen über die operative Lage an den Universitäten, Hoch-, Fach- und Erweiterten Oberschulen zu erarbeiten, die jeweils am 15. 6. und 15. 12. des laufenden Jahres an mich zu übersenden sind. In den Halbjahresanalysen sind nach gewissenhafter Einschätzung aller operativen Materialien die politisch-operativen Schwerpunkte herauszuarbeiten.

Besonders zu beachten ist

- die politisch-ideologische Situation unter den Studenten, Schülern und dem Lehrkörper und die sich daraus gebildeten operativen Schwerpunkte;

- Mittel und Methoden sowie Wirksamkeit der politisch-ideologischen Diversion und der dabei konkret in Erscheinung tretenden feindlichen Zentren, Organisationen und Einrichtungen;

- die Einschätzung der Aktivität und Auswirkung der feindlichen Kontaktpolitik/Kontakttätigkeit und die neu erkannten Zentren, Mittel und Methoden;

- die operative Situation im Bereich der Forschung sowie der zweiseitigen Zusammenarbeit UdSSR-DDR;

- die Einschätzung der Wirksamkeit der Absicherungsmaßnahmen im Reiseverkehr;

- der erreichte Stand in bezug auf die allseitige Ausnutzung aller inoffiziellen Mitarbeiter, Schlüsselpositionen und des Einsatzes patriotischer Kräfte an den Universitäten, Hoch-, Fach- und Erweiterten Oberschulen;

- die Einschätzung der erzielten Ergebnisse bei der Bearbeitung operativer Vorgänge.

Die politisch-operative Analyse und die durchzuführenden operativen Maßnahmen sind im engen Zusammenhang mit den sich aus dem Befehl 11/66 und der Dienstanweisung 4/66 ergebenden Maßnahmen zu sehen.

Die Leiter der Bezirksverwaltungen /Verwaltung sichern, daß ein richtiges Zusammenwirken zwischen den Genossen der nichtstrukturellen Arbeitsgruppe gemäß Befehl 11/66 und den Genossen, die für die Bearbeitung von Universitäten, Hoch-, Fach- und Erweiterten Oberschulen zuständig sind, erfolgt.

Schröder
Generalmajor

**

Was bedeutet Freiheit von Lehre und Studium aus dem Blickwinkel der DDR-Vergangenheit

Tagung an der TU Dresden am 15. Juni 2011

Professor Hermann Kokenge, Rainer Jork und Günter Knoblauch auf der Tagung „Was bedeutet Freiheit von Lehre und Studium aus dem Blickwinkel der DDR-Vergangenheit?" am 15. Juni 2011 in der TU Dresden (Foto privat)

Herrmann Kokenge: *"Die bildungspolitischen Anstrengungen der SED waren darauf gerichtet, eine neue, parteiloyale Machtelite zu rekrutieren. Aus diesem Grunde wurde das Verhalten der Studierenden überwacht. Abweichungen von der vorgegebenen Norm, nicht staatskonforme Gesinnung oder gar oppositionelles Handeln wurde streng geahndet: von der Bewährung in der Produktion, der endgültigen Exmatrikulation, der Aberkennung des Diploms oder des Doktorgrades, Gefängnisstrafen bis hin zu Todesurteilen reichten die Strafmaßnahmen. Neben dem fachwissenschaftlichen Unterricht gehörte zu einem Studium nicht nur die obligatorische marxistisch-leninistische Grundausbildung, sondern außerdem ein mehrwöchiger Lehrgang: Zivilverteidigung für die Frauen, Militärdienst für die Männer. Dies alles steht im krassen Widerspruch zu unserem Verständnis von einer freiheitlich demokratischen Gesellschaft aber auch von Freiheit in Forschung und Lehre......"*

Günter Knoblauch: *"Je besser wir Diktatur begreifen und aufarbeiten, desto weniger sind wir- die Gesellschaft und die Generationen nach uns - gefährdet, dass Geschichte sich wiederholt. Das System DDR war Selbstzweck einer Politkaste auf Kosten der Bevölkerung. Die Universitäten wurden zu Kaderschmieden des Systems degradiert. Die Freizügigkeit und die Freiheit für Lehre und Forschung blieben auf der Strecke. Die vielen kleinen alltäglichen Repressionen und die Bittgänge, das war die eigentliche DDR. Eine wissenschaftliche Analyse und die Aufarbeitung der Vorgänge wird etwas nicht erfassen und wiedergeben können: Das zeitnahe emotionale Erleben der Ereignisse durch die Betroffenen. ...."*

Erfahrungen und Eindrücke bei der Projektbearbeitung aus der Sicht von Rainer Jork zur Erstausgabe von 2017

Rainer Jork, der im Juli 2020 verstarb, war zwischen 2011 und 2017 ein prägender Mitgestalter dieses Projektes. Sein Beitrag war von essenzieller Bedeutung für die erste Buchausgabe, die Anfang 2017 erschien. In seinem Resümee dieser Arbeit reflektierte er nicht nur die gemeinsamen Erfahrungen und Sichtweisen der Herausgeber, sondern auch einige unterschiedliche Wahrnehmungen – ein natürlicher Aspekt bei einem Vorhaben, das zahlreiche Autoren sowie Hochschulen und Universitäten einbezog.

Rainer Jork hätte zweifellos auch an dem heute vorliegenden neuen Konzept mit großem Engagement mitgewirkt. Sein früher Tod hinterlässt eine Lücke, doch sein Wirken bleibt in diesem Projekt weiterhin spürbar. Mit diesem Band soll sein Beitrag gewürdigt und sein Andenken bewahrt werden.

Günter Knoblauch, Neuried/München, Februar 2025

Erfahrungen und Eindrücke bei der Projektbearbeitung

Ein Nachwort und Danksagung zur Erstausgabe von 2017

Rainer Jork (geb. 16.03.1940; † 23.07.2020)

Vorbemerkung

Einen Zeitzeugenbericht mit ganz persönlichen Erfahrungen, Erinnerungen an länger zurückliegende Ereignisse, auch anhaltenden Prägungen über eine wesentliche Phase der eigenen Entwicklung zu schreiben und diese Berichte für eine Veröffentlichung zu sammeln, erfordert zuerst Partner, die in der Lage und dazu bereit sind, sich selbst zu offenbaren. Aber es werden auch Unterstützer für die inhaltliche Begleitung, die technische und organisatorische Realisierung benötigt.

TU Dresden als Ausgangspunkt

Tagungserlebnisse und -gespräche an der TU Dresden, vor allem ab 2009, ließen bei den Teilnehmern die Einsicht reifen, dass die dortigen Studienbedingungen in der Nachkriegszeit genauer untersucht und aufgearbeitet, die Studienbedingungen unter der „Diktatur des Proletariats" kritisch beleuchtet werden müssen. Schließlich wurde immer wieder vergessenes, nicht aufgeklärtes oder bearbeitetes Unrecht an Einzelschicksalen sichtbar. Folgerichtig konzentrierte sich die Suche nach Zeitzeugen zuerst auf ehemalige Studierende an der TH bzw. TU Dresden, was sodann auch seinen Niederschlag in der formulierten Zielstellung zu diesem Projekt fand. Damit ergab sich für die Zeitzeugensuche automatisch eine Konzentration auf die Studienbedingungen in naturwissenschaftlichen und technischen Studienrichtungen und in Dresden. Später war festzustellen – vor allem, nachdem das Projekt breiter publik wurde – dass ähnliche Bedürfnisse auch an anderen Hochschulen der ehemaligen DDR zu beobachten sind, wo nicht selten andere Rahmenbedingungen herrschten (beispielsweise im Bereich der Geisteswissenschaften, Künste, des Journalismus). Das bedeutet für die Auswertung der Berichte naturgemäß auch, dass sie für das Studium in der DDR zwar exemplarisch und typisch, jedoch nicht in jedem Detail auf alle Hochschulen der DDR übertragbar sind.

Förderer und Träger

Um dieses Projekt starten zu können, mussten zuverlässige und praktikable Organisationsbedingungen gefunden werden.

Mit der Förderbestätigung der *Bundesstiftung zur Aufarbeitung der SED-Diktatur* erhielt das bereits längst ehrenamtlich durch die Herausgeber betriebene Vorhaben reale Konturen. Nicht ohne Spannung verlief jedoch zuvor die Suche nach einem Träger, der für eine Förderzusage erforderlich ist und schließlich dankenswerterweise mit der *Stiftung Leben und Arbeit* in Wilsdruff gefunden werden konnte.

Offensichtlich spielten für andere als Träger angedachte und angefragte potenzielle Partner überwiegend selbstbezogene strategische Fragen eine Rolle, wie
Was nützt uns selbst eine solche Trägerschaft?
Welches Risiko gehen wir damit ein?
Sind Zeitzeugen, ist ein Blick zurück für die Zukunft überhaupt interessant, glaubwürdig, zeitgemäß?
Könnte dabei etwa unsere eigene Betroffenheit unerwünscht angesprochen oder interpretiert werden?

Die Trägerfindung entwickelte sich auf diese Weise bald zu einem Hauptproblem für die Projektrealisierung, war schließlich die Ursache für ein Jahr Startverzögerung. Hinsichtlich der Glaubwürdigkeit und des Nutzens von Beiträgen wurden von für eine Trägerschaft angefragten Institutionen auch Anregungen, Bedenken oder Ansprüche formuliert, aber auch Möglichkeiten gesehen, mit den Erlebnisberichten persönliche oder institutionelle Interessen zu befördern.
Inhaltliche Vorbehalte gegen das vorliegende Konzept waren dabei:
Zeitzeugenberichte seien ausgeprägt *subjektiv* und damit auch nicht ausreichend repräsentativ für eine Zustandsbeschreibung. Die Zeitzeugen berichteten möglicherweise nicht ausreichend nahe an der Wahrheit, sie hätten eben ihre eigene Wahrheit.
Es würden möglicherweise *persönliche Interna* offenbart und diese noch mit parteilichen Vorurteilen gepflastert. Persönlichkeitsrechte seien betroffen.
Es könne die *Verantwortung* noch lebender und aktiver Zeitgenossen und Entscheidungsträger tangiert, subjektiv dargestellt und offenbart werden.
Das persönliche Erleben müsse im zeitlichen Ablauf der Diktaturen, beginnend 1933 oder noch zuvor, gesehen und dargestellt, wissenschaftlich gewertet werden. Eine entsprechende *„wissenschaftliche Kontextualisierung"* sei herzustellen.
Gedruckte Berichte, Bücher würden heute in der Zeit der modernen Informationsverarbeitung kaum jemanden zum Lesen anregen.
Die Textbearbeitung durch „eine frei schwebende Lektorin" sei von vornherein fragwürdig.
Mit etwas Schmunzeln wurden die vorgetragenen Bedenken in dem Satz zusammengefasst: „Der Zeitzeuge ist der größte Feind des Historikers."
Die Vorbehalte beschrieben also einen Spannungsbogen von dem Verdacht, man könne mit den Berichten persönlich Schaden nehmen, bis zu einem unschwer erkennbaren Interesse daran, für eigene bereits bestehende oder neu einzurichtende institutionelle Forschungsthemen mit den Texten zitierfähiges Material und möglichst auch Förder- oder sogenannte Drittmittel in die Hand zu bekommen.

Zeitzeugen und ihre Berichtsbereitschaft
Die Bereitschaft dazu, Erfahrungen, persönliche Eindrücke oder Schlussfolgerungen zum Studium in der DDR aufzuschreiben, war und ist recht unterschiedlich. Sie wird

beispielsweise einerseits durch das Gefühl geprägt, sich selbst richtig entschieden, sich klug verhalten oder Glück gehabt zu haben (etwa im Falle der Flucht nach dem Westen), oder von der Sorge geprägt, man könne in den Ruf eines Angepassten, eines Mitläufers im real existierenden Sozialismus der DDR kommen (wenn man ausgehalten hat, geblieben ist).

Während sich also seit Längerem im Westen der Bundesrepublik heimische ehemalige Studenten der TU Dresden meist mit dem gegebenen zeitlichen und persönlichen Abstand relativ locker bereitfanden, einen Bericht aufzuschreiben, war dies mit jenen Zeitzeugen nicht immer ganz so einfach, die bis heute auf dem ehemaligen DDR-Gebiet wohnhaft sind. Nicht selten war dabei eine stille Abneigung oder gar offene Verweigerung festzustellen, sich mit der eigenen Vergangenheit kritisch zu befassen. Schließlich wurde bei solchen Zeitzeugen in einzelnen Fällen mehr oder weniger emotionsgeladen Unaufgearbeitetes spürbar, und es ergab sich auch in einzelnen Fällen noch ein über das Projekt hinausgehender Klärungsbedarf.

Studienbedingungen an der TH/TU Dresden sind nur bedingt repräsentativ für alle Hochschulen und Universitäten

Ausgehend von der Notwendigkeit einer Vergangenheitsaufarbeitung der TH/ TU Dresden konzentrieren sich die vorliegenden Berichte also vor allem auf Dresdner Studienerlebnisse. Zeitzeugenberichte beispielsweise zum Studium von Kulturschaffenden oder von Medizinern an anderen Hochschulen und Orten der DDR oder im Ausland lassen erahnen, dass dort auch andere Erfahrungen gesammelt wurden. All diesen ist jedoch der konsequent und vorbehaltlos durchgesetzte Anspruch der SED- und Staatsführung der DDR gemein, zuverlässige Kader für den Aufbau und die Verteidigung des realen Sozialismus in der DDR zu erziehen.

Während uns die vorliegenden Zeitzeugenberichte in ihrer naturgemäß oft recht unterschiedlichen persönlichen Prägung erreichten, entstand immer wieder der Wunsch, die unterschiedlichen Hintergründe um die Berichte ausreichend zu beleuchten, dadurch tangierte Lebensbereiche und systemimmanente Geschehnisse in der DDR zu (er-)klären. Grenzen der Berichte wurden deutlich, aber auch das Verlangen, zu einer tieferen Klärung der Gesamtumstände beim Studium in der DDR beizutragen, die möglicherweise bereits untersucht sind oder weiteren Untersuchungen vorbehalten bleiben müssen. Das betrifft vor allem folgende Fragen:

- Welche Bedingungen prägten das Studium außerhalb der natur- und technikwissenschaftlichen Richtungen, etwa im Bereich der Kunst und Kultur, der Journalistik und Philosophie an den verschiedenen Standorten in der DDR?

(ZdF-info berichtete am 29. November 2015 in der Sendung „Zwischen Hörsaal und Kartoffelacker, Studenten in der DDR", Sendung mit Zeitzeugen, von Sonderstudienplänen, einem Grundstipendium von 450 Mark für Psychologen und

einem Anteil von etwa 50 Prozent IM-Verpflichtungen bei grundsätzlich delegier-
ten Journalistikstudenten.)

- Welche Rolle spielten die Personalkommissionen nach der friedlichen Revolution, auch für die dabei Mitwirkenden?
- Welche Ursachen und Auswirkungen hatten Flucht und Vertreibung im Bereich der Hochschulen?
- Welche weiteren Informationen und Erkenntnisse könnte eine Einsichtnahme in persönliche Stasiakten von Studenten und Wissenschaftlern an Hochschulen, sofern sie vorhanden und zugängig sind, liefern?
- Welche Gesamtstrategie verfolgte die SED mit der Stasi bei der Disziplinierung und Instrumentalisierung Studierender aus heutiger Sicht?

Antworten darauf können einzelne Zeitzeugenberichte natürlich nicht liefern. Wir sind allen dankbar, die einen Beitrag für diese Sammlung von Zeitzeugenberichten geschrieben haben!

Die Herausgeber gehen davon aus, dass die Leserinnen und Leser der hier vorgelegten Dokumentation in der Lage und willens sind, sich mit subjektiven und oft sehr persönlichen Lebenserfahrungen kritisch und konstruktiv auseinanderzusetzen. Mit diesem Blick sollen schließlich auch aktuelle Bildungsbedingungen mit all ihrer Dynamik betrachtet, eigene Standpunkte und Aktivitäten befördert werden.

Wir sind optimistisch in der Erwartung, dass dazu mit dieser Sammlung von Zeitzeugenberichten ein Beitrag geleistet werden kann.

Rainer Jork, Radebeul, 26. Januar 2016

✳✳✳✳✳

In Band 1 von *Zwischen Humor und Repression – Aufbruch und Illusion* werden die Erfahrungen, Wahrnehmungen und das persönliche Resümee von Günter Knoblauch zum Projekt der Jahre 2011 bis 2017 dargestellt – ergänzt durch Entwicklungen, die sich seit der Erstauflage ergeben haben.

Danksagung der Herausgeber an alle Unterstützer der Ausgabe 2017

Namen und Funktionen sind auf Stand 2017

Die Sammlung von Zeitzeugenberichten lebt von den Autorinnen und Autoren. Ihnen gilt unser erster Dank für die Abfassung ihrer Berichte, für die Bereitstellung der Fotos und persönlichen Dokumente.

Mit viel Engagement, Sorgfalt und Zuverlässigkeit sorgte unsere Lektorin, Frau Dr. Birgit Scholz, dafür, dass für den Inhalt des Werkes eine gut überschaubare Form gefunden werden konnte. Wir sind ihr sehr verbunden.

Die Förderung des Projektes durch die Bundesstiftung zur Aufarbeitung der SED-Diktatur in Berlin war die wesentliche Voraussetzung für dessen praktische Umsetzung. Hier waren es Dr. Jens Hüttmann, und Rigo Hopfenmüller, die dieses Projekt engagiert betreuten, für Fragen und Probleme zur Verfügung standen.

Ohne einen Träger hätten wir keine Fördermittel beantragen können. Wir danken dem Landrat des Kreises Meißen, Arndt Steinbach, der uns den Weg zur Stiftung Leben und Arbeit in Wilsdruff öffnete sowie dort den Herren Martin W. Reinhuber und Michael Hähnel, die uns spontan zusagten, die rechtlich erforderliche Trägerschaft für das Projekt zu übernehmen, und uns in allen Finanzfragen hilfreich zur Seite standen.

Herrn Professor Hermann Kokenge gehört das Verdienst, sich im Jahre 2007 als Rektor der TU Dresden mit Herausforderungen auseinanderzusetzen, die ihm damals noch fremd waren: die Aufarbeitung des politischen Unrechts, begangen an Studenten, Mitarbeitern und Dozenten der TH bzw. TU Dresden in der DDR. Aus Tagungen 2009 und 2011 heraus entwickelte sich dann der Projektgedanke. Auch noch als Altrektor der TU Dresden war Professor Kokenge bis zu seinem Tode im Dezember 2014 an unserem gemeinsamen Vorhaben engagiert.

Wir danken Dr. Matthias Rößler, dem Präsidenten des Sächsischen Landtags (2019-2024), und Lutz Rathenow, dem Sächsischen Landesbeauftragten für die Stasi-Unterlagen (2011-2021), für ihre jahrelange Unterstützung.

Durch das Engagement vieler Helferinnen und Helfer, die Autoren gewannen, recherchierten und Unterlagen bereitstellten oder als Diskussionspartner zur Verfügung standen, gewann diese Dokumentation an Substanz. Einige von Ihnen seien hier namentlich in alphabetischer Reihenfolge genannt – unabhängig davon, welchen Beitrag wann sie zum Projekt geleistet haben:

Ulrike Beyer, BStU Außenstelle Dresden, Dr.-Ing. Hans-Lutz-Dalpke, Alfeld; Konrad Felber, BStU Außenstelle Dresden; Prof. Eckhard Jesse, TU Chemnitz; Rebecca

Hernandez Garcia, Archiv der DDR-Opposition Berlin; Dr. Anke Geier, Wissensch. MA ThLA Erfurt; Dr. Matthias Lienert, Leiter Archiv TU Dresden; Susann Mayer, TU Dresden; Dr. Phil. Wolfgang Mayer, Erfurt; Martina Pontius, Erfurt; Prof. Dr. Kurt Reinschke, Dresden; Petra Söllner, Robert-Havemann-Gesellschaft e. V.; Dr. Jochen Staadt, Forschungsverbund SED-Staat der Freien Universität Berlin; Gabriele Stötzer, Erfurt; Sebastian Victor, Erfurt.

Wir danken auch unseren Gesprächspartnern, die namentlich nicht erwähnt werden wollten und jenen, die sich gegen eine Beteiligung an diesem Projekt entschieden.

Was würde aus einem Buchvorhaben ohne die konstruktive Zusammenarbeit mit einem Verlag? Dem Mitteldeutschen Verlag in Halle sind wir für die Bereitschaft, den Gestaltungswünschen zum Buch verständnisvoll und konstruktiv zu entsprechen, überaus verbunden.

Die Herausgeber, im Frühjahr 2017

***

Die Autoren im Bild – eine Galerie statt Studentenausweisen

In der Erstausgabe von *Zwischen Humor und Repression* begleiteten persönliche Fotos und oft studentische Ausweise mit Passbild viele der Beiträge. Gesichter, eingefroren in einem Moment der Jugend – unsicher, trotzig, hoffnungsvoll. Für die neugestaltete Auflage wurde aus gestalterischen und konzeptionellen Gründen auf diese Form der Bebilderung verzichtet. Der Charakter der Beiträge hat sich dadurch nicht verändert – doch die Vorstellungskraft ist nun stärker gefordert.

Wer waren sie, diese jungen Frauen und Männer, die einst mit großen Erwartungen an die Hochschulen der DDR kamen?

Viele von ihnen waren noch unpolitisch, neugierig auf das Studium – vielleicht sogar ein wenig stolz, Teil eines Systems zu sein, das sich selbst „sozialistisch" nannte.

Der Anfang war oft geprägt von freudiger Erwartung, neuen Freundschaften, anregenden Diskussionen, gegenseitiger Unterstützung, gemeinsamen Unternehmungen. Doch schon bald traten andere Erfahrungen hinzu: Sprachlosigkeit angesichts der Kontrolle – und das wachsende Bewusstsein für die allgegenwärtige Repression.

Die einen kamen irgendwie durch – trotz des Ballasts politischer Indoktrination und geforderter Anpassung, worauf sie gern verzichtet hätten. Die anderen gerieten früh in Konflikt mit einem Machtapparat, der keine Infragestellung der offiziellen Ideologie duldete, auf bedingungsloser Unterordnung bestand – und so aus jungen Studierenden über Nacht Oppositionelle machte.

Einige von ihnen erzählen in diesem Band von genau diesen Momenten. Etwa
• in Gabriele Stötzers „Ein Brief an Margot Honecker",
• in Roland Meys Erinnerungen an die „zwei Stunden im Hörsaal eingesperrt",
• in Klaus Jorks Reflexion über „Wir sind der Meinung ...",
• oder in Roland Jahns Geschichte „Roland, wir stehen zu dir".

Manches wirkt aus heutiger Sicht kaum mehr nachvollziehbar: etwa der Glaube, die Härte, der Druck, das Misstrauen könnten bloß Ausrutscher gewesen sein – nicht etwa politisches Kalkül. Und doch war da etwas sehr Menschliches in dieser Hoffnung auf Einsicht, auf Gerechtigkeit von oben.

Um dieser persönlichen Dimension dennoch Raum zu geben, wurde – soweit Bildmaterial vorlag – eine Fotogalerie zusammengestellt. Die Reihenfolge ist weder alphabetisch noch nach Bekanntheit sortiert. Denn genau darum geht es: nicht um Namen, sondern um Geschichten. Und um Gesichter hinter den Stimmen.

Heinz Clemens	Gerhard Hönisch	Christian Müller	Peter Böhmer
Ullrich Otto	Klaus Lunkwitz	Klaus Jork	Ursula Wonneberger
Hans-Jürgen Brink	Christian Höfgen	Fritz Rath	Matthias Lienert
Helmar Schober	Kurt Schwinkowski	Roland Mettcher	Peter Ziesecke

Falk Anders

Hartmut Henke

Matthias Markert

Lothar Gebauer

Hans-Jürgen Hardtke

Reinhard Keller

Uta Knoblauch

Martin Böttger

Guntram Glöde

Joachim Schmiele

Michael Proksch

Joachim Klose

Hans-H.-Grimmling

Michael Ventzke

Joachim Heinrich

Frank Kempe

Martina Pontius/Anger	Lutz Rathenow	Gabriele Stötzer	Roland Jahn
Manfred Mortzeck	Matthias Rößler	Michael Büdke	Peter E. Rompf
Armin Hübner	Günter Knoblauch	Christian Beinhoff	Klaus Heyde
Bernd Kuhlmann	Ingrid Straßberger	Wolfgang Zill	Rainer Jork

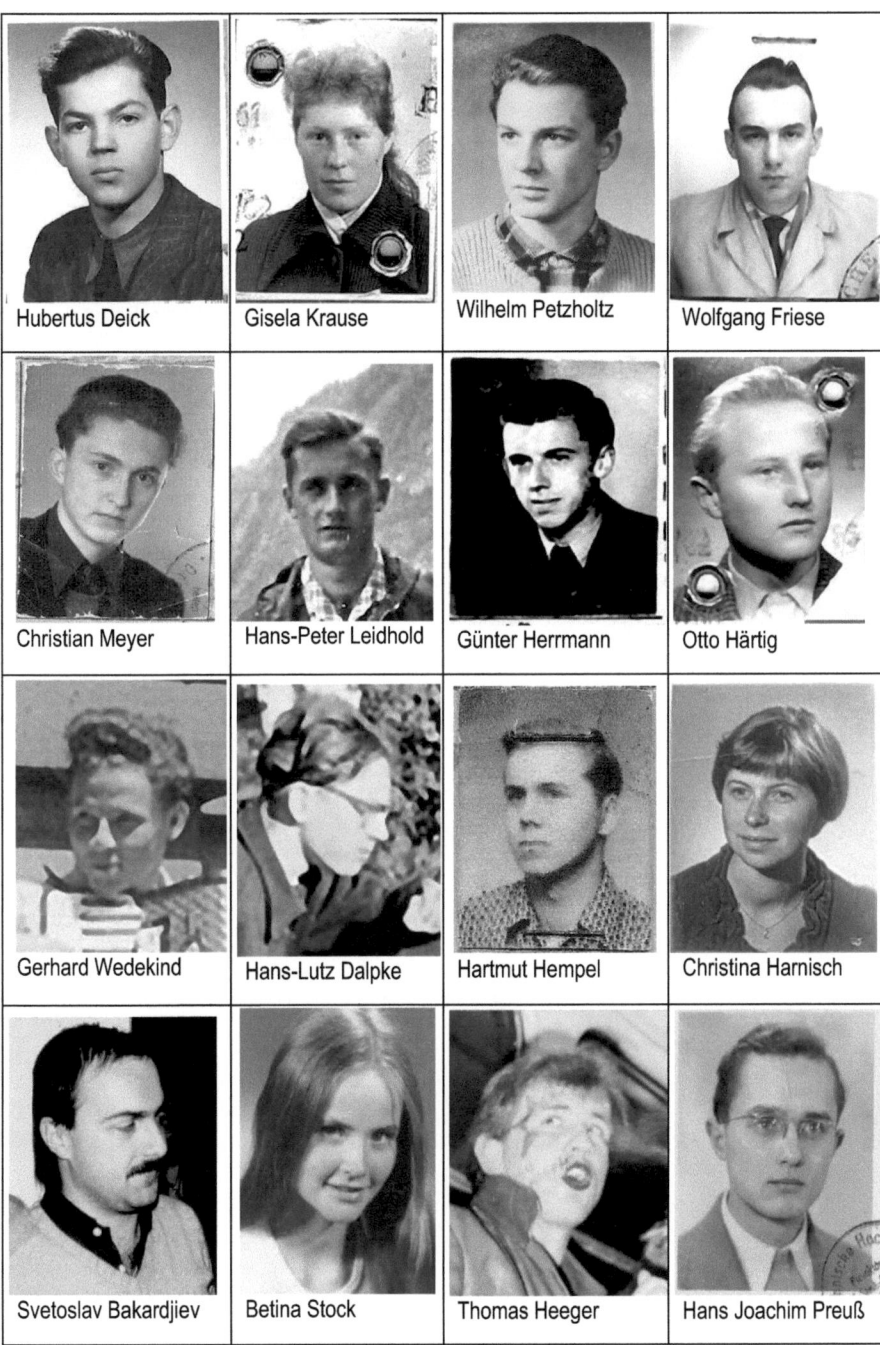

Hubertus Deick	Gisela Krause	Wilhelm Petzholtz	Wolfgang Friese
Christian Meyer	Hans-Peter Leidhold	Günter Herrmann	Otto Härtig
Gerhard Wedekind	Hans-Lutz Dalpke	Hartmut Hempel	Christina Harnisch
Svetoslav Bakardjiev	Betina Stock	Thomas Heeger	Hans Joachim Preuß

| Günter Franke | Klaus Appenroth | Wolfgang Kupke | Michael Balzer |
| Johannes Wallmann | Detlef Färber | | |

***

Das könnte ebenfalls interessieren

Publikationen

Zwischen Humor und Repression – Aufbruch und Illusion

Studieren in der DDR

Band 1

Die neugestaltete und überarbeite Buchausgabe von 2017 in neuer Aufmachung und mit weiteren Beiträgen und Kommentaren zur Zeit.

Freie Universität Berlin - Forschungsverbund SED-Staat

"[...] Die Herausgeber des vorliegenden Bandes waren selbst Studenten der TU Dresden. Es gelang ihnen zahlreiche Kommilitonen als Zeitzeugen zu gewinnen, die den Band mit persönlichen Geschichten über ihre Studienzeit und die dabei gesammelten Erfahrungen zu einem ebenso spannenden wie aufschlussreichen Dokument des "gelebten Lebens" in der DDR machen. Es ist der Sorgfalt, Ausdauer und Mühe von Günter Knoblauch und Rainer Jork zu verdanken, dass diese besondere Universitätsgeschichte aus der Perspektive mehrerer Studentengenerationen überhaupt zustande gekommen ist ....." *(zur Buchausgabe von 2017)*

Literaturwelt.Das Blog

Der studierwilligen Jugend sei dieses Buch ans Herz gelegt – und allen die hierzulande Hochschulpolitik machen. Rainer Jork und Günter Knoblauch haben einen enormen Schatz an Erfahrung von Zeitzeugen aus dem Alltag der sozialistischen Diktatur zusammengetragen, der zweierlei offenlegt: Neugier und Freude an selbständiger Arbeit sind mit bevormundenden und doktrinären Bildungssystemen kaum vereinbar – und andererseits lassen sich solche Systeme nur mit lebensfeindlichen, die Freiheit von Wissenschaft und Kunst erstickenden Maßnahmen aufrechterhalten, daran scheitern sie schließlich. Um das zu zeigen, bedarf es keiner Polemik. Die Selbstauskünfte von Forschern, Ingenieuren, Lehrern, Künstlern aus vier Jahrzehnten des "Arbeiter- und Bauern-Staates" beweisen es; sie lesen sich obendrein spannender als jeder Krimi. Fast alle Erzähler wehrten sich einfallsreich – mit Intelligenz, Improvisation, Hilfsbereitschaft, mit bisweilen an den "braven Soldaten Schwejk" erinnerndem Witz – dagegen. ...
(zur Buchausgabe von 2017)

Günter Knoblauch (Hg.)

Verlag: BoD, Norderstedt
1. Auflage 2025
374 Seiten, Abbildungen

ISBN 978-3-769-35207-8

Zwischen Humor und Repression – Anpassung und Widerständigkeit
Studieren in der DDR
Band 2
DRESDENER NEUESTE NACHRICHTEN
Die politisch gesetzten Grenzen und praktischen Spielräume an Universitäten zu DDR-Zeiten versuchen die Herausgeber Rainer Jork und Günter Knoblauch in ihrem neuen Sammelband auszuloten. Darin schildern 84 ehemalige Studenten und Dozenten ihre Erlebnisse an der Technischen Universität Dresden (TUD) und weiteren ostdeutschen Unis vor der Wende. […] die Herausgeber haben die Erinnerungen durch zeitgeschichtliche Anmerkungen, Erläuterungen und einen Anhang über studentische Kultur in der DDR ergänzt. Obgleich Jork und Knoblauch auf eine theoretische Kommentierung verzichten, wird doch deutlich: Es gibt keine einfache Antwort auf die Frage, ob und wie man sich verbiegen musste, um in der DDR zu studieren. Eher gibt es viele Antworten, die vom konkreten Fall, von Ort und Zeit stark abhängen…..[..] Repräsentativ mag die daraus entstandene Anthologie nicht sein, wie DDR-Forscher Prof. Eckhard Jesse schon im Vorwort betont. Auch ist dieser Band kein „Erklärbuch" aus einem theoretischen Guss. Aber als Quellensammlung für weitere Forschungen ist sie von unschätzbarem Wert. „Das Sammelwerk vermeidet beides: Dämonisierung und Verharmlosung der universitären Kaderschmiede", meint Eckhard Jesse. „Grautöne überlagern oft Schwarz-Weiß-Bilder. …"
(zur Buchausgabe von 2017)

Deutschlandfunk Andruck - Das Magazin für Politische Literatur
Studieren in einer Diktatur - „[…] Die Hochschulen der DDR waren nicht nur Institutionen von Wissenschaft und Lehre. Noch mehr waren sie Orte, an denen stromlinienförmige Sozialisten ausgebildet wurden. Schon die Zulassung zu einem Studium war ein Mittel, um junge Leute zu disziplinieren. Nachzulesen ist das im Sammelband "Zwischen Humor und Repression …"
(zur Buchausgabe von 2017)

Günter Knoblauch (Hg.)

Verlag: BoD, Norderstedt,
2. Auflage 2025
378 Seiten, Abbildungen

ISBN 978-3-848-25729-4

Zwischen Humor und Repression – Kompendium zur Buchreihe
Studieren in der DDR
Band 3

Das *„Kompendium zur Buchreihe"* bietet eine didaktische Sammlung mit Vorschlägen, Materialien und Hinweisen für die Arbeit mit den Bänden *„Aufbruch und Illusion"* (Band 1) und *„Anpassung und Widerständigkeit"* (Band 2). Es wurde speziell für Schülerinnen und Schüler der Sekundarstufe II sowie Studierende konzipiert, die sich mit den Studienbedingungen, Möglichkeiten und Einschränkungen der studentischen Generation in der DDR auseinandersetzen oder sich darüber informieren möchten.

Darüber hinaus lädt das Kompendium alle Leserinnen und Leser sowie Autorinnen und Autoren zur Selbstreflexion ein. Es regt dazu an, die Berichte anderer unter einem persönlichen Blickwinkel zu betrachten: War mein Erleben eine Singularität im Studienprozess? Eine Normalität? Oder waren auch andere mit vergleichbaren Situationen konfrontiert?

Den Leserinnen und Lesern von heute – insbesondere der jungen Generation – soll das Buch Einblicke ermöglichen und helfen, diese Zeit der deutschen Geschichte besser zu verstehen. Eine Geschichte, die nicht in Schwarz-Weiß zu zeichnen ist, sondern die vielschichtigen Nuancen und Facetten des studentischen Lebens in der DDR sichtbar macht.

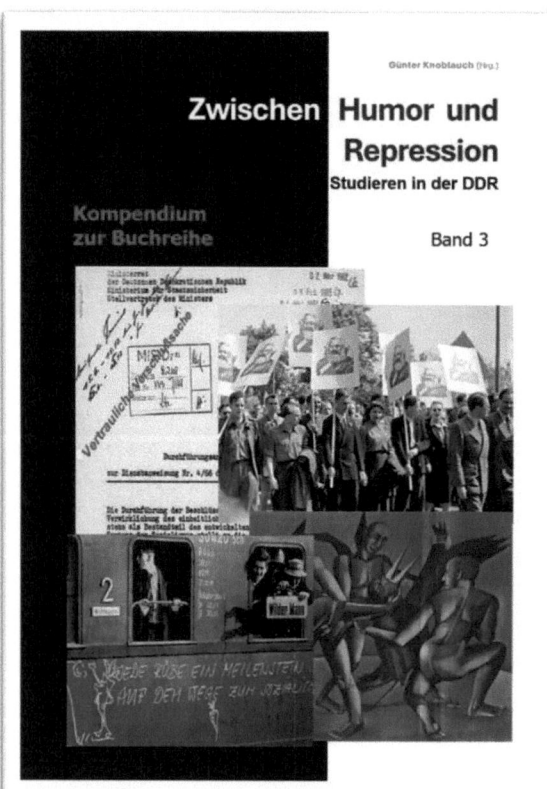

Günter Knoblauch (Hg.)

Verlag: BoD, Norderstedt,
1. Auflage 2025
110 Seiten

ISBN 978-3-769-35595-6

Studieren in der DDR

bedeutete auch, sich immer wieder den gesellschaftlichen, politisch-ideologischen Zwängen zu stellen. Die Erlebnisberichte von über 70 ehemaligen Studentinnen und Studenten verdeutlichen, wie unter der Diktatur einer Partei mit ihrem Sicherheitsapparat, der Stasi, Lebensläufe wesentlich geprägt, geformt oder gar gebrochen wurden. Zwischen Humor und Verweigerung, Anpassung und Empörung gestalteten sich innere und äußere Fluchtbewegungen.

Stimmen zum Buch
Lutz Rathenow, Landesbeauftragter Aufarbeitung SED-Diktatur a.D., Sachsen

„[...] Das Buch ist gut und spannend, es hängt aber auch zwischen Baum und Borke - im Vergleich zu den Studien für die Universitäten Jena/Halle ist es nicht durchgeschrieben wissenschaftlich, für lebendige Erzählungen (die es an vielen Stellen bietet !!) ist die Verpackung sehr opulent und doch nüchtern. Aber die Quadratur des Kreises geht nicht, das Buch kommt ihr erstaunlich nahe."

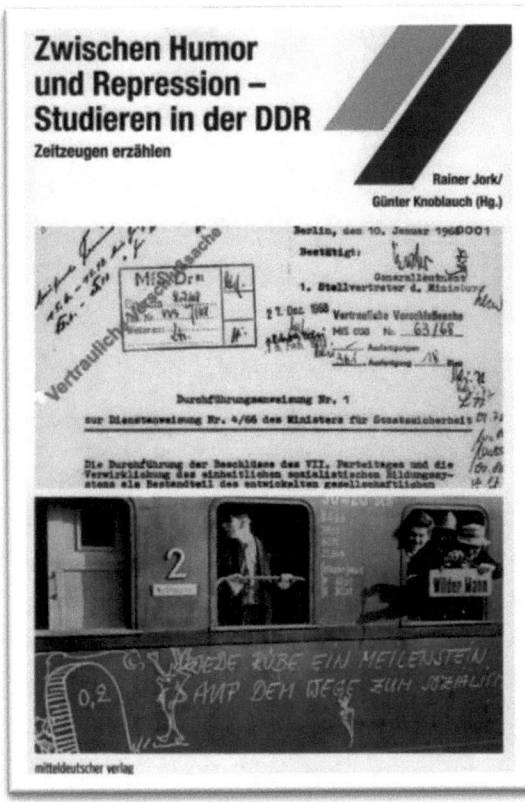

Rezensionen

R. Jork / G. Knoblauch (Hg.)

Mitteldeutscher Verlag, 2017
552 Seiten, s/w-Abb.

ISBN: 978-3-95462-879-1
Preis 19,95 €

Die Hochschule für Musik FRANZ LISZT Weimar

Die Vergangenheit holt die HfM ein

Professor Stölzl, Präsident der Hochschule für Musik FRANZ LISZT Weimar: *„[...] es gibt staatlich bezahlte Institute, wie z.B. die Bundesstiftung zur Aufarbeitung der SED-Diktatur, und [...] es gibt viele Forscher, die sich mit der DDR befassen. Mögen sie sich auch mit der HfM befassen. Ich fände es toll."*
Die beiden Autoren haben mit Hilfe von Dokumenten, Interviews, Veröffentlichungen und eines Podiumsgesprächs einen Anfang für eine offene Diskussion der jüngeren Vergangenheit der HfM gemacht.

Prof. Dr.-Ing. Jürgen Wenge *(Mitglied des Leipziger Bürgerkomitees von 1989/90)*
Wer die Zukunft meistern will, muss die Vergangenheit analysieren. Und wer die Aufarbeitung vergangener Jahrzehnte verweigert oder kaschierend realisiert, der wird auch die Probleme der Gegenwart nur noch vergrößern. ... Die Logik ihrer Beweisführungen einerseits und die Ignoranz dieser Beweise andererseits sind beeindruckend und zugleich erschreckend. Wegen der Trivialität der dargestellten Defekte können „unwissentliche Konstruktionen" ausgeschlossen werden. Beim wissentlichen Ignorieren von: wenn keine Stasi-Aufarbeitung, dann keine abgeschlossene Opfer-Rehabilitation und wenn Stasi-Einfluss unberücksichtigt, dann keine wahre Zeitgeschichte, dann führt das sofort zu der Frage: Wer soll damit beschützt und vor Schaden bewahrt werden?
Diese Publikation soll dazu beitragen, dass es zu keiner Geschichtsklitterung kommt.

Ehrhart Neubert, (1998-2003 Vorstand der Bundesstiftung zur Aufarbeitung der SED-Diktatur): *„Die Autoren putzen an Weimar und der Reputation seiner kulturellen Institutionen. Und Weimar, jedenfalls das Bild von Weimar als historischer und hervorragender Platz deutscher und europäischer Kultur, hat das auch nötig ..."*

Rezensionen zum Buch

G. Knoblauch /R. Mey
Mitteldeutscher Verlag, 2018,
124 Seiten

ISBN: 978-3-95462-952-7
Preis 10,00 €

epub:
ISBN: 978-3-96311-7
Kostenlos

Die Hochschule für Musik FRANZ LISZT Weimar

Ein Buch gegen das absichtliche Vergessen

„[...] es gibt staatlich bezahlte Institute, wie z.B. die Bundesstiftung zur Aufarbeitung der SED-Diktatur und [...] es gibt viele Forscher, die sich mit der DDR befassen. Mögen sie sich auch mit der HfM befassen. Ich fände es toll." (der Präsident der Hochschule für Musik FRANZ LISZT Weimar)

„[...] Nachdem die HfM die kulturellen Leistungen der Vergangenheit für sich in Anspruch nimmt, die Verantwortung für die politischen Verformungen zu DDR-Zeiten aber von sich weist, haben sowohl Außenstehende als auch Betroffene sich in einer Vielzahl von Veröffentlichungen und Rundfunksendungen dieser Aufgabe angenommen. "Der Schrei" schreibt mit neuen Recherchen, Erkenntnissen und Veröffentlichungen die Publikation „Defekte einer Hochschulchronik - Die Hochschule für Musik FRANZ LISZT Weimar" aus den Jahre 2018 fort."(Forschungsverbund SED-Staat der Freien Universität Berlin)

„Wer die Zukunft meistern will, muss die Vergangenheit analysieren. Und wer die Aufarbeitung vergangener Jahrzehnte verweigert oder kaschierend realisiert, der wird auch die Probleme der Gegenwart nur noch vergrößern..." – Prof. Dr. Jürgen Wenge, Thüringer Landeszeitung

Der Herausgeber hat, zusammen mit weiteren Autoren, erneut die DDR-Vergangenheit an der *Hochschule für Musik FRANZ LISZT Weimar* in den Blick genommen und stellt die Frage: Warum werden

diejenigen angefeindet, die Licht ins *Dunkel der HfM-Vergangenheit* bringen wollen? Diejenigen, die eine eigentlich von der HfM zu leistende Arbeit übernahmen und Vorgängen und Vorwürfen des Verdachts auf Kollaboration mit der Stasi, der Manipulation von Studienergebnissen, der Verfälschung der Hochschulchronik, … nachgingen?

Mit neuen Recherchen, Erkenntnissen und Veröffentlichungen setzt „Der Schrei" die Publikation „Defekte einer Hochschulchronik" aus dem Jahr 2018 fort.

Günter Knoblauch (Hg.)

Verlag **BoD** – Nordersted
Auflage 8/2023, 184 Seiten

Paperback
ISBN: 978-3-757-81708-4
Preis 10,80 €

e-Book
ISBN: 978-3-756-85410-3

Chronik einer angekündigten Flucht

Der Autor spannt den Bogen von abenteuerlichen Reisen im Ostblock über die Indoktrination, der er als Student und Reiseleiter ausgesetzt war, bis hin zu seiner Verhaftung durch das Ministerium für Staatssicherheit (MfS). Mit Einblicken hinter die Gefängnismauern der Stasi-Haft und des berüchtigten Gelben Elends in Bautzen zeigt er auf, mit welchen Mitteln und welchem Aufwand das MfS versuchte, Andersdenkende unter Kontrolle zu bringen. In einer langen, spektakulären und dem Generalstaatsanwalt der DDR angekündigten Flucht durch vier Länder erreicht der Autor schließlich die Bundesrepublik.

Dr. Matthias Rößler, Präsident des Sächsischen Landtags a.D.: „Seine Geschichte ist nicht nur spannend, sie wird auch packend erzählt. Das von ihm geschriebene Buch liest sich wie ein Abenteuerroman, ist aber ebenso ein verlässliches und authentisches Zeugnis über die Unfreiheit der DDR, die Methoden der Stasi und das von ihr verübte Unrecht... Günter Knoblauchs Buch ist ein Glücksfall für die Aufarbeitung der DDR-Geschichte... "

LZ - Leipziger Zeitung: "Die Chronik einer angekündigten Flucht ist eine auf fast 500 Seiten durchweg spannende Publikation, vollkommen außerhalb der bisher bekannten oder verfilmten Fluchtgeschichten... Ein sehr gutes Geschichtsbuch und überdies ein echter Krimi. Das muss in die deutschen Geschichtsarchive! ..."

Forschungsverbund SED-Staat der Freien Universität Berlin: "Die Fluchtgeschichte liest sich wie ein Abenteuerroman und ist doch nichts als reine Wahrheit über die Realität im geteilten Europa des 20. Jahrhunderts... Die Chronik einer angekündigten Flucht erzählt eine Geschichte, die hoffentlich in der politischen Bildung ihren Platz findet."

Günter Knoblauch
Verlag: BoD – Norderstedt,
3. erw. Aufl. 12/2023,
482 Seiten, 80 Abb.

Paperback Preis 15,50 €
ISBN
978-3-7583 1257 1

ePub:
ISBN
9783758397738

***

Ein SED-Genosse fragte mich einmal, warum ich viele Sachen nicht einfach mitmachen könne. Daraufhin fragte ich ihn: „Warum schreiten Sie nicht ein, wenn Sie offensichtlich Benachteiligungen anderer wahrnehmen?"

Joachim Klose in:
„Fachprofessoren wurden verpflichtet, mit mir „Erziehungsgespräche" zu führen."

***

Weitere psychische Deformationen waren die Folge. Gerade, aufrechte Menschen wurden immer seltener. Das eigenständige, fantasievolle, kritische Denken einer ganzen Generation wurde begraben. Irgendwann begriff auch der Rebellischste, dass ehrlicher Gedankenaustausch nicht erwünscht war.

Michael Proksch in
„Von der Grundschule zur Hochschule – wie über Jahre hinweg psychische Deformationen entstanden"

***